新编21世纪思想政治教育专业系列教材

总主编 张耀灿

思想政治教育原理案例分析

第三版

主 编 戴艳军 李奇峰

副主编 王嘉驰 娄 慧 汪晶晶 郑呈杰

中国人民大学出版社

·北京·

内容简介

《思想政治教育原理案例分析》第三版，旨在将党的二十大精神融入“思想政治教育原理”课程教学。依据思想政治教育案例教学的时效性原则，第三版在上一版的基础上进行了修订，主要体现在以下三个方面：一是全面体现党的二十大精神。2023 年是全面贯彻落实党的二十大精神的开局之年，围绕深入学习贯彻党的二十大精神这条主线，书中增加了全面反映新时代社会主义现代化教育、科技、人才战略的思想政治教育案例，有助于全面深入地反映思想政治教育的时代主题。二是生动体现党的十八大以来思想政治教育实践的巨大成就。书中新增案例反映了高校进一步加强与改进思想政治理论课的创新之举。三是及时体现思想政治教育原理学科理论前沿。书中“思想政治教育的形态”和“思想政治教育的创新发展”两章新增的案例，体现了思想政治教育基本原理作为思想政治教育学科基础理论在新时代伟大实践中的赓续创新。

作者简介

戴艳军　大连理工大学马克思主义学院教授、博士生导师。著有《马克思恩格斯列宁经典著作导读》《思想政治教育案例分析》《思想政治教育原理案例分析》等教材与专著20余部。在《光明日报》《马克思主义理论与现实》《思想理论教育导刊》等报刊上发表学术论文60余篇。主持完成国家社会科学基金项目、全国教育科学规划基金项目、教育部人文社会科学研究基金项目等省部级以上项目20余项。获得教育部高等学校优秀科研成果奖、辽宁省哲学社会科学优秀成果奖一等奖等省部级以上科研奖励10余项。所主持的大连理工大学“思想道德修养与法律基础”课被评为国家精品课、国家精品资源课。获得辽宁省思想政治理论课教学名师、辽宁省思想政治理论课学科带头人等称号。

李奇峰　博士，大连理工大学马克思主义学院讲师，思想政治教育专业硕士生导师，研究方向为思想政治教育理论与实践。主持辽宁省、教育部等省部级项目2项，在《人民日报》（理论版）以及相关学术期刊等报刊发表多篇学术论文。

总序

"新编21世纪思想政治教育专业系列教材"出版了，它是高等教育质量工程的产物。高等教育质量工程是新世纪高等教育发展的生命工程。我国要在新时代建设学习型社会，跻身创新型国家行列，在实现全面小康的基础上，进而基本实现社会主义现代化，并朝着中华民族伟大复兴的目标迈进，作为基础和支撑、作为培育各领域专门人才的摇篮的高等教育便一定要注重质量。高等教育注重质量，就要坚持以本科为本，如果没有本科教育的质量保障，便不可能为社会主义现代化事业提供合格的人才，也不可能为研究生教育提供优质的生源。目前，全国高校设思想政治教育本科专业的有200多所，由于该专业的重要性及特殊性，又由于它是文科专业中招生人数最多的专业之一，注重和提高思想政治教育专业建设质量便有着特殊的意义。

本系列教材的组织编写和出版发行，其背景和意义是多方面的。除了是响应教育部提出和推动的高等教育质量工程的实际行动外，还应当从以下几个方面来认识：一是2005年底，国务院学位委员会、教育部发文增设了马克思主义理论一级学科，思想政治教育学科调整为它的一个二级学科，从此，思想政治教育学科定位更加明确、更加科学。在此背景下，如何更好地坚持以马克思主义为指导，特别是加强习近平新时代中国特色社会主义思想的指导，以伟大建党精神和社会主义核心价值观引领教材建设，进一步搞好思想政治教育学科建设？二是中等学校政治课改革力度加大，全国的初中"道德与法治"课、高中"思想政治"课均在实施新的课程标准，中等职业学校也在实施新的德育课教学大纲，而为中等学校政治课培养、培训师资的高校思想政治教育专业的教改（包括教材改革）却相对滞后。如何改变这一状况，开展新一轮的课程改革、教材改革，以便更好地为中等学校政治课提供理论支撑、人才支撑？三是本系列教材各位主编所在的高校专业点是国家重点马克思主义学院和一流学科或省（市）重点学科，基本上都有马克思主义理论一级学科博士点和博士后科研流动站。有的高校思想政治教育专业是教育部、财政部批准的特色专业建设点。这些博士点、重点马克思主义学院、一流学科以及特色专业，如何在学科专业建设上发挥带头、示范作用？教材建设无疑是重要方面，它是体现质量和特色的必要条件与基础。质量和特色就是生命。

本书在编写中，加强从整体上学习、研究、把握马克思主义理论的科学体系，并运用其研究成果来指导思想政治教育学科建设；坚持以人为本，以学生的成人成才发展为本，为中国特色社会主义事业培育高素质的思想政治教育专门人才服务；从抓好思想政治教育专业主干课程的教材建设做起，逐步拓展、深化，努力探索马克思主义理论体系、思想政治教育理论体系转化为课程体系、教材体系的规律；探索研究性学习的教材特点，关注思想政治教育实践的时代课题，吸取思想政治教育学科理论发展的新成果，在教材内容、编写体例、呈现方式上改革创新；打通思想政治教育专业师范性与非师范性的界限，增强教材的专业适应性。

为了体现上述指导思想，本系列教材纳入编写出版计划、分批逐步推出的有：从整体上学习、研究马克思主义的课程教材，思想政治教育学科课程教材，相关学科课程教材，以及培养应用能力的课程教材等。

本系列教材是在 2009 年起陆续出版的“21 世纪思想政治教育专业系列教材”的基础上，吸纳学科发展的最新成果，吸收更多具有长期教学经验、丰富研究成果的专家担纲，重新修订升级换版而成的新的系列教材。教材建设是一个与时俱进的长期的过程，相信“新编 21 世纪思想政治教育专业系列教材”的面世，一定能够为推进这一过程做出宝贵的贡献，为今后深化改革、发展完善思想政治教育专业教材体系积累经验。在本系列教材即将陆续推出、接受教学实践检验之时，写了上面一些话共勉之，是为序。

张耀灿

2021 年 12 月

目录

第一章　思想政治教育的地位和功能

第二章　思想政治教育的目的和任务

第三章　思想政治教育的教育者与教育对象

第四章　思想政治教育的过程及规律

第一章

思想政治教育的地位和功能

要点综述

思想政治教育的地位是由思想政治教育在社会结构中的位置决定的。社会结构系统由经济基础和上层建筑两大基本成分构成。思想政治教育属于意识形态领域，是上层建筑的重要组成部分，也是意识形态教育的核心环节。思想政治教育的发展史也充分证明思想政治教育在社会上层建筑中处于核心地位并起着主导作用。思想政治教育的重要地位内在地规定了思想政治教育的功能。思想政治教育主要具有引领社会政治方向、塑造个体思想品德等政治性功能，从本质上说就是通过提升人的思想品德促进社会进步和人的全面自由发展。本章通过“激活农业航母的‘红色引擎’”“助力脱贫攻坚——新时代农牧民素质提升工程”“《五星红旗迎风飘扬》收视飘红”“长征——永远在路上”“魅力华西村”五个案例，阐释了思想政治教育在中国特色社会主义新时代新征程中的重要地位和主导性作用。

案例 1　激活农业航母的“红色引擎”*

金风送爽，稻花飘香，北大荒迎来了又一个丰收季。在几代人的奋斗之下，这片拥有半个多世纪开发历史的土地早已成为中国重要的粮食基地。“捏把黑土冒油花，插根筷子也发芽”是她的肥沃写照；“棒打狍子瓢舀鱼，野鸡飞进饭锅里”是她的富庶传说。如今，在“农业强国”发展战略的指引下，依靠机械化、智能化、信息化建设，北大荒正在被打造成一艘现代“农业航母”。2018 年 9 月 25 日，习近平总书记来到中国的“大粮仓”——北大荒，开始他这年下半年的首次国内考察。置身黑龙江农垦建三江管理局七星农场万亩大地号的金色稻浪里，总书记仔细察看收成，亲问稼穑。在北大荒精准农业农机中心一楼展示大厅，习近平总书记双手捧起一碗大米，意味深长地说：“中国粮食！

---

* 王坤改编自：王守聪．用北大荒精神锻造农业航母．农民日报，2022－03－19（5）；高云才，吴齐强，郁静娴，等．赓续北大荒精神 推进农业现代化．人民日报，2021－11－15.

中国饭碗!”①

北大荒是什么地方？建三江在哪里？北大荒集团又是什么样的企业？让我们踏寻总书记的足迹，去感受新时代中国“农业航母”的加速度。

黑土地上的拓荒史诗与“农业航母”的时代速度

“北大荒”一词取自《山海经・大荒北经》，现指我国黑龙江省小兴安岭南麓、松嫩平原和三江平原的广大地区，辖区土地总面积约 5.54 万平方千米。这里曾经风雪肆虐、野兽成群、人迹罕至，是千里荒蛮之地。70 多年来，几代中国人在中国共产党领导下挥洒青春，写下了人类历史上可歌可泣的拓荒诗篇，创造了人类垦荒史上的奇迹。1947 年，解放战争的炮声正酣，中国人民解放军垦荒先锋部队按照党中央《建立巩固的东北根据地》的重要指示，来到这片沉睡的荒原建立农场，拉开了我们党开发建设北大荒的序幕。1958 年，王震将军亲率 10 万名复转官兵挺进北大荒，掀起大规模开发建设北大荒的高潮，“建三江”就在开发建设北大荒的过程中，因开发建设三江（乌苏里江、松花江、黑龙江）平原而得名。在开发北大荒的历史进程中，先后有 14 万转业复员官兵、10 万大专院校毕业生、20 万支边青年、54 万城市知识青年组成垦荒大军，汇聚成开发北大荒的历史洪流，将昔日的千里荒原变成了今天富饶的“黑龙江垦区”。70 多年来，北大荒累计生产粮食 8 741.4 亿斤，向国家交售商品粮 6 888.6 亿斤，成为我国耕地规模最大、现代化程度最高、综合生产能力最强的国家重要商品粮基地和粮食战略后备基地。

北大荒集团诞生在开发建设北大荒的历史进程中，现已成为领导北大荒开发建设的现代化大型国有农业企业集团。2016 年 5 月 25 日，习近平总书记在黑龙江省考察工作，明确要求建设现代农业大基地、大企业、大产业，努力形成农业领域的航母②。如今，北大荒农垦集团遵循总书记重要指示精神，努力打造“农业航母”，驶出了中国现代化农业发展的时代速度。1959 年北大荒粮食产量超过 10 亿斤，1978 年达到 52 亿斤，2021 年粮食总产量达 463.1 亿斤。目前，北大荒集团已经具备超过 400 亿斤的粮食综合生产能力和商品粮保障能力，粮食生产连续 12 年稳定在 400 亿斤以上，实现“十九连丰”，每年可保证全国 1.6 亿人口的口粮供应，成为国家粮食安全的“压舱石”。每当国家和人民急需粮食时，北大荒总是挺身而出。2003 年“非典”期间，垦区上下连夜加工大米，提供 2 000 吨新米驰援北京；2008 年汶川地震时，垦区用三天时间紧急加工 2 000 余吨优质大米，通过专列直达四川灾区。新冠疫情期间，垦区向湖北运送大米 1 500 吨、玉米 6 100 吨、豆粕4 392.4 吨，全力支持抗疫。因此，习近平总书记指出，黑龙江农垦“是国家关键时刻抓得住、用得上的重要力量”③。从垦荒初期的刀耕火种、肩扛手刨，到改革开放时期的半机械化、机械化，再到新时代的智能化、数字化，北大荒集团依靠农业科技，托起了我国现代化农业的腾飞之路。目前，黑龙江垦区主要农作物耕种收综合机械化水

---

① 习近平在东北三省考察并主持召开深入推进东北振兴座谈会时强调：解放思想锐意进取深化改革破解矛盾以新气象新担当新作为推进东北振兴．光明日报，2018-09-29.

② 许开峰．黑龙江农垦倾力打造农业领域航母．中国农垦，2018（7）.

③ 王坤．以北大荒精神推进农垦改革创新．黑龙江日报，2019-10-08.

平达 99.9%，拥有农用飞机 100 架，年航化作业能力 2 328 万亩。农业科技贡献率达 76.28%，科技成果转化率达 82%，居世界领先水平。无人航化作业、卫星定位、自动导航、5G 农业等深刻改变了几千年来面朝黄土背朝天的农耕场景。

为贯彻党的二十大会议提出的“农业强国”发展战略，北大荒集团聚焦党的第二个百年奋斗目标，全力打造中国农业航母，科学规划中国农业航母的远航速度：到 2025 年将率先实现农业现代化，建立高质量发展体系，争取进入世界企业 500 强。到 2035 年，将实现更高水平的农业现代化，农业数字化、智能化水平大幅度提升，发展质量、效益和竞争力进一步增强，跻身世界企业 500 强中上游。到 2050 年，将全面引领更高标准农业现代化，成为具有全球竞争力、创新力、控制力、影响力和抗风险能力的，在国际粮食贸易中具有一定话语权的世界一流现代农业产业集团。

驱动农业航母的“红色引擎”

北大荒是大国粮仓，更是红色沃土。开发建设北大荒异常艰辛，不但自然环境恶劣凶险，生产生活条件更是艰苦简陋。“早起三点半，归来星满天，啃着冰冻馍，雪花汤就饭。”这首当年流行的歌谣成为开发建设北大荒的生动注脚。没有房子住，就搭建马架子、挖地窨子；没有农业耕种机械，就排着长队喊着号子人拉犁；饿了掏把黄豆吃，渴了就喝堑沟水……英雄的北大荒人满怀革命乐观主义豪情，“向荒原进军，向荒原要粮”。他们以“献了青春献终身、献完终身献子孙”的铮铮誓言，爬冰卧雪、肩扛手刨，将青春与汗水、鲜血和生命熔铸在这片火热的土地上，淬炼了“自力更生，艰苦创业，勇于开拓，甘于奉献”的北大荒精神。70 多年栉风沐雨，北大荒精神薪火相传、历久弥新，激励着一代又一代北大荒人开拓进取、坚守奉献，汇聚起开发北大荒的磅礴力量，它是北大荒人的根、本、魂，更是北大荒创造奇迹的制胜法宝。2021 年，党中央批准了中央宣传部梳理的第一批纳入中国共产党人精神谱系的伟大精神，作为一份崇高的荣耀，北大荒精神赫然在列！

伟大事业孕育伟大精神，伟大精神引领伟大事业。北大荒集团打造农业航母也离不开价值引领和精神支撑。北大荒精神与北大荒开发建设相生相伴，在北大荒人的红色血脉中代代相承，蕴藏“过去我们为什么能够成功、未来我们怎样才能继续成功”的密码，成为北大荒开发建设的精神动能。新时代，北大荒集团打造农业航母，党的领导是航向，人才是关键，北大荒精神就是它的红色引擎，助力北大荒集团农业航母行稳致远。北大荒农垦集团有限公司党委书记、董事长王守聪在《农民日报》上发表了题为《用北大荒精神锻造农业航母》的重要文章，突出强调“作为新时代的北大荒人，打造世界一流的现代农业航母，走中国特色的国际大粮商发展道路是一场接续奋斗的持久战、攻坚战，必须一以贯之地发扬北大荒精神”。

激活“红色引擎”的不竭动力

北大荒精神是北大荒集团农业航母的“红色引擎”，如何激活“红色引擎”是关键。

多年来，北大荒集团始终把北大荒精神视为集团的核心企业精神、企业文化，坚持把开展思想政治教育同传承弘扬北大荒精神结合起来，激发出“红色引擎”的强大牵引力。依托北大荒红色资源禀赋，开展红色研学研修，传承红色基因；依托“感动北大荒”人物（群体）评选活动，倡导爱岗敬业、弘扬文明风尚；结合“两学一做”“党史学习教育活动”，推动党建和思想政治教育的深度融合，用北大荒精神筑牢精神支柱，为建设“农业航母”提供强大的政治保证和精神动能。

正是在“自力更生、艰苦创业”的北大荒精神感召下，2010 年毕业于中国农业大学的甘肃青年何培雄，不惧北大荒的偏远闭塞，毅然来到建三江，立志推广农技。10 多年来他克服艰苦条件，结合农业生产需要，取得了 6 项发明创造、8 项技术改造，转化科技成果 12 项，推广农业农机新技术 20 余项，3 项创新获国家专利，每年累计为农户节本增收 300 万元，被评为全国农村致富带头人、全国劳动模范。他坚信：“秉承着老一辈的垦荒精神，新一代垦荒人定会推动这片热土上的现代化农业蓬勃发展。”①

正是在“勇于开拓”的北大荒精神的激励下，全国五一劳动奖章获得者、七星农场农业技术推广中心主任李晓辉，面对农业高新科技“卡脖子”问题，发挥党员“领头雁”的作用，带领党员科研骨干攻坚克难，敢闯敢试，累计完成各类科研课题 570 余项，转化科研成果 12 项，新技术推广率达到 100%，为北大荒建设现代农业航母插上科技的翅膀。

正是在“甘于奉献”的北大荒精神熏陶下，北大荒人胸怀“国之大者”，组建农服集团，走出垦区、走向全国，无私地为农民提供先进的农业生产经验，共享北大荒发展成果，助力国家打赢脱贫攻坚战。“按照市场运营规则，我们为农民提供大型农机具、仓储、销售、粮食银行、融资、保险、期货等方面的服务，干农民想干而干不了、想办而办不成的事，对农民带动不代替、示范不包办。今年上半年，实现销售收入近 7 亿元、利润 3 600 余万元。”北大荒农服集团董事长姜涛自豪地说。

【思考题】

1. 如何理解北大荒集团在维护国家粮食安全中的战略地位和重要作用？
2. 为什么说“北大荒精神”是北大荒集团打造中国农业航母的“红色引擎”？
3. 思想政治教育在“激活”国有企业提质增效过程中的地位和作用如何？

案例分析*

【背景介绍】

北大荒集团诞生在北大荒开发建设的过程中。早在 1998 年 3 月，为适应改革开放发

① 宋子洵，牛辉．刻在黑土地上的拓荒史诗．解放军报，2021－11－15.

* 陈万柏，张耀灿．思想政治教育学原理．3 版．北京：高等教育出版社，2015；戴艳军．思想政治教育原理案例分析．北京：中国人民大学出版社，2012；戴艳军，王嘉．思想政治教育原理案例分析：修订版．北京：中国人民大学出版社，2018.

展，探索黑龙江垦区体制改革，经国务院批准，成立“黑龙江北大荒农垦集团总公司”。2018 年 12 月，为贯彻落实习近平总书记考察北大荒时做出的重要指示精神，“黑龙江北大荒农垦集团总公司”正式挂牌成立，2020 年 12 月，“黑龙江北大荒农垦集团总公司”改制为北大荒农垦集团有限公司，简称“北大荒集团”。如今，北大荒集团已经成为领导北大荒开发建设的现代化大型国有农业企业集团，拥有耕地 4 564.4 万亩，是国家级生态示范区。下辖 9 个分公司、1 个子公司、113 个农（牧）场，751 家国有及国有控股企业。2021 年北大荒集团营业收入 1 703.75 亿元，实现增加值 550 亿元，在“2022 中国企业 500 强”榜单中排在第 156 位。中国共产党第二十次全国代表大会报告明确指出要加快建设农业强国，夯实粮食安全根基，把中国人的饭碗端在自己手里。新时代，北大荒集团持续打造中国“农业航母”，是贯彻落实党的二十大提出的“农业强国”的重要举措，对巩固国家粮食安全、建设“中国式现代化”意义重大。

【主题分析】

思想政治工作是党的优良传统、鲜明特色和突出政治优势，是一切工作的生命线。北大荒集团成功打造中国农业航母的奋斗历程凸显了思想政治教育“生命线”的地位和作用。北大荒人在为国家创造出巨大物质财富的过程中，孕育出伟大的北大荒精神这一宝贵精神财富，成为这艘农业航母的“红色引擎”，它是北大荒人的根、本、魂，是北大荒创造奇迹的制胜法宝。新时代，以王守聪、何培雄、李晓辉等为代表的新一代北大荒建设者们响应中国共产党第二十次全国代表大会的号召，“弘扬以伟大建党精神为源头的中国共产党人精神谱系”，以传承弘扬北大荒精神为使命，创新思想政治工作，把北大荒精神力量转化为干事创业的物质力量，坚持了国有企业经济改革和发展的社会主义方向，凝聚了广大职工的精神力量，培育了新时代北大荒人，成为激活北大荒集团农业航母“红色引擎”的不竭动力。

【启示分析】

（1）“北大荒精神”成为北大荒人打造中国农业航母的“红色引擎”，凸显了思想政治教育的首要地位和作用。2018 年以来，北大荒集团党委坚持企业发展的社会主义方向，坚决执行“建设现代农业大基地、大企业、大产业，努力形成农业领域的航母”的指示精神和中国建设农业强国的战略目标，坚决落实党的二十大提出的“农业强国”发展战略，聚焦党的第二个百年奋斗目标，科学规划中国农业航母的远航速度：到 2025 年将率先实现农业现代化，建立高质量发展体系，争取进入世界企业 500 强；到 2035 年，将实现更高水平的农业现代化，农业数字化、智能化水平大幅度提升，发展质量、效益和竞争力进一步增强，跻身世界企业 500 强中上游；到 2050 年，将全面引领更高标准农业现代化，成为具有全球竞争力、创新力、控制力、影响力和抗风险能力的，在国际粮食贸易中具有一定话语权的世界一流现代农业产业集团。这一远大目标的规划与坚定不移地执行，定力源于“自力更生，艰苦创业，勇于开拓，甘于奉献”的北大荒精神，它过去是、未来仍将是北大荒人打造中国农业航母的“红色引擎”。

（2）北大荒集团党委坚持不懈地对集团员工加强思想政治教育，激发出“红色引擎”

的强大牵引力，并加强企业思想政治工作，把思想政治工作同企业精神培育、企业文化建设等工作结合起来[①]。北大荒精神是北大荒人的政治觉悟、精神境界、道德情操和意志品质的凝练升华，是北大荒创造奇迹的制胜法宝。新时代，北大荒精神历久弥新，仍然是激励北大荒人坚定信念、坚守使命、坚持奋斗的精神动能，成为北大荒集团打造农业航母的“红色引擎”。多年来，北大荒集团把这一精神视为企业的核心精神文化，坚持把开展思想政治教育同传承弘扬北大荒精神结合起来，运用北大荒红色资源，依托“感动北大荒”人物（群体）评选活动，结合“党史学习教育活动”等，不断创新思想政治工作，传承红色基因，用北大荒精神筑牢精神支柱，感染着一批又一批新时代的“垦荒人”，沿着先辈的足迹，踏上开发建设北大荒的新征程，用青春热血助推北大荒农业航母。正如北大荒农垦集团有限公司党委书记、董事长王守聪所强调的：“作为新时代的北大荒人，打造世界一流的现代农业航母，走中国特色的国际大粮商发展道路是一场接续奋斗的持久战、攻坚战，必须一以贯之地发扬北大荒精神。”

（3）北大荒精神是开展思想政治教育的宝贵财富。坚持不懈的思想政治教育成为激活农业航母“红色引擎”的不竭动力，北大荒精神作为思想政治教育的着力点，它为思想政治教育发挥红色引领、凝心聚力、保驾护航的作用提供了宝贵的教育资源，是开展思想政治教育的生动素材。中国红色资源丰富厚重。习近平总书记曾指出：“在我国960多万平方公里的广袤大地上红色资源星罗棋布，在我们党团结带领中国人民进行百年奋斗的伟大历程中红色血脉代代相传。”[②] 这些红色资源见证了中国共产党人百年奋斗的恢宏历程，是新时代激励我们走好新的赶考之路的催征鼓。因此，思想政治教育要充分运用这些教学载体，发扬中国共产党人带领中国人民踔厉奋进、百折不挠的崇高精神，发挥凝心聚力的巨大作用，鼓舞时代新人迎接建设社会主义现代化强国的艰巨挑战，走向实现中华民族伟大复兴的新征程。

案例2 助力脱贫攻坚——新时代农牧民素质提升工程[*]

新时代农牧民素质提升工程是党史学习教育开展以来，内蒙古科右中旗各级党组织将党史学习教育与新时代农牧民素质提升工程深度结合，扎实推动党史学习教育深入群众，切实打通深入群众“最后一公里”的教育扶贫活动。走进巴彦呼舒镇“西日道卜嘎查”[③] 文化活动室，当地阿吉娜文艺志愿服务队正在演出。农民白富德说：“以前农闲时，大家都聚在一起喝酒打麻将，‘嘎查’[④] 组织我们成立了‘乌兰牧骑’[⑤]，演勤劳致富的故

① 中共中央 国务院印发《关于新时代加强和改进思想政治工作的意见》. 中国政府网，2021-07-12.

② 用好红色资源赓续红色血脉 努力创造无愧于历史和人民的新业绩. 人民日报，2021-06-27.

* 郑呈杰、卢珊改编自：李昊. 村村比干净 户户比整洁：内蒙古科右中旗党史学习教育深度结合农牧民素质提升工程. 农民日报，2021-11-19；中共科尔沁右翼中旗委员会. 破除思想藩篱 奋进幸福生活：科右中旗农牧民素质提升工程助力脱贫攻坚. 思想政治工作研究，2020（4）.

③ 西日道卜嘎查是内蒙古兴安盟科尔沁右翼中旗巴彦呼舒镇下辖的行政村。

④ 嘎查指蒙古族的行政村。

⑤ 乌兰牧骑的蒙语原意为“红色的嫩芽”，指红色文化工作队，活跃于农村牧区间。

事，还把政策法规等编成了节目，大家在看演出时，明白了好多道理。”

内蒙古自治区兴安盟科尔沁右翼中旗属于大兴安岭南麓集中连片特困片区。近年来，科右中旗稳步推进新时代脱贫攻坚工作，扶贫、扶志以及扶智相结合，激发了农牧民脱贫的内在动力，取得了物质与精神双脱贫的效果。

文化程度低、“等、要、靠”思想因素是制约贫困群众脱贫致富的一个重要原因。贫困群众不仅是脱贫对象，更是致富主体，为了改变农民“等、要、靠”的落后思想观念，科右中旗在抓产业的同时，开展新时代农牧民素质提升工程。

科右中旗以学为核心，扎实推动习近平新时代中国特色社会主义思想、党的扶贫政策深入人心，创新学习方式，提升了农牧民的综合素质，推进了农牧民脱贫攻坚，扶贫、扶志、扶智达到了较好的效果，具体来说，主要包括以下三个方面：

一是组织党员带头学，通过党员带头学习习近平新时代中国特色社会主义思想，激发农牧民脱贫积极性。科右中旗依托“双书记”周例会、“主题党日”和“三会一课”，由旗委组织部、宣传部、扶贫办统筹学习内容，在日常学习上，形成“理论学习微讲堂—宣传委员—驻村第一书记—农牧民”网上学习微矩阵，发放理论知识学习手册口袋书两万册，推广“学习强国”平台，并已覆盖全旗95.8%的农牧民党员。

二是进村宣讲全面学，通过进村宣讲、表演等文化扶贫活动，通俗易懂地为农牧民讲解扶贫政策，提高农牧民脱贫主动性。科右中旗重点开展了文化扶贫“十进村”活动，即习近平新时代中国特色社会主义思想宣讲进村、党的扶贫政策宣讲进村、社会主义核心价值观宣传教育进村、新时代农牧民素质提升进村、民族团结进步教育进村、法治宣传教育进村、脱贫典型故事分享进村、乌兰牧骑巡演进村、文艺志愿服务进村、励志主题电影展映进村，每年开展“十进村”活动不少于200场次，每个嘎查不少于1次。

三是创新形式灵活学，通过一系列的志愿宣讲塑造脱贫好榜样，激励农牧民脱贫能动性。科右中旗组织“草原学习轻骑兵”等志愿宣讲队伍，选取脱贫致富能手、身边好人等典型，组建“先进事迹宣讲团”，开展“乌兰牧骑+”志愿服务活动，给予了贫困农牧民大量的帮助，比如，2019年“草原学习轻骑兵”宣讲队伍结合“双书记”周例会，每个嘎查开展宣讲80余场次，各级大讲堂开展法律、健康、科技等宣讲活动，受众达10万人次。

脱贫攻坚，贵在精准，重在落实，关键在人。这个“人”，不仅是广大贫困群众，更是众多冲在脱贫一线的党员干部。2021年2月25日，在全国脱贫攻坚总结表彰大会上，白晶莹身着带着刺绣图案的蒙古族传统服饰上台领奖，让蒙古族刺绣走进全国人民的视野。在脱贫攻坚战场上，她带动2.6万名妇女参与蒙古族刺绣产业，使2 895名建档立卡贫困户的人均年收入提高了2 000多元。虽然刺绣在当地有深厚的历史底蕴，但想把刺绣助力脱贫的理念灌输进老百姓头脑里并非易事。白晶莹告诉记者：“没有思想上的认识和统一，其他事情无从谈起。”只有真正了解群众在想什么、需要什么，才能捕捉到痛点对症下药，所以她每到一处讲课，第一件事不是先教刺绣技术，而是先从思想上解决群众的后顾之忧，让他们相信刺绣真能挣钱，能助他们增收、脱贫。一堂堂流动刺绣培训课，不仅让科右中旗的农牧民“过上好日子、活得有面子”，更让“巧手致富”的观念走进了当地群众的心里。

“授人以鱼，不如授人以渔。”从根本上实现贫困地区的脱贫致富，必须增加贫困群众的“造血功能”，要让老百姓懂得“既要苦干，更要巧干”的道理。科右中旗建立了41个“文明团结超市”，以积分兑换形式激发内生动力，让“幸福都是奋斗出来的”理念深入人心。开展先进典型评比活动及“德润草原”系列宣讲活动，评选出“十星级文明户”“文明农牧民”“好婆婆”“好媳妇”“勤劳致富能手”“自强不息先进典型”等各类先进典型上千人，建立“善行义举四德榜”，广泛宣传模范人物事迹。开展广场舞擂台赛、脱贫攻坚故事分享比赛，在“科右中旗发布”和电视台进行同步播放，并进行网络投票及表彰。率先启动农村牧区“诚实守信”三年行动，针对过度消费、超前消费现象开展算账理财宣传教育，切实提升贫困群众自我发展能力。

党史学习教育开展以来，内蒙古自治区兴安盟科右中旗各级党组织以“一学一带两转三改”为载体，将党史学习教育与农牧民素质提升工程深度结合，切实打通服务群众的“最后一公里”。在科右中旗好腰苏木镇[①]南白音套海嘎查的农家书屋，农牧民党员聚在这里学习党史，额尔德木图说：“以前农闲的时候就来这儿看书，学到不少东西，现在支部组织大家学党史，我趁着有时间就来学习，多给自己‘充充电’。”为了更好地组织农牧民学习党史，各苏木镇党委以“学”为引领，将“触角”向嘎查、村屯延伸，除了开展集中学习活动外，分派党员干部深入农牧民家中宣讲宣传，通过送学上门活动，党员与农牧民同学习同进步，党史学习教育的效果进一步延伸，范围进一步扩大。代钦塔拉苏木金星嘎查驻村第一书记于建国说：“在党史学习教育中，我们注重把学习党史同嘎查各项工作结合起来，让嘎查农牧民有更多获得感、幸福感、安全感。这几年，通过政策引导和入户宣传等方式，舍饲圈养的养殖户越来越多，秸秆焚烧也少了，‘三禁’已经转变成群众的自觉行动了。”

从不听劝说到积极主动搞卫生，从庭院杂乱荒芜到鲜花繁盛、瓜果飘香，几年时间，巴彦呼舒镇乌逊嘎查村民八十三的思想发生了巨大变化。过去，人家下地他睡觉、事不关己凑热闹，破罐子破摔，如今却成了嘎查农牧民拍手称赞的勤快人。得益于政策的宣传引导，不少农牧民和八十三一样因为转变思想观念、转变生产方式，搞起庭院经济和舍饲养殖，生活得到了极大改善。在嘎查“两委”班子到八十三家宣讲党史时，他说：“真是太感谢了！要是没有你们，没有党的好政策，哪有我今天的好生活！现在看到别人的日子也越来越好，我要继续加把劲，不能被落下！”变被动为主动，农牧民奋进的内生动力不断迸发，致富奔小康的信心更加坚定。

在代钦塔拉苏木金星嘎查“我为群众办实事”——人居环境整治志愿服务活动中，嘎查党员和志愿者正在清扫路边的树叶、杂草和路边沟等卫生死角内的污物，不少农户自发对房前屋后进行清扫，清理现场一派热火朝天的劳动景象。双榆树嘎查党员干部深入农牧民家中，详细了解“三禁”工作、环境整治工作及备春耕等情况，宣传相关政策、讲解购买农资注意事项，对农牧民提出的种植养殖问题进行解答和指导。

近几年，随着新时代农牧民素质提升工程的深入推进，科右中旗农牧民思想观念、生

---

① 苏木是中国行政区划之一，行政地位与街道、镇、乡、民族乡、民族苏木、县辖区相同，由市辖区、县级市、县、旗、自治旗管辖，是中国内蒙古自治区特有的乡级行政区。

产观念发生较大转变，生产生活得到有效改善。老少边穷的内蒙古开始大变样，迈开步子，敞开怀抱，外来投资逐渐增多，不少人返乡创业，呈现“孔雀向北飞”的生动景象。

【思考题】

1. 内蒙古科右中旗新时代农牧民素质提升工程采取了哪些举措？
2. 内蒙古科右中旗实现全面脱贫的原因有哪些？
3. 思想政治教育在内蒙古科右中旗农牧民脱贫攻坚中的作用如何？

案例分析*

【背景介绍】

内蒙古自治区兴安盟科尔沁右翼中旗位于大兴安岭南麓、科尔沁沙地北端，是兴安盟最南端的一个旗①。全旗总土地面积 15 613 平方千米，辖 12 个苏木镇、173 个嘎查、464 个艾里②，总人口约 25 万人，其中蒙古族人口占总人口的 87%，是内蒙古自治区蒙古族人口比例最高的少数民族聚居旗。科右中旗于 1988 年被列为国家扶贫开发重点旗，2011 年被列入大兴安岭南麓集中连片特困地区。作为内蒙古自治区少数民族人口比例最高的旗县和国家级贫困县，科右中旗不断加大扶贫开发投入力度，农村牧区基础设施日益完善，城乡面貌焕然一新，但农牧民文化素养不高，思想观念、生产方式落后等因素仍然制约着农牧民持续增收。2017 年 6 月，科右中旗提出“一带两转三改”新思路，即党支部带动农牧民，转变思想观念、转变生产方式，改变居住环境、改变陈规陋习、改变饮食习惯，从而达到物质富有与精神富足，尤其是针对农牧民“等、要、靠”精神短板问题实施新时代农牧民素质提升工程，充分调动贫困群众积极性、主动性、创造性，从思想根源上斩断“穷根”，为打赢脱贫攻坚这场决胜之战奠定了坚实的精神基础。截至 2019 年 4 月，科右中旗贫困发生率降至 0.13%，138 个重点贫困嘎查全部出列。2021 年党史学习教育开展以来，科右中旗各级党组织继续坚持层层带动、精心组织实施，扎实推动党史学习教育深入群众、深入基层、深入人心。如今，科右中旗和中国千千万万个县乡一样，正沐浴着新时代春风而蓬勃生长。

【主题分析】

思想政治教育融入脱贫攻坚是彻底解决贫困问题的本质要求，内蒙古科右中旗农牧民生活持续改善，贫困人口全部脱贫，在我国脱贫攻坚战中取得全面胜利，其中一个关键的因素就是在新时代农牧民素质提升工程中充分发挥了思想政治教育“生命线”的引领、凝聚以及保证三大作用，改变了农牧民“等、要、靠”的落后思想观念，全面提升

---

* 戴艳军，娄慧，新时代思想政治教育“生命线”原理的创新发展．大连理工大学学报（社会科学版），2021（5）；戴艳军，娄慧．中国共产党思想政治工作“生命线”原理的三重逻辑．理论导刊，2022（3）．

① 旗是内蒙古自治区独有的县级行政单位，级别相当于地级市所辖的区、县（或自治县），旗属于蒙古族自治地方，设有旗政府，最高行政长官为旗长。

② 艾里指村子、村落、村庄，也有户和家的意思。

了农牧民的素质，激发了他们向往美好生活的内在动力。教育脱贫作为脱贫工作“五个一批”[①] 之一，是脱贫攻坚战中的精锐武器，习近平总书记多次强调“脱贫先扶志”，教育脱贫的本质就是扶志与扶智，而扶志的落脚点之一就是思想政治教育，思想政治教育历来是中国共产党各项工作的“生命线”，是中国共产党治国理政的重要组成部分，在脱贫攻坚战中有着重要的地位和作用。科右中旗基层队伍带领群众全面学习习近平新时代中国特色社会主义思想，深入贯彻落实党的扶贫政策，在这个过程中发挥了思想政治教育“生命线”的作用。坚持以脱贫攻坚统揽经济社会发展全局，一以贯之新时代农牧民素质提升工程，这是对解决本地区贫困问题走上致富道路的有益探索，也对其他贫困地区脱贫攻坚提供了有益借鉴。对农牧民开展思想政治教育，充分调动他们的积极性、主动性和创造性，提高他们的思想政治素质，在促进个体发展的同时也解决了贫困的难题，为社会经济发展贡献了一分力量。要加强农村思想政治教育，关注农民需求，丰富农村思想政治教育内容，优化教育方式，创新教育载体，加强基层干部队伍建设，巩固农村思想政治教育阵地，重视思想政治教育“生命线”的作用，以最大合力为开启中国乡村振兴新篇章提供强大思想武器。

【启示分析】

（1）充分认识思想政治教育在新时代农牧民脱贫攻坚中的引领作用。作用由地位决定，“生命线”原理是从思想政治教育的地位和功能上反映思想政治教育的本质和规律，阐述思想政治教育在宏观社会结构和微观个体发展中的地位，科右中旗通过新时代农牧民素质提升工程，以习近平新时代中国特色社会主义思想以及党的扶贫政策等方式引领了农牧民勤劳致富的奋斗目标以及相应的行为规范。他们开展文化扶贫“十进村”活动，包括习近平新时代中国特色社会主义思想宣讲进村、党的扶贫政策宣讲进村、社会主义核心价值观宣传教育进村、新时代农牧民素质提升进村、民族团结进步教育进村、法制宣传教育进村、脱贫典型故事分享进村、乌兰牧骑巡演进村、文艺志愿服务进村、励志主题电影展映进村，在各项活动中，发挥出了思想政治教育“生命线”的引领作用，通过思想引领，让这些农牧民清楚地了解到习近平新时代中国特色社会主义思想中的扶贫攻坚理论、党的扶贫政策以及社会主义核心价值观等先进思想，以先进思想改变了“等、要、靠”的落后思想；又比如，开展党史学习教育，将党史学习教育与农牧民素质提升工程相结合，提高了农牧民党员以及群众的思想政治素质，规范了他们的行为。当前，中国特色社会主义进入新时代，经济工作迎来新发展机遇的同时也面临着新时代提出的一系列新要求、新挑战。因此，必须坚持不懈地抓紧思想政治教育的“生命线”，要充分发挥思想政治教育“生命线”的引领作用，引领思想和行为，充分调动广大农村干部、群众的积极性、主动性和创造性，建设新时代产业兴旺、生态宜居、乡风文明、治理有效、生活富裕的现代化美丽乡村。

（2）充分认识思想政治教育在新时代农牧民脱贫攻坚中的凝聚作用。思想政治教育

① “五个一批”具体指发展生产脱贫一批、异地搬迁脱贫一批、生态补偿脱贫一批、发展教育脱贫一批和社会保障兜底一批。

“生命线”的凝聚作用主要是通过为政治目标服务、为经济发展服务以及为人格塑造服务来实现“凝心聚力”的。在为政治目标服务方面，科右中旗通过培养具备良好思想政治素质的农牧民来推动政治发展，通过“讲、唱、传、演”多措并举贯彻落实了习近平新时代中国特色社会主义思想以及党的方针政策“飞入乡村百姓家”，在全旗范围内对新时代农牧民素质提升工程中涌现的先进集体、先进个人进行表彰，通过将荣誉送到家门口的形式增加了典型荣誉感，扩大了典型影响力，转变了农牧民思想观念，使农牧民切实了解扶贫政策，更好地脱贫致富。在为经济发展服务方面，科右中旗通过调动农牧民的积极性，促使他们主动参与经济活动，促进经济又好又快发展，另外，科右中旗不断创新思想政治教育形式，结合群众的实际情况，在教育观念、方法、手段上不断创新，为贫困户在产业发展的道路上铺路领路，扶贫工作变“外援”为“内生”，激发贫困户的动力，比如，在白晶莹的不懈努力下，不会针线活的留守农牧民妇女一批又一批地加入刺绣行列，拿起绣花针学习刺绣，“巧手致富”的观念走进了当地群众的心里，他们切实地在劳动致富的道路上努力奋斗。在为人格塑造服务方面，科右中旗把增强基层党组织的组织力作为推动农牧民素质提升的重要抓手，带领全村想办法、找出路、抓脱贫，吸引了越来越多的群众的参与，调动和凝聚了贫困地区全体人民的积极性和主动性，将脱贫攻坚思维融入扶贫全过程，极大地提高了农牧民的素质以及对党和国家政策的认同，被帮扶的群众也越发充满信心，激发了贫困群众脱贫致富的内生动力，促进他们形成自强自立、争先脱贫的人格风貌。

（3）充分认识思想政治教育在新时代农牧民脱贫攻坚中的保证作用。思想政治教育是高质量完成党的各项工作任务的中心环节，是坚持中国特色社会主义发展方向的基本保证。思想政治教育的本质是国家主流意识形态的灌输，通过思想政治教育传播并贯彻国家意志，从而推进国家治理进程向前发展。党的十八大以来，以习近平同志为核心的党中央提出了精准扶贫，推动了中国扶贫战略实现重大转变，精准扶贫上升为国家战略。科右中旗把学深悟透习近平新时代中国特色社会主义思想作为脱贫攻坚举旗定向、攻坚克难的重要抓手，不断增强广大党员干部和各族群众参与理论学习的思想自觉、政治自觉、行动自觉，取得了脱贫攻坚战的伟大胜利。在党史学习教育开展中，科右中旗把巩固新时代农牧民素质提升工程成果作为深入群众的重要内容，通过巩固提升，激发群众干事创业的内生动力，切实打通服务群众“最后一公里”，引导群众在实践中感受百年党史、体会初心使命、赓续红色血脉、担当时代责任，真正做到学党史、悟思想、办实事、开新局，从而巩固拓展脱贫攻坚胜利成果。

案例 3　《五星红旗迎风飘扬》收视飘红*

2011 年 1 月 26 日，中国共产党成立 90 周年献礼大剧《五星红旗迎风飘扬》在央视

* 改编自：王磊．五星红旗迎风飘扬收视飘红．文汇报，2011－02－14；陈扬渲．《五星红旗迎风飘扬》火爆：为信仰而感动．浙江日报，2011－02－01；张亚男．解密《五星红旗迎风飘扬》收看人数超 4.5 亿．羊城晚报，2011－02－16。

一套黄金档热播。该剧回望我国“两弹一星”的研制过程，全景式展现了从领袖到元帅、从将军到士兵、从大科学家到普通技术员，在我国“两弹一星”研制过程中奋力拼搏的细节。既展现了毛泽东、周恩来等党和国家第一代领导集体对“两弹一星”事业的支持，钱学森、邓稼先、钱三强等科学家归国研制原子弹、氢弹的历史；也以谍战剧的形式，讲述了美苏秘密的核袭击计划，第一颗原子弹的密语“邱小姐”等鲜为人知的内幕。同时，科学家、工程技术人员的命运和感情，也是该剧的一大看点。钱学森、蒋英夫妇的完美结合，钱三强、何泽慧伉俪的患难爱情，邓稼先、许鹿希夫妻的生离死别，以及更多一生不为人知的科学家、工程技术人员的动人事迹，都为该剧增色不少。

作为央视的开年大戏，《五星红旗迎风飘扬》播出时间跨越整个春节假期。平均收视率 3.1，单集最高收视率 3.8，超过了同时段一向被看好的生活剧 2.8 的平均收视率，收视率始终保持领先，成为很多地区同时段的收视状元，全国观众人数总规模突破 6 亿人次。最高峰时，在全国 11 个省会城市同时段收视率排名第一。调查显示，在上海、杭州等地区的收视率甚至超过了《新闻联播》。

2011 年 3 月 1 日，中央电视台、中国电视艺术委员会、中国电视艺术家协会联合在北京召开杭产大剧《五星红旗迎风飘扬》的专家研讨会，对该剧的热播现象进行讨论与总结。中宣部、国家新闻出版广电总局的相关领导，《人民日报》、《光明日报》等主流媒体，浙江省广电局、杭州市委宣传部的相关领导及专家也参加了此次座谈。与会专家认为，《五星红旗迎风飘扬》的成功在于，该剧首次以科学家群体作为电视剧的第一主人公，表现了科学家们对祖国的忠诚，以及他们将献身祖国作为人生最高追求的奉献精神。广东南方台副台长余瑞金表示：“作为民族脊梁的科学家形象，以前较少在电视剧中体现，在这部剧中却得到了集中体现。”在杭州文艺名家名企恳谈会上，《五星红旗迎风飘扬》受到杭州市委、市政府通报表彰，奖励 200 万元。同时，西湖区也给予 100 万元的配套奖励。浙江省委常委、杭州市委书记黄坤明出席会议并在讲话中指出，文艺工作者和文化企业要坚持文化品位和文化追求，以更加饱满的热情投身创作生产，主动挖掘时代变迁中的重大题材，推进社会主义核心价值体系的时代化、大众化，为提升市民素质和杭州知名度作出文化战线应有的贡献。

钱学森的扮演者陈建斌说，他曾经在讲述科学家冲破重重阻力、纷纷归国参加新中国建设的电视剧《我亲爱的祖国》中扮演钱学森。该剧最后一集，钱学森站在天安门前，面对五星红旗说：“我说过我一定要回到祖国，现在我终于回来了。”而在电视剧《五星红旗迎风飘扬》中，这个场景再次出现，他感慨万分地说，两部电视剧时间跨度近 10 年，现在 40 岁的他更能理解钱学森对祖国民族、故乡亲人、爱人孩子的深情和眷恋。

民族精神引发了观众的共鸣，吸引了全国各个层次的观众。很多“80 后”“90 后”几乎不看红色题材电视剧的观众，却被《五星红旗迎风飘扬》电视剧中前辈们为国家和民族崛起而冒险回国、甘愿隐姓埋名的无私奉献精神所感动。

就读于华中政法大学的徐帆是个军事历史迷，寒假期间在家每天都会追看《五星红旗迎风飘扬》。他告诉记者，“两弹一星”的历史是非常值得回顾的题材。最近的红色经典剧目多以谍战和奇情为主，艺术加工成分过多，靠放大爱情故事来吸引更多年轻的观众，反而可能偏离历史。“所以看了《五星红旗迎风飘扬》，觉得还是蛮感动的。以前很多年轻人听到‘红色经典’四个字就会觉得很怀旧、老土，与自己不相干，但是看了这部剧，抓住一点，‘那是一群理想主义的人，在做自己喜欢的事’，感觉很不同。”

广州大学新闻专业刚刚毕业的小梁平时经常关注历史和时事，他经常和父亲一边看《五星红旗迎风飘扬》，一边讨论剧情。小梁说，问起自己周围的很多大学生“知道长征吗”，回答是“知道，就是吃苦挨饿呗，以前小学也学过”，但问题是究竟为什么要长征、怎么去认识这件事、长征与现在社会有什么联系，大家都想得不多。“所以看一下这类电视剧很有必要，好的‘红色经典’电视剧就是一部好的历史书。”

有位“80后”观众借用网络流行语评价这部红色题材电视剧：“社会发展需要精气神，‘五星红旗’很给力。”众多“80后”“90后”网友纷纷在网上留言：“很好的片子，现代人要多看看。我们要看历史，看精髓。”网友“elaineli2009”说：“自己在家天天陪着爸爸看他们那个年代的片子《五星红旗迎风飘扬》，他掌控遥控器，看得我们热血沸腾，超级爱国。”“90后”的“melissa”也表示：“最近跟爷爷天天看中央一台的电视剧《五星红旗迎风飘扬》，发觉这种历史题材的电视剧很不错，看完觉得中国人很强悍！”网友“huangwenbo2000”说：“这部片子好在内容，不在乎谁来演主角，起码它真实地反映了那个时代人们无私的奉献精神，它让现在的人去体会感悟真正的人生价值。”河南网友感慨道：“这个片子让我们反思很多。”网友“这就是我”甚至提议有关部门，要求全体党员必看此剧。

杭州的一位中学生最近都在观看这部剧，她告诉笔者：“钱老的事迹感动得我流下眼泪，像这样的好电视剧，远远胜过了那些青春偶像剧。以后应该多拍一些这么好的电视剧。”浙江大学一位大学生在接受记者采访时说：“描写历史深刻！钱学森的故事很感人，他和蒋英的爱情令人称羡。《五星红旗迎风飘扬》是一部近几年难得的好电视剧！”

另一位观众在微博上写下了此剧的观后感，其中引用了大量历史资料：“美方了解到钱学森想回中国后，一位军队高官曾评论说：‘一个钱学森抵得上五个海军陆战师。我宁可把这个家伙枪毙了，也不能放他回中国去！’”这位观众表示，当时那么多科学家冲破阻力艰难回国，让他很感动。“留在美国可以发财，回中国却困难重重，但是钱学森他们却毅然回国，饿着肚子搞‘两弹一星’。对比现在有不少人时刻‘向钱看’‘钱包鼓了，精神软了’的现象，《五星红旗迎风飘扬》则告诉我们，精神有时也是一种力量。”

一名北京的中年观众称：“中国人为什么叫中国人，就因为我们继承了中国人的历史，如果一个中国人不懂得中国的历史，那他也不配称为中国人。爱国主义教育太有必要了，直至现在听到这歌声，心中还是无比自豪！在该剧中钱学森的事迹很真实，他是我们祖国伟大的民族英雄。”

远在美国、欧洲、澳大利亚的华人华侨收看该剧后，也都纷纷在当地的报刊发表文章讴歌祖国，号召留学生学习钱学森、邓稼先等老一辈科学家的精神，表达了学成后报效国家和人民的心愿。

【思考题】

1. 你喜欢看历史题材的电视剧吗？印象最深的是哪一部？
2. 如何看待个人成就与国家发展之间的关系？

案例分析

【背景介绍】

2011 年适逢中国共产党成立 90 周年，中共中央举办了形式多样的纪念活动，而《五星红旗迎风飘扬》就是庆祝中国共产党成立 90 周年的一部影视剧力作。它以宏大的历史叙事向世人展示了中国人成功研制“两弹一星”的辉煌成就，鼓舞了民族士气，凝练了时代精神。这部电视剧之所以取得如此巨大的收视成就，与其独特的艺术表现手法密不可分。它第一次实现了重大革命历史题材向纵深推进与典型人物群体聚焦的重大突破在叙事结构上实现了国家民族命运矛盾推进与个体生命意义诸多矛盾细节推进交织的手法，依托电视剧这一艺术形式，深度塑造了中华民族文化形象的时代价值观，具有重要的现实意义，实现了将历史真实与艺术表现相融通的创新。电视剧主创班子的严谨态度、细致工作奠定了成功的基础。剧本编剧曾数次前往北京二炮、西北酒泉、马兰基地等地收集资料，走访老工程师、退休警卫员、老战士及其后代，不仅了解功勋科学家的往事，也咨询了导弹、原子弹、氢弹和卫星的相关专业知识，查阅 3 000 多万字的史料，120 多万字的剧本九易其稿，三次送国家新闻出版广电总局研讨审查。在拍摄过程中，剧组更是不辞辛劳，辗转横店基地、戈壁滩、沙漠等艰苦环境进行拍摄。

【主题分析】

案例表明，电视剧《五星红旗迎风飘扬》播出后获得了观众的广泛认可，引发了极大的社会反响，特别是受到“80 后”“90 后”年青一代的热捧，发挥了中国共产党党史教育、以民族精神为核心的爱国主义教育的功能，说明在社会主义现代化建设的历史进程中，以思想政治教育为核心的精神文明建设与物质文明、政治文明、社会文明、生态文明建设同样具有重要的地位和作用，以主旋律电视剧为载体的思想政治教育满足了广大人民群众对回顾中国共产党光辉卓越历史进程的渴望和继续以积极、健康、向上、奋发图强的精神展开新的历史征程的希冀。因为在党的奋斗史和共和国成就中都凝聚着广大人民群众的奉献和牺牲。他们是真正的民族英雄，是他们的行动奏响了时代的主旋律。在这个继往开来、与时俱进的时代，大力提倡一切有利于发扬爱国主义、集体主义、社会主义的思想和精神，大力倡导一切有利于改革开放和现代化建设的思想和精神，大力提倡一切有利于民族团结、社会进步、人民幸福的思想和精神，大力倡导一切用诚实劳动争取美好生活的思想和精神，是广大人民群众的不懈追求，也是思想政治教育的历史使命。

【启示分析】

电视剧《五星红旗迎风飘扬》全景展示了以毛泽东为核心的党的第一代中央领导集体和以钱学森为代表的爱国科学家成功研制“两弹一星”的丰功伟绩，播出后影响很大，对思想政治教育有诸多的启示意义，对于正确认识思想政治教育在社会发展中的举足轻重的地位和发挥其引领社会思潮方向的作用方面有以下三点启示：

（1）正确认识思想政治教育的地位。思想政治教育作为对社会经济政治文化生活具有反思性、批判性、引导性的教育实践活动，作为个体价值选择、精神濡养的“修道”[①]实践，对于满足人与社会发展的需要有着不可或缺的作用。电视剧《五星红旗迎风飘扬》的热播，反映了广大人民群众对当前媒体充斥的消费文化、低俗文化以及贫乏空洞、消极腐朽精神生活的抵制、摈弃，对真实感人、积极向上精神生活的迫切呼唤，以艺术形式为载体的主旋律电视剧成为媒体时代社会思想政治教育使命的重任担当者。

（2）思想政治教育主导地位和作用的发挥取决于其内容的不断丰富和创新。能否担当起推动社会经济政治文化发展、引领社会思潮的正确方向、塑造人的精神品质的重任，取决于思想政治教育内涵的不断深入发掘、内容的与时俱进。电视剧《五星红旗迎风飘扬》之所以收视飘红，是因为它满足了人们追求健康积极的精神境界的需求，思想政治教育实践获得了其存在的客观基础。电视剧弘扬以爱国主义为核心的民族精神这一主旋律，突出了时代的主题，理想信念教育得到了正面的表现与回应，引起了社会各界的广泛共鸣。我国目前处于社会主义初级阶段，以市场经济为导向的经济建设在激发了社会活力的同时，仍然存在很多弊端。资本内在地追求利润的最大化，社会积弊不可避免地存在。对此要用积极健康的精神力量加以引导，思想政治教育的任务就是要抑制市场经济的弊端，弘扬市场经济竞争中的积极因素，促进经济社会的和谐发展。《五星红旗迎风飘扬》通过宏大历史事件与个人幸福生活的矛盾冲突，反映了在任何时代都存在着的个人价值与社会价值的辩证关系问题，对消解当今时代个体在多元社会价值选择中的纠结颇具启发意义。一个个历史巨人将其个人的幸福与国家民族的命运紧密联系在一起，个人对社会发展的贡献成为个体价值的最好证明。这部电视剧为“80后”“90后”年青一代观众所喜爱，不能不承认剧情对他们产生了强烈的思想震撼，并发挥了积极的引导作用。

（3）主旋律电视剧是思想政治教育的有效载体。《五星红旗迎风飘扬》的热播说明，在大众传媒时代，思想政治教育的内容要时代化、大众化，就必须充分发挥大众传媒的载体作用。一方面唱响影视文化中的主旋律，以健康向上的内容满足广大人民群众精神文明水平不断提高的需要；另一方面，以精湛的艺术作品，提高教育的可接受性、感染性，使教育的形式和内容为广大人民群众所喜闻乐见，这是创新实现思想政治教育任务、巩固思想政治教育地位、发挥思想政治教育功能的有效途径。正如孟子所云：“仁之实，事亲是也；义之实，从兄是也；智之实，知斯二者弗去是也；礼之实，节文斯二者是也；乐之实，乐斯二者，乐则生矣；生则恶可已也，恶可已，则不知足之蹈之，手之舞之。”（《孟子·离娄上》）这段话深刻地揭示了思想政治教育内容为受教育者认同并转化为行为和追求的过程和机制，说明完成思想政治教育的任务要依据人们的认识规律，采取人们喜闻乐见的方式才能取得预期的效果。

---

① 该词出自《中庸》“天命之谓性，率性之谓道，修道之谓教”。

案例4　长征——永远在路上*

秋风瑟瑟，雁阵惊寒。1934 年 10 月 16 日，平日里冷冷清清的江西于都河码头，突然繁忙起来。一队队脚步匆匆的红军集结到这里。受周恩来委托，病中的毛泽东躺在担架上组织架桥，搭浮桥用的全都是老百姓的门板。于都全县 800 多条船也全部集中到河边。为了避免被敌人发现，红军每天晚上架通浮桥过河，次日凌晨再拆除。不仅战士，连干部都不知道目的地是哪里，更没有考虑哪一天反攻、什么时候会师之类的问题，唯一能做的就是随着部队走。

长征，就这样开始了。

这是八集大型纪录片《长征》中，对这次人类历史上规模最大的一次远征的起始的描述。

《长征》纪录片分别以“英雄史诗”“路在何方”“伟大转折”“战史奇观”“民心所向”“跨越极限”“百川归海”“永远长征”为小标题，带领我们重走长征之路，为我们展示了不管是在战争年代还是在和平时代，长征精神始终是中华民族振兴的强大动力。

20 世纪 30 年代，中国共产党创建的农村革命根据地如星星之火，形成燎原之势。在江西瑞金成立的中华苏维埃共和国，是红色政权的中心。然而，“左”倾错误在党中央占据了统治地位，毛泽东的正确领导遭到排斥，中央红军第五次反“围剿”失败，被迫开始战略转移。主力红军被迫转移后，在当地坚持游击战争的红军部队付出了巨大的牺牲。征途漫漫，路在何方？

遵义会议是党和红军生死存亡的转折点。片中当事人真切回忆会议实况，一份手稿揭开历史之谜——毛泽东开始为中国革命掌舵，党的路线转到马克思主义的轨道上来了。

长征跨越生命禁区，穿过死亡陷阱。官兵一致同甘苦，革命理想高于天。看着纪录片中红军战士周广才过草地留下来的半截皮带，习近平总书记说：“这就是信仰的力量，就是‘铁心跟党走’的生动写照。”红军在长征中得到了人民群众的大力支持。每当红军身处险境时，总能看到老百姓相助的身影。

党指引的方向就是红军前进的方向。红一、四方面军会师时，毛泽东亲写标语：“一、四方面军是一家人！”“会师的胜利证明我们的红军是不可战胜的！”党中央确定了北上的方针，在危急关头，党中央被迫率红一方面军主力北上，1935 年 10 月到达陕北，与西北红军汇合。红二、红六军团与红四方面军会师，经过与张国焘斗争，两军并肩北上。

1936 年 10 月，红军三大主力会师西北，长征结束。陕甘宁边区成为红军长征的落脚点和抗日战争的出发点。在两年中，红军长征辗转十四个省，历经曲折，战胜了重重艰难险阻，保存和锻炼了革命的基干力量，将中国革命的大本营转移到了西北，为开展抗日战争和发展中国革命事业创造了条件。从 1934 年开始到 1936 年结束的长征，突破几十万敌军的包围封锁，唱响战略转移的凯歌，是人类近现代战争史上凡人谱写出的英

---

* 改编自中央电视台综合频道于 2016 年 10 月播出的八集纪录片《长征》。

雄史诗。

解放战争、抗美援朝战争中，人民军队越战越勇，百炼成钢。延安精神、西柏坡精神、“两弹一星”精神、青藏铁路精神、汶川抗震精神、载人航天精神……都涌动着长征精神的红色基因。党的十八大以来，以习近平同志为核心的党中央提出实现中华民族伟大复兴的中国梦，确立了一系列治国理政的新理念新思想新战略，各方面取得了举世瞩目的重大成就。承载着 5 000 年灿烂文明和波澜壮阔的历史，承载着一代又一代中华儿女的梦想，“中国号”巨轮正向着中华民族的美好未来破浪前进！

片中出镜的近百位老红军集体完成了最精准的长征历史表达。他们中约 50 位采访拍摄于 20 世纪 90 年代，另外 49 位老红军则是这次集中采访拍摄的。老红军的神态、语气、讲述的内容，营造了纪录片真实的历史气氛，大大提高了该片的吸引力和可信性。江英说，老红军不仅仅是当事人，而且是见证人，不少人后来成为高层领导，他们从宏观的角度，从军事专家、指挥员的角度，对历史和当时的军事行动进行评价，得出了许多难能可贵的结论。

江英指出，该片从开始就确定了重要的指导思想，即紧紧围绕近年来中共中央的有关精神和习近平总书记的有关讲话精神结构全片，所以，首先该片具有很强的原则性；其次，该片在学术上对大历史的阐述也比以往向前推进了一步，比如第八集“永远长征”讲到陕北既是红军长征的落脚点，也是红军投身抗日战争的出发点；最后，该片在具体史实的深入考证方面也有一些新的发现，比如对遵义会议的展现和有关史实细节的叙述，比以往深入，更有洞见。

江英还说，思想与情感对一个片子而言是相得益彰的，“因为思想本身就能够促进情感，情感又能够促进观众对思想的理解”。比如第六集“跨越极限”，通过老红军的回忆和大量史料，展现了红军过雪山草地时悲壮凄恻的情景，充分体现了红军心目中“信仰的力量”，是“铁心跟党走”的生动写照。

中国工农红军长征的胜利，是人类历史上的奇迹。红军长征的胜利，是中国革命转危为安的关键。长征的胜利表明，中国共产党及其领导的中国工农红军是一支不可战胜的强大队伍，长征中红军表现出的对革命的必胜信念和勇往直前、不怕牺牲的英雄气概，成为激励共产党人和人民军队前进的巨大动力。当年红军长征胜利到达陕北之后，毛泽东曾就长征做过如此精辟的总结：“长征是宣言书，长征是宣传队，长征是播种机”。

该纪录片一经播出，就得到了社会各界的好评。民族精神引发了观众心底的共鸣，吸引了全国各个层次的观众。很多“80 后”“90 后”甚至“00 后”被影片展示的共产党人铁一般的信仰、铁一般的信念、铁一般的纪律、铁一般的担当精神和作风所吸引，被长征精神所震撼。

【思考题】

1. 你看过纪录片《长征》吗？你认为“长征精神”主要是什么精神？
2. 长征中哪些事件说明了思想政治教育的“生命线”地位？
3. 纪录片《长征》在当前社会主义建设“新长征”中，能够发挥哪些思想政治教育功能？

案例分析

【背景介绍】

2016 年是红军长征胜利 80 周年。作为纪念中国工农红军长征胜利 80 周年特别制作的一部重要纪录片，《长征》在央视黄金时间播出。这部作为国家重点宣传项目的大型文献纪录片由中宣部、国家新闻出版广电总局主导，中央电视台科教频道摄制，一经播出，受到一致好评。该片把握时代脉搏，通过全景式再现、国际化视角讲述、亲历者口述、数据量化解读等手法，充分调动各种艺术手段，披沙拣金，努力发掘长征中信仰的力量、真理的力量、人民的力量，力图成为一部具有国家立场、国际视野，代表国家观点、当代视角的国家影像之作。

创作过程中，《长征》摄制组兵分五路，沿着红军将士当年的足迹，驱车数万里，探寻 80 年前红军创造的人间奇迹。本次拍摄通过抢救性采访 49 位近百岁的老红军，倾听他们亲口讲述长征，充分挖掘和呈现真实又生动的长征故事。通过重走长征全程，追寻历史踪迹，展现时代新貌，激励我们不忘初心，为实现中华民族伟大复兴的中国梦继续前进。

【主题分析】

大型纪录片《长征》，用真实感人的史料和气势磅礴的叙述，反映红军长征历经千难万苦终于取得胜利的伟大壮举，反映了党的十八大以来全国人民为中华民族伟大复兴而奋斗取得的新成就，体现了十八届六中全会精神和习近平总书记的有关重要讲话精神，揭示了无论在革命年代还是在社会主义现代化建设过程中“铁心跟党走”“信仰力无穷”，坚持正确的思想路线是攻艰克难、取得最终胜利的法宝，而思想政治教育则对党和国家坚持正确的政治方向和思想路线发挥了至关重要的作用。1934 年，周恩来、朱德、王稼祥在中国工农红军第一次全军政治工作会议上指出“政治工作是红军的生命线”，这是中国共产党人和红军将士用生命和热血换来并留给我们的最宝贵的精神财富。《长征》以主旋律影视片的形式，使我们回顾历史，感受革命年代震撼人心的长征精神，对于激发人们的爱国心和民族自豪感，发扬当代新的长征精神具有重大现实意义。

【启示分析】

（1）坚持思想政治教育的“生命线”地位。正确的政治方向和思想路线是过去、现在以及将来一切革命胜利的保障。红军长征胜利的史诗，既是一部中国共产党人不断开辟正确的革命道路和路线的创举，也是一部坚持思想政治教育“生命线”地位的华章。思想政治教育是我党重要的政治优势和光荣的优良传统，是我党动员和鼓励广大人民群众为自身利益奋斗的重要武器。自始至终的思想政治教育的开展是长征胜利的重要精神保证，它使红军内部始终保持高度的团结，同时也赢得了民心。在长征开始前夕，尽管中共中央没有在红军和群众中传达进行战略转移的计划，但是由于前期的思想政治工作做了布置和准备，此时的红军是一支有着坚定的信念和强大战斗力的部队。长征过程中的特殊环境，决定了思想政治教育的主要目的是调动战士们的情绪，增强部队的战斗力，突破敌人的封锁。它的表现形式有两种，对内是以教育的形式，对外则表现为宣传。长征过程中党支部学习、领导干部谈心、出版刊物、上政治课等一系列丰富的思想政治教育活动，坚定了广大红军战士的革命信念，消除了在长征途中个别同志消极悲观的情绪，同时通过进行军内民主生活的教育，营造了和谐的政治环境，激发了大家的顽强战斗力。通过群众工作教育，红军战士们了解了群众工作的意义，不仅处理好了同少数民族之间的关系，也瓦解了国民党的“围剿”，壮大了革命力量。今天，在社会主义建设新长征中，如果没有社会主义核心价值观的主导，人民就没有信仰，社会就没有凝聚力，生活就没有动力。因此，在实现中华民族伟大复兴的新长征中，只有坚持思想政治教育的“生命线”地位和作用，坚持正确的政治方向和实事求是的思想路线，才能取得社会主义建设新长征的伟大胜利。

（2）充分发挥思想政治教育的功能。思想政治教育作为一种软实力，能够为社会成员提供精神支撑和精神动力，在社会主义现代化建设中促使精神力量向物质力量的转变；能够营造一种良好的社会氛围和舆论氛围，增强公民的民主意识，提高公民的政治文化素养；能够通过先进文化中主流思想、正确思想的传播，内化于公民的内心，提升个人素质。当前网络环境的开放性和复杂性，导致思想观念多元化，人民群众对社会的判断往往会受到影响，出现偏颇。由此，思想政治教育功能的发挥，能够让广大人民群众正确分辨主流和支流，合理正确地利用当下新媒体带来的各种信息。《长征》纪录片的播放，满足了社会成员对于回顾中国伟大历史的渴望，发挥了党史教育以及以民族主义为核心的爱国主义教育功能，促使人们正视历史，知晓中国共产党执政的历史必然性，增强人民群众的四个自信，坚定人民群众的理想信念。

（3）思想政治教育具有重要的政治、经济以及文化功能。思想政治教育功能的实现需要依托一定的载体，新时代更需要依托新载体与新形式。纪录片形式的影视作品便是新时代思想政治教育影像资料的重要表现形式。作为一种有目的、有组织地向观众传输社会文化的活动，影视作品具有作为思想政治教育载体所必备的基本条件，红色影视作品中所传达出的爱国主义、集体主义以及革命乐观主义等积极向上的主流价值观念，是思想政治教育的重要内容。据统计，2016 年 10 月 13 日至 16 日，八集大型纪录片《长征》在央视综合、中文国际、科教和新闻频道播出，累计吸引 2.42 亿观众收看。其中，在综合频道平均收视率为 0.72%，较前一周同时段提升 22%，多终端网络点播总量为 1 900 万次。新华网、人民网等 20 家重点新闻网站进行重点报道，新浪、腾讯等商业网站持续推送和置顶推荐。累计 955 万用户通过央视网观看《长征》互动访谈直播。观众和网友表示，节目中贯穿的老红军口述历史朴素、震撼，现场感强，引发共鸣，使年青一代谨记历史。纪录片《长征》收视爆棚使我们坚信，思想政治教育的作用要想深入人心，除了客观地讲述史实之外，还需要丰富载体的形式，广泛地运用电视剧、电影、微信平台等新媒体；应创新思路，随着时代的发展和受众审美态度的变化而进行不断的调整和创新，这样才能使影视作品的受众变得更加广泛，更能打动人心，给人启迪。

第二章

思想政治教育的目的和任务

要点综述

思想政治教育的根本目的就是通过提高人的思想政治素质促进人的自由全面发展。思想政治教育的具体目的依据不同时期、不同主客体、不同形式的思想政治教育活动而确定，可以称为思想政治教育的目标（如长、中、短期思想政治教育目标，国家、社会、学校、企业、军队的思想政治教育目标，教育、管理、道德和法治建设的思想政治教育目标等）。思想政治教育任务是实现思想政治教育目标应该承担的责任。当前，我国思想政治教育的根本任务就是通过社会主义核心价值观教育，塑造“占有自己的全面的本质”① 的、社会主义事业的建设者和接班人。这主要体现在帮助人们确立中国特色的社会主义共同理想和信念、以爱国主义为核心的民族精神、社会主义荣辱观和科学的思维方式等方面。本章通过“崖畔的桂 雪中的梅”“蒙尘祁连 蝶变重生”“西部支教绽放精彩人生”“只为一个永远的约定”“四川蝶变”等案例，反映了新时代社会不同主体、以不同形式实现思想政治教育的目的和任务的生动实践。

案例 5　崖畔的桂　雪中的梅*

中共二十大代表张桂梅，先后被授予“云岭楷模”、全国三八红旗手标兵、全国优秀共产党员、时代楷模、全国脱贫攻坚楷模、全国道德模范等荣誉称号，2021 年被评为“感动中国 2020 年度人物”，并被党中央授予“七一勋章”。其中，《感动中国》栏目给张桂梅的颁奖词是：“烂漫的山花中，我们发现你。自然击你以风雪，你报之以歌唱。命运置你于危崖，你馈人间以芬芳。不惧碾作尘，无意苦争春，以怒放的生命，向世界表达倔强。你是崖畔的桂，雪中的梅。”

---

① 马克思，恩格斯．马克思恩格斯全集：第 3 卷．2 版．北京：人民出版社，2002：303.

* 王嘉驰、郭燕改编自：徐元锋．让教育之光照亮贫困山区．人民日报，2021－02－22；徐元锋，王秀丽．照亮大山女孩的梦想．人民日报，2021－07－17.

张桂梅1957年6月生，从小就接受革命传统教育，上学时是班上的文艺骨干，初中时在学校主演过歌剧《江姐》。革命先辈的精神深深影响了她。记者采访时，张桂梅随口便能唱出一段："看长江战歌掀起千层浪，望山城红灯闪闪雾茫茫……"18岁时，张桂梅来到云南支援边疆。开始在林业企业做行政，后因林业子弟学校缺老师，她转岗从事教学，还带出了成绩不错的毕业班。再后来，张桂梅考取师范学校，毕业后和丈夫到大理教书。丈夫不幸因病去世后，1996年张桂梅离开大理喜洲，调到条件相对较差的丽江华坪中心中学教书，后又调到刚组建的民族中学任教。1997年，张桂梅查出患有重病，校园里几百米的路得一步步挪，时常疼得汗如雨下。同事们半夜送她去医院，熬好中药送到她宿舍；县妇代会上，代表们现场给她捐款，县长说："我们再穷也要治好你的病。"谈及这么多年的坚持，张桂梅说："我的初心就是报恩，要回报这片热土。"

2008年8月，华坪女子高级中学（简称"华坪女高"）建成，张桂梅要办一所免费女子高中的想法终于落成现实。现在，华坪女高红黄色调的大铁门上，是"扣好人生第一粒扣子"的红布标语。这所看上去不起眼的高中，在当地颇有影响力：华坪女高成立前，华坪县中考升学率还不到50%，2020年达到90%以上，全县高考升学率多年在丽江保持第一；以前农村女孩早婚早育的多，现在读高中的越来越多。华坪女高，就是一所因抵抗贫困而生的学校。1996年丈夫去世后，张桂梅从大理调到华坪教书，面对傈僳族、彝族、纳西族的学生，大山里的贫困超出了她的想象。有的家长带着一包钢镚和角票交学费，有的学生只吃饭不吃菜，有的头天晚上把大米放进暖水瓶做早点。班上男生多女生少，"一些女生读着读着就不见了"。张桂梅意识到，提高山区母亲们的教育水平，将至少改变三代人！2002年她开始筹建免费女子高中，"规模化"地帮助山里女孩，改变她们的命运和家庭贫困。但在贫困地区办免费高中，这在许多人眼里简直是异想天开。可张桂梅不这么想，为了改变这片贫困的土地，她毅然踏上募捐之路。5年间，她被人放狗咬，被吐口水骂是骗子，有一次还因为太累坐在机关大门口睡着了。华坪女高办公室主任张晓峰说："直面贫困，张老师最懂山里人的渴盼，她是大山的女儿。"2007年，张桂梅当选党的十七大代表。在北京开会时，一篇题为《我有一个梦想》的报道，把她关于女子高中的梦在北京传开。随后丽江市和华坪县各拿出100万元，帮助张老师办校。从此，女高这棵教育扶贫的"珍稀苗木"栉风沐雨茁壮成长。华坪女高的教师工资和办学经费均由县财政保障，学校建设一直由县教育局负责。女高学生除了自己的生活费，其余全免。张桂梅说，女高不是普通学校，是贫困家庭未来的希望。2008年，华坪女高建设完成，学校有了食堂、宿舍和塑胶运动场，在校生达460多人。连续多年，华坪女高不仅一本上线率保持在40%多，高考成绩综合排名也位居丽江市第一。建校至今，学校已把几千名大山女孩送进大学。

办校10多年来，张桂梅拖着病体忘我工作，家访超过1 600户，行程11万多公里，走到了许多大山里"汽车轮子到不了的地方"。她无数次掏出自己的工资扶危济困，甚至协调给乡亲们引水修路。扎根贫困地区40余年，张桂梅默默耕耘、无私奉献，创办全国第一所全免费女子高中，帮助1 800多名贫困山区女孩圆梦大学，用教育阻断贫困代际传递，用爱心和智慧点亮万千乡村女孩的人生梦想。

然而，新道路的探索往往困难重重，阳光总在风雨后。2008年，华坪女高首届100

名学生招进来了，学校却面临难以想象的困难：华坪女高只有一栋教学楼，连围墙和厕所都没有，学生吃饭要到旁边的民族中学。几间教室，是老师们的宿舍，睡的是大通铺。没多久，17 名教师就走了 9 个。张红琼是华坪女高的资深老师，受张桂梅一次演讲感召，2008 年建校时她坐了 17 个小时的大巴车来投奔张桂梅。张红琼也曾打过退堂鼓，但当她拿着辞职申请忐忑地来到张桂梅办公室门口，看见张桂梅正在吃药时，心里实在不忍。她说："我是自愿来的，是党员，这时候不能一走了之。"剩下的 8 个老师中，有 6 个是共产党员。打小就读《红岩》的张桂梅，一下子找到了精神支点和工作抓手。她让人在教学楼二楼画了一面党旗，举起右手咬牙宣誓："人在，教育扶贫的阵地就在！"十多年来，华坪女高每周进行"五个一"教育：党员戴党徽上班，重温入党誓词，组织理论学习，合唱革命歌曲，看红色影片。看看华坪女高的"速度和激情"吧。女生们五点半起床，晨起 5 分钟后洗漱完毕，跑步上下楼梯，课间出操 1 分钟站好队。从下课铃响起，到跑进食堂排队、打饭再吃完，10 分钟内完成。女高不只有严苛的纪律和领先的升学率。这里的老师，像姐姐哥哥一样关心学生。这里的学生抗压能力强，还特别自信。在北京"时代楷模"发布现场，毕业生们在荧幕上一个一个向她汇报："我现在是医生，我现在是警察……"张桂梅忍不住举起手掩面而泣："她们一个个跟以前完全不一样，丑小鸭变天鹅了。"

强大的精神为行动增添力量、提供支撑。张桂梅身患心脏病、肺气肿等 23 种疾病，多次送往医院抢救才活过来。领导、同事、学生多次劝她住院治疗，她却不肯，坚持出院一边治疗一边工作。她说："我的事业是教书，我的希望是学生，不把他们送出学校我是不会先走的。"她行走困难，上下楼梯都是攥紧扶手，一步步地挪。可是每天早上 5 点，她都准时起床，第一个出现在校园里，每天至少 3 次巡校、查课……张桂梅没有子女，也没有财产，至今和学生一起住在女生宿舍里。她的钱都去哪儿了？30 万元的"兴滇人才奖"奖金，一次性捐给华坪县丁王民族小学建教学楼；昆明市总工会专门拨给她治病的 2 万元钱，最终也捐了。张桂梅把全部奖金、捐款和大部分工资累计 100 万余元，捐献给了山区孩子们和其他需要的人。说起为啥想要办学校，张桂梅最初的想法就是报恩。中年丧夫，自己随后又重病缠身，在张桂梅最艰难的时候，是华坪这片热土接纳了她，给了她第二次生命。张桂梅告诉记者，山里的学生太穷了太苦了，自己想帮帮他们。县政协委员们向她鞠躬、县妇代会上代表们给她捐款治病……回首往事，张桂梅感慨："水激石则鸣，人激志则宏"。荣誉越来越多，名气越来越大，她越来越意识到自己的责任。"有人说我爱岗敬业，有人说我疯了，有人说我为了荣誉，也有人不理解。一个人浑身有病，为啥还比正常人苦得起？"张桂梅解释说："我心里始终有一股劲：你豁出命改变她们的命，值！人生老病死都正常，豁出去一点，怕什么？"张桂梅这样进行自我总结："如果说我有追求，那就是我的事业；如果说我有期盼，那就是我的学生；如果说我有动力，那就是党和人民。"

【思考题】

1. 你认为张桂梅为什么要不遗余力地去办一所免费女子高中？
2. 张桂梅是如何实现立德树人目标的？

3. 张桂梅的立德树人教育实践有哪些鲜明特点？

案例分析*

【背景介绍】

张桂梅，原名张玫瑰，女，满族，中共党员，1957 年 6 月生于黑龙江省牡丹江市，原籍辽宁省岫岩满族自治县，1975 年 12 月参加工作，1998 年 4 月加入中国共产党，丽江华坪女子高级中学党委书记、校长，华坪县儿童福利院院长（义务兼任），丽江华坪桂梅助学会会长、中共二十大代表。张桂梅先后被授予“云岭楷模”、全国三八红旗手标兵、全国优秀共产党员、时代楷模、全国脱贫攻坚楷模、全国道德模范等荣誉称号，被评为“感动中国 2020 年度人物”，被授予“七一勋章”并在“七一勋章”颁授仪式上发言。张桂梅扎根云南贫困山区 40 多年，把全部身心投入边疆民族地区教育事业和儿童福利事业，推动创建了中国第一所免费女子高中。她常年坚持家访，行程 11 万多公里，为学校留住学生，为学生留住改变命运的机会，培养学生不畏艰辛、吃苦耐劳的品格，引导学生铭记党恩、回报社会。2008 年建校以来，华坪女高帮助几千名女孩圆梦大学校园。张桂梅将自己的时间金钱全部投入教学和学生身上，以坚韧执着的拼搏和无私奉献的大爱，诠释了共产党员的初心使命，为学生、老师乃至社会全体成员树立了光辉的榜样。她的事迹一经报道，便在社会上引发了热烈反响，各地纷纷报道张桂梅的感人事迹并开展学习行动。

【主题分析】

党的十八大报告明确强调了教育居于改善民生的社会建设之首的重要地位，并阐明“把立德树人作为教育的根本任务”①。2019 年 3 月，习近平总书记在主持召开学校思想政治理论课教师座谈会时提出：“新时代贯彻党的教育方针，要坚持马克思主义指导地位，贯彻新时代中国特色社会主义思想，坚持社会主义办学方向，落实立德树人的根本任务”②。明确指出了“立德树人”的重要地位。张桂梅在艰苦的边疆地区，用自己的青春和热情、用自己的时间和金钱为大山女孩提高思想道德素质、锻造安身立命本领、成长为堪当民族复兴重任的时代新人做出了重要贡献。她坚持社会主义办学方向，以凝聚人心、完善人格、开发人力、培育人才、造福人民为工作追求，把爱国主义、集体主义、社会主义思想付诸中国特色社会主义建设实际行动中，付诸立德树人的教育实践中，用鲜活的事实、感人的事迹充分体现了一位教师心系祖国、服务人民、无私奉献、顽强拼

---

* 陈万柏，张耀灿．思想政治教育学原理．3 版．北京：高等教育出版社，2015；戴艳军．思想政治教育原理案例分析．北京：中国人民大学出版社，2012；戴艳军，王嘉．思想政治教育原理案例分析：修订版．北京：中国人民大学出版社，2018.

① 胡锦涛．坚定不移沿着中国特色社会主义道路前进 为全面建成小康社会而奋斗：在中国共产党第十八次全国代表大会上的报告．人民日报，2012－11－18.

② 习近平主持召开学校思想政治理论课教师座谈会强调：用新时代中国特色社会主义思想铸魂育人 贯彻党的教育方针落实立德树人根本任务．人民日报，2019－03－19.

搏的精神追求，生动地诠释了新时代思想政治教育立德树人的目的和任务的丰富实践。

【启示分析】

（1）张桂梅为边疆地区教育事业和儿童福利事业无私奉献的感人事迹，诠释了思想政治教育立德树人的根本目的和根本任务，是思想政治教育立德树人根本目的与根本任务的人格化。实现人的自由全面发展是思想政治教育立德树人的根本目的，培养德智体美劳全面发展的社会主义建设者和接班人是思想政治教育立德树人的根本任务。张桂梅把人生的理想和热情毫无保留地投入贫困山区教育扶贫事业，落实在帮助落后地区孩子的健康成长中，在祖国边陲最需要的地方，面对艰苦的生活环境和办学的重重阻力，不忘初心，坚定理想信念，自觉把个人的理想追求融入国家和民族的事业中，在平凡的岗位上干出了伟大的事业，实现了人生价值。她是走在时代前列的奋进者和开拓者，用自己的实际行动参与并见证着我国山区的发展。她是积极践行社会主义核心价值观的人，用自己的热血和青春滋润着孩子的心田。她是以天下为己任的人，在艰苦卓绝中奋斗一生，用自己的实际行动担当社会发展的重任。党的二十大报告指出："育人的根本在于立德。全面贯彻党的教育方针，落实立德树人根本任务，培养德智体美劳全面发展的社会主义建设者和接班人。"① 习近平总书记强调："我国是中国共产党领导的社会主义国家，这就决定了我们的教育必须把培养社会主义建设者和接班人作为根本任务，培养一代又一代拥护中国共产党领导和我国社会主义制度、立志为中国特色社会主义奋斗终身的有用人才。"② 张桂梅就是这样的有用人才，薪火相传，她为之竭力奋斗的教育事业也是在培养这样的有用人才。正如张桂梅自己所说的，我们要坚持做"峡谷里的灯盏"，为党育人，为国育才。

（2）榜样示范是张桂梅进行"立德树人"思想政治教育工作的鲜明特点。张桂梅远赴边疆、扎根当地，以知识和大爱为纽带，赢得当地同胞的信任和友谊，赢得学生们的尊敬和爱戴。张桂梅扎根云南贫困山区 40 多年，推动创建中国第一所免费女子高中，2008 年建校以来帮助几千名女孩圆梦大学校园，她无儿无女，但她是许多孩子的"妈妈"，充满着爱和力量，照亮山区孩子们的追梦人生。张桂梅常年坚持家访，行程 11 万多公里，挨家挨户做工作，为学校留住学生，为学生留住用知识改变命运的机会。张桂梅没有积蓄，她的工资，还有各种奖金，除了留下自己最基本的生活费，其余全部捐了出来，补助困难学生、推动学校建设、用于各种慈善事业。思想政治教育是教育者和教育对象在互动中进行心灵的接触，张桂梅将她无私的大爱与思想政治教育相融、与立德树人相融，在与学生进行情感沟通的基础上实现了立德树人的教育目标，在学生心中埋下了实现理想的种子，激励学生努力成长为德智体美劳全面发展的社会主义合格建设者和接班人，这种"立德树人"的思想政治教育工作更加深入人心、更具有生命力。张桂梅是德才兼备的光辉模范。教育者为人师表，首先自身必须要做好表率，所谓"其身正，不令而行；其身不正，虽令不从"。教育者更重要的是蒙以养正，导人向善，果行育德，

① 习近平．高举中国特色社会主义伟大旗帜 为全面建设社会主义现代化国家而团结奋斗：在中国共产党第二十次全国代表大会上的报告．北京：人民出版社，2022：34.

② 教育部课题组．深入学习习近平关于教育的重要论述．北京：人民出版社，2019：71.

更好地担当起学生健康成长指导者和引路人的角色。思想政治教育者要立德树人，做好引路人角色，自身素质必须过硬，包括思想、政治、道德、知识、能力等各方面素质。张桂梅作为一名共产党员，充分发挥党员先锋模范作用，坚定正确政治方向，把全部身心投入贫困山区教育扶贫主战场，被授予“全国优秀共产党员”称号。教师是以德治学的实施者，是素质教育的主力军，是人才成长的引路人。张桂梅真正做到了坚定马克思主义信仰，坚定中国特色社会主义共同理想和共产主义远大理想，引导学生树立正确的世界观、人生观、价值观，培育学生热爱中国共产党、热爱祖国、热爱人民、热爱集体、热爱家乡的情感。

（3）张桂梅“立德树人”的感人事迹明晰了思想政治教育与其他教育的关系。首先，“立德”是人才培养的首要条件，“才者，德之资也；德者，才之帅也”。培养人才首先要教导学生树立正确的世界观、人生观、价值观，没有“德”无法成才。其次，“树人”是人才培养的最终目的，教育事业要始终坚持将“培养德智体美劳全面发展的社会主义建设者和接班人”① 作为各项工作的根本旨归，实现“立德”的最终指向。最后，正确处理好“立德”与“树人”之间的辩证关系，辩证地看待“立德”与“树人”之间的关系，兼顾育人与育才，才能实现培养人才的最终目标。张桂梅在办学的过程中真正做到了立德与树人的内在一致性及人才培养的育人和育才相统一。她坚持以树人为核心，立德为根本，身体力行地做到了教育传授学生的不仅是知识，更重要的是价值观塑造、能力锻造、人格养成。思想政治教育不能脱离其他教育而单独存在，其他教育应联合多方力量共同推动思想政治教育发展。张桂梅做到了将“立德树人”教育融入其他教育中去，从学生入学到学生毕业，抓好思想政治教育的主渠道，实现全程育人、全方位育人，构建了整个学校的清朗向上的风气。教育无论发展到什么程度，第一位的是立德树人，坚持以马克思主义为指导思想，引导学生树立正确的世界观、人生观、价值观，教会学生有能力、有责任、有爱心，全面发展、学有所长，培养出党和国家需要的、对社会有用的人。

案例6　蒙尘祁连　蝶变重生*

海拔 4 000 多米的高山草甸上，一群野生白唇鹿在觅食嬉戏。河谷地带，几十头藏野驴正迈着轻盈的步伐奔跑。远处在蔚蓝色的湖泊和雪白的山峰映衬下，一只雪豹正沿着陡峭的山体向上攀爬。山丹马场苍茫辽阔的草原上，骏马奔腾，羊群撒欢儿……如今生机盎然的祁连山，一年四季，色彩斑斓。

1988 年，国家批准设立了甘肃祁连山国家级自然保护区。但是 20 世纪 60 年代末，

① 习近平在全国教育大会上强调：坚持中国特色社会主义教育发展道路 培养德智体美劳全面发展的社会主义建设者和接班人．人民日报，2018-09-11.

* 程志杰改编自：从“千疮百孔”到“满山苍绿”的美丽蝶变：祁连山生态环境保护成效．澎湃新闻，2022-09-16；蒙尘祁连 重获新生．兰州新闻网，2022-11-02；张掖：层林尽染祁连山．甘肃日报，2022-10-10；电视专题片《巡视利剑》第三集．共产党员网，2017-09-10.

祁连山以森林砍伐为主的破坏逐渐开始，又因该区域矿藏、水资源富集，以小煤矿为主的矿山探采不断发展。半个多世纪以来，祁连山局部生态遭到人为破坏，违规开发、山体破损、地表塌陷、矿石弃渣触目惊心。到 2017 年 2 月，保护区内有 144 宗探采矿项目，建有 42 座水电站，其中不少存在违规审批、未批先建的情况，导致局部生态环境遭到严重破坏。新华社记者曾多次前往祁连山访问调研，目睹了冻土剥离、碎石嶙峋、植被稀疏等多年累积的过度开发恶果。“前些年，这里山是黑的、水是黑的、路是黑的，就连天上飞的麻雀都黑黢黢的!”祁连山国家级自然保护区炭山岭资源管护站站长费占德说。

甘肃省武威市是祁连山麓重点区域，武威市炭山岭镇周边富含煤、铅、锌等矿产资源，曾一度因采矿而“热闹非凡”：全镇不足 5 千米长的道路沿线，分布着 55 家大小煤场，前来运煤的重型卡车时常阻断道路，黑煤灰落满沿路居民家的窗台。而在祁连山南麓的青海境内，类似的“畸形繁荣”也曾发生。过去，在木里煤田等待运煤的重型卡车排成数公里长蛇。“运煤的大卡车一过，白羊成了黑疙瘩!”木里镇佐陇村牧民色确加回忆道。过度开发矿产资源，加之违法建设运行水电设施、企业偷排偷放等问题的影响，祁连山自然生态遭到严重破坏，草原退化、雪线上升、气候干旱等生态环境问题接踵而至，灵动秀美的祁连山变得满目疮痍、破败不堪。

据中科院西北生态环境资源研究院副院长冯起与甘肃省祁连山水源涵养林研究院院长刘贤德两位生态专家介绍：祁连山已有近半个世纪的“破坏史”。20 世纪 60 年代末 70 年代初，初期以森林砍伐、盗伐为主，当年有“吃得苦中苦，为了两万五”（每年要完成 2.5 万立方米的森林采伐任务）的说法；20 世纪 80 年代以矿山开采为主，90 年代后以小水电开发为主；20 世纪 90 年代到 21 世纪初，祁连山保护区范围内仅肃南县就有 532 家大小矿山企业，在张掖境内的干支流上先后建成了 46 座水电站[①]。经过长期过度开发和破坏后，被喻为“中国西部天然生态屏障”的祁连山，变得遍体鳞伤。

2012 年召开的中国共产党第十八次全国代表大会，明确指出要把生态文明建设放在突出地位，把生态文明建设纳入中国特色社会主义事业总体布局。其后，“美丽中国”作为中华民族伟大复兴中国梦的重要内容，通过开展各级各类生态文明思想教育，社会主义生态文明观在人们的认知和实践中不断强化，人们的生态保护观念得到前所未有的提升。

习近平总书记亲自关心祁连山局部生态破坏问题，多次做出批示要求抓紧整改。2015 年 9 月，环保部、国家林业局就祁连山生态环境保护问题联合约谈了张掖市。2016 年 12 月，党中央、国务院有关部门组成中央督查组就此开展专项督查并就祁连山自然保护区生态环境问题发出通报。根据环保部约谈、中央环保督察反馈、新闻媒体反映和全面现场核查，共清理出祁连山自然保护区（张掖段）生态环境具体问题 179 项，张掖成为祁连山生态环境整治、保护与修复的主战场。2016 年年底，中央生态环境保护督察组进驻甘肃。2017 年 7 月，中办、国办专门就甘肃祁连山国家级自然保护区生态环境问题发出通报。2019 年 9 月，全面从严治党大型纪实纪录片《巡视利剑》第三集“震慑常

① 冯起，刘贤德．两位生态学博导四问祁连山生态保护．中国日报网，2017－01－22.

在”在央视播出，披露了面对祁连山生态保护问题这一中央重大决策部署中出现的生态环境持续恶化问题的真相并揭露了部分高级领导干部贪腐的原因。习近平总书记的关怀关切和党中央的督察督办，促进了甘肃省委、省政府改变从“遮遮掩掩”到“主动揭短”，从“能保就保”到“坚决关停”，从“凑合发展”到“杜绝污染”的工作作风……近年来，他们坚决扛起筑牢国家西部生态安全屏障的政治责任，以壮士断腕的决心整治生态问题，推动祁连山生态保护“由乱到治、大见成效”，区域生态功能持续优化，水源涵养作用更加凸显，生物多样性保护水平不断提升，为经济社会发展绿色转型提供了坚强保障。

在祁连山生态环境系列腐败案中，中央不仅“打虎”“拍蝇”“猎狐”，同时多措并举教育引导各级领导干部，正确认识生态环境保护与社会经济发展的关系，即“绿水青山就是金山银山”，“既要金山银山，又要绿水青山”。祁连山片区各级领导干部生态思想观念彻底转变，为生态的全面恢复打下了良好的思想基础。据悉，甘肃省张掖市国家湿地公园内建立了祁连山生态科普教育基地，祁连山国家公园青海管理局在西宁、海北、海西等地先后设立多所生态学校，祁连山国家公园多个乡镇开展“家在祁连山”宣教活动，它们立体化、场景式开展的生态科普教育提高了当地民众的生态环保意识，培育了生态环保道德。

2018 年 10 月，甘肃肃南裕固族自治县祁连山生态保护志愿者服务队成立。2019 年 12 月，祁连山国家公园青海片区首支志愿者服务队成立。各类志愿者服务团队的成立意味着祁连山生态保护进入了全社会参与、全民共享的重要阶段，志愿者服务团队通过开展生态文明理论宣讲、志愿活动、乡风文明倡导、植绿护绿等志愿服务，推动祁连山的重生与蝶变。

如今，天蓝了，山青了，水绿了。野生动物频频“出镜”，生态“红利”逐渐释放。北京林业大学公布的数据显示，在祁连山保护区 22 个保护站中，雪豹数量在 350 只到 500 只之间。多年难觅踪迹的珍稀物种频繁被发现，藏野驴、白唇鹿、马麝、马鹿、岩羊等野生动物种群数量明显上升，蓝马鸡、血雉、淡腹雪鸡、斑尾榛鸡、雉鹑等珍禽种群数量也在快速恢复，保护生物多样性的成果显著。生态环境一头连着老百姓的福祉，一头连着社会和谐稳定，生态环境损害一旦发生，往往会造成严重的生态损失和经济社会危害。习近平总书记在二十大报告中强调：“我们要推进美丽中国建设，坚持山水林田湖草沙一体化保护和系统治理，统筹产业结构调整、污染治理、生态保护、应对气候变化，协同推进降碳、减污、扩绿、增长，推进生态优先、节约集约、绿色低碳发展。”“两山”理念让祁连山人携手同心，走绿色高质量发展之路，像对待生命一样对待生态，像保护眼睛一样保护环境，最终把祁连山建设成为人与自然和谐共生的中国西部天然生态屏障。

【思考题】

1. 祁连山生态环境修复成效显著的原因是什么？
2. 你怎样理解“绿水青山就是金山银山”的理念？
3. 祁连山的“前世”和“今生”如何体现思想政治教育的目的和任务？

案例分析*

【背景介绍】

祁连山位于青藏高原、黄土高原、内蒙古高原交汇地带，是国家级自然生态保护区，是我国西部重要的生态安全屏障，是黄河流域重要的水源产流地，它涵养的水源是甘肃、内蒙古、青海部分地区500多万百姓赖以生存的生命线。祁连山也是我国生物多样性保护优先区域，在保护河西走廊生态稳定、维系区域生态平衡、促进区域可持续发展、保障国家生态安全等方面有着举足轻重的地位和不可替代的作用。然而，因为祁连山多矿，于是挖金的、掏煤的，一拥而上，持续数年，祁连山一度“千疮百孔”、伤痕累累，就连孕育绿洲的雪水，也被“野蛮”拦截用于发电，造成冻土破碎、植被稀疏，局部生态受到严重破坏。党的十八大以来，习近平总书记亲自谋划、亲自部署、亲自推动生态环境保护，发现并解决了一大批突出生态环境问题，其中就包括甘肃祁连山生态破坏问题。在总书记的指导和关切下，甘肃省委、省政府提高认识、转变思想，以壮士断腕的决心和勇气，紧盯突出问题，坚决扛起生态文明建设的政治责任，祁连山历经“史上最严”整改，组织开展各类生态环境保护思想教育活动，使民众转变发展观念，并积极参与生态环境保护与治理，祁连山迎来黑色—浅绿—深绿的底色之变。

【主题分析】

祁连山生态环境的恢复，深刻反映了以习近平同志为核心的党中央坚持绿色发展理念的高瞻远瞩和重点加强党的领导干部思想政治教育的重要性、必要性。生态环境保护过程，是人们认识和改造客观世界的过程，也是改造主观世界的过程，更是发展理念不断更新和相关政策不断调整的过程。人们只有深刻认识并正确处理经济和生态的关系，“绿富双赢”的局面才可能实现。祁连山生态环境的全面修复，体现了思想政治教育把提高人们认识和改造客观世界的能力作为根本目的的必要性，也体现了思想政治教育将提高人们认识和改造主观世界作为根本任务的必要性。祁连山生态环境的全面修复不是一蹴而就的，是属地民众在党中央、甘肃省委省政府的正确领导下不断深化认识、统一行动的过程中逐步展开的，中国共产党人勇于自我革命、壮士断腕的勇气和行动，充分说明了思想政治教育的根本目的和任务在于帮助人们认识和改造客观世界，更在于认识和改造主观世界。立德树人，是实现建设社会主义现代化国家艰巨任务的根本依靠。

【启示分析】

（1）祁连山的蝶变重生，昭示了党的领导干部这一“关键少数”的思想政治素质在

---

* 张耀灿，郑永廷，吴潜涛，等．现代思想政治教育学．北京：人民出版社，2006；戴艳军．思想政治教育原理案例分析．北京：中国人民大学出版社，2012；戴艳军，王嘉．思想政治教育原理案例分析：修订版．北京：中国人民大学出版社，2018.

贯彻落实党的方针政策中的重要作用。“政治路线确定之后，干部就是决定的因素。”① 毛泽东在 1957 年召开的党的八届三中全会上提出：“我们各行各业的干部都要努力精通技术和业务，使自己成为内行，又红又专。”② 邓小平 1980 年提出改革开放新时期党的干部队伍建设的“四化”标准，即革命化、年轻化、知识化和专业化③。江泽民在党的十六大报告中指出，21 世纪选拔干部要“把那些德才兼备、实绩突出和群众公认的人及时选拔到领导岗位上来”④。2003 年胡锦涛在全国人才工作会议上提出“把品德、知识、能力、业绩作为衡量人才的主要标准”⑤。习近平总书记在党的二十大报告中提出要“建设堪当民族复兴重任的高素质干部队伍”⑥，认为“信念坚定、为民服务、勤政务实、敢于担当、清正廉洁⑦”是新时代好干部的标准。习近平总书记和党的历代领导人坚持人才德育首位的领导干部标准和立德树人的人才教育理念，为新时代思想政治教育完成立德树人的根本任务指明了方向和根本遵循。祁连山生态环境由乱到治、再到全面恢复，集中反映了在复杂的利益诱惑面前一些人环保意识淡薄，为了追求眼前的经济利益和个人利益，不惜破坏祁连山自然资源和生态环境；一些领导干部政治敏锐性不强，为民宗旨树得不牢，有的缺乏担当精神和斗争本领，有的实干精神不足、搞形式主义官僚主义等，导致粗放式的发展和掠夺式的开采，严重破坏了宝贵的自然资源和人们的生存环境。祁连山生态环境建设正反两方面的经验和教训都证明了新时代思想政治教育只有坚持立德树人的根本任务，才能为建成社会主义现代化强国，最终实现中华民族伟大复兴的历史使命造就合格的建设者和接班人。

（2）祁连山的蝶变重生，体现了思想政治教育的最终目的是提高和转变人们认识世界和改造世界的能力。改造客观世界，是主观见之于客观的行为。要达到改造客观世界的目的，就必须使主观的思想符合客观的规律。党的十八大以来，习近平总书记立足于中国特色社会主义建设实践，着眼于满足人民群众对生态环境的需求，从多个维度提出了具有中国特色的生态发展理念并形成了系统的生态文明思想，新理念新思想是中国共产党带领中国人民在认识和改造世界的伟大实践中得出的真理性认识，也是马克思主义生态思想的新发展，在祁连山生态“保卫战”中对各级领导干部和民众进行相关立场、观点和方法论的教育，就是要帮助人们科学地认识世界并且提高改造客观世界的能力，使祁连山的生态环境得到全面、系统的修复，使其焕发新的生机与活力。改造主观世界就是要树立正确的世界观、人生观、价值观，解决好权力观、地位观、利益观问题。要在改造客观世界中形成强大的力量，就必须下功夫改造主观世界。祁连山生态“保卫战”中查处了系列腐败案，对相关人员进行的惩戒处理和警示教育，深刻改变了其思想与认知，改变了权力观、利益观和发展观。广大人民群众深受生态破坏、环境污染之害，加

---

① 毛泽东．毛泽东选集：第 2 卷．2 版．北京：人民出版社，1991：526.

② 中共中央文献研究室．毛泽东文集：第 7 卷．北京：人民出版社，1999：309.

③ 邓小平．邓小平文选：第 2 卷．2 版．北京：人民出版社，1994：396.

④ 江泽民．全面建设小康社会 开创中国特色社会主义事业新局面：在中国共产党第十六次全国代表大会上的报告．北京：人民出版社，2002：53.

⑤ 胡锦涛．胡锦涛文选：第 2 卷．北京：人民出版社，2016：130.

⑥ 习近平．高举中国特色社会主义伟大旗帜 为全面建设社会主义现代化国家而团结奋斗：在中国共产党第二十次全国代表大会上的报告．北京：人民出版社，2022：66.

⑦ 习近平．习近平谈治国理政．北京：外文出版社，2014：412.

之对民众全方位、立体式进行的生态保护宣传教育，也深刻改变着人们认识和理解客观世界的能力，这些都为生态保护打下了思想基础。

（3）祁连山的蝶变重生，反映出思想政治教育的目的和任务要通过党的思想政治工作现代化治理途径来完成。2021 年中共中央、国务院印发《关于新时代加强和改进思想政治工作的意见》指出："新时代加强和改进思想政治工作的方针原则是：坚持和加强党的全面领导，把思想政治工作贯穿党的建设和国家治理各领域各方面各环节，牢牢掌握工作的领导权和主动权。""要把思想政治工作作为治党治国的重要方式。强化党委（党组）主体责任，各级党委（党组）要切实负起政治责任和领导责任，建立健全思想政治工作责任制，制定思想政治工作责任清单，明确落实措施和推进步骤。党的基层组织要认真贯彻党章党规要求，做好党员和群众的思想政治工作。坚持党要管党、全面从严治党，以党的政治建设为统领，坚持思想建党和制度治党相统一，把思想政治工作落实到党的各项建设之中。加强党对国家和社会的全面领导，善于运用思想政治工作和体制制度优势，推动经济社会发展、管理社会事务、服务人民群众，保证党和国家各项事业始终沿着正确方向前进。"由于人们的思想和行为是一定利益基础的反映，仅仅依靠思想政治教育的正面引导和宣教说服还是不够的，还必须依靠思想政治工作的现代化治理体系来保障。党的十八大以来，在习近平总书记的领导下，党中央建立了坚持马克思主义在意识形态领域指导地位的根本制度、党内巡视制度、反腐倡廉制度、廉政警示教育制度，以及健全党内法规制度等思想政治现代化治理制度体系和治理方式，为保证党的方针政策的贯彻执行发挥了重要作用。它一方面树立了无产阶级政党在新的历史条件的考验和监督下自我革命的勇气和决心，另一方面清洁了党内的生态环境，从而带来了风清气正的社会生态环境和自然生态环境。

案例 7　西部支教绽放精彩人生*

2000 年，保定学院又有 15 名毕业生选择了到西部去支教。远离家人朋友、严重的高原反应、艰苦的生活条件、恶劣的自然环境以及不能享受特殊的政策和资金补贴等困难，都没有让他们退缩，他们凭着一股奉献的热诚，做出了这个将影响他们生命轨迹的决定。

此后，保定学院开展了"大学生志愿服务西部计划"。

2000 年至今，参加这个计划的百余名毕业生一直扎根新疆、西藏、贵州等祖国西部开展支教工作。他们如大漠胡杨、高原雪莲，让激情与梦想在艰苦的环境中迸发与绽放，用自己的青春与才智在祖国西部谱写一曲动人的青春壮歌。从"保定善美之星"到"保定好人""感动保定人物"，"从河北省首届教育追梦人"到"感动河北人物""河北省年

* 保定学院：14 年，毕业生西部支教绽放精彩人生．中国教育报，2014－05－03；李红莲．新时期大学生社会主义核心价值观培育路径探究：以保定学院为例．学校党建与思想教育，2015（7）；习近平：让青春之花绽放在祖国最需要的地方．新华网，2014－05－03；习近平在全国高校思想政治工作会议上强调：把思想政治工作贯穿教育教学全过程 开创我国高等教育事业发展新局面．人民日报，2016－12－09．

度新闻人物"，从"中国好人敬业奉献集体"再到"中华儿女年度人物"等，保定学院西部支教毕业生群体成为一个响亮的名字，汇聚了强大的社会正能量。

既然选择了远方，便只顾风雨兼程

2002 年，保定学院毕业生贾振海，从古城河北保定登上西去的列车，经过一昼夜加 3 个多小时来到四川成都，由成都转飞机至西藏日喀则，再从日喀则忍受 6 天大巴车的颠簸，终于抵达了位于念青唐古拉山西端的西藏拉孜县。14 年来，这个来自太行山区、已经习惯艰苦环境的小伙子，用大山般的意志释放着自己的青春激情，从毕业到现在一直在西藏拉孜县中学任教。他的身体变得更加健壮，脸颊上微微透着高原红。他说："刚到时，身体不适应还在其次，更难过的是人生地不熟，所接手的初一孩子大多数连自己的汉文名字都写不好，基本无法沟通。""一所学校七八百人，所支教的中学没宿舍，我们就住在学校对面一个废旧车队的土坯房里，一个房间挤住两三个人，屋里放一张床，再放些其他生活用品，也就没有立足的地方了。"去县城买一次生活用品来回需要三天，强烈的高原反应让他走路像七八十岁的老人；手机没信号，更没有电视和娱乐设施，在 3 年多没电的日子里，蜡烛下听收音机、读书、学藏语是他唯一的业余生活……现实给了满腔热情的贾振海当头一棒，不过倔强的贾振海没有退缩，他说："一定不能丢河北人的脸，要给母校争光。""既然当初做出了自己的选择，就得拿出个样子来。"上课语言沟通不畅，他就找班上汉语好的学生做翻译，自己则猛学藏语；学生基础不好，他就拿出加倍的精力辅导。"汗水不白流，现在我的学生很多已经成了家人的骄傲。当地的藏民老乡也把我当成亲人，每逢藏历新年等节假日，我总能受到老乡们的热情邀请和款待。"说起在北京钓鱼台国宾馆参加的"2014 中华儿女年度人物颁奖盛典"，贾振海说："接过奖杯，心里很激动，我们只是尽了教师应尽的职责，党和政府给了我们很多荣誉，社会给予了我们很高的关注，让我们深感责任重大。我们有一个共同的梦，就是通过我们的坚守让更多西部的孩子能够看到外面的世界，拥有远大的理想。"

和贾振海具有同样经历的其他支教同学，面对恶劣气候、风沙天气等艰苦生活环境，都出现了流鼻血、嘴唇干裂、咽喉疼痛等症状。在这样的条件下，他们无一人退缩，经过十几年的历练和坚守，许多支教同学已成长为学校的骨干教师、教学能手，为当地培养了一大批优秀的人才，并和当地同胞建立了深厚的友谊。

远大抱负落实到实际行动中

侯朝茹，保定学院 2000 届毕业生，且末县中学语文教师，首批支教毕业生之一。据保定学院赵云耕教授介绍，当时，侯朝茹成功通过专升本考试，考取了河北师范大学，但她毅然放弃了继续深造的机会，选择了去西部实现青春梦想。侯朝茹这个来自曲阳大山里的孩子说："爱你所选择的，选择你所爱的，所以我从没后悔过，如山一样地坚定。"每一个人都会有选择第一份工作的经历，要"选择所爱，爱所选择"。现实和心中理想的工作会有差距，不能停留在抱怨中，应全心全意去做好工作，只有付出才会有收获。那时的侯朝茹，年轻漂亮，虽然在出发前已做好了吃苦的准备，但是到了新疆后，条件的艰苦远远超出了她的想象。刚刚抵达新疆，干燥的气候让侯朝茹经常流鼻血，她慢慢适应并开始教学，只因为孩子们那一双双渴求知识的眼睛。侯朝茹开始任教的课程是初中历史，她说："我要让西部的孩子们了解自己的国家，热爱自己的国家。"2002 年到 2004 年，侯朝茹担任初中班级班主任，从 2007 年 9 月起，她担任高中文科实验班班主任。侯朝茹在教授学生知识的同时，还是学生们可以依赖的"家长"。周文波、周文绯兄妹俩在 2008 年分到了侯朝茹的班里。2009 年冬天，侯朝茹发现兄妹俩上课时总低着头，课间也很少与人交流。经多方了解，侯朝茹才知道原来是高三后由于学业压力大，兄妹俩视力下降太快甚至看不清黑板，又不舍得配眼镜，不想给父母增添经济负担。侯朝茹利用周末带两个孩子到医院检查视力，给每人配了一副眼镜。周文波哽咽着说："老师，等我将来挣钱后，一定报答您。"在后来的日子里，侯朝茹多次帮助他们释放压力，元宵节一起放鞭炮、看烟花。侯朝茹的付出是值得的，高考后兄妹二人分别考上大学。

侯朝茹已经成长为学校骨干教师、历史学科带头人，多次在州级、县级历史学科授课比赛中获奖，多次被评为优秀教师、优秀班主任。如今，经过自己的刻苦学习，她在学校成立了全巴州首个心理咨询工作室，她也成为巴州第一位具有心理咨询师资格的教师。侯朝茹称，国家和社会给予保定学院西部支教群体如此高的荣誉，是对他们付出的肯定，更是鞭策和鼓舞。在今后的工作中，将结合自身经历和体会帮助当地孩子树立正确的人生观、价值观和世界观，促进新疆民族团结、社会进步。

莲发藕生，必定有根

像贾振海、侯朝茹一样，李桂芝、荀轶娜、苏普、司会平等保定学院的毕业生，也让自己的青春之花在边疆绽放。在西藏支教的 2003 届毕业生司会平，先后获日喀则地区"教学能手""汉语教学带头人""国家级骨干教师"等称号，她用自己得到的奖金设立了"格桑花助学金"，资助家境困难、学习努力的孩子。司会平说："希望自己种下的种子，能开出更多傲雪的花朵。"荣获巴州"民族团结先进个人"和"三八红旗手"等称号的李桂芝认为孩子的健康成长是人生选择的意义和价值，她研究提出的"自主、合作、探究式语文教学模式"在全巴州推广应用。榜样力量，薪火相传。每一年毕业季，保定学院的大学生们都纷纷表示，要"趁青春，去拼搏!""师兄师姐，我们与你相约昆仑山！相约雅鲁藏布江!"

保定学院百余名毕业生扎根西部服务基层的事迹被《人民日报》、《光明日报》、《中国教育报》、《中国妇女报》、《河北日报》、光明网、新华网、人民网、中青在线等数十家媒体报道、转载。2014 年 5 月 3 日晚，中央电视台新闻联播头条播放了习近平总书记给西部支教毕业生群体代表的重要回信，在社会上引起强烈反响。习近平在信中表示，你们响应国家号召，怀着执着的理想，奔赴条件艰苦的西部和边疆地区，扎根基层教书育人，十几年如一日，写下了充满激情和奋斗的人生历程。你们的坚守、你们的事迹，令人感动。习近平强调，同人民一道拼搏、同祖国一道前进，服务人民、奉献祖国，是当代中国青年的正确方向。好儿女志在四方，有志者奋斗无悔。希望越来越多的青年人以你们为榜样，到基层和人民中去建功立业，让青春之花绽放在祖国最需要的地方，在实现中国梦的伟大实践中书写别样精彩的人生。

大爱传道 立德树人

是什么让保定学院的毕业生做出赴西部建功立业的人生抉择？是什么让他们在艰苦环境中矢志不渝、无悔坚守？这与保定学院的治校理念是分不开的。

保定学院是一所具有百余年办学历史的学校。其前身之一是素有“红二师”之称的保定师范学校，由近代著名教育家严修创建于1904年。学校以“启玥民智，砥砺贤才”为办学思想，在长期办学历程中，逐渐铸就了“坚持理想、献身真理的爱国主义精神，体察民苦、服务民众的爱民情怀，无私奉献、勇于担当的爱校传统，刻苦学习、立志成才的爱学热情”的百年校魂。“爱国情怀”和“担当精神”是保定学院人文底蕴的集中体现和传统精神的薪火之源，长期以来，一直注重找准历史与现代的切入点，将其融入对大学生的思想政治教育工作中，启动了传承精神文脉的“润德工程”和夯实理想信念的“筑基工程”。通过参观校史馆，观看反映“红二师”护校斗争的《丹心》、体现毕业生边疆支教的《到西部教书去》电视纪录片，聆听优秀校友报告，瞻仰“七·六”烈士纪念碑和重读校友梁斌著作《红旗谱》这五项活动，体现了爱国与担当这一条主线。保定学院2000届毕业生苏普，毕业后扎根新疆，在南疆且末县中学任教。他曾在写给母校的信中说：“刚入学时看《丹心》，我对一个老人回忆贾良图烈士1931年冬夜给他们那些贫苦孩子上课的情节至今记忆深刻，当年贾良图那一辈青年的勇于担当精神和行动感染了我。如果说‘启玥民智’是先辈们的理想追求，那如今服务基层、到西部建功立业，岂不就是我们的一份责任、一种担当？”

作为每年吸引最多学生参加的社团，“中国特色社会主义理论与实践研究会”和“爱心社”实现理论学习和落实行动相结合，使得每一届学生在“知行合一”的历练中筑牢理想信念，提高实践能力。2002年毕业后徐建旺到西藏南木林县任教。多年的高原生活，让这个儒雅瘦弱的年轻人面庞黝黑、目光坚定。谈及为什么能在艰苦的环境中坚守至今，徐建旺扶了扶眼镜平静地说：“大学期间我时常思索自己的青春该如何度过，学校的教育和组织的各项活动，让我体会到：青春需要担当精神，勇于担当，才会让青春岁月焕发别样精彩。毕业后到日喀则南木林工作，看着一拨拨自己教过的孩子懂事了、长大了，再苦再累的日子也不觉得怎样了。”

在保定学院，思想政治理论课教师长期担任“中国特色社会主义理论与实践研究会”和“爱心社”指导教师，引导学生达到“学、信、行”的有机统一。他们深入学生实际，坚持开设“与你同行——两课教师周日接待日”活动，在网上开通“心灵家园”信箱，利用微博、QQ群，对学生进行理想信念、人生困惑教育和引导。在保定学院，思想政治理论课教师成为学生“真心喜爱、终身受益、毕生难忘”的好老师。现在新疆且末县中学任教的保定学院毕业生王伟江、王建超谈道，当年正是思政课老师在“邓小平理论”课上讲到的“两个大局”以及中央开发大西北的战略坚定了他们的选择。

【思考题】

1. 你认为，贾振海等毕业生为什么会做出去西部支教的决定？
2. 保定学院是如何实现“启玥民智，砥砺贤才”的办学思想的？
3. “大学生志愿服务西部计划”如何体现了思想政治教育的目标和任务？

案例分析*

【背景介绍】

2000 年 3 月，新疆且末县因急缺教师，来保定学院请求支援。当时，学院有 200 多名即将毕业的学生报名，最终有 15 人通过选拔，远赴新疆支教。当时去西部，没有任何的奖励政策，像现在学校设立的面试研究生入学、公务员考试加分等都没有。十多年来，西部支教虽然条件艰苦，但没有一人退缩，他们全部扎根当地，以知识和大爱为纽带，赢得了当地同胞的信任和友谊。

河北省已将保定学院西部支教优秀群体作为全省大学生培育和践行社会主义核心价值观的先进典型与学习榜样，号召全省高教系统要教育引导大学生把理想信念建立在对社会主义核心价值观的理性认同上、对历史规律的正确认识上和对基本国情的准确把握上，努力把个人的梦想融入中国梦之中，勇敢地肩负起时代赋予的光荣使命。

中央文明办、省文明委分别授予保定学院西部支教优秀群体“中国好人”敬业奉献好人群体、“学习雷锋善行河北先进集体”荣誉称号。在光明日报社与央视联办的 2014 年“寻找最美乡村教师”大型公益活动中，他们被评为“特别关注乡村教师支教团体”。2015 年，他们荣获第 19 届“中国青年五四奖章”。光明日报社、省委宣传部、省委教育工委、保定市委在保定学院联合举办大学生践行社会主义核心价值观座谈会。保定学院西部支教毕业生司会平在“中国梦·赶考行”省级领导干部集体学习教育座谈会上做典型发言。保定学院西部支教优秀群体先进事迹在全省 9 个城市和北京师范大学、北京林业大学等高校进行了巡回宣讲。2014 年 5 月 3 日晚，中央电视台新闻联播头条播放了习近平总书记给西部支教毕业生群体代表的重要回信。

【主题分析】

保定学院西部支教群体把爱国主义、集体主义、社会主义思想付诸中国特色社会主义建设实际行动中，用鲜活的事实、感人的事迹充分体现了当代大学生心系祖国、服务人民、无私奉献、顽强拼搏的精神追求，成功塑造了当代大学生作为中国特色社会主义事业合格建设者和可靠接班人的崭新形象，生动地诠释了高校实现新时代思想政治教育的目标和任务的丰富实践。他们在西部最艰苦的地方，支教、支医、支农、扶贫开发，用自己的青春和热情为当地的发展做出了贡献。艰苦，磨炼了意志；朴素，陶冶了情操；

---

* 李红莲．新时期大学生社会主义核心价值观培育路径探究：以保定学院为例．学校党建与思想教育，2015 (7).

平凡，映射出他们的理想。他们在西部大开发的新长征路上找到了人生的意义和价值，实现了个人梦想与中国梦的完美统一，诠释了“占有自己的全面的本质的”、社会主义事业的建设者和接班人的本质含义。与此同时，保定学院的思想政治教育通过“因事而化、因时而进、因势而新”丰富生动的教育内容、方法和艺术，完成了新时代思想政治教育的主要任务。

【启示分析】

（1）保定学院西部支教群体奋斗成才的感人事迹，诠释了思想政治教育的根本目的和高等学校思想政治教育的具体目标。通过提高人的思想政治素质促进人的自由全面发展，是思想政治教育的根本目的。体现在当代高校思想政治教育的具体目标上就是培养社会主义事业的合格建设者和可靠接班人。保定学院西部支教群体的每一个大学生，把青春的理想和激情投入西部开发的国家发展战略上——“远大抱负落实到实际行动中”、落实在帮助落后地区孩子的健康成长中，在祖国西部边陲最需要的地方，面对高原艰苦环境和语言沟通不畅等困难，坚持数年，扎根中国西部，坚持理想信念，不忘初心，自觉把个人的理想追求融入国家和民族的事业中，绽放出人生的精彩，实现了人生价值。用自己的实际行动参与并见证着我国西部的巨变和发展，他们是走在时代前列的奋进者和开拓者；用自己的热血和青春滋润孩子的心田，他们是积极践行社会主义核心价值观的人；在艰苦卓绝中奋斗一生，他们是一群以天下为己任的人；用自己的实际行动担当社会发展的重任，正如习近平总书记在来信中所说的，他们是一群“有信念、有梦想、有奋斗、有奉献的人，是有人生意义的人”。在他们面前，那些眼中只有个人得失、在竞争的市场中追逐利润的、无限释放物欲和粗鄙陋习的人，情何以堪？理何以容？红柳的坚韧、格桑花的美丽，奏响了当代中国青年高亢的“青春之歌”。

（2）保定学院“大爱传道、立德树人”，树立了完成高校思想政治教育任务的典范。保定学院以培养什么样的人、如何培养人以及为谁培养人为核心，将完成思想政治教育育人的任务践行于实际中，遵循学生成长规律，努力提升大学生思想政治教育的针对性，树立了立德树人的典范。首先，保定学院实施“全程育人”“全方位育人”的模式，做到“因事而化、因时而进、因势而新”。“启玥民智，砥砺贤才”的办学思想和“坚持理想、献身真理的爱国主义精神，体察民苦、服务民众的爱民情怀，无私奉献、勇于担当的爱校传统，刻苦学习、立志成才的爱学热情”的百年校魂充分体现了其始终把引领学生思想、立德树人放在首位，牢固树立“育人为本，学术为根，文化为魂”的大学办学理念。以“讲好中国故事，传播好中国声音，阐释好中国特色”为主线所构建的校园历史文化、景观文化、学科文化三位一体的文化育人体系，实施文化引领育人的七大工程，即传承精神文脉的“润德”工程、夯实大学生理想信念的“筑基”工程、加强师德建设的“春雨”工程、提升实践能力的“知行”工程、服务学生就业的“助航”工程、助力文明养成的“修身”工程、注重典型引导的“培树”工程，形成了全方位、多层次的弘扬社会主义核心价值观的育人模式。其次，种好思想政治理论课的“责任田”。种好这块“责任田”，他们做到了讲透马克思主义基本原理和中国特色社会主义理论，使学生将自己的理想与国家的发展战略（例如西部大开发战略）结合起来；他们组织“爱心社”，促进学生理论学习和落实行动相结合；建立“心灵家园”等网上信箱、微博、QQ群等符合大学生接受特点的教育形式，提升思想理论教育“内化于心，外化于行”的效果，使思想政治理论课成为学生“真心喜爱、终身受益、毕生难忘”的课程。保定学院还通过积极建设校史馆，组织学生观看反映“红二师”护校斗争的《丹心》、体现毕业生边疆支教的《到西部教书去》电视纪录片，聆听优秀校友报告，瞻仰“七·六”烈士纪念碑和重读校友梁斌著作《红旗谱》等形式多样、健康向上、格调高雅的校园文化活动和各类社会实践活动，在学生心中埋下了传承红色基因、实现人生理想的种子。

(3)“莲发藕生，必定有根”反映了实现思想政治教育目标和任务的根本性和途径的多样性。思想政治素质是人的素质中决定方向性的基本素质，对于实现人的全面发展具有动力、保证等作用。提高思想政治素质，就是提高人的根本素质，也是思想政治教育的根本目标和任务。高校思想政治教育的目标在于培养大学生的爱国主义、集体主义和社会主义思想，体现了思想政治素质在大学生健康成长中的决定作用。实现高校思想政治教育立德树人的根本任务，在于提高它的实效性。而提高实效性的途径是丰富多样的。保定学院优化各种育人途径，培育大学生社会主义核心价值观，激发大学生志愿服务于社会的本性需求，使大学生自觉选择到祖国最需要他们的地方，提升了思想政治教育的亲和力。同时，充分发掘保定学院扎根西部优秀毕业生群体的榜样作用，发扬他们“同人民一道拼搏、同祖国一道前进，服务人民、奉献祖国”的精神，无疑成为完成思想政治教育目的、目标和任务的重要途径之一。正如习近平总书记在给他们的重要来信中所言：“好儿女志在四方，有志者奋斗无悔。希望越来越多的青年人以你们为榜样，到基层和人民中去建功立业，让青春之花绽放在祖国最需要的地方，在实现中国梦的伟大实践中书写别样精彩的人生。”

案例8　只为一个永远的约定*

“儿子、闺女啊!”2011年3月25日上午11点40分，刚从承德赶到保定的农民李维贺紧紧攥住等候在路边的五位青年的手，两行激动的泪水从他布满皱纹的脸上滚落下来。

15年前，为了一句不是约定的“约定”，李维贺二儿子的同学，河北农业大学园艺系果树93（01）班的同学们决定承担起作为子女对这个家庭的责任，这责任他们一担就是15年。15年后，66岁的李维贺终于还清了当年欠下的7万元欠款，他千里寻亲，要亲眼见一见这些没有血缘关系的“儿子、闺女”，当面替已在天堂里的儿子向他们说一声“谢谢”。

白发人送黑发人

1995年11月的一天，李维贺从承德县下板城镇乌龙矶村的家中赶到保定市第一医

---

* 方艳梅，咸立冬，耿建扩．只为一个永远的约定．光明日报，2011-04-01.

院。推开心脏内科病房的门，他一眼就看到了躺在病床上的二儿子李宝元。旁边的几个孩子有的手里拿着苹果，有的拿着毛巾正给儿子擦身。

“爸，他叫牛树起，这个是赵高峰、杜彦敏、宋彩霞、时翠平……”儿子逐个给父亲介绍着。“这些日子都是他们在陪床。”李维贺不断重复着：“谢谢，谢谢你们照顾宝元啊!”

几天前，学校给家里来了一封信，说儿子得了病。看到病床上儿子的第一眼，李维贺就感到脚底一股凉气传遍全身。

李宝元的哥哥李广坤21岁时患上扩张性心肌病，撑了两年后，最终还是撇下父母兄弟走了。

眼前这一幕，硬生生地把李维贺刚刚愈合的伤口再次撕裂开来。“难道老天爷还要收走我的第二个儿子吗?”

“这个李宝元是在劫难逃啊。”刚刚走到医生办公室门口的李维贺听到两个医生的谈话。

他一阵眩晕。过了好久好久，才一步一步挪回病房。

两个月后，“弹尽粮绝”的李维贺给儿子办了休学，准备将他转回老家医院。

那天，同学们都哭了：“宝元，你一定要好好养病，争取早点回来。”

李维贺也哭了，为儿子的病悲伤，也为同学的真情感动。

回到承德，宝元不时接到同学们的来信，开始他还能回信。后来病情严重恶化，心、肝、脾、胃等器官全部衰竭，李维贺就读信给儿子听，这些孩子的名字，一次次烙在了他的心里。

1996年10月1日一大早，李维贺赶往市区红石砬沟寻求偏方。

他不知道，此时家中的儿子正一声声呼喊着：“爸呢？我爸呢？他咋还不回来?”

直到日落西山，李维贺回来掀开自家屋帘，看到炕头的宝元双目圆睁咽下最后一口气。

炕的另一头，亲戚们手忙脚乱，喊着宝元妈的名字。李维贺不知道，老伴儿眼看二儿子生还无望，绝望地一口气吞下大把安眠药。

那段记忆，李维贺至今不愿回忆：“像有一把尖刀扎在心上，要一秒一秒地熬着过。”

七天后，老伴儿醒来，浓密的乌发一把一把掉，嘴里不停地唠叨着：“宝元呢，宝元去哪了?”

一家四口，转瞬间只剩下了两位老人。

56封信 15张汇款单 7万元欠款

李宝元去世两个月后，李维贺意外地接到孩子们的第一封来信。

这是一封催人泪下、饱含真情的信。信中写道：

大爷，大娘：

你们好，宝元去世的消息我们已经都知道了，请二老不要过于伤心。我们虽然不在你们身边，但却永远不会忘记二老。我们现在最大的希望就是二老能尽快恢复健康。宝元虽然去了，但我们仍在，二老以后的生活费用将由我们来承担。我们明年就毕业了，宝元没有完成的事情将由我们来完成，您二老一定要坚强起来，好好地活着，才对得起宝元和大家。

祝大爷大娘身体健康！

即便是在二儿子离开、老伴生死未卜的那段日子里，李维贺这条硬汉也很少掉泪，可当他读着这封信的时候，他却泪雨滂沱。人世间竟有这样一群人，本无责任，却要主动承担责任，不是儿女，却胜似儿女。

那年冬天，李维贺觉得格外冷。

“老李啊，村委会有你一张汇款单。”腊月根儿的一天，村干部对李维贺说。

“汇款单？我的？”李维贺一头雾水。家里只欠别人的钱，怎么会有人给自己寄钱？

汇款单是宝元的同学寄来的 300 元钱。

李维贺手捧的虽是薄薄的一页纸，却似千斤重。这些孩子，工作还没着落，却在万家即将团圆时惦记着没有血缘关系的同学的父母。回到家中，老两口对坐着默默流泪。只有坚强地活下去，才能对得起这些孩子。连续失去两个儿子，让李维贺借了 7 万多元的债。“只要我还有一口气，就要把钱还给人家。”李维贺有一个账本，上面密密麻麻地写着借钱人的姓名、钱数。

为了还钱，他在村子里给人帮工；为了还钱，他卖掉了大儿子活着时准备结婚盖的新房；为了还钱，他每年开春，买一头猪崽养大，到年终时卖掉；为了还钱，他进城打工，每月挣 600 块钱，每天自己带饭，包里揣着干粮咸菜。全村 300 户人家，李维贺几乎借遍了。只要挣了钱，他就挨家挨户去还。乡亲们看他风里来雨里去，还要照顾体弱多病的老伴儿，没有一户主动找他要钱。李维贺去还，乡亲们总是说，我家不急，你先还别人吧。邻居李维彬，借给他 100 元，第六个年头李维贺去还，李维彬说啥不肯要。李维贺急了：“老哥呀，你要是不收下，我一辈子良心难安啊。”村民赵赞华和赵赞兴借给李维贺 2 500 元，李维贺打工凑够了去还，哥俩搬进了县城，李维贺找不到他们的家。有人说算了吧，还他们也不会要了。李维贺说：“欠了金钱债，就是欠了良心债，不还不行。”2011 年春节后，李维贺用他的诚信还完了所有的债。这无比艰辛的 15 年，看那些来自不同地方的“儿子、闺女”的信，成了李维贺两口子活下去的动力。

1997 年夏天，“爸爸、妈妈：老来丧子是人生一大不幸，内心自然很苦，想说什么只管与我交流，我就是你们的女儿，高峰、亚峰他们也是你们的儿子……爸爸妈妈，我们的学生生活将要结束了，以后是不可知的未来，但不论走到哪里，我们的心中总是记着，在承德有我们的两位亲人。——彩霞”。

这一声“爸妈”，焐暖了老两口已不知热度的心。

1999 年冬天，“大爷、大娘，就要过年了，家里准备得怎样，树起让我给您寄去 100 元，这是我们不成敬意的一点心意，就算给您添一件御寒的棉衣吧。——时翠平”。

2002 年秋天，“大爷、大娘，您二老可好，岁月匆匆，转眼毕业快五年了。一切都在变化，真正没有变化的只有一样：人世间的真情是永恒的。可惜政武现在力单势薄，起不了什么作用，只有寄上 300 元略尽心意。——政武”。

2011 年春天……

李维贺一次次湿润了双眼。

小草青了又黄，燕子飞了又回。

5 000 多个日日夜夜，孩子们的信一直没有间断。这些用墨水记录下的真情，成了支撑老两口活下去的精神支柱。

15 载春秋，孩子们的汇款单雷打不动，数字从 100、200、300、500、800、1 000……不断增长着、变化着。刚毕业时挣得少，他们宁可自己勒紧裤腰带，也要拿出 1/3 寄给承德的“父母”；有的同学家中急需用钱，也未改变给老人寄钱的初衷；有的同学家属开始不理解，了解情况后每年催着寄钱。

2011 年农历正月初六，正在承德县温泉物流有限公司打工的李维贺接到村干部的电话，告诉他汇款单又到了。“去年腊月就到了，头回见这码事儿，没亲没故的，一寄钱就寄了 15 年，好人呢!”村干部感慨着。

15 年前，一位父亲先后失去了两个儿子，背上了七万多元的债；15 年前，儿子的一群同学决定承担起子女的责任。一个算不上约定的“约定”，让两位老人 15 年收到了 15 张汇款单和 56 封信；一个算不上约定的“约定”，演绎了一段延续了 15 年的真情；一个算不上约定的“约定”，不仅激励着两位老人勇敢地活了下去，也让人们看到了一位普通农民的诚信品质。

坐在值班室的灯下，李维贺把取出的 500 块钱放到桌上，泪水无声地淌下。

他怎么能不感动呢?

儿子已经走了 15 个年头了，同学们的汇款单却没有一年落下过。

15 个年头过去，他们都是将近 40 岁的人了，牛树起、杜彦敏、时翠平、李景刚、赵高峰、祁业凤……这些名字已经像自己的孩子一样亲切。

“老李呀，家里出啥事了?”温泉物流有限公司老总李文全不知什么时候来到他身边。

当李维贺一股脑地道出心中的情愫后，李文全也流泪了。

寄一年钱容易，连着寄 15 年，不容易啊。

“李总，我这辈子最大的心愿就是能看看这些像闺女、儿子一样的孩子。”

“我陪你去，上保定的费用我包了。”李文全感动地说。

叫一声“儿子、闺女”，两泪长流

2011 年 3 月 25 日，在去保定的路上，李维贺很少说话，他的手在不停地颤抖。

“没咋变，没咋变，那个高高胖胖的肯定是牛树起。”车刚驶出保定收费站，李维贺一眼认出了路边等候的几个青年，他的声音因为激动而有些哽咽。

“大爷……”李维贺刚刚打开车门，几个人已经奔了上来，紧紧地握住了李维贺那粗糙的双手。

李维贺喉结一动一动的，却发不出声音，泪水小溪般滚落下来。当年风华正茂的“孩子们”已不再年轻，多了几分成熟和稳重，每个人的眼里都盈满了泪。

“儿子！闺女啊!”良久，李维贺才叫出了声。

他一个一个地叫着他们的名字：牛树起、杜彦敏、李景刚、时翠平、祁业凤……泪水模糊了在场所有人的双眼。

午饭前，李维贺从衣兜里掏出一张纸，这是写给“孩子们”的信。

“我的好孩子，你们都有双方父母和家室子女，可是却一直记挂着两个跟你们没有任何血缘关系的老人。宝元不能做到的，你们都替他做到了，在我们心中，你们就是我们的闺女、儿子…… 宝元，你听见了吗?”

李维贺的手在抖，声音在抖，心也在抖。

“闺女们”已经哭出声，“儿子们”拿餐巾纸擦着眼睛……

当年的辅导员老师黄文军抹去眼角的泪端起酒杯：“我为有这样的学生感到自豪！我们大家共同敬‘老父亲’，祝他健康长寿!”男同学一口饮下，女同学泪流满面。

“赵锦去了加拿大，她嘱咐我晚上向她汇报；政武出差在外，实在赶不过来，让我替他敬您一杯!”时翠平一一向李维贺解释道。

“每年腊月汇款，就跟我们过年要回家一样，忘不了。”牛树起说。

“有事儿一定要打电话，再忙我们也一定会赶过去的。”时翠平叮嘱着。

临走时，牛树起把“子女们”凑的 2 000 元钱硬塞到了李维贺的手里。

15 年前，毕业前夕的一个晚上，记不清班级里是谁说了一句：宝元的父母咱们得管。

就是这样一个算不上约定的“约定”，让他们和李维贺老两口成了特殊的亲人；就是这样一个算不上约定的“约定”，竟演绎了一段延续了 15 年的真情。

“我们的约定没有期限，老人在世一天，我们就管一天!”杜彦敏说出了大家的心愿。

这话，李维贺信。

【思考题】

1. 读了这篇案例，你最想说的一句话是什么?
2. 河北农业大学果树 93（01）班的同学们为什么会做出这样的约定?
3. 怎样理解思想政治教育的目标和任务，如何实现?

案例分析*

【背景介绍】

河北农业大学果树 93（01）班的毕业生时翠平饱含真情地讲述了当年达成并履行约定的初衷：“15 年前，我们做出这个不是约定的‘约定’，可能是年轻人的一种义气豪情，也是学校淳朴校风的自然传承。现在人到中年，更多的是一种责任和承担。”“我们只是做了应该做的平常小事。”“大学四年，最难过的事就是好同学李宝元离开了我们。”时翠平回忆说，“宝元去世后，家里只剩下白发双亲。同学们给老人写信，告诉他们二老以后的生活将由我们来承担，宝元没有完成的事情将由我们继续替他完成。”大家把节省

* “案例分析”部分参考《我们只是做了应该做的——听河北农大时翠平真情讲述》（见 http：//hb.wenming.cn/zthd/hbndyxqt/yydyd/201104/t20110413_148125.shtml）的内容。

下来的班费、生活费和部分捐款寄给了老人。

河北农业大学是一所有着百年历史和良好学风校风传承的学校，多次被评为全国党建和思想政治工作先进普通高校、全国先进基层党组织。1996 年以来，河北农业大学坚持走太行山道路，发扬太行精神，被树立为全国精神文明建设先进典型。大学生的思想政治教育工作既不是板起面孔的简单说教，也不是脱离实际的空中楼阁。多年来，学校经常开展“爱心献社会”活动，强化了学生的社会责任感。全校 100 个团支部资助革命老区平山县 100 名失学儿童，大学生们还向保定市贫困山区的学校捐赠各种图书 6 000 多册。通过这些活动，学生们更加接近农业、农村、农民，使他们学农、爱农、为农的思想升华为自觉的人生追求。

河北农业大学果树 93（01）班毕业生群体 15 年来一直坚持默默资助、无私照顾病逝同学李宝元的父母的行为，在社会上引起了强烈反响。为表彰这一优秀青年群体，共青团河北省委、省青联授予河北农业大学果树 93（01）班毕业生群体“河北青年五四奖章集体”称号。2011 年 4 月 8 日下午，由光明日报社、河北省委宣传部、河北省委教育工委、共青团河北省委、河北农业大学共同举办的“只为一个永远的约定——践行社会主义核心价值体系座谈会”在河北农业大学召开。

【主题分析】

没有豪言壮语，只有一封封真情的书信；没有频繁的往来，只有 15 年来从没间断的汇款单。河北农业大学果树 93（01）班毕业生群体 15 年来一直坚持默默资助、真情照顾病逝同学李宝元的父母亲，用实际行动送去社会的温暖，践行了社会主义核心价值体系，集中体现了当代大学生的优秀思想品德和高度自觉的社会责任感，生动地诠释了新时代思想政治教育的基本目标和主要任务。这个大学生群体用自己的实际行动传承了太行精神，同时也塑造了自己的优秀品质，实现了人生价值。他们通过帮助同学家庭摆脱困境，自觉地承担起社会责任；通过抚慰早逝同学的父母，以实际行动寄托了对同窗好友的哀思；通过 15 年如一日地坚守一个约定，传承了中华民族敬老重义、推己及人的传统美德和民族精神，塑造了一代大学生作为社会主义事业的建设者和合格接班人的形象。

【启示分析】

（1）思想政治教育的根本目的是提高认识世界和改造世界的能力。进行马克思主义立场、观点和方法教育，就是要帮助人们科学地认识世界并且提高改造客观世界的信心、热情、毅力和斗志，从而推动社会的健康发展。在李维贺老两口面对命运的挑战、生活的困难的时候，河北农业大学果树 93（01）班毕业生群体用真情的承诺，温暖、鼓励处于巨大悲痛和绝望中的同学的父母，用坚守的约定帮助、支持这个风雨飘摇中的家庭，用稚嫩的肩膀扛起传承社会道义的责任，在改变他人命运的同时，也完成了自身世界观的嬗变和人生价值的提升，自觉能动地为更深刻地认识和理解这个世界，更有效地改变这个世界奠定了思想基础。

（2）思想政治教育的基本目标是培养全面发展的社会主义建设者和接班人。所谓全面发展，就是克服各种不同历史条件下曾经出现的“道德人”“经济人”“工具人”等片面发展的状况，真正按照人的属性实现人的物质与精神、政治与道德、生理与心理、知识与能力等方面的协调发展。那些在竞争的市场中追逐利润的人，无限释放物欲和粗鄙陋习的人，那种事不关己高高挂起的人，那种“在我身后哪怕洪水滔天”的极端自私自利的人以及“今朝有酒今朝醉”的人，与本篇案例中满怀真情、勇于担当的大学生，与虽命运多舛仍诚信守诺、憨厚淳朴的农民相比，真是天壤之别。然而，思想政治教育的基本目标不仅仅是培养合格公民，而是要造就那些既具备基本道德素养和改造世界情怀，同时又掌握了马克思主义理论武器、具有推动发展能力的社会主义建设者和接班人。他们是一群以天下为己任的理想与现实相结合的建设者，是用自己的实际行动担当维系社会发展方向的重任，是像河北农业大学果树 93（01）班毕业生群体一样有信守、有坚持的人。

（3）思想政治教育的主要任务是对理想信念、道德品质、思维方式的培育。理想信念教育是核心，坚定的理想信念是个人和社会克服千难万险、不懈奋斗的精神动力；优良的道德品质是一个人生活在社会中主动选择适应和改造环境的主体性生成的标志；科学的思维方式是主体选择、组织、加工、解释、转换周围信息，从而形成对于社会价值判断、精神追求的理性基础和能力，三者不可偏废。河北农业大学果树 93（01）班毕业生群体的感人事迹，是上述三项任务和谐实现达到一定程度的表现。共同的理想和追求召唤他们走到一起，形成一个拆不散的集体。在校园里，他们团结拼搏、刻苦求知；在李宝元身患重病时，他们似亲兄弟般照料；在李宝元离世、家庭陷入绝境时，他们以共同的信念、集体的力量支撑宝元的父母渡过难关。他们在李宝元病逝后，毅然承担起了作为子女的责任，为的是让两位不幸的父母不再悲伤流泪，好好地生活下去。没有法律义务，甚至没有道德压力，但他们仍义无反顾，恪守“老吾老以及人之老”的传统美德，为我们进一步发扬优良传统，加强思想道德建设树立了标杆。他们没有豪言壮语的表白，只有默默的行动。他们对病逝同学父母的抚慰和资助，不掺杂任何私心，不贪图任何回报，远离了功利主义，因而更显高尚和纯洁。他们的思想和行动代表着社会的主流价值取向，赢得了社会的广泛尊重。15 年来，他们把责任和爱心放在首要位置，把给老人写信、汇款当作头等大事来办，以敢于承担的态度，履行着一份沉甸甸的承诺，以实际行动展现了当代青年勇担社会责任的境界与追求。15 年中，一封封“家书”饱含关爱，一笔笔汇款融入亲情。他们虽然在不同的地域、不同的工作岗位，却持续关爱着已逝同学的父母，默默地坚守着同一个约定，平凡之中见伟大，执着之处显真情。他们完美地践行了社会主义核心价值观，树起了时代的榜样和丰碑。

案例 9　四川蝶变*

2011 年 5 月的川西北大地，草木葱茏，山清水秀。一个个新村镇、新学校、新医院、新社区、新工厂和一条条新道路，掩映在青山绿水间。

---

* 郑德刚，刘裕国，魏贺，等．“5·12”地震三周年四川灾后重建纪实：豪迈走上振兴路．人民日报，2011－05－10.

在汶川特大地震三周年和灾后恢复重建即将取得决定性胜利之际，5 月 7 日至 9 日，中共中央政治局常委、国务院总理温家宝第十次来到四川灾区，沿着龙门山从北到南，先后走访了青川、北川、绵竹、什邡、彭州、都江堰、汶川、茂县等受灾极重的县市，亲切看望慰问各族干部群众，实地察看灾后恢复重建情况。

党中央、国务院高度重视灾区恢复重建工作，当年就确定了三年完成恢复重建的目标和任务，出台了一系列政策措施，投入资金一万多亿元，指派了 19 个省市全力以赴支援建设。

短短三年，曾经山河破碎、满目疮痍的汶川特大地震灾区，发生了翻天覆地的变化。在地震过后的一千多个日日夜夜里，在党中央、国务院的坚强领导和全国人民的大力支持下，灾区人民在灾难中挺立、在废墟上崛起，从悲壮走向豪迈，创造了人间奇迹。

今天的地震灾区，民生、公共服务设施全面跨越提升，建设标准更高，功能配套更全，服务能力更强。一个全新的社会服务体系正在逐步形成，灾区群众的“幸福指数”逐渐提升。

“不用买病历吗？在哪里划价呢？”第一次走进由上海援建的都江堰市医疗中心，市民刘达成有点“找不着北”。“您的病历已经在就诊卡里了，拿卡直接到药房取药吧。”导医笑容可掬地说。这里不仅有 5 000 多万元的先进医疗设备，上海交大瑞金医院还在都江堰市医疗中心设置了固定式双向卫星网络，用于提供远程医疗会诊、教学合作交流等服务。

“听说有些设备比瑞金医院目前用的还要先进！”刘达成脸上满是欣喜。

让灾区百姓欣喜的，远不止这些。

灾后重建决胜的 2010 年，进展最快的是民生项目——350 多万户震损住房修复加固和 150 多万户农房重建全部完成，25 万户城镇居民住房基本完成。

提升最大的是公共服务设施——一批社会福利院、社区服务中心、公共文化场馆相继落成，灾区综合保障能力有了飞跃发展。

沿着新修的水泥路走进崇州市三郎镇欢喜村，远远就听见喇叭里正在广播村务。漂亮的新居围合着一个宽大的广场，几个孩子正在健身器材上玩耍，传来一片欢声笑语。

原来住在山上的高长松一家 5 口，按照每人 35 平方米的标准，在山下分到了房子。

“住进新房子，赶集不用再走羊肠小道了。”高长松一脸满足。

新村子不仅交通方便了，卫生站、文化广场、垃圾收集站，以及集劳保、村务、计生于一体的村民服务中心也一应俱全。

4 月 29 日，在位于新县城的北川图书馆里，馆长李春正带领工作人员忙着给新书配书标、书签。“目前，我们已经完成 4 万册图书的编目工作。照这样的速度干下去，到 5 月 12 日，我们基本可以向公众开放期刊阅览室和少儿阅览室。”

硬化道路进村入户，光纤、太阳能遍布农家……

在生活硬件设施服务提升的同时，灾区公共服务的“软件配套”也及时跟进。从社会管理方式的不断创新，到科学防灾减灾体系的日趋完善，一整套服务体系在灾区形成，大大提升了灾区群众的“幸福指数”。

“住上新房子，过上新生活，还需公民素质的全面提升。”

从 2009 年 8 月开始，德阳市罗江县结合灾后重建启动“幸福家园”建设，推进城乡环境综合整治、开展多种公民素质培训，“创新管理”成为自上而下的共识和自觉行动。

罗江县充分培育和发挥基层自治组织的作用，通过民主管理推动环境建设。在农村，每村都配有1～2名“幸福调解员”，每村都设有村民议事委员会；在城区，通过业主委员会，发动业主进行环境治理和维护，在全县58个老居民小区全面探索新型小区管理方式。过去管理混乱、卫生“脏乱差”的居民小区德信佳苑，在短短3个多月的时间里就变成了一个花园式小区。

震后的四川，山河破碎，生态脆弱，地质灾害频发。“一下雨，干部就上岗；一下雨，干部就不睡觉”，成为震后各级基层干部的常态。把群众生命安全放在首位，对老百姓的安危想得细、想得远，“人人都是监测者”的密集防灾减灾体系已经形成。

汶川地震后，四川省国土资源厅防灾减灾的培训不断向基层延伸，经乡、镇直抵村一级，并直接选择有隐患的安置点进行培训。3年来，灾区防灾减灾装备进一步充实和更新。政府出钱购买锣、鼓、扩音器、对讲机、手电筒等配备到村。汛期来临之前，重灾区各县、乡、村专门组织群众实战演习，公安、国土、交通、水利、气象等职能部门联动，形成了防灾的合力。在解决民生这一“必答题”的环节，灾区百姓齐齐亮出高分——2011年年初，四川省统计局对绵竹、江油、青川、汶川4个受灾极重的县市开展了一项问卷调查，调查显示，九成地震灾区居民对未来充满信心。

2011年的都江堰市政府工作报告中，一组公共服务的数据令人称道——

教育总投入5亿多元，按照8度抗震设防标准，完成15万平方米校舍维修加固，建成14.6万平方米的教师安居住房……

城乡养老、医疗保险制度实现全覆盖，城乡低保累计保障28万人次，1 476名农村五保对象实现应保尽保……

据统计，四川纳入国家汶川地震灾后恢复重建总体规划的39个县，重建后的教育科研、医疗卫生、文化体育等6大类公共服务项目共有19 687个，比重建前增加7 674个，平均每县增加196个。39个县的公共服务项目运行费用，从2007年的52亿元增加到2010年的90多亿元。

灾区就是考场，这些数字背后，是各级党委、政府对百姓生命权利的尊重，是以灾后重建为契机，大力改善民生、推动社会事业跨越式发展的坚定决心。

2010年5月8日，成都东客站综合交通枢纽正式投入使用。这个总投资约100亿元、预计日均旅客发送量20万人次的西部最大客运综合交通枢纽，仅用两年多时间便建设完成。

2010年5月12日，成都至都江堰的高速铁路通车，自此从成都到青城山景区乘车只需40分钟。

震后三年来，四川交通建设进入了大建设、大发展、大跨越的新时期。震后开工铁路3 800多千米，成兰铁路、成贵铁路、成西客专等24个铁路工程开工，通车里程和在建里程达6 800多千米。高速公路震后开工3 137千米，通车里程和在建里程近6 000千米。成都双流国际机场二跑道投入使用……西部综合交通枢纽建设进展顺利，川人变“蜀道难”为“蜀道通”的千年夙愿正逐步变为现实。

高位发展的不只是道路——

青瓦、楼阁、飞檐、流水，清一色古朴典雅的川西民居，如今的汶川水磨镇，早已不是原先那个充斥着粉尘、黑烟与污水的边陲小镇。

地震之前，水磨镇是阿坝州主要的工业园区，全镇的高耗能、高污染企业超过 60 家。“以前出门就是乌烟瘴气，现在看到的则是蓝天白云。”住在水磨镇禅寿老街的宋祥丽感受到了空气环境的变化，也尝到了发展方式转变的甜头。地震前，她在一家冶金厂工作，工作环境欠佳，收入也不算高。禅寿老街修好后，她用自家房子开了一家饭店，主营四川风味“麻辣鱼”，随着到水磨镇观光的游客的增加，生意越来越红火。

“重装之都”德阳市，震后着力发展清洁能源，连续两年跻身“清洁技术与新能源装备制造业国际示范城市”。出台不久的东汽公司“十二五”规划，已把战略重点目标瞄准风能、光能、储能项目。“着眼未来，我们必须从风能、太阳能出发，把新能源及新能源装备制造产业培育成战略性新兴产业。”东汽党委书记何显富说。

2010 年，四川省高新技术产业实现工业总产值 4 962.2 亿元，占全部规模以上工业总产值的 20.9%。高新技术工业总产值超过 100 亿元的市、州增至 11 个，初步形成了以成都、德阳、绵阳为核心的“成德绵”高新技术产业带，辐射带动了全省高新技术产业的发展。

四川灾区产业发展迅速恢复，新建了一大批支撑灾区发展的重大产业发展项目。截至目前，四川地震灾区累计已开工的工业企业、旅游、文化设施、金融服务业等产业恢复重建项目共有 4 940 个，占产业恢复重建任务的 99.02%。

面对前所未有的特大地震灾害和规模空前的恢复重建任务，经过三年的努力，灾区基本实现了“家家有房住、户户有就业、人人有保障、设施有提高、经济有发展、生态有改善”的重建目标。

看到浴火重生的灾区又重新恢复了生机和希望，温家宝自豪地说：“过去三年灾区的巨大变化证明，灾区人民是垮不掉的，永远能够坚强屹立在这片土地上，完全能够用自己的双手把家乡建设好。我相信，灾区的未来一定会更美好!”

【思考题】

1. “5·12”汶川地震的灾后重建工作成绩斐然的原因是什么?
2. 思想政治教育在提升人们认识世界和改造世界的能力方面发挥了什么作用?
3. 思想政治教育的目的和任务之间的关系是什么样的?

案例分析*

【背景介绍】

2008 年 5 月 12 日 14 时 28 分 04 秒，四川汶川、北川，8 级强震猝然袭来，大地颤抖，山河移位，满目疮痍，生离死别……这是新中国成立以来破坏性最强、波及范围最大的一次地震。此次地震重创了约 50 万平方千米的中国大地。民政部报告显示，截至

* “案例分析”部分参见：曾晓伟．吴靖平接受新华社记者采访时指出：把科学发展观作为指导灾后重建的强大思想武器，将科学和谐务实艰苦重建贯穿于重建工作全过程．四川新闻网，2010-09-03.

2008 年 9 月 25 日 12 时，四川汶川地震已确认共有 69 227 人遇难，374 643 人受伤，17 923 人失踪。汶川地震造成的直接经济损失达 8 451 亿元人民币。其中四川受灾害影响最严重，占到总损失的 91.3%，甘肃占到总损失的 5.8%，陕西占总损失的 2.9%。国家统计局将损失指标分为三类：第一类是人员伤亡，第二类是财产损失，第三类是对自然环境的破坏。在财产损失中，房屋的损失很大，民房和城市居民住房的损失占总损失的 27.4%。包括学校、医院和其他非住宅用房的损失占总损失的 20.4%。另外还有包括道路、桥梁和其他城市基础设施的损失，占到总损失的 21.9%。这三类损失比例比较大，占所有损失的近 70%。

党和政府本着“全面支持，突出重点；统筹协调，形成合力；因地制宜，分类指导；立足自救，各方帮扶；加大力度，简便易行”的原则迅速展开灾后重建工作。为支持受灾地区恢复重建，统筹和引导各类资金，中央财政建立地震灾后恢复重建基金。2008 年中央财政安排灾后恢复重建基金 700 亿元。截至 2011 年，纳入国家灾后恢复重建总体规划的 29 692 个项目已完工 94%，完成投资 7 965 亿元，占概算总投资的 92%，灾区三年来发生了脱胎换骨的巨变。特别是在“5·12”汶川特大地震三周年之前，温家宝总理亲自视察灾区重建工作，中央宣传部、中央党校、中国社科院、四川省委于 2011 年 4 月 25 日至 26 日在成都举行“抗震救灾和恢复重建与社会主义核心价值体系”理论研讨会，大力宣传“自强不息、顽强拼搏，万众一心、同舟共济，自力更生、艰苦奋斗”的抗震救灾精神，开展“坚韧自强、公正和谐、感恩奋进、人人奉献”的灾后重建精神教育。

【主题分析】

汶川大地震灾后恢复重建工作取得的巨大成绩，体现了党和政府在科学发展观指导下，以人为本进行灾后重建工作的伟大胜利，诠释了认识和改造世界作为思想政治教育根本任务的客观必然性，抗震救灾精神和灾后重建精神是社会主义核心价值体系在广大人民群众应对重大自然灾害条件下凝聚人心的生动写照。

汶川大地震灾后恢复重建过程中，灾区人民弘扬伟大的抗震救灾精神，创造了灾后重建的奇迹，形成了灾后重建精神，谱写了伟大抗震救灾精神的新篇章。灾后重建精神反映出爱国主义、社会主义、集体主义在灾后恢复重建实践中的强烈影响，体现在无数平凡琐细、默默无闻的灾后重建工作生活之中，蕴含于无数埋头苦干、任劳任怨、攻坚排难的干部群众内心精神世界。灾后重建精神被概括为：“坚韧自强、公正和谐、感恩奋进、人人奉献”。灾后重建精神，是宝贵的时代精神财富，对于推进社会主义核心价值体系建设的实施，凝练社会主义核心价值观有着巨大的现实意义。

【启示分析】

(1) 四川灾后重建成就的取得，体现了思想政治教育提高人们认识和改变客观世界能力的根本目的。四川蝶变，凤凰涅槃。在自然灾害的重创面前，党中央、国务院和各级党政部门始终坚持用科学发展观指导灾后重建工作，始终坚持以人为本、民生为重，把确保群众生命安全、改善群众生活条件、发展富民产业摆在优先位置，坚持科学重建与科学抗灾救灾防灾相结合、硬件建设与软件建设相结合、物质文明建设与精神文明建设相结合，取得了灾后重建工作阶段性重大胜利。提高认识和改造客观世界的能力，主要表现在灾后重建工作中，科学重建——狠抓科学选址、科学规划、科学设计、科学施工、科学管理，促进重建与发展、恢复与提升相统一，确保重建工程经得起实践、历史、群众及次生灾害的检验；和谐重建——把民生改善作为最大政治，把群众满意作为最终标准，把解决群众最关心、最直接、最现实的利益问题放在首位，突出城乡住房重建优先、公共设施重建优先、基础设施重建优先、产业重建优先，确保灾区群众安居乐业；务实重建——坚持实事求是，一切从实际出发，量力而行、尽力而为，规划适度超前、建设分步实施、功能管用实用，严把规划执行关、质量安全关、工程造价关，做到施工建设服从规划、时间进度服务质量、资金投向服务效益，最大限度地发挥重建项目的功能和作用；艰苦重建——发挥群众主体作用，重建工程精打细算，强化对关键环节、重点领域、重点项目的监管，做到程序不减、时间缩短、提速不越轨，确保工程建好、干部不倒、群众说好。

（2）灾后重建精神的形成，体现了思想政治教育提高人们认识和改造主观世界能力的根本目的。在灾后重建工作中，党中央、国务院以科学发展观为指导思想，本着“全面支持，突出重点；统筹协调，形成合力；因地制宜，分类指导；立足自救，各方帮扶；加大力度，简便易行”的原则，发挥灾区各级党组织的坚强领导，发挥社会主义制度集中力量办大事的优越性，发挥市场在配置资源中的基础性作用，发挥对口援建省市饱含真情的大力支持，调动各方面资源和力量，激发全国人民特别是灾区人民艰苦奋斗、重建家园的信心和力量，及时地将灾区人民从失去家园和亲人的悲痛中唤醒，投入追求未来幸福生活的奋斗之中。全国人民也不遗余力地开展对口援建项目，不仅为灾区带来了资金和项目，全面提升了灾区恢复重建的层次和水平，而且还带来了先进的技术和发展理念、严谨的工作作风、科学的管理方法，促进了东西经济大合作、文化大交流、理念大融合、观念大解放、民族大团结，促进了区域的协调发展、科学发展。达到了人们在改造客观世界的同时改造主观世界，不断使自己的主观思想符合客观规律，与时俱进、辩证统一的目的。

（3）思想政治教育的根本目的要通过思想政治教育的基本目标和具体任务来实现。思想政治教育实现提高人的认识和改造世界的能力的根本目的，是通过实现思想政治教育的基本目标、完成思想政治教育的主要任务来实现的。思想政治教育的基本目标是培养和造就全面发展的社会主义建设者和接班人，主要任务是对这些人进行理想信念教育、爱国主义教育、道德品质教育和科学的思维方式教育。四川灾后重建工作中涌现出来的各种优秀人物、先进事迹、志愿服务团队等，都成为全面发展的社会主义建设者和接班人的典型代表。灾后重建工作也是一个思想的大熔炉，它以“坚韧自强、公正和谐、感恩奋进、人人奉献”的灾后重建精神为载体，生动具体地展现了涵盖理想信念、情操道德、科学思维等方面的社会主义核心价值体系教育的内容，澄清了以“范跑跑”为代表的极端自私自利人生价值观在人们思想中造成的困惑和混乱，引导了社会思想文化建设的健康发展方向，充分体现了思想政治教育提高人们认识与改造世界的能力这一根本目的，也体现了培养全面发展的社会主义建设者和接班人、加强社会主义核心价值体系教育这一重要任务。

第三章

思想政治教育的教育者与教育对象

要点综述

思想政治教育者在思想政治教育活动中处于主导地位，具有重要的教育职能和管理职能，因此思想政治教育者需要具备较高的政治素质、道德素质、思想素质、知识素质以及能力素质和生理心理素质。思想政治教育对象是指思想政治教育活动所作用的对象，即受教育者。思想政治教育者与教育对象是思想政治教育过程中的两个基本要素，二者的关系是思想政治教育过程中的最基本的关系。他们既相互联系又相互区别，二者相互规定、相互依存、相互转化，但同时在角色、任务侧重点和活动方式以及作用等方面又存在显著不同。本章案例“将生命定格在百色大山里的第一书记”“对口支援《山海情》”“新疆学生的好导师查朝征”“一首永恒的青春之歌——长江学子”“天之骄子为何成了弑母凶手”，从正反两个视角说明了专业的和非专业的思想政治教育者应具备的基本素质以及将领导干部和青年作为思想政治教育重点和主要对象的必要性和必然性，同时展示了思想政治教育者与教育对象良好的互动关系是成功开展思想政治教育工作的基础。

案例 10　将生命定格在百色大山里的第一书记*

2019 年 6 月 17 日凌晨，广西百色市乐业县新化镇百坭村第一书记黄文秀，在利用周末看望了刚做完第二次肝癌手术的父亲后，因放心不下村里的防洪工作，在冒雨连夜返回百坭村的路途中，被突然暴发的山洪夺去了年仅 30 岁的生命。

---

* 汪晶晶、高云灵改编自：黄文秀：在脱贫攻坚战线谱写新时代青春之歌．光明日报，2021－05－21；在脱贫攻坚第一线谱写新时代青春之歌．求是，2019（18）；芳华无悔：追记用生命坚守初心和使命的青年共产党员黄文秀．新华社，2019－07－02；北京师范大学坚持“四个结合”大力弘扬黄文秀同志崇高精神．中华人民共和国教育部官网，2021－08－19．

芳华无悔，献身大山

黄文秀是北京师范大学哲学学院硕士研究生，2016 年毕业后她选择回到生她养她的革命老区百色工作。两年后，她响应国家扶贫号召，放弃了城里轻松愉快的宣传部岗位，主动请缨到乐业县新化镇百坭村担任驻村第一书记。

百坭村是一个深度贫困村，石山林立，基础设施薄弱，全村 11 个自然屯散落在大山深处。当时村里每五个人中，差不多就有一个属于极端贫困，这种贫困程度令百坭村成为全国最穷的山村之一。黄文秀在村里的居住环境，就是 10 平方米左右的房间，简易的书架和电脑桌再加上一张硬床铺。

黄文秀刚到村里时，有的群众认为黄文秀是来“镀金”走过场的，再加上语言不通，村民们对她的态度很冷淡。面对质疑和不配合，黄文秀没有放弃，她在日记中写下：“要想让老百姓愿意接近我，就得让他们觉得我和他们是一样的。”为此，她换下漂亮的裙子，穿上休闲运动装，进村入户访贫问苦。她常常帮贫困户家里收拾房间、打扫院子。有的村民不让她进家门，她就去两次、三次，村民家里没人她就到田地里去，一边帮村民干农活一边聊天。渐渐地，村民们开始接受她。

为了摸清村民的现状，她翻山越岭进行入户调查，一笔一画绘下了贫困分布图，摸清了村情与村民致贫原因。黄文秀在村内组织召开了多轮研判会，针对全村未脱贫户、已脱贫户，精准制定“帮扶措施”，杜绝虚假和“数字”脱贫。黄文秀在开展扶贫工作的过程中，始终将习近平总书记关于“六个精准”的论述作为开展扶贫工作的方法论，同步做好国家扶贫政策的宣传，提高群众的“知晓率”和“获得感”。就这样，黄文秀在初到百坭村两个月的时间里，不仅彻底摸清了村民们的贫困情况，还重新建立起了群众和村委之间的信任。

搞清楚村民的致贫原因之后，接下来就是想办法帮助他们摆脱贫困。为了贷款修路，她一遍又一遍地递交材料，最后成功获得资金，为百坭村修筑了一条长 22 千米的公路。村里的贫困户李某，因为不符合条件评不上低保，对扶贫工作产生抵触情绪，村干部多次劝说无效。黄文秀登门，连吃三次“闭门羹”后，李某才开门。她对李某说：“老哥，你这么勤劳，脱贫没问题。只要政策允许，我一定帮你申请。你不是有产业园吗？只要你把产业园管好，我帮你申请产业奖补。”以心换心，赢得真心。后来，黄文秀与李某以兄妹相称。李某通过发展产业，2018 年顺利脱贫。

黄文秀驻村的每一天都争分夺秒，深扎基层。她带领村民们硬化道路、修建蓄水池、管护砂糖橘、种植油茶树……在任职一年多的时间里，走遍了百坭村 195 户贫困户，完成屯内 1.5 千米道路硬化，新建 4 个蓄水池，安装 17 盏路灯，集体经济增收 6 万多元，带领百坭村 88 户共 418 人脱贫，将贫困发生率从上任时的 22.88%降到了 2.71%。

红土地上走出的女儿

1989 年，黄文秀出生于百色老区的一个贫困家庭，从小就受到老区革命精神的熏陶，树立了建设家乡的志向。在高中的一堂政治课上，她说出了自己的梦想："我是个山里的孩子，将来想回家乡工作，把家乡建设好。"而这也指引着她未来的人生选择。

2008年，黄文秀成功考入山西长治学院政法系思想政治教育专业。"求真、求实、求善、求美"，山西长治学院的校训潜移默化地影响着这位从大山里走出来的农村女孩。入学后，在得知可以递交入党申请书时，黄文秀第一时间写下了自己的入党志愿申请书并交给了班主任。班里开展慰问福利院的公益活动，黄文秀总是忙前忙后，捐物出力；班里推荐贫困补助名单，家庭贫困的黄文秀总是坚持把名额让给其他同学。黄文秀的马克思主义哲学课老师杜利英说："每次与黄文秀讨论马克思主义经典文献心得，她总是带着一本厚厚的笔记本，里面密密麻麻地记录着她的读书心得。"2011年6月，黄文秀宣誓加入了中国共产党。"求真、求实、求善、求美"，这既是山西长治学院的校训，也是黄文秀的赤子初心。在这里，她度过了四年的青春岁月。

2013年，黄文秀成功考取北京师范大学哲学学院硕士研究生。她所在的北京师范大学秉承"爱国进步、诚信质朴、求真创新、为人师表"的优良传统和"学为人师，行为世范"的校训精神，形成了"治学修身，兼济天下"的育人理念，这些都深深影响着黄文秀。来到北京，黄文秀的视野更加开阔，心胸也更加宽广，她曾在日记中写道："我愈发感觉到自己肩上有一种责任，那就是学成后建设家乡、报效祖国。"读研期间，她积极参加社会实践，心系家乡发展。2015年，她参与首届"启功教师奖"评选调研，对基层贫困乡村现状有了更深刻的认知和理解，她说："乡村的未来，在教育，更在人才。"毕业前，黄文秀回到广西深度贫困地区调研，撰写了硕士学位论文《广西壮族优秀传统文化中德育资源的开发》，并决定报考广西定向选调生。

有人问她：为什么要放弃在大城市工作的机会，偏偏回到贫穷的家乡？她回答："很多人从农村走出去就不想再回去了，但总是要有人回来的，我就是要回来的人。""百色是脱贫的主战场，我有什么理由不来呢？我们党是切实为群众谋发展谋幸福的党，我是一名共产党员，这就是我的使命。"在黄文秀的研究生导师郝海燕看来，"她英语很好，以她的条件，留京或出国都不是问题。但这孩子，似乎就是为家乡而生的"。父亲曾对即将硕士毕业的黄文秀说："我们不要考虑哪些地方钱多，因为你入了党，你要为党工作，回到乡村来，做一个干干净净的人民公仆。"这在黄文秀的心里深深种下了一颗报效家乡的种子。

以生命奏响新时代青春之歌

黄文秀的先进事迹不仅在广西引起热议，也在社会各界引发强烈反响。《人民日报》《光明日报》《中国青年报》等多家媒体全方位、多视角地报道了这位优秀年轻的时代楷模扎根乡土、真心为民的感人事迹。全国各地掀起了深入学习黄文秀先进事迹的热潮。以她为题材的诗画歌咏会、民族歌舞剧《扶贫路上》、电影《秀美人生》、歌曲《你是长院你是我》、纪录电影《文秀，你好》点映活动、电视剧《大山的女儿》等一系列文艺作品，一经播出就受到社会上的一致好评，让无数网友为之落泪。

北京师范大学将学习弘扬黄文秀同志崇高精神与思想政治教育相结合，落实立德树人的根本任务。学校鼓励学生党支部、班级通过主题党日、主题班会、事迹学习、座谈交流、心得撰写等形式加强学习宣传、厚植家国情怀。设立党建基金和班建基金，支持开展“时代楷模就在我们身边”黄文秀同志先进事迹学习宣传主题党日等活动，组织学生党支部以脱贫攻坚为主题开展党小组学习和党日活动。将黄文秀同志先进事迹纳入学校思想政治理论课教学，以身边的榜样来教育学生。组织学生参与以黄文秀同志为原型的纪录电影和电视剧的拍摄工作，切身感受黄文秀同志的崇高精神。

山西长治学院组建了黄文秀先进事迹宣讲团赴省内外宣讲 30 余场，打造示范党课“接续文心秀行 谱写青春华章”，创建“黄文秀班”“黄文秀先进事迹宣讲团”等，发挥先进榜样育人作用，号召广大青年学生向黄文秀学习，继承黄文秀精神，刻苦学习，奋发进取，把自己的人生理想同祖国的前途命运紧密联系在一起，争做社会主义事业合格建设者和可靠接班人，以蓬勃的朝气和昂扬的锐气奋斗新时代、展现新作为。

黄文秀牺牲后，百坭村于 2020 年年底实现了人均纯收入超过 1.5 万元，成功脱贫摘帽。黄文秀被追授“全国脱贫攻坚楷模”荣誉称号和“全国优秀共产党员”“时代楷模”等称号，并被授予“七一勋章”，习近平总书记指示“要以黄文秀同志为榜样”，谱写“新时代的青春之歌”。如今的百坭村产业兴旺，路网畅通，新村部办公楼已投入使用，村里建成了幼儿园，原来的驻村第一书记黄文秀当年的心愿也实现了，村组织的凝聚力也不断增强，村里越来越漂亮，发展越来越好，群众日子越来越好。在“文秀书记”走后，一个个年轻人接过驻村第一书记的“接力棒”，投身在巩固拓展脱贫攻坚成果、全面推进乡村振兴的基层一线，立志在新时代的长征路上做出新的更大贡献。

【思考题】

1. 黄文秀为什么会放弃留在大城市扎根的机会而选择回到家乡当一名村支书?

2. 结合黄文秀在扶贫攻坚斗争中的感人事迹以及自身实际，谈谈要“谱写新时代青春之歌”应具备哪些品德?

3. 如何理解教育对象的自我教育在思想政治教育过程中的重要价值?

案例分析*

【背景介绍】

“脱贫攻坚战”是指 2015 年 11 月 29 日《中共中央、国务院关于打赢脱贫攻坚战的决定》中为“确保到二〇二〇年我国现行标准下农村贫困人口实现脱贫、贫困县全部摘帽、解决区域性整体贫困”而提出的一整套精准扶贫、精准脱贫的计划和解决方案。黄文秀出生于广西壮族自治区百色市田阳区巴别乡德爱村多柳屯，生前系广西壮族自治区百色市委宣传部副科长、派驻乐业县新化镇百坭村第一书记。2019 年 6 月，习近平对黄

* 陈万柏，张耀灿．思想政治教育学原理．3 版．北京：高等教育出版社，2015；戴艳军．思想政治教育原理案例分析．北京：中国人民大学出版社，2012；戴艳军，王嘉．思想政治教育原理案例分析：修订版．北京：中国人民大学出版社，2018.

文秀同志先进事迹做出重要指示："黄文秀同志研究生毕业后，放弃大城市的工作机会，毅然回到家乡，在脱贫攻坚第一线倾情投入、奉献自我，用美好青春诠释了共产党人的初心使命，谱写了新时代的青春之歌。广大党员干部和青年同志要以黄文秀同志为榜样，不忘初心、牢记使命，勇于担当、甘于奉献，在新时代的长征路上做出新的更大贡献。"①2019年7月1日，中国共产党中央委员会宣传部追授黄文秀"时代楷模"称号；2019年7月17日，中华全国总工会授黄文秀同志全国五一劳动奖章；2019年9月，黄文秀荣获第七届全国道德模范"全国敬业奉献模范"；2019年9月25日，黄文秀被授予"最美奋斗者"称号；2019年10月，黄文秀被追授"全国优秀共产党员"称号；2020年5月，黄文秀被评为"感动中国2019年度人物"；2021年2月，黄文秀被授予"全国脱贫攻坚楷模"称号；2021年6月，中共中央授予黄文秀"七一勋章"。

【主题分析】

作为一名新时代的大学生，黄文秀用生命诠释了"堪当民族复兴大任的时代新人"的时代标准，她是脱贫攻坚的时代楷模，也是思想政治教育专业的杰出毕业生，她的感人事迹充分体现了时代新人心系祖国、服务人民、扎根基层、无私奉献、顽强拼搏的精神追求，她用实际行动回答了高校思想政治教育"为谁培养人、培养什么人"的根本问题，生动诠释了新时代社会主义事业的合格建设者和可靠接班人应有的精神品质，谱写了新时代的青春之歌。她为推进我国脱贫攻坚事业、实现乡村全面振兴献出了自己的青春和生命，激励着越来越多的青年大学生积极投身于基层建设和国家发展的宏图伟业之中，在实现中华民族伟大复兴的新征程中建功立业。

【启示分析】

（1）黄文秀的事迹体现了青年作为思想政治教育的重点对象所应具有的时代品质。青年是祖国的未来、民族的希望，抓好青年的思想政治教育，党和国家的未来事业就有前途和希望。新时代思想政治教育的根本任务就是要培养担当民族复兴大任的时代新人，培养德智体美劳全面发展的社会主义建设者和接班人，具体来说就是要"培养学生爱国情怀、社会责任感、创新精神、实践能力"②。案例中黄文秀生动诠释了"时代新人"的当代内涵："厚植爱国情怀"，黄文秀硕士毕业后响应祖国号召，选择到党和人民最需要的地方，投身于家乡扶贫事业，立志改变这个深度贫困村，献出了自己年轻的生命；"肩负使命担当"，在黄文秀看来"我们党是切实为群众谋发展谋幸福的党，我是一名共产党员，这就是我的使命"；"善于开拓创新"，面对扶贫路上的现实难题，她努力创新工作方法，与群众一边干活一边沟通，挨家挨户走访，绘制了村里的"贫困分布图"，摸清了百坭村的贫困情况，结合当地资源大力发展杉木、砂糖橘、八角、枇杷等特色产业；"躬身实践事业"，在黄文秀任职一年多的时间里，她带领村民们硬化道路、修建蓄水池、管护砂糖橘、种植油茶树……将百坭村的贫困发生率从上任时的22.88%降到了2.71%。在

① 习近平对黄文秀同志先进事迹作出重要指示．新华网，2019-07-01.
② 习近平．在教育文化卫生体育领域专家代表座谈会上的讲话．北京：人民出版社，2020：3.

黄文秀身上，我们可以看到一名青年党员所具备的优秀品质，这些品质是对时代新人标准的最好诠释，唯有以青年思想政治教育为重点，培养和造就越来越多的“黄文秀们”，才能为实现中华民族伟大复兴奠定人才基础。

（2）黄文秀事迹体现了大中小学思想政治教育一体化建设对人才健康成长的必要性。时代新人的培育是一项复杂的系统工程，需要将思想政治教育贯穿到各领域、各环节。在学校构建大中小学一体化育人的落实机制，推动不同学段思想政治教育机制、内容、方法的纵向衔接和家庭、学校、社会的横向贯通，使学生能够在持续、连贯、有效的教育培养下形成正向稳定的思想道德素养。黄文秀的人生道路选择是大中小学思想政治教育一体化培育的结果，从黄文秀的成长经历中可以发现，她生长于百色这个红色土地上，当地优秀共产党员的先进事迹她从小就耳濡目染，她幼小的心灵中埋下了真善美的种子。受到国家扶贫助学资助的她，在高中的政治课上就表达了学成后建设家乡的意愿，树立报效祖国、服务人民的志向，这为日后她的选择奠定了思想基调。大学期间，母校校训和为民服务的文化氛围深深地影响了黄文秀，通过马克思主义理论的学习以及参加各类扶贫教育社会实践活动，更加坚定了她放弃大城市的工作机会，返回家乡投身扶贫一线的选择。黄文秀以实际行动证明了大中小学思想政治教育一体化建设的实效性，是思想政治教育成功育人的典型。

（3）黄文秀事迹体现出思想政治教育要充分发挥教育对象自我教育的主体性。思想政治教育是教育与自我教育相结合的过程，“教育影响只有通过受教育者积极主动地接受、消化，通过其自身内在的思想矛盾运动，才能起作用”。思想政治教育对象的自我教育是指教育对象把自我作为认识和改造的对象，充分发挥主观能动性，根据思想政治教育的目标和要求，结合自身实际主动确立自我教育任务，通过自我认识、自我选择、自我反省和自我调控等方式，不断提高自己的思想政治素养的教育活动。作为一名新时代的大学生，黄文秀刚入学时，第一时间提交了入党志愿申请书，积极参加班级开展的慰问福利院的公益活动，坚持把贫困补助名额让给其他同学，主动参加基层教育和扶贫等实践活动，在面对多种毕业选择时，坚定地投身家乡脱贫攻坚事业，主动请缨到全国最穷的乡村之一百坭村担任驻村第一书记，当重病的父亲劝她天气不好第二天再回村时，她仍坚持第一时间赶回村里救灾……面对人生中的种种大事小事，黄文秀的选择从来没有改变，那就是服务人民、奉献社会，真正地将个人理想融入国家和民族的前途命运之中，而支撑她做出同样选择的原因除了父母、老师、学校、社会对她产生的思想政治教育影响，最重要的是她能够认清自我价值、坚定理想信念、调控个人行为，自觉对自我进行思想政治教育。

案例 11　对口支援《山海情》*

2021 年年初，一部扶贫题材的电视剧《山海情》成为开年爆款，收获了豆瓣评分

* 汪晶晶、张庚爽改编自：豆瓣评分 9.4!《山海情》为啥这么火？光明网，2021 - 01 - 30；昨晚大结局，豆瓣打分 9.4，这部电视剧背后的福建力量让人赞叹．央广网，2021 - 01 - 25。

9.4、腾讯剧评 9.6 的高分成绩，口碑爆棚。在第 27 届上海电视节上，该剧成为最大黑马，一举斩获白玉兰奖“最佳中国电视剧”“最佳男配角”“最佳女配角”“最佳摄影”四大奖项，是本届上海电视节获奖最多的电视剧作品。人们不禁思考，《山海情》为啥这么火？

电视剧《山海情》由东阳正午阳光影视有限公司出品，于 2021 年 1 月 12 日在国内各大卫视和网络视频平台同步播出。该剧以福建省与宁夏回族自治区进行的“东西协作”扶贫项目为大背景，聚焦西海固吊庄移民的小人物，通过实力派演员的真实演绎，高度还原了大西北 20 世纪 90 年代的风土人情。同时，方言的演绎也增加了观众的代入感，使观众犹如身临其境，感受着那个年代的人和事。

该剧讲述了 20 世纪 90 年代，国家面向宁夏贫瘠的西海固地区实施吊庄移民政策，号召西吉的农民们移民、搬迁，但飞沙走石的荒漠条件太艰苦，搬迁来的村民第二天就走了一半。村干部马得福用尽各种办法动员大家去吊庄，并帮助村民们留下来，却也对吊庄移民的未来充满担忧。直到国家新的扶贫政策出台，吊庄移民的生存面貌才出现根本转机。1996 年，党中央做出推进东西部对口协作的战略部署，其中确定福建对口帮扶宁夏，共同推进宁夏扶贫工作，由此建立了一个移民示范村——闽宁村。为了落实扶贫政策，闽宁村开展了科技扶贫，发展当地经济。挂职县长陈金山找到了福建专家凌一农来到村里教村民们种蘑菇，让大家挣到了第一桶金，又想尽办法为蘑菇寻找销路。与此同时，福建的干部们还鼓励、带动宁夏的劳务输出，为村里人去福建打工积极创造条件。县长陈金山联系他认识的福建商人，为劳务输出牵线搭桥。闽宁办主任吴月娟和陈金山轮番向基层干部介绍福建的帮扶政策，马得福帮两地干部传递政策，理解政策，并和白老师帮忙组织劳务输出大会。扶贫政策四面开花，闽宁镇初具规模，吸引着越来越多的村民主动报名搬迁。经过 20 多年，西海固的人民和干部们响应国家扶贫政策的号召，顺利完成易地搬迁。在福建的对口帮扶下，通过辛勤劳动和不懈探索，曾经满是风沙的戈壁滩，变成了现在绿水青山的西海固。

剧中的人和事，在现实中大多都能找到原型。剧中凌一农教授在现实中的原型人物，就是福建援宁科学家、菌草技术发明人林占熺教授。1997 年 4 月，作为第一批福建援宁人员，菌草技术发明人、福建农林大学教授林占熺带着六箱菌草草种来到宁夏固原市彭阳县，与贫困群众同吃住，手把手、面对面推广菌草种植技术。到 2007 年，当地累计发展菌草生产农户 1.75 万户，户均收入近万元，大批农户告别贫困，走上小康之路。菌草业也由此发展成为闽宁对口扶贫的第一个产业。1999 年，援宁挂职干部马国林，与技术人员一起奋战 80 天，在“无水区”打出了一口日出水量 800 立方米的井，解决了 5 个乡数万农户长期以来的吃水困难问题。2006 年，身为独生女的李丹瞒着父母，赴隆德县第二中学支教。2016 年，援宁挂职干部李仲福举家搬到西海固，他招商引来 20 多个项目，落实帮扶资金 6 670.8 万元。20 多年来，福建省累计为宁夏培训劳务人员 18.9 万人，每年帮助宁夏转移劳动力 75 万余人，目前稳定在福建省的宁夏贫困劳动力达 8 万人，平均年创收 10 亿元。

该剧一经播出便广受好评，引发了“山海情现象”的讨论，很多人受到《山海情》的感召，自发地成为闽宁镇的“精神村民”，国家广播电视总局点名表扬该剧是聚焦脱贫攻坚伟大事业的文艺精品，众多主流媒体也接连从不同视角发布对该剧的影评。《光明日报》发表评论："与剧中贫困、萧条的环境产生鲜明对比的是，生活在其中的人物是鲜活、生动、有情的。该剧聚焦放大了'人'的故事，以细节绘深情，将更多的温情和'烟火气'呈现给观众。该剧采用纪实的创作手法，剧中没有领导讲话，没有说教口号，没有脸谱干部，用一个个有血有肉、真实接地气的故事与人物形象，给观众带来了不一样的味道。该剧不说教，不煽情，细节处见真功夫，打开了主流题材创作的新路径。"《北京日报》评价道："《山海情》在一片好评中收官，很多人感慨，没想到一部主旋律扶贫剧竟成了'剧王'。若以流量剧标准看，该剧算得上'土得掉渣'。千沟万壑、戈壁飞沙，土坯房、地窝子，以及人人脸上的'高原红'，全景呈现三十年前大西北'苦瘠之地'的贫困艰辛。它没有为时代加'滤镜'，也没有渲染人物'高大全'，更没有回避移民扶贫过程中的种种矛盾和普通个体的复杂心态。恰恰是这样的'有生活、没口号''有苦难，更有苦干'，将曾经的亲历者，更将无数富足年代成长起来的年轻人带入历史现场，去见证了一段苦尽甘来、创造未来的奋斗史。这样的作品火了，折射的正是现实主义创作的成功。"

这样一部主旋律的农村扶贫剧，不仅受到了老一辈人的喜欢，而且也收获了无数年轻人的喜爱。网友纷纷表示："'80后'特别能共情，每次三刷，不够看啊！""追剧追成了精神村里人，看热闹的我比马得福还急。""关于这部剧，我已经看了好几遍了，每次都被不同的细节、不同的理解所感动。"一位来自宁夏永宁县的女子发表评论说："全家追着看这部电视剧，我和妈妈哭了好几次，谢谢政府！谢谢孔笙导演！最后谢谢福建的同胞，谢谢你们培养了林占熺这样的教授，让我们过上了不一样的生活！最后的最后让我明白了只要勤劳就有收获！"另有一位网友在豆瓣留言："因为贴近现实，《山海情》爆了。但我相信，更值得点赞的，是《山海情》所贴近的现实——这个最可爱的中国，所取得的最了不起的成就。"

宁夏卫视正在积极推进电视剧《山海情》的阿拉伯语译配和海外播出。同时加强与阿拉伯国家播出平台的对接，截至 2022 年 8 月 30 日，已与中东广播中心（MBC）、黎巴嫩 LBC、沙特 Rotana 电视台、突尼斯国家电视台、约旦国家电视台和也门国家电视台达成合作意向，待全剧译配完成后将在上述平台陆续开播。2022 年 12 月 6 日，阿语版《山海情》在埃及新日间电视台正式播放。

【思考题】

1. 你了解《山海情》背后的故事吗？村民为什么要移民？
2. 你认为优秀的文艺作品在思想政治教育中发挥了哪些作用？
3. 思想政治教育应如何运用优秀的文艺作品讲好中国故事？

案例分析*

【背景介绍】

宁夏西海固地区（宁夏回族自治区南部山区的代称），自古以来缺水又缺地，生活环境十分困苦，曾被联合国粮食计划署确定为最不适宜人类生存的地区之一。其实宁夏自古就分为两个部分：川区和山区。两个不同的分界，导致宁夏整体的情况差距非常大，民众的生活差别也非常大。西海固就处于宁夏的山区，自古以来，属于天下极其苦寒之地。而当地居民生活的首要问题就是饮水困难。西海固降水量小，蒸发量大，地下水因苦涩而无法饮用，靠水窖储存雨雪水曾是当地人饮用水的主要来源，相亲不问房车，只问水窖数量。落后的生产方式和交通条件造成的闭塞，各种因素的叠加，让西海固成为和大凉山齐名的贫困地区。1997 年，在福建援助资金的支持下，闽宁村正式奠基，第一批移民从西海固地区搬出，来到这个更具发展前景的“吊庄”。闽宁村奠基之初，基础设施尚在建设完善中，移民们在政府的帮助下，于这片贺兰山冲积扇平原上白手起家。经过 20 多年的发展，昔日的闽宁村逐步发展成为如今常住人口达 6 万余人的闽宁镇。“闽宁模式”的成功，蕴含着我们实现家国梦想的密码。

【主题分析】

《山海情》的爆火充分表明思想政治教育要善于以优秀的文艺作品讲好中国故事，传播好中国声音。这部电视剧能够成功播出并产生积极反响，不仅在于编剧的才华、演员的实力和制作的精良，更源于广大人民群众对我国扶贫政策和发展成果的认可，源于贴近群众、贴近现实、贴近生活，用优秀的文艺作品讲好中国故事、传播好中国声音，唤醒了观众内心深处对国家发展成就的自豪感和民族复兴的自信心，使观众与作品同频共振，产生情感上的共鸣，达到对群众有效开展思想政治教育的目的。作为一部扶贫题材的主旋律电视剧，《山海情》从中国发展现实中取材，带领我们回顾了中国脱贫攻坚几十年的奋斗历程和伟大成就，使我们深切感受到我国决胜脱贫攻坚、实现乡村振兴的决心，体会到中国共产党人为中国人民谋幸福、为中华民族谋复兴的初心和使命。观众在欣赏这类主旋律电视剧的同时，也接受了精神上的洗礼，增强了广大人民群众对中国特色社会主义道路、理论、制度和文化的自信，为我国继续在乡村振兴的道路上接力奋斗提供了强大的精神动力。

【启示分析】

（1）《山海情》的爆火表明优秀的文艺作品首先要贴近群众。人民群众既是历史的

---

* 张荣军，王文东．讴歌脱贫攻坚的荧屏史诗：论电视剧《山海情》的六重导向．电影评介，2022（8）；聂辰席．深入现实生活 讴歌伟大实践：在《山海情》创作座谈会上的讲话．中国电视，2021（3）；沈壮海．新编思想政治教育学原理．北京：中国人民大学出版社，2022；戴艳军．思想政治教育原理案例分析．北京：中国人民大学出版社，2012；戴艳军，王嘉．思想政治教育原理案例分析：修订版．北京：中国人民大学出版社，2018.

“剧中人”，也是历史的“创作者”。“人民是文艺创作的源头活水，一旦离开人民，文艺就会变成无根的浮萍、无病的呻吟、无魂的躯壳。”[①] 创作优秀的文艺作品要善于从人民群众的生活实际取材，只有贴近群众、贴近现实、贴近生活的文艺作品才能真正感染人、打动人，获得观众的认可，达到以优秀的文艺作品对广大人民群众开展思想政治教育，完成思想政治教育任务的目的。《山海情》通过对一个个时代背景下真实而饱满的小人物的塑造，凸显了宁夏西海固移民生活的艰苦、中国发展过程的艰辛和人民奋斗精神的可贵，颂扬了党领导下的精准扶贫工程的伟大壮举。该剧没有刻意回避中国脱贫攻坚中出现的问题和矛盾，剧中讲到已经搬迁的移民后来又出现了不少“逃兵”，原因在于一直以来村民们日子过得虽然艰辛，但已经习惯了不需要劳动，仅靠国家救济粮和补助金过活的日子，“等、要、靠”思想根深蒂固，再加上迁入地环境恶劣，村民就更加不愿意搬迁了。这种现象其实反映了国家扶贫政策落实难的现实问题，而异地搬迁恰恰是最难啃的“硬骨头”。要改变这种现状，首先最重要的就是转变农民的思想，帮助农民理解国家政策，树立劳动致富的理念，将物质扶贫和精神扶贫同时进行。这些人物和情节的设置都反映了时代的要求和人民的心声，更易于引发观众的情感共鸣。

（2）《山海情》的爆火表明优秀的文艺作品要贴近现实。《山海情》从中国发展现实中取材，用真实、朴素的影视艺术叙事方式，带领我们回顾了中国脱贫攻坚这几十年的奋斗历程和伟大成就，现实主义成为这部电视剧的“底色”，也成为唤醒观众内心深处认可中国特色社会主义发展道路和发展成就的引线。该剧聚焦我国精准扶贫工作典型，用镜头记录了 20 世纪 90 年代以来，西海固地区人民和干部们通过艰苦奋斗和不懈探索，将“荒漠”变成“绿洲”的追求美好生活的故事。剧中无论是拍摄环境、语言表达，还是故事呈现、人物塑造，都力求保留“原汁原味”，拍摄场地选在西海固的戈壁滩，语言采用福建和宁夏的当地方言，故事取材于闽宁协作真实事件，剧中村干部马得福、福建专家凌一农、县长陈金山等人物在现实中均能找到原型。该剧的爆火表明，真正感人的故事往往是真实的故事，中国的发展成就要采用正确的叙述方式讲出来，才能获得人民群众的理解和支持，为我国实现乡村振兴汇聚强大的精神力量。

（3）《山海情》的爆火表明优秀的文艺作品要贴近老百姓的生活。人民群众的生活中蕴藏着取之不尽、用之不竭的文学艺术原料，文艺作品从根本上来说就是源于广大人民群众的生产生活实际，这就要求广大文艺工作者要扎根群众生活，用心用情抒写人民的奋斗之志，生动立体地展示我国发展之果。在《山海情》中，没有为时代加“滤镜”，飞沙走石的戈壁滩、演员脸上的“高原红”、三兄弟共穿一条裤子等细节真实再现了当时人们的生活环境；也没有渲染人物“高大全”，村干部马得福在开展移民扶贫工作中也曾有过对未来的迷惘、对不愿搬迁村民的愤懑以及对仕途之路的矛盾选择；更没有说教口号，村民大会上马得福一句一句用村民听得懂的话讲解惠民政策。这样一部“有生活、没口号”的农村扶贫剧，以源于生活又高于生活的艺术化呈现，将不同年龄段的无数观众带入历史现场，去见证了一段扶贫攻坚的奋斗史。这表明，唯有深入群众生活，才能创作出吸引人、感染人、打动人的优秀文艺作品，让文艺作品讲述的故事成为“我们”的故

① 习近平．在文艺工作座谈会上的讲话．北京：人民出版社，2015：15.

事，更成为面向世界的中国故事。

案例 12　新疆学生的好导师查朝征*

2016 年 5 月 16 日在新疆大学理论物理中心成立大会上，中心主任沙依甫加马力·达吾来提教授眼含泪水地说："今天，我特意邀请我的老师参加这个活动。没有他，就没有我的今天。他不仅是我学术研究道路上的导师，更是我人生道路上的导师。"话音刚落，来自国内外理论物理学界的学者们就报以热烈的掌声，沙依甫加马力·达吾来提身旁那位白发苍苍的老者更是热泪盈眶。沙依甫加马力·达吾来提曾摘取多项世界理论物理研究皇冠。她身旁的导师叫查朝征，是我国著名的理论物理学家。

她有这样一位好导师

沙依甫加马力·达吾来提来自新疆策勒县，1985 年进入新疆大学物理系学习。1990 年她以优秀成绩毕业，被保送就读新疆大学查朝征教授理论物理硕士研究生。当时她并不知道，这是新疆大学首次招收少数民族研究生。而这次招收，与查朝征的坚持很有关系。"当年我正在阿克苏工作，一年冬天，看到一个维吾尔族小女孩光着脚在渠边取水。我心想：一定要多培养少数民族学生，让知识改变他们的生活。到大学任教后，这个想法更坚定了。"查教授回忆。

然而，一开始并不顺利。"第一门课就是高等量子力学，用的是英语原版教材，可我从未学过英语，汉语也仅学了一年。我不仅要面对专业基础知识的不足，还要过汉语和英语两大语言关。当时，我真有点学不下去了。"沙依甫加马力·达吾来提坦言。26 年后，沙依甫加马力·达吾来提仍记得当时查教授的一席话："你们要进入科学的前沿只有通过学习，要不断学习。"查朝征说："要培养高级人才必须严格要求，绝对不能降低标准。如果降低标准，那就不叫什么高级人才了。"学数学免不了大量运算，有的运算过程还很烦琐，查朝征决定给沙依甫加马力·达吾来提补课。讲课时碰到沙依甫加马力·达吾来提不懂的知识点，查朝征就立即给她补讲，直至她真正理解为止。"老师为我们制订了详细的补课计划。确切地讲，讲课中碰到什么不懂的就补什么。老师先讲一遍，再让我们复讲一遍。开始我们复讲都通不过，老师说我们没理解，再给我们讲，有时一个问题要反复讲六七遍。"沙依甫加马力·达吾来提说道。

沙依甫加马力·达吾来提读研究生的四年，倾注了查教授的良苦用心。而沙依甫加马力·达吾来提也给查教授留下深刻印象：她刻苦钻研，遵听指导；专心研究学问，有很强的意志力，也有悟性。就这样，新疆大学第一名少数民族物理学硕士生毕业了。后来，她又考取意大利国际理论物理中心高能物理组，重读硕士学位课程。

---

* 王瑟．汉族导师和他的维吾尔族女博士：沙依甫加马力·达吾来提和查朝征的故事．光明日报，2016-06-10；王瑟．汉族导师和他的维吾尔族女博士．天山网，2016-09-09；阿必拜．查朝征教授和学生们的故事．亚心网，2016-09-10.

留学意大利一年后，她进入由新疆大学、中科院理论物理研究所和德国波恩大学联合成立的博士点学习。按计划，她将去波恩大学物理研究所，在著名理论物理学家奈姆教授的指导下完成论文。

在物理学里，共形场论应用在弦理论和统计物理中是一个热门课题。20 多年来，世界各地许多理论物理小组在研究它，但没人能解决。它属于高度抽象的数学物理领域中开拓性的运算。沙依甫加马力·达吾来提选择了这一课题。查朝征说："许多专家都对她能否完成这一课题抱怀疑态度。但沙依甫加马力·达吾来提是位内心极其坚定的女性，论文第一年没完成，她就延到第二年。当时我正好也在波恩大学，我接过奈姆教授送来的辅助材料，准备帮她梳理，用了一周的时间还没梳理完。有一天，她突然闯进门来，大喊道：'老师，题目我解出来了！'"沙依甫加马力·达吾来提说："那一刻，查老师热泪盈眶，那种高兴的劲儿我从未见过。"2000 年，沙依甫加马力·达吾来提在中科院理论物理研究所进行博士论文答辩。评委们认为，沙依甫加马力·达吾来提的研究有了非常有意义的成果，涉及高能物理中的共形不变量子场论、超弦理论、模群、晶体群等一系列深奥的物理学和数学概念。她的论文获得了中科院优秀博士论文奖。

"博士毕业后，查老师把我推荐到中科院高能物理研究所博士后工作站。查老师认为我以前的研究方向偏数学，应该多做些物理，尤其是粒子物理唯象方面的工作，而这正是我目前的工作方向。事实证明，老师为我选择的方向是对的。"沙依甫加马力·达吾来提说。作为我国著名的理论物理学家，查朝征教授自 1987 年以来共完成国家自然科学基金项目四项。他曾承担过"国家攀登计划"中的"量子场论及其尺范围性质的研究"这一课题。沙依甫加马力·达吾来提也在不断攀登科研高峰，她攻克了共形场论、整体电动力学和部分子分布函数等三大世界难题，成为世界理论物理界的一颗新星。

飞去又飞回的风筝

如同放飞的风筝，沙依甫加马力·达吾来提飞向高远的蓝天。但无论飞得多高、多远，她和老师之间的那根风筝线永远不会断。沙依甫加马力·达吾来提在理论物理研究方面取得了瞩目的成就，走在了世界理论物理研究的前沿，但她却对养育自己的祖国、培养自己的新疆，怀着一颗赤子之心。沙依甫加马力·达吾来提家里，悬挂着查教授书写的林则徐的条幅：苟利国家生死以，岂因祸福避趋之。谈到自己的选择，沙依甫加马力·达吾来提深情地说："我到美国交换学习后，那边强烈挽留我留下来工作。查老师听说后告诉我：你赶快回来。我培养你是为国家服务的，是为少数民族同胞树立榜样的，不是让你去国外的。听到查老师的话，我马不停蹄地就回到了国内，回到了新疆大学。现在，美国密歇根大学聘请我为客座教授，为期 5 年，我坚持每年都回来。我一直牢记查老师告诉我的话：新疆条件相对较差，凭什么我们能做出别人做不出来的成绩，解决别人解决不了的难题？就是靠勤奋！"

如今沙依甫加马力·达吾来提每天仍坚持工作 12 小时以上，家、办公室、课堂，三点一线。沙依甫加马力·达吾来提说，和 83 岁的查朝征教授相比，自己还差得很远。"老师在哪里，榜样就在哪里。"她说每次去查老师家里总会看到老师的电脑开着，书桌上堆满了相关的研究资料，“查老师今年已经 83 岁了，我更没有理由停下脚步”。

沙依甫加马力·达吾来提希望在今后的教育生涯中能像查老师那样培养出更多优秀的物理科研人才。从 2000 年回到新疆大学工作至今，她所教的少数民族班的量子力学专业学生考研成绩最突出，已经培养了 20 名硕士研究生。其中有 9 人分别考上了浙江大学、中南大学、北师大的博士研究生。在她指导下完成的多篇硕士研究生论文，被刊登在美国顶级学术期刊上。

26 年的“父女情”

查教授不仅支持沙依甫加马力·达吾来提的学术生活，也关心着她的日常生活。就在她要启程去德国完成论文的前夕，沙依甫加马力·达吾来提突然告诉导师：她怀了孩子。这突如其来的消息震动了查朝征的心。他想了想，严肃地告诉沙依甫加马力·达吾来提：“一个人想要做出非凡的贡献，往往要做出非凡的牺牲。”导师的话震动了沙依甫加马力·达吾来提的心。经过激烈的思想斗争，她义无反顾地去德国波恩大学物理研究所深造，并在国际有名的理论物理学家奈姆教授的指导下完成论文。

当她远在波恩，父亲去世未能尽孝时，查教授如父亲般安慰她；她的孩子出生后，查教授和家人一同第一时间分享她初为人母的喜悦。查老师的爱人给孩子做了很多小衣服，每周都去看望她，教她怎么带孩子。孩子稍大些，又告诉她该如何教育孩子。“孩子说，妈妈我没有外公。我对孩子说，你怎么没有外公，查老师就是你的外公。”沙依甫加马力·达吾来提说，在她的心里早已把查老师看作自己的父亲。“我和老师的关系如同父女，师母常说，他操心我比自己的女儿还多。”

查朝征说：“沙依甫加马力·达吾来提是维吾尔族人民的骄傲，是祖国的骄傲。当初向学校请命时，我就立志要培养出少数民族人才中的领头羊。今天，我对少数民族同胞有了交代，对自己也有了交代。”2015 年，国际理论物理中心授予查朝征教授阿卜杜勒·萨拉姆奖，表彰他对少数民族物理教育所做的贡献。

【思考题】

1. 在你的成长道路中，有没有让你终生难忘的老师？他给了你怎样的影响？

2. 你认为查朝征教授和沙依甫加马力·达吾来提教授能够维持 26 年师生情义的原因是什么？

3. 思想政治教育的教育者应该如何建立良好的教育者与教育对象的关系？

案例分析

【背景介绍】

查朝征（1937—　），江苏吕城人，中共党员，新疆大学教授，自 1987 年以来共承担 5 项国家自然科学基金，1991 年享受国务院政府特殊津贴。查朝征教授先后培养了 5

名维吾尔族研究生，包括世界著名理论物理学家沙依甫加马力·达吾来提，还有3名学生留校任教。这些少数民族优秀学子表达了一个共同的心声：没有查老师的培养，就没有他们今天的成就。2016年6月10日，《光明日报》在头版头条报道查朝征教授倾心培养少数民族学生的事迹，立即在社会上引起热烈反响。人民网、央广网、中国文明网、中国网、凤凰网、搜狐网、天山网、新疆亚欧网、《新疆日报》、《新疆经济报》、《乌鲁木齐晚报》等各大媒体均在第一时间转载。

【主题分析】

26年的师生情义，几十载风雨同舟共济，传递的不只是知识，更是师生间心心相印的友情、真情、亲情，说明建立和保持良好的教育者与教育对象的关系，不仅是思想政治教育的手段，而且是成功开展思想政治教育工作的基础。从广义上说，对教育对象进行思想政治教育的所有人都是思想政治教育者。思想政治教育者与教育对象的关系是思想政治教育过程中最基本、最复杂也是最难处理的关系。导师是研究生思想政治教育的首要责任人。导师与研究生的接触最密切、交往最频繁、发挥作用最直接。青年是思想政治教育的主要对象，研究生作为高素质人才有其特殊的思想政治教育规律。查朝征教授把学生当作自己的孩子一样对待，在学业上耐心指导、不厌其烦，关爱教育对象的成长、发展，在生活上推心置腹、倾力帮助。在他的教导下，沙依甫加马力·达吾来提从不懂英语、不知什么是理论物理，成长为世界著名的理论物理学家。在他的影响下，沙依甫加马力·达吾来提放弃美国高校的工作邀请，回到自然条件和工作生活条件相对较差的新疆，像导师查朝征一样为少数民族传授知识、培养高级人才。由此可见，思想政治教育者的人格魅力、与学生之间平等友善的交往，特别是密切的情感交流是建立良好的思想政治教育者与教育对象关系的前提。

【启示分析】

2010年11月《教育部关于进一步加强和改进研究生思想政治教育的若干意见》（教思政〔2011〕11号）明确提出了“导师负有对研究生进行思想政治教育的首要责任”，要“充分发挥导师在研究生思想政治教育中首要责任人的作用”。新疆大学汉族导师查朝征和他的维吾尔族女博士沙依甫加马力·达吾来提26年来情同父女的师生情义让人感动，对思想政治教育有诸多的启示意义，在正确认识思想政治教育者与教育对象这对基本范畴方面有以下三点启示：

（1）充分认识思想政治教育者应具有的责任担当与素质要求。思想政治教育者是指依据一定社会发展的要求，对思想政治教育对象的思想品德施加有目的、有计划、有组织的教育影响的个体或群体，是思想政治教育活动的发动者、组织者和实施者。广义的思想政治教育者既包括专职教育者，也包括兼职教育者，还包括那些在特定时间和空间对特定对象开展某种思想政治教育活动的人。狭义的思想政治教育者只指专职教育者。查朝征教授是研究生导师，虽然是兼职思想政治教育者，但却是研究生思想政治教育的首要责任人。导师与研究生之间既是课堂上的师生关系，又是科研中的伙伴关系，还是生活中的朋友关系。导师不仅是研究生业务上的指导者，更是思想上的引领者。“苟利国家生死以，岂因祸福避趋之”，这副查朝征书写的挂在沙依甫加马力·达吾来提家中的条幅，不仅是沙依甫加马力·达吾来提放弃国外优厚的工作生活条件回到新疆的精神动力，也是查朝征克服困难为少数民族培养高级人才的心理支撑，爱国主义是师生间共同的情怀。查朝征教授明确表示，为少数民族传授知识、培养顶尖人才，是希望用知识改变少数民族地区的面貌，他希望他的学生能够薪火相传。高校的专业课教师、实习指导教师等虽不是专职的思想政治教育者，但对学生具有思想政治教育的职能。专职的思想政治教育者的首要素质是政治素质，那么兼职的思想政治教育者是否也是如此呢？2014 年习近平总书记在第 30 个教师节前夕考察北京师范大学时提出要做“四有”好老师，即有理想信念、有道德情操、有扎实学识、有仁爱之心。2016 年习近平总书记在北京市八一学校考察时指出：“广大教师要做学生锤炼品格的引路人，做学生学习知识的引路人，做学生创新思维的引路人，做学生奉献祖国的引路人。”可见，不论是专职还是兼职思想政治教育工作者，其首要的素质都是思想道德素质。

（2）少数民族青年是思想政治教育的重要对象，特别是不能忽视对少数民族高级人才的思想政治教育。青年是我国思想政治教育的主要对象也是重点对象，少数民族高级人才肩负着少数民族地区经济发展和社会和谐稳定的重任，他们是否具备过硬的思想道德素质关系重大。少数民族研究生是祖国培养出来的适应社会发展需要的高层次创新型人才，肩负着为我国少数民族地区发展创新技术、建言献策、投入建设的历史重任，他们在本科阶段已经形成了一定的思想道德素质，而在研究生阶段还需要不断调整和完善。思想政治教育学科的研究对象主要集中于大学生，对研究生思想品德形成发展的规律研究相对较少。国内大部分高校的研究生思想政治教育工作缺少像本科生一样的专职、稳定的思想政治教育者队伍。对研究生的思想政治教育要与学术品格和科研精神的塑造相结合，特别是与未来的人生选择与事业的发展相结合。导师是研究生最尊敬、最信赖的人，也是接触时间最长的人。导师自身坚定的政治立场、严谨的治学态度、端正的思想品行、高尚的道德情操等，能够让研究生耳濡目染，产生潜移默化的示范作用。

（3）尊重与关爱是建立和保持良好的思想政治教育者与教育对象关系的重要原则。良好的思想政治教育者与教育对象的关系是思想政治教育实效性的保证。教育者在这一关系中处于主导地位，负有更大的责任。教育者要遵循尊重关爱的原则，正确地认识和对待教育对象。首先，将教育对象作为思想政治教育的出发点和落脚点，以谦和的态度对待教育对象，关注教育对象的成长、发展。追求人生、事业的进步是青年人迫切的心理需求，也是教育对象接受思想政治教育的重要动因。客观条件不具备、主观条件有差距往往是教育对象在成长发展中面临的困扰，他们渴望得到帮助和引导。教育者帮助教育对象解决主客观的困难，让其发展需求得到满足，同时也使思想政治教育的感召力得到提高。沙依甫加马力·达吾来提每一步的成长都渗透着查朝征的心血，从在新疆大学读硕士到去德国读博士，甚至是博士毕业后的科研方向的选择和工作的选择，无不浸透着查朝征教授对她的殷殷教诲。其次，通过情感交流建立密切的交往关系。沙依甫加马力·达吾来提父亲去世、初为人母、海外艰苦求学等人生中的一件件大事，都缺少不了查朝征教授的无私帮助。教育者只有用情感去打开教育对象的心扉，才能架起教育者与教育对象心灵沟通的桥梁，实现情感交流，最终建立良好的关系。要多做“雪中送炭”

的工作，俗话说“感人心者莫先乎情”。当教育对象面对困境感到无助时，教育者如果主动给予关心和鼎力相助，就会得到教育对象的高度信任而建立密切的关系。

案例 13　一首永恒的青春之歌——长江学子*

宝塔湾位于湖北省荆州市市郊，因附近有一座明代万寿宝塔而得名。这里有一处沙滩，面积大约半个足球场那么大，是当地人游玩散步的去处，游泳爱好者们也经常在此游泳。附近的居民说宝塔湾看着平静，实际上水下暗流涌动，河底都是锅底状的陡坡，人在水中游走一旦踩空就十分危险。

2009 年 10 月 24 日，一个普通的周六。长江大学文理学院广电本科 5091 班和 5092 班的同学们起了个大早，这些大一的学生进校才一个多月，平日里难得有机会集体外出，一个多星期前他们特意策划了这次秋游野炊。姜梦淋是 5091 班班长，这个 19 岁的河南新乡女孩联合两个班的班委组织了这次活动。出发前一天，姜梦淋和几个同学到超市买了羊肉串、小馒头以及一些蔬菜，细心的同学还拎回了几瓶可乐，一切都准备妥当。早上 9 点，40 多名同学肩背手提，浩浩荡荡地上了公交车，向早就选好的野炊地点——万寿宝塔下的长江江堤进发。深秋的古城阳光普照，宽阔的江面波澜不惊，低飞的水鸟时不时掠过江面发出清脆的啼叫，同学们沉浸在眼前的美景中。调皮的同学还把手伸到江水里，摸起一个个圆圆的鹅卵石，向不远处的水面丢去，溅起的水花飞到了不少同学的身上，一时间打闹声一片。见此场景，姜梦淋有些担心，反复叮嘱同学们不要玩水。下午 2 点，带去的食物差不多都被“消灭”了，收拾好现场，同学们开始自由活动。姜梦淋和班上的几个同学找了块干净的草地，悠闲地聊起天来。

“救命！救命!”不远处传来的呼救声惊动了大家——两个小男孩落水了！当天是周六，在宝塔湾观光游玩的少说也有 100 多人，大家纷纷顺着呼救声围拢过去。正当女班长姜梦淋转身张望时，身旁的李佳隆边跑边脱掉外套，冲向江中。李佳隆会游泳，第一个跳下水，把少年抓住，大家在岸上开始欢呼了。可是，很快大家发现，他游着游着，忽然在原地不动了，其他同学赶紧跳下去帮助。原来，因为没有水上救援经验，李佳隆被遇救少年紧紧抱住，活动受限，加之牛仔裤浸水后下沉，眼看就支撑不住了。这时，他一边拨水，一边向同学们大喊：“不行了!”

见此情景，岸上的徐彬程、方招赶忙跳下水。徐彬程迅速游过去，从李佳隆手中接过落水少年，大家协力将他推上岸。很快，下水救人的李佳隆也被方招安全救出。李佳隆上岸后不停地呕吐，但思维还算清醒，被岸上的高阳等同学送往医院。

与此同时，长江大学土木工程专业新生陈及时跳入水中，去救另一名溺水少年，但不幸被卷入江水中。见情势危急，方招和徐彬程再次返回江水中救人，但此时江面上除了那名少年还在挣扎外，已经看不到陈及时的身影了。

这时，岸上的同学们想出手拉手结成“人链”的方法一起救人。19 岁的何东旭是班

---

* 一首永恒的青春之歌：全国见义勇为舍己救人大学生英雄集体先进事迹报告会侧记．新华网，2009－12－21.

里的篮球队队长，平时就乐于助人，这次他主动和班长姜梦淋换位，把自己换在“人链”最前端（同学透露，3 个月前，何东旭才做过一次开胸手术）。

突然，“人链”断裂了，位于前端的多名同学齐齐落入江中，他们中很多人不会游泳，在水中扑腾着，高声地喊着“救命”。正在这时，3 名正在冬泳的荆州市民闻声赶到，与岸上的同学一起陆续救起六名落水大学生和落水儿童。然而，何东旭、方招和陈及时却沉入滚滚江水之中，不见身影……

当三名同学的尸体被从冰冷的江水中捞出来时，大家都痛哭流涕，许多同学都不愿意相信三个伙伴的离去，因为他们一起跨进大学校园才一个多月，他们的许多梦想还没来得及一一实现。

“不必回顾，不必挽留，大步流星向前走；去扬帆，去出海，去开拓自己的天空，大地在你脚下，壮志在你心中，一切困难都会向你低头。”这是挂在方招床头的一段座右铭。

提到自己的学生，方招老家湖北罗田胜利镇中学的班主任方红旗万分悲痛。方老师说，尽管方招学习不算拔尖，但因品行端正深受师生喜爱。去年汶川大地震，他是第一个捐款的学生，其实方招家境并不好。方老师说：“依据方招平常的表现，他这次舍己救人，我一点也不奇怪。”宽容、豁达、善良，是同寝室的伙伴对方招最简单的描述。武汉职业技术学院大一学生徐舸，是方招的高中同学和挚友，谈及好友，这个小伙子数次哽咽：“到现在我还不敢相信这是真的，我为有这样的朋友而自豪。”

长江大学西区宿舍 6 栋 512 室，是一间普通的男生宿舍。进门左边下铺第二个床位上，床铺整理得整整齐齐，床下的鞋子一字排开，床位的主人正是 19 岁的陈及时。“陈及时平时就乐于助人。”室友钟学成说：“有时晚上睡觉我的被子掉了，他都会捡起来帮我再盖好。有一次，我打篮球的时候把脚崴了，是陈及时背着我到医务室。生病感冒时，也是陈及时主动帮我买药。他真的就像兄长一样。”陈及时的上铺室友熊蒋告诉记者，陈及时曾说过，汶川地震中许多房屋倒塌，很多同胞遇难。希望自己将来能成为一名出色的建筑工程师，为家乡建造更多安全漂亮的房屋。

何东旭是班上篮球队的队长，他的衣柜里挂着一件球衣，背上印着“广电 8 号”。酷爱篮球的他既喜欢打篮球，也喜欢教同学们打球，同学徐彬程对他的印象是：“会鼓励大家团结一致去打球，输球时又会把责任往自己身上揽，也很会调节气氛，有他在总是笑声一片。”

何东旭在枝江一中的高三班主任李贤告诉记者，何东旭是个非常阳光又有责任心的孩子。他回忆说，由于复读班的学生都把学习抓得非常紧，很多同学不愿意担任班干部，怕分散精力，但何东旭却主动请缨，担任了最苦最累的体育委员。从此，每天早晨五点半起床号响的时候，他总是第一个起床，叫醒寝室的同学，组织他们到操场锻炼。长江大学广电 5092 班女生委员田艺爽介绍说，10 月 21 日下午，广电专业两个班合上一门课，同学们依次上台演讲，何东旭演讲的题目是“当代大学生应该树立怎样的形象”。三天后，他就跃入江中救人，用实际行动诠释了当代大学生最真实的精神风貌。

10 月 27 日晚，上千名长江大学学生自发聚集起来，燃起 3 000 多支蜡烛，悼念他们心中的英雄。何东旭所在班级 40 多名同学流泪发誓：“我们一定要做得更好，勤奋学习，将何东旭舍身救人的精神发扬下去。”事发后，出事地点——宝塔河江边搭起了一座灵堂，络绎不绝的学生和市民自发前来，焚香献花寄托哀思。在万朵菊花簇拥下，三名大学生的遗像面朝巍巍的长江大堤，遗像上闪耀着青春的光彩。

由于三名同学的感人事迹，教育部决定追授陈及时、何东旭、方招同学“全国舍己救人优秀大学生”荣誉称号。长江大学见义勇为大学生集体获得了“感动中国”2009 年度特别奖。“他们纵身一跃，划出了人生最壮丽的弧线，他们奋力一举，绽放出生命最高尚的光芒。他们用青春传承了见义勇为，用无畏谱写了一曲英雄的赞歌。”

【思考题】

1. 长江大学大学生集体为什么能够在危急时刻不怕牺牲、挺身而出？
2. 为什么说青年是思想政治教育的主要对象？
3. 大学生群体的思想具有哪些特点？

案例分析*

【背景介绍】

近年来，大学生群体中涌现了各类优秀典型。在第一届全国道德模范评选活动中，有九位大学生当选。在第二届全国道德模范评选活动中，有三位大学生当选，八位大学生荣获提名奖。在庆祝中华人民共和国成立 60 周年的“双百人物”评选活动中，100 位中华人民共和国成立以来的“感动中国”人物，教育系统中有 12 位，其中有两位是大学生，分别是文花枝和张华。

英雄的事迹感动着全国人民。2009 年 11 月 4 日，教育部副部长李卫红在学习长江大学见义勇为舍己救人大学生英雄集体先进事迹座谈会上发表讲话，号召全国教育系统认真学习讨论他们的优秀品德和思想境界，把开展学习活动与组织学生参加社会实践、志愿服务等活动结合起来，把对英雄的仰慕转化为具体的有益行动。著名词作家王平久、青年曲作家栾凯、中国军旅歌唱家谭晶，为英雄谱写了一曲关于生命的赞歌——《生命》。英雄的壮举也引发了人们关于人生价值的大讨论，使人们再次想起了 1982 年大学生张华为救淘粪老农献出生命的感人事迹。

【主题分析】

案例中陈及时、何东旭、方招等同学在人民群众生命受到严重威胁的关键时刻，不怕牺牲、挺身而出的英雄壮举，感人至深，可歌可泣，充分体现了中华民族临危不惧、见义勇为的传统美德，充分体现了当代大学生的优秀品德和崇高境界。他们是大学生群体中的优秀代表，是人民群众心目中的英雄，是全国广大青年学生和教育工作者学习的楷模。这个英雄集体，向人们展现了奋不顾身、不怕牺牲的英雄气概，展现了心系社会、关爱他人的广阔胸怀，展现了自强自立、奋发向上的进取精神，展现了不为名利、乐于

---

* 李卫红．在学习长江大学见义勇为舍己救人大学生英雄集体先进事迹座谈会上的讲话．中国教育报，2009－11－05.

奉献的优秀品质。这个英雄集体的感人壮举，感动了国人，照亮了人心，温暖了社会。青年是思想政治教育的主要对象，长江大学见义勇为舍己救人大学生英雄集体的出现并不是偶然的，他们的成长和表现是时代造就的，更是党的十六大以来党中央加强和改进大学生思想政治教育的成果。青年代表着祖国的未来和民族的希望，在近代中国的各个历史时期，广大青年始终站在时代的前列，发挥了巨大的作用。

【启示分析】

长江大学大学生英雄救人集体的感人事迹得到了国内媒体的广泛报道，受到了全社会的普遍关注，他们用生命谱写的赞歌给我们的启示是非常深刻的。

（1）青年是思想政治教育的主要对象。案例中的事迹之所以感人至深，正是因为长江大学大学生救人集体把个人利益与人民群众的根本利益结合在一起。这样的人生是值得赞誉的。大学生是十分宝贵的人才资源，是民族的希望，是祖国的未来。建设中国特色社会主义伟大事业、实现中华民族伟大复兴，需要一代又一代忠于党、忠于祖国、忠于人民的热血青年去不断奋斗。正如列宁所说："真正建立共产主义社会的任务正是要由青年来担负"。鲁迅笔下九斤老太"一代不如一代"的喟叹，曾经被无数次地运用到"80后""90后"这个群体身上。"迷失的一代""自我为中心""无社会责任""垮掉的一代"，提及"80后""90后"人们似乎都会用这样的词句来形容他们。然而"80后""90后"大学生却用实际行动证明了自己是勇于担当的一代，在2008年的抗震救灾、奥运志愿服务，以及2009年的国庆游行联欢等工作中，"80后""90后"大学生用自己的责任、勇敢和担当，赢得了社会各界的高度肯定。2009年5月2日，胡锦涛总书记在同中国农业大学师生代表座谈时评价当代大学生是"值得信赖、堪当重任、大有希望"的一代。这一评价，既是党中央对"80后""90后"大学生的充分肯定，也是党中央对近年来加强和改进大学生思想政治教育工作成果的充分肯定，更是对大学生思想政治面貌变化的充分肯定。我国社会发展的历史表明，青年的发展和成长离不开党的领导和社会主义事业，只有在现代化建设的历史舞台上，青年才能大展宏图，充分发挥自己的聪明才智，为祖国为人民建功立业。实现中国现代化的重任，已经落在青年一代的肩上。因此，把青年作为思想政治教育的主要对象，培养他们积极向上、开拓进取的精神，以便承担社会主义现代化事业的重任，是十分必要的。

（2）社会主义核心价值体系是大学生思想政治教育的主要内容。长江大学英雄集体见义勇为舍己救人的先进事迹，充分体现了大学生对社会主义核心价值体系的践行。党的十七大报告指出，要切实把社会主义核心价值体系融入国民教育和精神文明建设全过程，转化为人民的自觉追求。社会主义核心价值体系是大学生思想政治教育的主要内容，大学生应该成为社会主义核心价值体系的深入学习者、坚定信仰者、积极传播者和模范践行者。在当前经济体制深刻变革、社会结构深刻变动、利益格局深刻调整、思想观念深刻变化的背景下，大学生社会主义核心价值体系教育的关键在于提高大学生对社会主义核心价值体系的认同度。大学生认同社会主义核心价值体系包括认知认同、情感认同和行为认同。大学生对社会主义核心价值体系的认同问题具有复杂性，需要认真研究、科学对待。思想政治教育者要帮助大学生更加深入地学习中国特色社会主义理论体系，自觉运用马克思主义中国化最新成果武装头脑，努力掌握贯穿其中的马克思主义立场、观点、方法，做到真学、真懂、真信、真用，在人生的关键时期牢固树立起正确而坚定的理想信念，牢固树立起科学的世界观、人生观、价值观和荣辱观，毫不动摇地走中国特色社会主义道路，矢志不渝地为建设和发展中国特色社会主义伟大事业奋斗终生。

(3)《关于进一步加强和改进大学生思想政治教育的意见》颁布以来，党中央采取的多种加强大学生思想政治教育的措施有力提高了大学生思想政治教育的效果。2004 年，中共中央、国务院发布了《关于进一步加强和改进大学生思想政治教育的意见》，召开了全国加强和改进大学生思想政治教育工作会议。以胡锦涛同志为总书记的党中央高度重视大学生思想政治教育，把加强和改进大学生思想政治教育作为一项事关全局的战略任务，做出一系列重大决策和部署。一是坚持把思想政治理论课作为大学生思想政治教育的主渠道。2005 年《〈中共中央宣传部教育部关于进一步加强和改进高等学校思想政治理论课的意见〉实施方案》实施以来，高校思想政治理论课坚持社会主义核心价值体系为教学的灵魂，注重从“教材体系”向“教学体系”转变，从不同层面提高了大学生对社会主义核心价值体系的认同度。思想政治理论课将社会主义核心价值体系的内在价值与大学生的全面发展要求紧密联系起来，即将其理论品质及属性与大学生的实际需求相适应，与大学生的社会生活经验相契合，与大学生的发展（包括人生发展）预期相观照，实现了社会主义核心价值体系为大学生所理性认同的关键。二是把日常思想政治教育作为大学生思想政治教育主阵地。大学生辅导员队伍变化显著，截至 2008 年年底，全国普通高校专职辅导员已达九万余人，比 2005 年年底增加四万余人，人数配备基本达到国家要求。辅导员培养培训工作得到加强，专业化水平得到显著提升。注重隐性思想政治教育潜移默化、点滴渗透的重要育人功能，开展丰富多彩的校园文化活动，使同学们在潜移默化中深刻感受到什么样的大学生活才是精彩的，什么样的人生才是有意义的，什么是应该提倡的，什么是应该反对的，在不知不觉中认同社会主义核心价值体系的价值观念。三是坚持把马克思主义理论学科作为学理支撑，大力加强马克思主义理论一级学科特别是思想政治教育二级学科建设。加强思想政治理论课教师的师资培训，设立马克思主义理论专项课题，在科研立项中对马克思主义学科进行倾斜，这些都大大加强了马克思主义理论一级学科的科学研究，为增强大学生思想政治教育的效果提供了学理性支撑。

案例 14　天之骄子为何成了“弑母凶手”*

2021 年 8 月 26 日，对于大多数大学生而言，仅仅是暑期临近开学前平静的一天。但是，对于某名牌大学的学生吴谢宇而言，这一天却是宣告他死刑的日子。

吴谢宇真可谓“别人家的孩子”。他于 1994 年生于福建省南平市一个普通家庭，父

* 王业天改编自：赵朋乐．“双面”吴谢宇．新京报，2020－12－24；张孙川，郑皓，张赛．“吴谢宇弑母案”一审公开宣判：吴谢宇数罪并罚，决定执行死刑．央视网，2021－08－26。

母对他寄予了无限的期望，尤其是母亲对他要求非常严格。上学之后，他学习成绩优秀，在班里名列前茅。2006 年，吴谢宇考入母亲工作的福州教育学院附属中学，2009 年又以全校第一名的优异成绩考进了福州市第一高中。内心里他知道，念好书可以让他的父母感到骄傲、有面子，他要努力念书。有一次他考了年级第二名，父母都特别高兴。对于智力超群的吴谢宇而言，学习本身并不是一件难事，他只要稍加用功，就能把身边很多同学远远地甩在身后。他不自觉地用优异的学习成绩在父母面前展示着自己的价值，微妙地平衡着与父母的关系，也满足着自己的自尊心。

吴谢宇不是一个闭门不出的“书呆子”。他性格幽默，爱好广泛，为人热情，虽然学习成绩突出，大家却都不嫉妒他，似乎对他只有羡慕和崇拜。老师与同学都说：“他长期排在成绩单上的第一名，他不是学霸，而是学神。”从小学到大学，他很容易跟周围同学打成一片。他性格温和，从不与班上同学起争执，同学们有什么不懂的问题，他会为其认真讲解，很有耐心。他身边的老师、同学、家长、亲戚都将他捧上“神坛”，称他“宇神”，他也真的以此为标准严格要求自己，时时刻刻表现出各方面的完美无缺。

2010 年，吴谢宇的父亲因病去世。此时只有 16 岁的吴谢宇因为忙于学业，没有见到父亲的最后一面。他在父亲的葬礼上情绪崩溃，痛哭失声。因为在这个家庭中，母亲是严厉的，而父亲非常疼爱他，只要他想要的，父亲都会想方设法地满足他。这是他人生第一次遭遇“我再优秀也没用”的自我怀疑和留不住父亲的无能为力的打击。父亲去世后，他就像变了一个人，从活泼开朗变得沉默寡言。

2012 年，吴谢宇通过某名牌大学自主招生，被录取到经济学院。大一那年，他被评为“三好学生”；大二那年，他成功获得了该校一个著名的奖学金。尽管自己如此优秀，还是无法让母亲开心的挫败感摧残着吴谢宇的意志，他内心深处充满了恐惧和无助的感觉。

最初，他怀疑自己身体有问题。大三开始，他经常去医院检查，他说自己心脏跳得厉害，而医生检查后得出结论：只是普通的心律不齐，不算病。然而，他总感觉自己得了和爸爸一样的病。他恐惧死亡，由此而来的愤怒、挫败感经常折磨得他痛苦无比。但他不想自杀，他求助于母亲，可是母亲对此却无动于衷，逐渐他觉得原本就是母亲造成了他所有的悲剧。他认为母亲活得很累也很痛苦，因此决定把母亲杀死，让她解脱。

2015 年 7 月 10 日，吴谢宇趁母亲下班回家在门内换鞋之际，持哑铃连续猛击她的头部致其死亡。这一瞬间他深切地体会到死亡的可怕，他头脑中构想出来的那一套“解脱”母亲痛苦人生的自欺欺人的美好逻辑瞬间土崩瓦解。吴谢宇对死亡产生了强烈的恐惧，他没有按预定的设想选择自杀，而是开始了逃亡之路。

2019 年 4 月，吴谢宇在重庆江北机场被抓获。警方人士透露，其身上带了 30 多张身份证，都是通过网络购买，这三年来一直在国内活动。经审讯，吴谢宇承认了弑母的事实。2019 年 5 月 27 日，福州市晋安区人民检察院依法以涉嫌故意杀人罪、诈骗罪、买卖身份证件罪批捕吴谢宇。2020 年 12 月 24 日，福州市中级人民法院一审开庭审理吴谢宇故意杀人、诈骗、买卖身份证案，法庭宣布择期宣判。2021 年 8 月 26 日，“吴谢宇弑母案”一审公开宣判，以被告人吴谢宇犯故意杀人罪、诈骗罪、买卖身份证件罪，数罪并罚，决定执行死刑，剥夺政治权利终身，并处罚金人民币十万三千元。

【思考题】

1. 你认为是什么原因导致天才大学生吴谢宇亲手杀死母亲？
2. 吴谢宇的成长经历有哪些特点？
3. 当前大学生思想政治教育要重点关注哪些问题？为什么？

案例分析*

【背景介绍】

吴谢宇，1994 年 10 月 7 日出生于福建南平。吴谢宇的母亲谢某曾担任福州某中学历史课教师，父亲曾在福州一家国企任中层领导。2021 年 8 月 26 日，“吴谢宇弑母案”一审公开宣判，造成了极大的社会影响。调查材料显示，从 2015 年 6 月底，吴谢宇就已经萌发出杀害母亲的念头。他自认为母亲过得太抑郁，只有杀了她才能让她解脱，他自己才能够在精神上真正长大。他精心准备、处心积虑地计划，最终实施了故意杀人的罪行。

【主题分析】

吴谢宇，作为国内某名牌大学的高才生，从小到大一路走来品学兼优，本有光明灿烂的前途，然而最终却成为穷凶极恶的“弑母者”，究其原因，是吴谢宇本人思想品德形成与发展的过程中出现了重大偏差，说明在思想政治教育过程中，既要注意思想政治教育者的育人素质，同时更要全方位关注思想政治教育对象，尤其是关注思想政治教育对象的思想品德。新时代教育的根本任务是立德树人，立德即立“大德、公德、私德”三位一体的思想品德，树人即树“德智体美劳全面发展的社会主义建设者和接班人”，立德树人既考验思想政治教育者的综合素质，又考验思想政治教育对象在教育过程中如何形成思想品德的能力，更考验在思想政治教育过程中如何处理思想政治教育者与教育对象的关系。教育者在教育对象的成长过程中较多地注重智育的发展而忽视道德的培育，最终导致吴谢宇思想品德结构失衡。所以，在新时代，必须坚定以立德树人作为教育的根本任务，思想政治教育者和教育对象在教育的过程中要采取多种方法形成良好的关系，真正培养出德智体美劳全面发展的社会主义建设者和接班人。

【启示分析】

（1）充分认识思想政治教育者具有立德树人的职责。思想政治教育者的立德树人职责，从广义上讲，泛指教育者按照一定社会、阶级、政党的要求，通过思想政治教育活动对教育对象进行思想政治素质培养和提升的职责；从狭义上讲，主要指在学校思想政治教育过程中，教育者通过思想政治教育活动对学生进行思想政治素质的培养和提升，

---

* 陈万柏，张耀灿．思想政治教育学原理．3 版．北京：高等教育出版社，2015；沈壮海．新编思想政治教育学原理．北京：中国人民大学出版社，2022；戴艳军．思想政治教育原理案例分析．北京：中国人民大学出版社，2012；戴艳军，王嘉．思想政治教育原理案例分析：修订版．北京：中国人民大学出版社，2018.

尤其是强调人才培养目标要优先重视立德，即育人先育德。思想政治教育者的价值引领职责，主要是教育者依据个体与社会发展的辩证关系，根据社会发展要求对教育对象世界观、人生观、价值观的未来发展应发挥的作用、应承担的责任。在吴谢宇的短暂人生中，他的父母、老师都是广义上的思想政治教育者，都应该发挥立德树人职责和价值引领职责，应该引导吴谢宇崇德向善、见贤思齐，应该弘扬真善美、传播正能量。事实上，吴母在吴谢宇向其寻求帮助之时，应当及时对吴谢宇悲伤的心情和无助的失落感给予及时抚慰，当吴谢宇继续以在大学获得的优异成绩和多项奖学金证明自己存在的价值之时，她应该及时给予鼓励，让吴谢宇看到他没有因为失去父亲而失去一切，人生的真正价值是把个人价值与社会价值结合起来，从而促进吴谢宇在追求实现自我价值的人生目标时，能够将其与社会发展的要求联系起来，树立正确的人生目标、人生态度和人生价值观。

（2）充分认识思想政治教育对象思想品德形成发展的规律。思想品德是人们在一定思想指导下，在行为中表现出来的较为稳定的心理特点、思想倾向和行为习惯的总和。阶级社会中的思想品德是一定阶级的思想体系和道德原则及其规范在个人意识和行为中的具体表现，与一定的社会经济活动、政治活动、文化活动、道德风尚及风俗习惯相联系。通过吴谢宇案可以看出，他本人没有形成良好的思想品德结构。在心理上，吴谢宇在对生死问题、情感问题、人生挫折问题上都未形成正确的认识，竟然生出弑母这种大逆不道的想法，其本人也无法勇敢面对疾病的焦虑，缺乏克服困难的信心；在思想上，吴谢宇未形成优良的道德观、人生观、法治观，表现出他本人在成长过程中缺乏基本的道德认知和法治素养；在行为上，吴谢宇弑母之后窜逃多地，监测藏匿其母尸体的老家住房且能够泰然自若，并不自首伏法，可以看出他的心理极度扭曲，所谓帮助母亲解脱也不过是将自己对死亡的幻想强加于母亲，可见吴谢宇本人的意志品质之懦弱，人生信仰之贫乏。究其原因，吴谢宇所接受的教育出现了重大错位。在他从家庭到小学、中学、大学的教育中，成绩、分数成为衡量他的价值的标准，这种教育模式并未全方位考虑到他的内在诉求，导致他的思想品德在形成与发展过程中出现了重大偏差。吴谢宇作为有才无德的典型案例，一方面提醒思想政治教育者在教育活动中要尊重教育对象思想品德形成与发展的规律，另一方面也要调动教育对象自我教育的主体性意识，例如吴谢宇本人应充分发挥自己的主观能动性，对身边的环境因素有选择地吸收，而不是沉迷于“宇神”等溢美之词中，更应该把这种赞扬当作激励自己的动力，而不是作为衡量人生价值的标准。要在学习实践的基础上通过与多种客体相互作用、相互协调，塑造出敢于担当的精神气质。因此，思想政治教育要正确处理德才关系，既要重视智育，更要重视德育，促使教育对象形成优良的思想品德。

（3）充分认识教育者与教育对象构建良好关系的重要性。所谓良好关系，就是在思想政治教育中，教育者应发挥主导作用，教育对象应发挥主体作用，其中教育者负有更大的责任。当教育者与教育对象无法形成良好的关系模式时，思想政治教育也将无法达到预期的效果。在人格形成和发展的童年和青春期阶段，吴谢宇对于自身价值的定位便有着较为极端的看法，他对于自我角色的认同来源于对父母和他人期待的满足。吴谢宇对于父母和他人眼中“完美”自我的追求，也使其缺乏了对真实自我的表达和反馈。尤其在吴谢宇父亲病逝时，16 岁的他面临了人生当中第一个意义重大的“挫折”。然而作为吴谢宇最亲近的“教育者”，其母亲却无法与吴谢宇进行及时有效的沟通以及思想上的疏导，吴谢宇自己也并未主动地让母亲了解自己的负面情绪及其严重程度，而始终以“完美”形象示人，因此经历父亲去世所产生的心理危机、人生困惑和价值迷茫始终无法得到排解，最终走向了极端的结局。这提醒我们，在教育过程中教育者与教育对象要建立平等对话、情感交流的机制，形成同频共振的良好关系，促进立德树人目标的真正实现。

第四章

思想政治教育的过程及规律

要点综述

思想政治教育的过程及规律是开展思想政治教育活动、确定思想政治教育原则的基本依据。思想政治教育的过程是思想政治教育实践所经过的环节和阶段。这一过程具有组织计划性、正面积极性、复杂社会性、长期渐进性等特点，其展开逻辑依存于人的思想政治素质形成的内化、外化机制，主要体现为确定目标、制订计划，实施影响、促成转化，信息反馈、评估控制三大环节（阶段）以及教育要求与受教育者思想政治素质发展之间保持适度张力、教育与自我教育相统一、协调与控制各种影响因素使之发挥作用的三大规律。本章选编了“大山里的萤火”“比黄金更珍贵的”“思想转变别样天”“‘本色德育’”“飞回山沟的金凤凰”“十年企业文化路”等六篇案例，反映了农村、企业、学校等不同领域的思想政治教育的过程，凸显了其内在矛盾及其展开过程，对于正确把握思想政治教育过程的特点与规律，深入理解思想政治教育本质，促进人们更好地开展思想政治教育活动，提高思想政治教育的科学性、有效性具有一定的启发意义。

案例 15　大山里的萤火*

侯长亮 2011 年大学毕业，在面对人生道路的选择时，他认真思考：“我是一个从农村走出去的大学生，不应该只是找份好工作，赚到钱，买套好的房子，买辆好的车。我觉得这样的人生总是缺点什么。”在犹豫几个月之后，他下定决心要报名加入大学生志愿服务西部计划项目，用支教两年的方式为社会做点事情，于是他开始了长达 11 年的偏远山村支教生活。

侯长亮出生在一个经济条件困难的家庭，吃饱饭都是一个问题。在他 11 岁那年，父

* 郑呈杰、朱晓南改编自山村支教老师侯长亮个人微信公众号“落泥”上的一系列文章。

亲去广东打工挣钱，辛苦一年却因为包工头卷走所有的资金跑了，一分钱都没有挣到。侯长亮家中共有三个小孩，当他和大哥都到了要上初中的年纪时，家里实在拿不出两个人的学费，于是大哥只能辍学打工维持生计，却因为个子太矮，找了半年工作都没有工厂愿意录用，最后只能到每月工资150元的洗车场工作。尽管如此，大哥依旧省吃俭用，把绝大部分的钱攒下来寄回家里。家人的勤俭节约影响了侯长亮，在小时候，他几乎没有新衣服，都是拣别人不要的衣服穿，上大学期间，也穿过其他同学的旧衣服，其中两件甚至在支教三四年之后还没有丢弃。

小时候的成长经历在侯长亮心中埋下一颗种子，他深知穷人家的孩子读书非常不容易，知道偏远山村有些优秀的孩子因为读不起书而辍学去打工，知道这些孩子在他们非常迷茫的时候需要有人来引导他们如何变得坚强、自立，于是他毅然走向大山。第一段支教经历始于广西壮族自治区河池市的一个山村中的瑶族小学，这个村子旁边就是七百弄乡，多年前联合国粮农组织到七百弄乡考察后认为那里及周围一带是“除了沙漠以外最不适合人类居住的地方”。那里石漠化严重，孩子们上学放学，需要越过一座又一座小馒头山。环境的艰难没有吓退侯长亮，沉重的教学任务也没有打败这位心怀梦想的老师。当时学校的教师资源匮乏，每个老师都一个人包一个班，音乐美术体育这些学科都要自己先学了再来教孩子，侯长亮自己学唱歌学到不跑调再教学生，结果一张口还是逗笑了班里的学生们。

两年的支教结束后，侯长亮离开那所小学，到深圳找了一份工作，但是每当回忆起孩子们在分别时追着汽车跑的场景，他都怀疑自己是不是做错了。工作两个月后，他又回到了广西，这一待就到了2015年。“做一点‘萤火’，支教在偏远山区学校的三尺讲台上，为山区孩子发一分热，亮一点光。更希望影响和吸引更多的‘萤火’来为山区孩子发一分热、亮一点光。”这是侯长亮的梦想，他因为自己的梦想留在广西，也是因为自己的梦想离开广西。他在离开广西的前一晚写了一封信留给自己的学生们，信中写道，新学期会有好几位在编老师来到这里给孩子们上课，但是中国偏远贫穷的山区这么多，还有比这里更需要老师、更需要他帮助的地方。

从广西河池的一所瑶族小学，到贵州毕节的一所苗族小学，再到云南昭通一所多民族小学，侯长亮一直扎根深山，为当地教育特别是民族教育奉献着青春与汗水。在支教的过程中，侯长亮关注孩子身心发展的方方面面，他会想尽办法让孩子们阅读课外书，向他们讲明阅读的重要性，培养孩子们的阅读习惯。在侯长亮以及其他老师的引导之下，每次学校新到了课外书，孩子们都会非常认真地去看，把书当作宝贝一样去珍惜。侯长亮还认为大自然永远是最令人兴趣盎然的老师，他带孩子们到山中采风绘画，与大自然亲密接触，在大自然中学会感受和观察。侯长亮也向社会募集过相机，募集获得的十个相机在两个班级中流动使用。孩子们未必是最好的摄影师，但是可以通过相机记录生活和自然，进而认识世界。侯长亮还为孩子们准备了魔方、教他们吹笛子……他用一份真心对待每一位孩子，也收获了满满的真情。侯长亮带过的一位小学生在上了初中后给他写信：“您还记得我们在弄果放飞梦想吧？那一幕幕在我的印象里特别深刻，您带着我们放飞了心里的梦想。您一心为我们的未来着想，您是我人生中见到为我们想得最多的老师；您也是给我们礼物最多的老师，您为整个尤齐做出了巨大贡献。我们是永远不会忘记您的。”

在广西的那几年，最令侯长亮头疼的是山乡学校的高辍学率，一个班有十几个孩子读完六年级就辍学打工了，侯长亮只能挨家挨户地家访、劝学。2012 年，一个刚读完四年级的小女孩怯生生地和侯长亮说：“老师，如果你不去我家，下学期我爸爸可能不让我读书了。”侯长亮听到后立刻跟随着她回到家中，向家长了解情况后得知确实是因为家庭困难，才想让孩子去打工，经过侯长亮的几番心理工作，家长才答应让孩子至少读到初中毕业，这个小女孩得以继续上学。多年后，女孩主动联系侯长亮，她向侯长亮汇报了自己的近况，在初中毕业后，她去读了学前教育，她说自己以后想当一名老师，也喜欢当老师。侯长亮的“劝学”不仅改变了孩子们的命运，也使得他们在未来做出人生选择的时候，会时常想到侯长亮曾告诉他们要“放飞心里的梦想”。在侯长亮的不懈努力下，那年他所带的 30 余名学生无一辍学，全部顺利升入初中。

侯长亮在个人公众号中最常提到这样一段话：“不管是帮助个人还是一个地方，靠捐赠、靠‘输血’永远是扶不起来的。扶贫先扶志，扶起受助者的自信心，激发出他本人的内在原动力，使得自己敢于去克服困难，用自己的双手去努力创造，最终变得能可持续性地‘造血’。”他也是这样去教育孩子们的，2011 年他在广西支教的第一批学生中有这样一个男生，他因为上高中没有学费而联系侯长亮寻求帮助，一年后，他便不需要资助，靠暑假打工挣钱交了学费。这个男生能够有这样的意志品质，并且勇于踏出承担生活责任的第一步，离不开侯长亮平时的引导，他常说通过自己的劳动去获得回报，这样的回报才是有尊严的，有力量的，更是有自信心的。

2022 年，因所在山区小学撤校并点，侯长亮结束了 11 年的支教生活，回到了湖南老家。侯长亮说未来他计划和妻子从事推广农产品方向的助农工作，同时将联系社会爱心力量，去支持优秀的老师到偏远乡村去，给乡村地区带去更好的师资力量。

【思考题】

1. 你怎样评价侯长亮的选择？
2. 侯长亮山区支教案例说明了人的思想品德在形成过程中受到哪些因素的影响？
3. 侯长亮山区支教如何体现了人的思想品德形成的长期性和反复性特征？

案例分析*

【背景介绍】

党的二十大报告中指出要“实施科教兴国战略，强化现代化建设人才支撑”，其中，强调“深入实施人才强国战略。培养造就大批德才兼备的高素质人才，是国家和民族长远发展大计”，同时，还要“实施更加积极、更加开放、更加有效的人才政策，引导广大人才爱党报国、敬业奉献、服务人民”。早在 2003 年，团中央、教育部、财政部、人力

---

* 大学生志愿服务西部计划项目介绍．中国青年网，2018－05－03.

资源社会保障部根据国务院常务会议和全国高校毕业生就业工作会议精神，联合实施大学生志愿服务西部计划，招募应届毕业生或在读研究生，到西部基层开展为期1～3年的志愿服务工作，鼓励志愿者服务期满后扎根当地就业创业。至2018年，大学生志愿服务西部计划已实施15年，已累计选派27万余名大学生志愿者到中西部22个省区市及新疆生产建设兵团的2 100多个县市区旗基层服务。党中央、国务院高度关心大学生志愿服务西部计划志愿者，高度重视大学生志愿服务西部计划和研究生支教团工作，习近平总书记曾多次做出批示或给志愿者回信，肯定志愿者们在西部地区辛勤耕耘、默默奉献，为当地经济社会发展、民族团结进步做出了贡献，勉励越来越多的青年人以志愿者为榜样，到基层和人民中去建功立业，让青春之花绽放在祖国最需要的地方，在实现中国梦的伟大实践中书写别样精彩的人生。侯长亮作为其中的一员，于2015年获评“广西公民楷模十大新闻人物”，评选组委会在颁奖词中这样写道：“教书育人终不悔，三尺讲台写春秋。由于你在大石山区的驻足，孩子们的心灵得以翱翔。为了信仰和梦想，艰辛与苦楚都化作了快乐与自豪。你是一点‘萤火’，为山区教育而守候；你是一支蜡烛，为山区孩子而长亮。”

【主题分析】

山区支教老师侯长亮用自己的选择，用自己对教育的理解，树立了一个教书育人的榜样，诠释了思想政治教育“过程充足”原理。所谓思想政治教育“过程充足”原理，是指为了实现塑造受教育者一定的思想品德，教育者必须遵循人的思想品德形成和发展规律，满足受教育者思想品德形成发展过程的需要。思想品德是人在一定思想指导下，在行为中表现出的比较稳定的心理特点、思想行为和行为习惯的总和。思想品德的形成过程是在教育实践的基础之上，一般由知开始，知（认识）、情（情感）、意（意志）、行（行为）在发展方向和水平上由不平衡到平衡，又到新的不平衡再到新的平衡这样一个循环反复的矛盾运动过程。人的任何一种思想品质都是由知、情、意、行四个要素构成的，人的任何一种思想品德的形成，必须具备知、情、意、行四项条件，缺一不可，因此思想政治教育的过程，就是充分满足受教育者上述四个要素的要求的过程。山区支教老师侯长亮无微不至关心指导孩子，引导孩子们的知、情、意、行在发展方向和水平上由不平衡到平衡，又到新的不平衡再到新的平衡，循环反复，不断发展，取得了良好的效果。所以，要塑造或改造人的思想品德，所采取的措施必须充分满足思想品德形成过程的需要，也就是要实现教育过程中的完整性和多端性的统一、情与理的统一、知与行的统一。深入了解侯长亮对山村孩子的教育故事不难发现，他晓之以理、动之以情，使孩子们有了正确的认识，并与孩子们形成稳定的情感纽带，进而导之以行，使其意志信念转化为行动，并引导孩子们持之以恒，将扎实的行为变成行为习惯，最终形成高尚的思想品德。

【启示分析】

（1）在知（认识）上，教育者要用“晓之以理”的教育方法扩展受教育者的认识，以充分的说理从认识上启发受教育者，使他们形成正确的认识。一般情况下，思想政治教育是从解决认识问题开始的，理是思想品德得以形成的认识基础，要培养受教育者的思想品德，就得让他们明白培养这种思想品德的道理，所以，说理一般是思想政治教育的先导。在认识问题上，侯长亮以说理的方法拓宽了孩子们的视野，还解决了他们父母的认识问题。侯长亮关注孩子们的身心发展，让孩子们阅读课外书，让孩子们明白阅读的重要性，培养孩子们的阅读习惯，拓宽了孩子们的认识视野。最为重要的是在广西支教那几年，侯长亮以说理的方式解决了高辍学率问题。山区学校辍学问题究其本质而言，其实就是认识上的问题，孩子们的父母认识不到读书的重要性，认识不到读书可以改变命运的可能性，落后的风俗习惯以及各种各样的因素使得这些家长将孩子视为延续香火的工具，视为打工挣钱的工具，侯长亮接受过完整的系统的高等教育，知道读书的重要性，就挨家挨户家访、劝学，做家长的心理工作，让这些家长明白孩子读书的重要性，增长了这些家长的见识，让他们知道孩子不是自己延续香火的工具，不是打工挣钱的工具，改变了这些孩子以及他们家庭的命运。思想政治教育是说理的教育，说理是思想政治教育的基本手段之一，首先要让受教育者明白道理，他们才能将这些道理内化于心，才知道如何行为，从而从自为过渡到自觉，所以，在思想政治教育过程中，只有充分运用说理这种手段，才能打开受教育者的心窍，侯长亮就通过改变贫困山区学生家长的认识，打开了支教新世界，为他支教培养学生思想品德奠定了认识基础。

（2）在情（情感）上，教育者要运用“动之以情”的教育方法，以事实、形象教育或教育者本人的态度打动受教育者的感情，以情感人，促进受教育者思想品德的形成。一方面，教育者本人要有深厚真挚的感情和热情，要以真诚无私的感情去关心、鼓励、感动受教育者。侯长亮是带着真诚无私的感情去山区支教的，他在大学毕业时本来可以在城市立足，在面对人生道路选择时，他认真思考自己的未来，思考几个月之后就下决心参加了大学生志愿服务西部计划项目，本来是打算用支教两年的方式为社会做点事，但是前前后后却支教了 11 年时间，可以说，如果侯长亮本人没有真挚的感情和热情，是不可能坚持下来的，这足以见得侯长亮是带着深厚真挚的感情去山区支教的。在 11 年支教生活中，侯长亮也无私地关心、鼓励并感动受教育者。侯长亮小时候的成长经历让他明白穷人家的孩子读书不容易，在第一次支教时，每个老师要负责一个班级的所有科目，他就自己先学会唱歌，再来教学生，感动了学生。另一方面，教育者要下功夫培养和陶冶受教育者的情感。情感就是人们区别美与丑、善与恶的基础，积极的、肯定的情感是人们向善避恶的催化剂和加速器，所以，情感是人们形成思想品德的深刻基础，要重视培养和陶冶受教育者的情感。侯长亮在支教过程中，下功夫培养和陶冶了孩子们的情感，他想尽办法让孩子们明白阅读的重要性，引导孩子们阅读课外书，他也身体力行地带着孩子们去山中采风绘画，亲密接触大自然，教会孩子们在大自然中感受观察，甚至通过玩魔方以及教孩子们吹笛子这种方法下功夫培养孩子们的情感。从一位学生上初中之后给侯长亮的信件中能够看出侯长亮对他们情感的培养是成功的。可见，要使受教育者形成某种思想品德，就得用事实或者身体力行这种形象教育的方法陶冶和激励受教育者的情感。

（3）在意（意志）以及行（行为）上，教育者要采取“导之以行”的教育方法，引导受教育者在认识和情感的基础上，产生坚定不移的信念，通过意志的作用将其转化为行为，又用“持之以恒”的方法在长期且反复的教育过程中促进受教育者将行为转化为行为习惯，促进他们思想品德的形成。信念是强大的精神力量，支配着人们思想品德的形成，信念的形成也是一个极其复杂的过程，不仅需要认识和情感，在这个过程中往往还需要破除旧观念，建立新信念，只有通过教育才能完成这个过程。侯长亮支教 11 年，他解决山区孩子辍学问题的方法就是不断地家访、劝学，让这些孩子的家长形成新的信念，让这些家长明白孩子只有通过受教育才能改变自己的命运，也让这些孩子更加明白读书的道理。信念是推动人们产生行为的力量，但是信念并不能直接等同于行为，信念转化为行为需要顽强的意志。相信真善美与做真善美的事情之间是有距离的，要缩短这个距离就需要顽强的意志。意志是将信念转化为行为的中间环节，是信念转化为行为的不可或缺的杠杆，是人们克服困难将信念付诸实践的高贵品质。所以，要将良好的认识和积极的情感转化为扎实的行为，不仅需要信念，还需要意志。所以，要培养受教育者坚定的信念和顽强的意志。侯长亮在支教经历中，帮助学生克服困难，帮助辍学的学生返回学校，告诫他们通过自身努力学习来改变命运，引导学生成才之后回报社会，承担社会责任。但是，扎实的行为只有变成行为习惯才能形成思想品德，教育者必须以诲人不倦的精神和长期不变的耐心来引导受教育者将行为转化为行为习惯。所以，教育者要培养受教育者高尚的思想品德，就得以顽强的意志将高尚的行为贯彻到底。在思想政治教育过程中，受教育者思想品德的形成具有反复性，思想品德的形成是一个循环往复的矛盾运动过程，这就需要教育者不断加强教育，同时，要注意不同的受教育者有不同的特点，因材施教。侯长亮山区支教 11 年的光阴，不断引导学生将高尚的行为贯彻到底，后来他的学生得以回报社会，可见他的教育是成功的，他的学生在长期的学习过程中将行为成功转化为行为习惯，形成了高尚的思想品德。

案例 16　比黄金更珍贵的*

山东烟台招远市有一个远近闻名的“中国黄金第一村”——九曲蒋家村。近年来，随着集体经济不断壮大、村民生活水平不断提高，村党委富而思进，提出了“如何保住经济发展成果”“如何走出富不过三代的怪圈”“如何让村民生活得幸福、体面、有尊严”的“九曲蒋家村三问”。他们用实实在在的办法推进道德教育，走出了一条物质文明、精神文明双丰收的发展道路，使九曲蒋家村赢得了“全国文明村”的光荣称号。

“右手抓道德建设，左手抓经济发展”

与九曲蒋家村人聊天时，“右手抓道德建设，左手抓经济发展”的说法引起了我们的注意。为什么要用“右手”抓道德建设？村党委书记王金勇告诉我们：“因为右手更有力量!”

* 赵秋丽，向继贵．道德比黄金更珍贵：山东招远九曲蒋家村大力推进道德建设纪实．光明日报，2013-12-12.

翻开九曲蒋家村的历史，道德缺失曾让村民付出沉重代价。曾经，一些人“掠夺式”开采黄金，全村大小采矿洞口最多时有 80 多个，村里由于种种原因，利益纠纷不断，是村两委接近瘫痪的“三乱”村。在整个村子里，偷盗赌博、打架斗殴等现象司空见惯，外面的商贩都不敢到村里来做买卖。

2001 年 4 月，时任招远阜山金矿工区主任的王金勇临危受命，辞职回到九曲蒋家村担任村支部党委书记。借招远市开展矿山秩序大整顿的契机，王金勇带领村党委一班人依法取缔私人矿井，创办村集体企业，在城区建设新村。由“治矿”而治“乱村”，王金勇以莫大的勇气和魄力，在短短的几年时间中，将村经济总收入大幅提高到 8 亿元，人均纯收入达 3 万元，成为“中国黄金第一村”。九曲蒋家村创造了由乱而治、由贫而富的传奇。

九曲蒋家村富了，村里的黄金生产步入正轨，效益逐年稳步递增。但村民素质并没有同步跟上，贪图安逸、好逸恶劳等现象仍不同程度存在。村党委及时地发现了这样的问题和现象，在村两委的大会小会上，对村里“穷源”与“乱源”根本所在的研究与探索从未停止过。经过研究，村两委达成了共识，“九曲蒋家因愚生乱，因乱而穷”，“如果不抓精神文明建设，不提高村民的道德素质，经济发展成果很快就会前功尽弃、化为泡影”。为了让九曲蒋家的财富、文明与辉煌能够延续和传承，唯一的办法就是找到比黄金更珍贵的东西——道德、文化，并以此“化人”“治愚”。为此，2004 年，九曲蒋家村在制定村庄发展战略时，将“道德文化建设”与“经济发展”放在了同等重要的位置上，创造一切条件使二者相互支撑，齐头并进。

“道德比黄金更珍贵”——基于这种认识，村党委把道德建设作为全村工作的重中之重，专门请来已退休的栖霞市教育局原局长孙永仁，分管思想政治工作。从 2006 年起，村里每年都要召开精神文明建设工作总结表彰大会。2013 年年初，九曲蒋家村又提出了“红、黄、绿、蓝”（道德建设、黄金矿业、生态旅游开发和临海产业）四大发展板块，进一步明确了“道德建设统领全局”的工作思路。

“土办法”取得真效果

道德建设怎样取得实效？“道德教育只有接地气才有生命力，所以，我们坚持用‘土办法’。”孙永仁对此体会很深。

在道德建设活动开展过程中，村党委首先制订了切实可行的实施计划，注重循序渐进、全民参与，强调重在实践、长期熏陶。就拿塑造优良“家风”“家训”的活动来说，村党委连续几年，每年都拿出一个多月的时间，组织工作人员带着家规家训践行“30问”，挨门逐户到村民家中走访，引导村民践行家规家训，使家规家训具体化、生活化、细节化。在走访考核中，共留下了 20 多万字的谈话记录和 230 多盘音像资料。

九曲蒋家村还找到了一条道德教育的捷径，那就是从学习中华文化经典入手。先后邀请东北大学客座教授吴荫培驻村 10 天，历时 50 小时，为村民逐章逐句解析《弟子规》《三字经》，受教育村民达 5 300 人次；邀请烟台市传统文化大讲堂特邀教授，以《百善孝为先》《诚信的力量》为题，向村民串讲《百孝篇》及如何诚实做人、诚信做事。近些年来，这样的辅导讲座开展了 50 多次。每年都要组织中、小学生进行暑期夏令营活动，走进高校、走进军营、走进爱国主义教育基地接受教育。为了在村民中形成道德学习的风气，还先后选派 400 多人次到高等院校培训与深造。

不仅如此，九曲蒋家村的道德教育活动还做得很接地气。村党委副书记王刚递给记者几本书。那是九曲蒋家村自编的道德文化教育教材。教材涵盖多方面的道德文化教育内容：有的是《九曲蒋家村民素质教育手册》《村民素质教育手册》等，手册把传统道德文化与现代道德文化、价值观与村情民情相结合，提炼出通俗的问题，比如“‘富了腰包、空了脑袋’这句话是什么意思”，还设置了“领导干部学习思考题”，比如“当前，九曲蒋家村村民都在想什么、盼什么”；有的是《中华传统道德文化经典选读》《做新型农民建和谐家园》等涉及传统美德和文明建设内容的教材。这些教材无偿发放到村民手中，成为村民炕头上的乡土教材。经过不断探索和实践，九曲蒋家村逐渐形成了一套完整的道德教育培训体系，建立了道德教育的长效机制，道德素质教育成为村民的精神享受和精神福利，受到村民认可和欢迎。

为确保学习成效，九曲蒋家村每年开展一次“一考双评”活动。“一考”就是对村民道德文化水平进行考试，检查学习效果，考试成绩记入村民档案。“双评”是开展“模范标兵评选”和“村民行为道德四级联评”（自评、互评、小组评、综合评）活动，评选出“好媳妇标兵”“教子育人标兵”“敬老标兵”“文明健康老人”等。在村民王德春家，墙上镜框里镶着《给“好媳妇标兵”娘家父母的感谢信》。王德春介绍，他女儿叫王韶梅，在新村餐厅工作，出嫁后孝敬老人、助人为乐，工作兢兢业业，被评为“好媳妇标兵”。“你看，这封感谢信是以村党委的名义送的。”王德春自豪地说。据孙永仁介绍，村党委为“好媳妇标兵”娘家人送喜报和感谢信，并给予物质奖励的做法已经坚持六年了。村里每年都划拨传统道德文化建设专项经费，对积极参与、道德品质好、懂文明有礼貌、各方面表现突出及考试考核成绩优秀的个人和家庭，给予精神和物质奖励；对态度不认真、参与不积极、行为道德表现差的村民和家庭进行批评教育，补考、补课、个别谈话、重点帮扶，并给予相应的经济处罚。其目的就是让好的榜样感动更多的人，让不良的社会现象被好人好事好风气驱散。

“道德自觉”已经形成

短短的七年时间，九曲蒋家村逐渐形成的“一个框架”（村民“少幼有所育，中青有所教，老来有所学”的终生教育框架）、“两个机制”（教育培训的长效机制和激励机制）、“三化五落实”（教育培训内容系列化、教材乡土化、形式多样化与教育培训组织落实、教材落实、制度落实、人员落实、经费落实）以及“四轮驱动”（教育培训村干部在先带动，党政、工、青、妇协调联动，与高等院校合作互动，考试考核与经济挂钩利益促动）的道德建设新格局使得九曲蒋家村的思想政治教育活动取得了明显成效。大多数村民的道德素质显著提高，并做到“知”“行”合一。村里 60 岁以下村民写学习笔记 8 000 多篇，70%能够熟读讲解《弟子规》。近些年来，涌现出模范标兵典型 400 多人，个人爱心捐款捐物达 100 多万元。现在，走进九曲蒋家村时，清新之风扑面而来：从幼稚孩童，到80岁的老人，都会向您点头微笑、鞠躬问好；如果您口渴要购买雪糕或矿泉水，自己直接到“无人商店”去购买；如果您需要帮助，哪怕是半夜三更，随便叫醒哪户村民，都会得到热情帮助。

几年间，村里有32人次被评为国家、省和市级先进模范，村党委书记王金勇被评为全国劳动模范、全国敬老孝亲之星、山东省第四届道德模范、山东省“善行义举四德榜”榜上有名人物。有400多人次被评为村级和镇级先进模范。全村累计出现好人好事6 000多件（次）。全村为慈善事业、社会公益事业累计捐款捐物1.2亿元。2011年12月，该村被中央文明委授予“全国文明村”荣誉称号。

大力开展道德教育的这几年，也是九曲蒋家村集体经济发展最快的时期。2012年年底，该村集体企业发展到15家，提供就业岗位5 000多个，到2015年，村集体资产总额达到150亿元，经济总收入51亿元，财税贡献7 000万元，村民人均收入达到5万元。

对于道德教育的作用，九曲蒋家村村办企业春雨家纺公司工会主席刘晓凤深有体会。去年6月，两位来洽谈业务的英国客商，刚进公司一楼大厅，就看到了在醒目位置张贴的文明礼仪规范挂图。他们不由自主地走上前去，仔细观看挂图上每一个礼节的不同动作，看完后向工作人员深深地鞠了一躬。这次的业务谈判进行得非常顺利，刘晓凤说：“真没想到，一张礼仪挂图作用这么大。”

中国伦理学会原会长、中国社科院研究员陈瑛前来参观考察后，对九曲蒋家村的道德建设给予高度评价。他认为，九曲蒋家村已经形成了高度的“道德自觉”，“正是靠着这个自觉，他们不懈怠，不间断，用道德建设改变了村子的面貌”。

【思考题】

1. 九曲蒋家村的道德建设活动取得了哪些成效？

2. 九曲蒋家村对村民开展的思想政治教育活动过程和特点是什么？

3. 在社会主义新农村建设中，如何结合农村、农民自身的特点提高农民的道德文化素质？

案例分析

【背景介绍】

九曲蒋家村位于山东省招远市阜山镇。在历史上，九曲蒋家村是有名的穷村，全村不过百户人家，人均耕地面积仅为1.7亩。20世纪60年代起，村里开始建立黄金矿厂，但直至21世纪初，由于矿山管理混乱，村里偷盗成风，社会治安一团糟，九曲蒋家村仍然摆脱不了一个“穷”字。2000年起，九曲蒋家村在以王金勇为核心的新一届村领导班子的带领下，利用当地丰富的黄金优势，壮大集体经济，从过去出了名的穷山村，一跃发展成为远近闻名的“中国黄金第一村”。为了避免“富了口袋，空了脑袋”的问题出现，九曲蒋家村村两委在全村开展村民道德建设活动，以一手抓经济建设、一手抓精神文明建设的做法净化了全村的风气，使得村民整体道德素质水平大幅提高，先后被授予

"烟台市小康示范村""烟台市文明村""山东省级文明村""山东十大名村""全国社会主义新农村建设示范村""全国绿色小康村""全国文明村"等荣誉称号。

【主题分析】

道德建设，事关农村物质文明、精神文明、政治文明、社会文明和生态文明的协调发展，事关农村富强、民主、文明、和谐的核心价值的实现。只有加强道德建设，才能为社会主义新农村的建设与发展提供持续的动力。本案例通过对山东九曲蒋家村村民道德建设活动开展情况的描述，一方面反映了在市场经济和改革开放愈益深入的今天，农村思想政治教育活动的新特点、新规律，另一方面充分展现了农村思想政治教育活动要重视制度化。同时，九曲蒋家村村两委在道德建设过程中注重运用"土办法"，结合村里现实情况、农民自身的实际情况，协调各种影响村民道德素质的因素，抓住有利时机进行教育与引导，帮助村民实现教育与自我教育相统一，最终达到了道德素质内化于心、外化于行的转变。

【启示分析】

党的十六届五中全会做出了建设社会主义新农村的重大战略决策，党的十八大又指出社会主义新农村建设需要强有力的思想保证、精神动力和文化环境。山东招远九曲蒋家村从开展矿山秩序大整顿入手，到转身寻求比黄金更珍贵的道德文化，通过多种道德文明建设活动的开展，实现了物质文明和精神文明的双丰收，向世人呈现了一幅社会主义新农村建设如火如荼的新画卷，其对于深入认识和理解思想政治教育的过程和规律具有如下启示：

（1）随着改革开放的深入，农村思想政治教育呈现新特点。改革开放 40 多年来，农村的经济发展取得了长足的进步，农民的生活水平大幅度提高，但依然面临着诸多问题。一是农民的精神温饱难以满足，二是存在道德失范、失衡、失序的倾向，三是农村干群关系紧张，严重影响和制约了社会主义新农村建设。改善和解决这些问题的关键就在于开展农村思想政治教育活动。社会主义新农村思想政治教育开展的目的是培育有文化素质、科技素质和思想道德素质的新型农民。为了促进农村思想政治教育的顺利开展，就需要把握农村思想政治教育的新特点。一是"经济兴村"和"道德治村"要统一，强调在引导农民实现思想道德素质提升的同时决不能忽视农民正当利益的获得，要"两手抓，两手都要硬"；二是"有效灌输"与"积极渗透"要统一，强调坚持思想政治教育活动的正面积极性，通过积极有效的灌输和渗透，让思想政治教育活动更贴近农民群众的实际生活；三是"继承性"和"开放性"要统一，强调农村思想政治教育既要讲"土办法"，也要有"新思路"，共同培育和生成符合农村现实需要的思想道德规范，巩固和开辟农村思想政治教育的新天地。案例中，"仓廪不实"和"真空管理"曾经使九曲蒋家村的经济和道德发展雪上加霜。从 2001 年起，村里决定由"治矿"入手，使得黄金生产步入正轨。同时，村两委也认识到一旦道德建设成为村建设的短板，就会严重制约经济的健康可持续发展。于是村两委决定经济建设和道德建设同步进行，明确了"道德建设统领全局"的工作思路，杜绝"一手硬，一手软"的工作模式，通过加强村民思想政治教育，营造良好的道德文化氛围，促进本村的和谐稳定发展。

（2）农村思想政治教育要重视思想政治教育的制度化要求。思想政治教育活动的开展不是随心所欲的，必须遵循教育活动的制度化要求，即对教育活动本身的各个环节都要形成规范的制度，以制度来约束、控制和促成思想政治教育活动取得更好的效果。具体来说就是要重视、遵循和实现活动决策制度化、运行过程制度化、奖惩机制制度化、活动保障制度化，只有实现教育活动和制度规范两方面的结合，才能既有效地节约和规范教育活动开展的成本，又促进人们思想道德素质的转变和提升，体现思想政治教育的活动效果。特别是思想政治教育活动的开展必须要有明确的规范和必要的环节，才能保证思想政治教育的效果。教育者和受教育者在确定目标、制订计划—实施影响、促成转化—信息反馈、评估控制这三个阶段中实现双向互动，是施教和受教相统一的过程。案例中，九曲蒋家村的村两委严格按照思想政治教育活动过程的制度化实施村道德建设活动，并取得了良好的效果。首先，根据村民道德素质的实际情况和发展状况，确定了村思想政治教育的目标就是通过村道德文化建设“化人”“治愚”，使“道德文化建设”与“经济发展”二者相互支撑，齐头并进，并且拟定了详细的活动计划和方案，最终形成了“一个框架”“两个机制”“三化五落实”“四轮驱动”等独具特色的思想政治教育格局。其次，在实施活动计划时，选择贴近村民生活的“真内容”，注重了内容选择的系统性和针对性；选择贴近农民生活的“土办法”，力避单纯的思想“注入”；塑造村民“好榜样”，创造示范效应……正是因地制宜、因时制宜、因人制宜、因事制宜的道德教育实施过程为取得良好的道德文化建设成果奠定了基础。最后，通过“一考双评”——村民道德文化水平考试、“模范标兵评选”和“村民行为道德四级联评”对一个阶段、一个具体化道德教育效果的评估，构建了教育者和受教育者分别评估和相互评估体系，将思想政治教育和村民的自我教育更好地结合起来。整个九曲蒋家村思想政治教育活动开展的过程，对教育活动运行的制度都进行了严格而富于新意的把控，从而达到了其制定的物质文明和精神文明建设双丰收的目标。

（3）九曲蒋家村的道德建设活动体现了思想政治教育过程的基本规律。首先，体现了教育要求与受教育者思想政治素质发展之间应保持适度张力的规律。农村思想政治教育的对象是长期生活在农村的农民，他们有自己独特的文化背景、生活环境，针对这个群体的思想政治教育活动自然不能与对党政干部、大学生等群体的思想政治教育活动具有一样的定位、目标和模式，而是要充分体现出适应农民思想观念和文化素质现有水平和实际状况的特点。案例中，九曲蒋家村的思想政治教育活动从制定目标、安排道德教育内容，选择实施途径和载体时都能够以村民当前的思想道德状况为基础，贴近村民的利益、需要，将道德教育融入村民生活的全过程，使得村民受到了深刻的道德教育。同时，还注意调动了村民作为受教育者的自觉性、积极性和主动性，走出了一条“从认知到认同再到实践”“教育与自我教育相结合”的道德教育路径，这是完全符合“适度张力”规律的。其次，体现了协调与控制各种因素使之同向发挥作用的规律。在思想政治教育的过程中存在着两大方面因素的影响：一是教育者所施加的自觉影响，二是社会环境因素的影响。为了促成思想政治教育合力的形成，就需要协调和控制这两种因素，使之发挥同向作用。案例中，九曲蒋家村以“村级教育先带动，家庭教育协调联动，学校教育合作互动”的模式将不同的教育主体、教育环境协调统一起来，发挥同向作用，形成良好的思想政治教育氛围，共同促进村民提高思想道德觉悟，从而使九曲蒋家村的村民思想政治教育活动取得了良好效果。

案例 17　思想转变别样天*

在家门口种竹林，亩亩都能领补贴，还有游客来赏翠竹买鲜笋，一亩收入将近 3 000 元。这些都是福建省三明市建宁县均口镇岭腰村的村民做梦也没有想到的事情。

还有，今年镇里中学的升学率又提高了，很多初中毕业的学生都选择了进职专、上技校学技术，这让全镇的镇民没有想到；建宁县均口镇全镇有数百位农村妇女自发倡议不打牌、不念经，全心发展经济，这让镇干部没想到。

这些个“没想到”，都源于建宁县均口镇进行的“农民思想教育活动”。

2003 年 9 月，均口镇党委组织发起送知识入户、巡回公映电影、文艺下村、读书竞赛、培育典型、修改和完善村规民约、移风易俗评比等旨在提高农民思想文化素质的思想政治教育活动，仅仅三年不到，农民的思想面貌得到很大改观。正如镇党委书记杨宗群所说的那样：“农民思想一转变，新农村建设别样天”。

其实，农民兄弟们思想转变的背后是村镇干部们精心组织设计实施的教育活动方案，是一次又一次的走访，苦口婆心地开导、劝说的结果。

经济观念大转变

均口镇拥有竹林 5.3 万亩，是远近闻名的“竹乡林海”。其中的岭腰村竹林面积有 7 000 多亩，人均近 10 亩，可以说是竹林大镇。一直以来，当地农民每年只在竹山劈一次草，挖些春笋做笋干，砍毛竹下山卖，亩收益只有 200 多元。农民生活的贫困让镇里的干部再也看不下去了，在一次镇干部会议上，干部们说起了在永安市看到那里正在蓬勃发展的“竹林”经济，大家纷纷表示不能再让均口镇的村民们守着聚宝盆过苦日子了。可是，在会上，有的干部就提出：“有些农民是认死理的，你怎么能劝他搞竹林经济呢?”针对这个问题，镇里的干部决定从转变农民思想观念入手，并制订了工作计划。

按照最初的计划，每个干部分管到户，去宣传竹林经济的优点。可是，不久，大家就无功而返。干部们纷纷反映，农民们根本不听他们的讲解，还总嚷嚷着说竹林就能赚那么点钱，都搞成竹林，让大家喝西北风呀。看来，口头宣传这一方法失败了。干部们聚在一起，苦思冥想，怎样才能让乡亲们相信竹林能赚到钱呢?

这时，一个干部提议道：“我们不如派些村民代表去竹林经济的示范点参观，眼见为实嘛，他们一定能相信的。”于是，2004 年年初，镇里组织了一批竹农到永安上坪等地参观。一片片修整过的竹林，漫山遍野的春笋煞是好看。随去参观的李寿根悄悄地问当

---

* 项裕兴，王国萍．建宁均口镇农民致富的故事：思想转变别样天．新华网，2006 - 08 - 30.

地竹农：“大哥，种这个能赚到钱吗?”那位老竹农哈哈大笑着说：“小伙子，说出来你还真不信，竹山每亩收益可达 2 000 多元，我老头子就指望它呢。看见东边那个两层小楼没？那就是这竹山换来的啊!”听到这，李寿根感慨不已：“要是自家竹林效益有别人的一半，就好了。”李寿根当即就主动找到随行的干部，表示想试着发展竹林经济。

回到村里，李寿根就一直想着在永安看到的竹山，那翠绿欲滴的竹子，鲜嫩的竹笋，让李寿根经常夜不能寐。家里人发现李寿根的不对劲，就问他心里有什么事。李寿根向家人道出自己想发展竹山的想法。家里人一致反对，都说他是异想天开，祖祖辈辈都是守着竹林这么过来的，哪有赚到钱的，现在还要把家里的菜地让出来种竹子，那更是天方夜谭。

李寿根向家人讲述了在永安的所见所闻。可是，家人却泼冷水说：“你又没什么文化，没什么技术，还没什么资金，这念头趁早打消。”听到这些话，李寿根又打起了退堂鼓。是呀，自己根本没有这方面的知识和技术，又缺乏资金，怎么可能搞起那么大的竹山呢？这事李寿根就想不了了之了。

过了几天，镇里的干部来到李寿根家，和他谈发展竹山的事情。李寿根说出了自己的顾虑。干部一听，当即就答应李寿根，只要他敢种植，村里就会大力支持。至于资金方面，镇里和村里都会想尽一切办法予以匹配。看着李寿根还有些犹豫，干部就苦口婆心地开导他，把他家里的经济情况与永安发展了竹林经济的农家经济情况进行了详细的对比，告诉他，只要转变一下陈旧的经济观念，敢干大干，经济状况就会随之好转。

李寿根听后很是激动，握着干部的手表示自己一定竭尽全力发展自家的竹林经济。可是，面对大片的竹林，李寿根却不知从何下手。正当李寿根为技术发愁时，镇里组织了科技放映队，到村里播放有关竹山管理技术方面的影片。片中用生动的事例，直观地向群众讲解如何挖笋、如何留笋养竹等技术。渐渐地，来看科学指导片的村民越来越多。露天的放映场每次都热闹非凡。每次放映队来，李寿根总是一边看，一边在笔记本上做记录。按照科学指导片中的方法，李寿根开始尝试着改造自家的竹林。可是，还没改造完，他又跑到了镇上，向干部们诉苦了。“按照片子上的方法做，我家地里的好多竹子出现了问题，笋和竹的关系也处理不好。这可怎么办呀?”

得知村民发展竹林经济遇到了技术难题，镇里专门派了一支队伍到村里去考察竹农们遇到的问题，并千方百计邀请到南京林业大学的王教授到村里上课，并在现场操作示范。

“眼见为实呀!”李寿根从这次亲身的上课经历中学到了不少片子中没有的知识，也掌握了管理竹山的基本技术。

专家走后，李寿根和村民们在竹山上忙开了：劈草、深翻、给竹山铺稻草、进行保温保湿管理…… 此后，镇里还经常请科技队下到各村去解决竹农种植中遇到的各种问题。

一分耕耘，一分收获。2005 年，李寿根迎来了他的丰收年：砍毛竹收入 1 万多元，挖冬笋和笋干收入 9 000 多元。掰着指头一算，每亩收益 600 多元。

种竹十多年，哪曾想到竹子还能“长”出这么多钞票来，这可把李寿根乐坏了。“现在我们竹农呀，真把竹当菜种了。”李寿根掩饰不住心中的喜悦，“虽说今年是小年，可上半年卖毛竹、挖笋，我家 30 亩竹林收入就很可观了。”家里人现在也不反对李寿根的做法了，有的远房亲戚还表示也想发展竹林经济，请李寿根这个“成功人士”去指导工作呢。

后来，镇里又投资 2 万多元，修好了竹山公路，还在竹山上建了两个 30 立方米的灌溉池，搞起了竹山喷灌。如今，全镇 5 万多亩竹山，通过科学育竹，有 1/3 面积的竹山亩产值达到 500 元以上。竹农人均年纯收入由原来的 1 000 多元，发展到人均纯收入 3 300 多元。

教育观念大转变

均口镇素有建宁南大门之称，省级公路富下线、秀里线穿境而过。然而，优越的地理环境和相对丰饶的自然资源，并没有带给均口人富裕的生活以及先进的思想意识。

从改革开放到 2003 年 8 月，该镇原本约有 5 000 人应当完成九年义务教育，而实际完成人数仅 1 000 余人。镇里的干部们决定通过对农民开展思想教育活动，不仅要转变村民们的经济观念，还要下大力气转变大家的教育观念，为均口镇培养大批的优秀人才。干部们到均口镇的各个学校去考察教育情况。一位干部听均口中学负责人介绍说，该校初一一般有在校学生 200 人，2003 年之前，一升到初二，往往就辍学了一半。考上高中的，每届也只有 5～10 人。

那么，是什么原因导致了学生人数急剧下降呢？经过走访，调研的工作人员找到了主要原因——“在均口镇，村民们普遍不富裕。培养一个学生的开销是很大的。与其在家花钱，不如出去打工赚钱”。

这一现象在均口镇是很普遍的。村里的一位留守妇女告诉调研人员，自己的丈夫很早就出去打工了，儿子上完初二也随着丈夫去了深圳打工。岭腰村村民罗流明就是其中的一例。她的儿子李海峰初中毕业，由于成绩不理想，他便决定外出打工。村里的干部听到这个消息，特地跑到罗流明家里劝说李海峰先接着上技校，等到掌握了一定技术再出去找工作。村干部还为罗流明和李海峰详细地分析了当前的社会形势，告诉他们，没有技术，只能做苦力活，累不说，还赚不到什么钱。不如先继续读书，掌握一门技术再去找工作。这样起点也就高些。可是，当时的李海峰一心觉得自己长大了，没有技术也无所谓，外面的世界那么大，不可能就找不到工作。而家里人在听了村干部的讲解后，决定花 1 800 多元，把李海峰送到一所技校学习电子技术。可没念一个星期，李海峰就跑到三明的一家制衣厂打工。家里人对他的行为也感到无奈。

三个月过去了，一天，村干部听说李海峰回来了，就安排人去李海峰家看看。一进他家大门，就听见全家人叹息的声音，还时不时夹杂着罗流明数落孩子的声音。原来，由于文凭低，又没技术，小李在制衣厂里干了 3 个多月，才赚了 500 多元。李海峰蹲在地上，不停地说：“早知道就待在学校好好学点技术了。”村干部听到李海峰有留在当地学些技术的打算，便趁热打铁地劝说李海峰和他家里人，再去技校报个名，选择自己喜欢的专业，学门手艺，等学成了出去一定能有份好工作。李海峰的妈妈罗流明听到这儿，又一次下定决心：就算砸锅卖铁，也不能让孩子像自己这样吃没文化的苦。于是，李海峰就这样背起行囊，又一次走进了技校。

现在，李海峰从技校毕业了，在福州一家企业工作，月收入近千元。不仅李海峰受到了教育的恩惠，他的哥哥也上了职专，学到了技术，在厦门一家公司打工，每月工资1 200多元。现在一说到这两个儿子，罗流明心里充满了喜悦。她还经常用自家的事例劝说村里其他的家长，鼓励大家都重视孩子的教育，不能吃没文化的亏。

农民思想教育活动开展三年来，镇里共筹资500万元，改造、新建均口中心小学和均口中学三幢教学楼、一幢宿舍楼。每逢儿童节和教师节，镇、村总要举办隆重的庆祝活动。2006年，全镇中小学生辍学率从原来的20%下降到8%；学校家长会到会率从过去的20%提高到80%以上。“过去开家长会，很多家长都不来，有时只来五六个。如今，很多家长宁可自己多吃苦，也要让孩子念上书。”均口中学的宁老师说。

生活态度大转变

均口镇的村民很多都外出打工了，剩下的留守村民除了种竹养莲，也没有什么事情做。于是，打牌、搞封建迷信的活动就日渐活跃了起来。镇干部看到这些，都急在心上。怎么样帮助留守的村民们摆脱不健康的生活方式、集中精力发展经济呢？

于是，均口镇开展了丰富多彩的业余文化活动——巡回公映电影、文艺下村、读书竞赛、培育典型，特别是要抓住机会在留守村民中培养一批经济能人、产业大户，并由此带动全镇经济的发展。

修竹村的王德财就是镇里培养的一个产业大户。

在王德财新盖的三层小楼里，他一边倒茶，一边笑着说：“这段时间，我白天卖烟叶，晚上到田边抽水。想到今年又是个丰收年，所有的苦、累就全没了。今年40亩烟叶快卖完了，能赚3万元。”一说起自己这几年的变化，王德财便打开了话匣子。过去，他到外地做生意、打工，没赚到钱。后来干脆在家混，每年种七八亩口粮田，每到农闲时，就和朋友打牌赌钱。赌的数额越来越大，老婆为此总和他吵架，有几次还动起手来，弄得夫妻关系特别不和谐。

2003年，镇农民思想教育宣传队来到村里，播电教片，演文艺节目，发放资料，并宣传镇里在大力推广种烟，这对王德财触动很大。王德财寻思：小打小闹挣不了几个钱，想赚钱，还是大面积种烟。可种烟的资金、田地是个大问题。镇领导知道他的想法后，决定培养他为种烟大户，并带动其他群众种烟。通过烟肥补助，协调田块，年底，王德财就种烟68亩，成了修竹村里的种烟大户。经过一年的精心管理，种烟竟赚了6万多元。王德财信心十足。2004年年底，他又到邻近的黄岭村承包了32亩地种烟，又赚了2万多元。第二年，他就盖起了一幢三层的楼房。

2005年，王德财花了近5万元，在河边开发出一片80亩的荒滩，全部用来种烟和水稻制种。为了解决田地用水，他拿出2万多元，买电杆，购电线，还专程跑到江西广昌，一次就买来三台大功率抽水机解决灌溉问题。

昔日的荒滩，如今成了一片良田。今年，他在这块地上种了40亩烟，另外40亩用作水稻制种。

现在，王德财已被评为县里的“十佳青年科技示范户”。村里的人亲眼看到了王德财的转变，他不再打牌了，不再赌钱了，一心一意地侍弄着自己的那些烟叶，走上了小康之路。这下，再也听不到他们两口子吵闹的声音了，一家人其乐融融。王德财的事例给了村民很大的启示，许多留守在家的妇女也不再打牌、念经、搞封建迷信活动了，而是全心全意地种植自家的土地，并全力支持着镇里的经济建设。

农民思想教育活动开展三年来，均口镇的农民们经济观念、教育观念、生活观念都发生了巨大的转变，促进了该镇镇域经济的发展。全镇工农业总产值、财政收入、农民人均纯收入由2003年年底的8 580万元、88.3万元、2 860元，分别增长到1.6亿元、136.6万元和3 310元。

【思考题】

1. 均口镇对农民开展思想政治教育活动的过程和特点是什么？
2. 农民思想转变有哪些特点和规律？
3. 在中国现代化进程中，应如何解决农业、农村和农民的思想文化发展问题？

案例分析*

【背景介绍】

均口镇，地处闽西边陲建宁县南部，附属于福建省三明市。它东邻泰宁、明溪两县，南接宁化县，西、北方向分别与本县的伊家乡、金溪乡接壤，距县城25千米，省道富下线和秀里线穿境而过，福建母亲河千里闽江的正源头就在其境内的严峰山南麓。全镇辖13个建制村，1个居委会，144个村民小组，共计17 258人。镇域面积306平方千米，林地面积38.8万亩，耕地面积2.95万亩。曾经是一个守着金山要饭吃的贫困镇。

2003年起，为改变均口镇的落后面貌，镇党委决定在全镇开展农民思想教育活动，以转变农民经济发展观念、文化教育观念，净化全镇的风气，使全镇农民集中精力搞经济建设。经过三年的努力，农民思想教育活动的效果得以显现，均口镇城镇建设速度加快，社会经济持续增长，教育升学率得到明显提高，工农业总产值得到大幅度提高。

【主题分析】

我国目前有9亿多农民。在新农村建设中，不仅要大力发展农村生产力，更要促进农民的思想解放，提高农民思想文化素质，为农村的现代化建设提供持续的动力。案例所描述的均口镇党委开展的农民思想教育活动的过程，一方面反映了基层农村党组织有计划、有组织、目标明确地开展思想政治教育活动具有十分的必要性和现实的紧迫性，对于促进农村的经济社会发展、建设小康社会具有重要作用。另一方面反映了农民思想教育过程的鲜明特点和基本规律，如明确农民思想教育活动的目标、制定切实可行的教

* 张耀灿，郑永廷，刘书林，等．现代思想政治教育学．2版．北京，人民出版社，2006.

育方案，紧密结合农民致富的愿望和利益，找准农民思想教育的切入点开展活动等。同时，在教育过程中注重正面引导，运用农民喜闻乐见、易于接受的方式方法，抓住有利时机进行教育与指导，都是均口镇农民思想教育活动取得实效的原因，这些对于深入认识农民群体思想政治教育过程的特点、机制和规律具有重要的启发意义。

【启示分析】

从 2003 年 9 月起，建宁县均口镇在镇党委、镇政府的领导下开展了全镇的农民思想教育活动。从开展送知识入户，巡回公演电影和文艺下村，读书竞赛，培育典型，修改和完善村规民约，移风易俗评比，推进农村集体林、四荒地、农村水利设施的体制改革等方面入手，对农业农村工作进行积极探索，使得全镇的农民在经济思想、教育思想和生活思想上都有了较大的转变，展开了一幅新农村建设的新画卷，对于深入认识和理解思想政治教育过程和规律具有如下启示：

（1）均口镇农民思想教育活动体现了思想政治教育过程的组织计划性、正面积极性、复杂社会性、长期渐进性等特点。首先，组织计划性体现在自 2003 年 8 月始，均口镇党委、政府就组织 13 支调研工作队，深入所辖 13 个村进行了为期半个月的调研。对于当时该镇广大农民群众存在的思想不解放、观念陈旧、发展经济意识不强、少部分人法治观念淡薄、集体意识淡化、个人素质不高的情况，以及农村封建迷信活动盛行、陈规陋习严重、党在农村的各项方针政策难以落实到位、缺乏发展经济的良好氛围等问题有了基本的了解和认识。根据这些调研结果，均口镇党委和政府做出了从转变农民的经济观念、教育观念和生活观念三个方面入手开展此次活动的决定并进行了详尽的计划安排。

其次，均口镇的党员和干部以典型的传帮带活动形式对农民进行思想教育，体现了思想政治教育的正面积极性。他们着力从提高农民发展经济的意识入手，以培育致富典型为突破口，让农民在传统小农意识改变的过程中，主动去发展经济，让农民在发展经济的过程中进一步更新观念，强化发展经济的意识和与时俱进的意识，推动当地农村及农业的发展，增加农民收入。如农民思想教育活动开展三年来，均口镇培育了六大类 400 余户经济能人、产业大户，通过他们的示范带动，进一步促进了该镇镇域经济的发展。不仅经济发展了，农民们看着一个又一个的“懒汉”变成了“致富能手”，一间又一间的砖房变成了漂亮的二层小洋楼，在这些榜样的带动下，他们也跃跃欲试，不断地解放着自己的思想，并逐渐成为新农村建设的参与者。

再次，均口镇党委和政府在进行农民思想教育活动时特别注重发挥农民的主体能动性。为了发展当地的竹林经济和烟叶经济，他们并没有选择自己去劝说农户们种植竹林和烟叶，而是组织农民们去参观其他地区的成功案例，让农民自己亲身体验；为了转变农民的教育思想，他们并没有选择跟踪的说教方式，而是抓住了适当的时机，予以引导，让农民自己感受到教育的重要性。党员和干部考虑到了农民的实际情况，学习技术困难就组织人员送知识入户，教育水平低就开办学校，完善学校基础设施，娱乐活动缺失就组织巡回公映电影。他们用自己的行动引导着农民群众自觉地改造思想，清晰地勾画出未来的发展方向，明白了知识改变命运的重要性，抛开了陈旧的、封建迷信的思想，主动投身到经济建设中来，使得均口镇的农民思想教育活动取得了明显的成效。

最后，均口镇的思想教育活动过程清晰地表明人的思想意识的转变不是一蹴而就的，思想政治教育的过程具有复杂社会性与长期渐进性。村民们决定种植竹林、决定送孩子去技校学习、决定不再相信封建迷信、决定不再打牌都不是立竿见影的，这些在长期生活中形成的生活习惯、态度和思想文化观念的转变需要坚持不懈、反复的教育，其效果的显现也是一个长期的渐进过程。

（2）均口镇农民思想教育活动体现了思想政治教育过程的基本规律。首先，教育要求与受教育者思想政治素质发展之间应保持适度张力。针对农民群体的思想政治教育活动，思想政治教育的目标和要求不能与党政干部、高校学生、企事业单位的思想政治教育要求具有一样的标准和模式，而是要充分体现出适应农民思想观念和文化素质现有水平和实际状况的特点。均口镇党委和镇政府在教育计划的要求、内容的安排、方法的选择等方面贴近农民的利益、需要和思想实际，开展内容丰富、形式多样、符合农村农民实际的教育活动，重在转变农民的思想观念的做法是符合“适度张力”规律的，特别是他们要求每一位党员、干部都分管一个村或一个片区的农民思想工作，落实到户，责任到人，将教育计划做得详尽、精细，为农民思想教育活动的开展提供了宝贵的经验。其次，均口镇党委和政府在有些农民对搞竹林经济有所担忧和对提高学校的升学率、不搞封建迷信活动等号召心存疑虑时，没有强行灌输思想理论，也没有下达行政命令，而是调动社会各个方面的力量，如经济体制改革先进单位、技术推广部门、高等学校、媒体宣传等，协调与控制各种影响因素综合发挥转变农民思想的作用，取得了良好的效果，体现了思想政治教育协调和控制各种影响因素使之发挥作用的规律。

（3）紧紧围绕农民利益开展思想政治教育活动才能取得好的效果。在思想政治教育过程中，在上述一般规律的基础之上还有许多具体的规律。如过程充足规律、人格分析规律、自我同一规律等。这些规律都说明一个道理，即要促进教育对象思想政治素质顺利转变、提高，促进思想政治教育过程顺利展开、发展，必须根据对象的实际设置教育方案、实施教育工作，评估教育结果。如果均口镇党委和政府只是提出培养“有先进思想观念、有高尚道德情操、有科学致富本领”的新型农民的目标，而不能根据对象的特点展开教育过程，无视农民切身利益和基本需求进行所谓思想观念的转变，没有把握受教育者的个性特征和人格特点，抑或没有注意发挥教育过程中各种因素的积极作用等，都会影响思想政治教育过程的顺利进行，影响思想政治教育活动目标的实现。相反，他们根据农村、农民的特点，满足农民的要求，把农民喜闻乐见的形式用到教育活动中来，逐渐陶冶、培育农民群众的高尚思想情操，不仅促进了农民的思想转变，也带动了民风、社风的好转。

案例 18　“本色德育”*

在北湖小学二年级（2）班教室的墙上，挂着一个小本子。大家都管它叫“本色德育

* 程墨，徐世兵．从生活点滴中感受成功：武汉市江汉区探索推行“本色德育”纪实．中国教育报，2011－05－24.

记录簿”。翻开这个小本子，“两个小朋友放学站队时吵架了”“全班学生吃饭井然有序”等均记录在案。

班主任周燕说，这是2010年江汉区教育局经过反复调研，制定编印的《本色德育记录簿》。该区公办小学的600多个班级都有这样的“小本子”。“德育记录簿”不只是由她记录，各学科教师、门卫和食堂师傅也会把孩子们的表现记下来。“以前培养学生习惯基本上是班主任一个人的事，现在所有老师和后勤人员都承担起这个职责，帮助孩子纠正不良习惯。”

江汉区教育局副局长杨振威也说：“从孩子进校门就开始记录，到放学，每名教职员工、学生、家长都要在相应位置记录学生每天在校的学习生活点滴。不仅仅是小事情、小细节，哪怕是一句激励、一句鞭策都可以。”

“本色德育”，就是从孩子平时学习生活的点点滴滴抓起，教育他们“会学习、会做人、会做事”，用全员的力量、多种多样的方法让德育走进孩子们的心灵深处。

在武汉市大兴第一实验小学，孩子们整齐地站在学校的操场上，伴着《感恩的心》的旋律，在指导老师的带领下舞动自己的双手，用手语表达对父母和老师的感恩之情。

这是该校推出的课间操。“我们想通过这种方式，让学生随时保持一颗感恩的心。”校长陈平说，“推行这样的课间操，背后有一个故事。”原来，这所学校上午课间休息的时间，是孩子们喝牛奶的时间。前段时间，不时有寒潮来袭，孩子们只能喝冷牛奶。看到这种情况，蔡幸钰老师特意为孩子们准备了一个小木桶，为学生们热牛奶。但是，不少学生拿到热牛奶连句“谢谢”都不说。这一幕恰好被课间巡视的学校副校长吴莹看到。“要让学生们学会感恩，学校便决定推广这套课间操。”吴莹说。

慢慢地，学生们开始学会了感恩，吃饭的时候会主动给老师搬来小板凳，递上纸巾；老师生病了，孩子们会关切地问候。这一切都被记录在该班的《本色德育记录簿》上。

在实施“本色德育”的过程中，除了每班必备的《本色德育记录簿》之外，区教育局对学校提出“近、小、实”和特色化原则，即贴近学生学习生活，从学生细微习惯培养着手，追求德育的最大效果。每个学校、班级、教职工都要在教育实践中不断探索，努力形成自身特色。

红领巾学校探索出“场景德育”的新方式。他们根据学生的真实生活，把德育视角聚焦在课堂与课后。《品德与生活》二年级上册中有一课，内容是“玩中有窍门”。为了让学生明白该在哪儿玩、怎么玩，教师上课时创设了课间活动场景，让他们自己体验。二年级（2）班的谢任飞同学说：“不仅在课堂上能受教育，课后也能。班主任吴征宇给我们班布置了品德与生活的课外小作业——探索种子发芽的秘密。为了完成作业，我每天上学时把自己的小花盆搬到学校的操场上，让花晒太阳，放学后又把花盆搬回教室，那几天我都快累趴下了，就怕种子不发芽。就这样在忐忑的心情中过了几天，我惊奇地发现，种子竟然发芽了，并且长成了两棵小苗！”他还说，在这个过程中他体会到了吴老师所说的“种子发芽，就像自己的宝宝出生，孕育着生命，需要用心去呵护”，更加明白了父母照顾自己是多么的不容易。

郭家墩小学位于汉口火车站附近，80%以上的学生是进城务工人员子女。该校校长薛娇告诉记者，由于家庭教育和亲情的缺失，一些学生的精神面貌、文明礼仪较差，学习态度不端正。为了改变这种状况，学校开设了“经典诵读”选修课，加强学生的文明礼仪教育。学校将教学楼的楼道口改成图书角，上面摆放着《论语》《三字经》《弟子规》等经典图书，还有学生爱看的一些科普、童话书。“现在我们学校的孩子跟城里的孩子没什么两样。”薛娇说，“利用经典‘熏陶’后，学生有学生样了。”

作为国家级绿色学校，武汉华中里小学在学校绿色教育的大背景下，形成了绿色德育工作体系，创建了“五星德育”，即守纪星、生命星、礼仪星、勤学星、健体星，将德育渗透到各个方面，引导学生做“五星”学生，创“五星”班级。

单洞新村小学则以评选“单小之星”为契机，开设“家、校、社区”的立体德育模式，对学生在校的品德、学习、活动进行全员全方位评价。单洞新村小学林诗琪的妈妈针对女儿平时容易出现的一些问题而制作了一张表格，其中包括生活习惯、卫生习惯、学习习惯三大项，每一大项里包括五小项，其中每个小项各 2 分，共计 30 分，每周再根据具体情况进行微调，只要每天能得到相应的分数就可以奖励一颗“小紫星”。林诗琪的妈妈说自从学校开展了“单小之星”的活动后，“女儿各方面都表现得比以前更积极了，每天按时起床，回家后独立完成作业，晚上她和我一起对她自己一天的表现进行总结和评分，如果得到 25 分以上就给她贴上一颗‘小紫星’。老师也对琪琪的进步给予了肯定”。单洞新村小学还针对不同学段的学生行为习惯提出要求，包括学习、能力养成、家庭生活、社会公益等方面。对一年级至三年级学生，培养乐学好问、大胆质疑的习惯；对四年级至六年级学生，培养勤学善思、锲而不舍的品质。校长刘胜说：“不同学段孩子的认知能力不一样，我们对学生分类别、分层次地开展‘本色德育’。”单洞新村小学五年级就把德育的阵地延伸到社区养老院，实行两个学生对一个老人的定点帮扶。每周三，五年级（2）班学生张洪文都会到学校附近的单洞新村养老院去看望老人，这一切都被记录在该班的《本色德育记录簿》上：“每次我唱歌时，老奶奶笑眯眯地点着头，我摸着她的手，心里美极了！”“我以后一定要好好孝敬老人。”

滑坡路小学则创造了“爱心德育”模式。有一天，校领导视察工作时，发现学校免费为学生提供的体育用具丢失了，学校抓住这一契机，每天在广播操时间播放体育用品“回家”的数目，并号召学生们为“迷途不知返”的体育用品找“家”。这一召唤马上得到了学生们的响应，唤起了大家的爱心。直到有一天，这些体育用品一样都不少地找回了，还多出了三根跳绳。校长李艳梅说：“我们用这种方式让孩子自己感悟，在亲历中舍去私心、得到友谊。”

目前，区教育局正组织编写江汉区小学本色德育课程教材，根据小学生年龄特点分为低、中、高三册，每册 5 个单元，包括“做人”“做事”等方面，内容为国学经典与现代礼仪等。

【思考题】

1. 说说你对“本色德育”活动的看法和意见。
2. 学校思想政治教育的特点与规律是什么？
3. 如何衔接大中小学的德育教育？

案例分析*

【背景介绍】

武汉市江汉区教育局针对当前小学教育存在的“过多注重分数以致教书不育人”“小学德育目标空泛不切合学生身心发展实际”“德育工作方法简单不适合独生子女的特点”以及德育工作效果不佳等现象，提出“本色德育”理念并进行改革实践。

所谓“本色德育”理念即坚持小学德育“三全”原则：一是坚持全体育人原则，学校的德育活动，包括教育教学、日常管理都要面向全体学生，贴近其学习和生活实际，促进其全面发展；二是坚持全程育人原则，学校把学生一进校园到走出校门的整个过程纳入德育活动中，将德育渗透到教育教学的各个环节和学校管理的各个领域；三是坚持全员育人原则，学校全体教职工都是德育工作者。

2010 年江汉区教育局出台了《关于在全区小学开展本色德育工作的指导意见》，要求各校德育工作面向全体学生，着眼学生行为习惯和学习习惯的养成，着力提高学生的社会责任感、勇于探索的创新精神和善于解决问题的实践能力。

到 2010 年年底，在总结前期开展“本色德育”活动经验的基础上，江汉区教育局经过反复调研，制定编印了《本色德育记录簿》和《点点滴滴伴成长》手册，将“本色德育”落到实处。

2011 年伊始，江汉区教育局又开始组织编写“江汉区小学本色德育课程”教材，并在当年 9 月就已走进江汉区小学的课堂与小学生们见面。

【主题分析】

这里的德育是学校思想政治教育的代名词，专门指学校与智体美劳教育相联系的青少年学生的思想品质、政治品质和道德品质教育。小学德育作为学校德育的起点，具有基础性的地位和作用。探索出一条适应小学生身心发展规律的学校德育之路，是加强与改进青少年思想政治教育的基础性工程。由于青少年成长发育过程的不同阶段具有不同的身心发育特点，并且个体、群体之间具有差异性，因此，认识并遵循这些特点和规律，合理设计教育内容、制订教育计划、选择教育方式是取得良好德育效果的前提。案例所描述的武汉市江汉区在“本色德育”活动中的改革与探索，就是针对当前的德育困境所开展的小学生德育创新实践。它遵循儿童身心发展规律，以去形式化、去说教式，贴近儿童身心特点和生活实际的形式，以自然、朴实、有效的方式，提高了儿童思想道德品质，是对小学德育科学化发展的有益尝试。

【启示分析】

（1）德育过程具有自身的规律和特点。学校思想政治教育与农村、企业等其他社会

---

* 孙清萍．进行道德启蒙教育要遵循儿童身心发展规律．中华女子学院山东分院学报，2004（2）．

领域的思想政治教育不同，它是教育者根据一定的社会需求和受教育者的需要，遵循品德形成的规律，采用言教、身教等有效手段，在受教育者自觉积极的参与互动中，通过内化和外化，发展受教育者的思想、政治、法制和道德几个方面素质的系统的、直接的教育活动，具有课程化、系统化、成长性等特点。因此，依托学校的制度化生活，依据对象的身心特点开展德育活动，成为德育过程的特征和内在要求。在目前学校的学段制度设计中，根据不同学段学生的身心特点开展德育活动，已成为取得德育效果的当务之急。小学德育的对象主要是少年儿童，年龄一般为 6 岁至 12 岁，具有注意力不稳定、不持久，感知事物特点的能力较弱，有意识记逐渐占据主导地位，思维形式以直观形象为支柱，情感和意志不够稳定持久等特征，特别是独生子女家庭给少年儿童带来了普遍的身体柔弱、态度冷漠、自我中心、性格任性、报复心强、意志薄弱、学习目的不明确等问题，总体上源于家庭、学校及社会的负面影响，特别是学校教育教学中所谓的“质量是生命线”“分数是王道”“重智育轻德育”“知行不一”等问题，成为孩子们成长中的巨大隐患。案例中武汉市江汉区教育局开展的“本色德育”活动，一定程度上从小学生实际的身心特点和接受能力出发，把德育活动寓于学生从进校园到走出校门的整个学校生活之中，渗透到教学的各个环节和学校管理的各个领域，把全体教职工和每位学生家长都看作德育工作者，从而取得了一定的实效。

（2）“本色德育”活动的特点及小学德育的规律。“本色德育”活动之所以取得了成功，收到了良好的效果，是因为这个活动尊重了小学生身心成长与发展的规律。首先，采用体验性的活动模式，适应了小学生思维的形象性特征。选择贴近小学生生活、小学生感兴趣的教育内容，如“场景德育”活动等，让孩子们在生活体验中感受到成功，在愉快的参与过程中受到教育，最大限度地帮助他们积累人生经验，促进逻辑思维，升华道德情感。其次，采取有针对性的教育方案。由于小学阶段是小学生长身体、长知识、长智慧的时期，也是其道德品质与世界观逐步形成的时期，“本色德育”活动针对孩子们在认知、情感、意志等有关奠定世界观、人生观、价值观基础的方面存在的问题，如针对自我中心、态度冷漠、意志薄弱、学习目的不正确等问题选择教育内容，从而提高小学生的思想品德素质。江汉区的每一所学校特别针对该校学生在成长中存在的问题设计品德教育方案，做到了因人而异、因材施教。针对进城务工人员子女较多的邬家墩小学，学校精心开设了“经典诵读”课程，这一活动的开展加强了该校学生的文明礼仪教育，改变了他们的精神面貌，端正了其学习态度。再次，采用跟踪式的教育记录方法。由于小学生意志品质的发展还不成熟，自制力、控制力不强，常常出现行为上的错误，“本色德育”活动就利用《本色德育记录簿》和《点点滴滴伴成长》这两本手册尝试建立学生日常行为跟踪记录，使学生能够从记录中反思自己的行为，把得到表扬的行为逐步变为良好的行为习惯，受到批评的行为及时加以改正，让学生们每天都能在品德方面体验收获与成长。

（3）衔接大中小学德育过程，协同控制各种影响因素。2005 年 4 月 20 日教育部发布了《关于整体规划大中小学德育体系的意见》（简称《意见》），指出：“学校教育，育人为本；德智体美，德育为先。德育主要是对学生进行政治、思想、道德、法制、心理健康教育。青少年学生的爱国情感，文明行为习惯，良好道德品质，遵纪守法意识，科学的世界观、人生观、价值观和中国特色社会主义理想信念，是一个通过教育逐步形成和发展的过程。整体规划大中小学德育体系，就是根据不同教育阶段学生身心特点、思想实际和理解接受能力，准确规范德育目标和内容，科学设置德育课程，积极开展德育活动，努力拓展德育途径，有针对性地进行教育和引导，使学校德育更具科学性，更好地促进青少年学生全面健康成长。”针对当前大中小学各阶段的德育目标划分还不够准确，内容安排还不尽合理，仍存在着一定程度的简单、重复、交叉和脱节等问题，《意见》提出：“整体规划大中小学德育体系，充分发挥学校教育的主渠道、主阵地、主课堂作用，是一项极为紧迫的重要任务，是加强和改进大学生思想政治教育和中小学生思想道德教育的重要举措，是贯彻党的教育方针的必然要求。”《意见》分别规定了小学、中学以及大学教育阶段的德育目标。这些目标的制定不仅充分体现了对青少年思想品德成长规律和接受规律的尊重，还反映了有针对性地展开德育过程的科学德育理念。同时，协调和控制各种社会环境因素，调动家庭、社会各方面力量，创建良好的社会秩序和文化氛围，协调配合，形成合力也是《意见》中所强调的德育过程的基本规律。既然早在2005年教育部就颁布了《关于整体规划大中小学德育体系的意见》，作为思想政治教育工作者，就应该致力于宣传和贯彻该《意见》的精神，做好落实《意见》的工作，把《意见》作为构建大中小学完整德育体系的指导性文件，不人为地破坏德育的连贯性和持久性，做到协调整合一切有利因素，避开一切不利因素，创造性地应用《意见》所提供的方法、方案，帮助学生在人生的不同发展阶段达到《意见》中所确定的德育目标。

案例19　飞回山沟的金凤凰*

庹蓝兰是中国农业大学2005级学生，2009年毕业后她离开男友，放弃城市里待遇不错的工作，带着三个分散多年的妹妹，来到偏僻小镇中学支教，飞出去的金凤凰又回到了穷山沟，这是为什么？

本来，庹蓝兰家里有三个妹妹，虽然一家人的日子过得不富裕但也幸福。但是，就在1997年正月初六，祸从天降。在外婆家的庹蓝兰突然被告知，妈妈在生弟弟时因难产而去世。不久父亲再娶，三个妹妹也被相继送人，庹蓝兰被接回了家。接二连三的变故让她不知所措。此后，每天的农活都要从天亮干到太阳下山，夜里，她就借着油灯，努力看书。读书，成了她生活的唯一希望。这时，班主任邓代芳老师伸出援助之手，在精神上鼓励她，在生活上照顾她，让她有了继续读书的勇气。到乡里念初中，她没有生活费，每天中午汪胜国、廖明、马应文等老师轮流为她买饭菜。逢年过节，同学们又争相请她去家中团聚。

终于，她以优异的成绩考取了重庆南开中学第一届宏志班。至今庹蓝兰仍然记得，有一次生病，是乔正蓉老师带着熬好的稀饭来看她；第一次喝牛奶，觉得那股腥味很难接受，是宋校长看着她喝完牛奶才离开……

* 汪再兴，杨林．女大学生弃高薪赴乡村支教 曾向总书记承诺．中国法院网，2009－10－10.

2005 年，她从宏志班顺利地考取了中国农业大学。得知自己被录取的消息，庹蓝兰并没有过分欢喜，而是收拾了一下行囊就到附近的一个经济条件较好的镇里办起了培训班，暑假期间她赚起了她的大学学费。庹蓝兰的大学生活是在读书和做兼职的交替中度过的。入校后，她前两年坚持在肯德基做兼职，大三之后转到学校团委帮老师管理日常工作，她每个月就依靠这挣来的最多 800 元的工资生活。

然而，庹蓝兰并没有忘记大山里的那些孩子。

2008 年 7 月，庹蓝兰与宏志班的同学发起“大山的呼唤——宏志支教行动”，到丰都县暨龙乡乌羊小学支教。庹蓝兰在那里结识了 8 岁的霜霜。霜霜生下来不久，她的妈妈就去世了，从未叫过一声妈妈，爸爸有病，却还要在外打工，小小的孩子像孤儿一样。霜霜的身世刺痛了庹蓝兰的心。“叫我妈妈吧。”庹蓝兰认了这个干女儿，为霜霜买了一双新鞋，并表示要打工挣钱帮助霜霜。后来，庹蓝兰与同学们发现，在山区，爸妈不在身边的孩子还有很多。这所学校，90％的学生是留守儿童，还有很多孩子在出生后，妈妈就离开了这个贫困的地方。庹蓝兰与同学为孩子们建起了“宏志图书室”，还募集了 6 000 多元爱心资金以解决孩子们的午饭问题。10 天过去了，支教队伍要离开乌羊完小，霜霜拉住庹蓝兰的手依依不舍：“妈妈，不走好吗?”“这里有无数个霜霜。”看着霜霜哀求的眼神，庹蓝兰告诉她：“妈妈会回来的。”

回到了学校的庹蓝兰，在毕业前夕凭借扎实的专业素质在北京一家花卉公司找到一份人力资源管理的工作，待遇非常不错。同学们都觉得庹蓝兰会留在北京，开始都市白领的生活。可是，谁也不知道，那段时间，庹蓝兰的内心是多么的挣扎……“留在都市里，拿着丰厚的薪水，过着都市白领的生活，是每一个从农村走出来的学子的心愿。可是，那些像霜霜一样的孩子们又怎么办呢?”

庹蓝兰一遍又一遍地问着自己：“留在城市，还是回到农村？繁华的都市固然叫人向往，但是做人不能忘本，没有社会好心人的帮助，没有宏志班这个集体，我自己什么都不是，也许会在山里过一辈子，根本没有机会走出山沟、走进大学学习知识啊。宏志班的同学们不是一起在歌乐山烈士陵园宣誓过吗？要回到家乡搞建设。我应该回到农村，扎扎实实地为那里的孩子做点事。”

庹蓝兰把自己的想法告诉了同学、男友和妹妹，但是大家都不同意，甚至有的同学说她疯了，苦口婆心地劝她留在北京。庹蓝兰告诉大家：“你们没有我这样的成长经历，肯定不能赞同我的决定。是百家饭养育了我，是社会上好心人的关怀才使我有了今天的幸福。所以我要回到农村，用实际行动报答他们。”

庹蓝兰的决定却得到了宏志班同学们的赞同。在他们的鼓励下，她参加了丰都县特岗教师的考试并获得了执教两年的资格。

当男友得知她真的下定决心要回到山沟里去教书的时候，向她提出了分手。庹蓝兰当时难过极了，但她却不后悔，没有改变自己要回乡支教的决定。

2009 年 5 月 2 日，胡锦涛总书记来到中国农业大学，与农大学子共迎五四青年节。庹蓝兰作为唯一一名应届毕业生代表发言 5 分钟，她讲述了母亲去世、父亲再婚，她独自带着三个妹妹，在每个任课老师家轮流住宿，最后考进重庆南开中学首届宏志班的往事，并当面向总书记承诺，下定决心到基层去从事教育工作，希望能为山区的孩子们做点实事，去报答养育她的好心人。

胡锦涛总书记在听完庹蓝兰的发言后高兴地说：“基层一线是了解国情、增长本领的最好课堂……希望更多同学……自觉到基层一线去发挥才干”。

2009 年 9 月，带着对总书记的承诺，带着回报家乡亲人、改变家乡教育状况的决心，带着学到的本领，庹蓝兰这只从山里飞出去的金凤凰又飞回了大山，来到了丰都县高山深处的龙河镇中学从事物理、地理特岗教学。

龙河镇中学德育主任冉贤超评价庹蓝兰，虽经历过很多苦难，但她依然阳光快乐。她特别有亲和力，在留守儿童面前是个大姐姐，在三个妹妹面前像母亲一样，她为沉寂的乡村教育带来了青春和活力。

【思考题】

1. 你怎样评价庹蓝兰的选择？
2. 如何理解宏志班的助学行动及其取得的效果？
3. 庹蓝兰的成长体现了思想政治教育的哪些特点和规律？

案例分析*

【背景介绍】

“宏图寄党恩，志远为国强”。宏志班是在政府的支持下，依托实力雄厚的学校，专门为品学兼优而家庭经济困难的初中毕业生，进行免收学费、书费甚至还补助生活费的一种特殊教育形式。开设宏志班的目的是把这些寒门学子培养成品德高尚、学业优秀、人格健全、心态健康的高素质创新型人才。1995 年 9 月 1 日，全国第一个“宏志班”在北京市广渠门中学开班。2002 年 9 月，国家西部开发助学工程扩大了资助范围，在全国 20 个省、市、自治区设立了 40 个高中“宏志班”，每班招生 50 人，重庆南开中学宏志班就是其中之一。庹蓝兰便是重庆南开中学第一届宏志班的毕业生。

2009 年，五四青年节来临前夕，胡锦涛总书记来到中国农业大学，与青年学子们座谈，并发表了重要讲话。他指出当代青年对五四运动最好的纪念、对五四先驱最好的告慰，就是要在党的领导下，以执着的信念、优良的品德、丰富的知识、过硬的本领，勇敢地担负起历史重任，同广大人民群众一道，奋力开创中国特色社会主义事业新局面，让伟大的五四精神在振兴中华新的实践中放射出更加夺目的时代光芒。对青年学生提出了“把爱国主义作为始终高扬的光辉旗帜”“把勤奋学习作为人生进步的重要阶梯”“把深入实践作为成长成才的必由之路”“把奉献社会作为不懈追求的优良品德”这四点殷切希望，极大地鼓舞了像庹蓝兰这样的有志学子学有所成、奉献社会的决心。

2009 年庹蓝兰被评为“感动重庆十大人物”。评选组委会在给庹蓝兰的颁奖词中说道：“春天，还在我们的讲述中继续着，只要大地上还有一颗心盛有积雪，我们的春天就

* 胡凯，杨欣．大学生志愿服务的思想政治教育功能．思想政治教育研究，2010（2）．

还没有完整地到来。然而我们始终坚信，那些向往春天的内心，最终都会让我们听见春天的轰鸣。”

【主题分析】

案例所介绍的是重庆南开中学首届宏志班毕业生庹蓝兰（也是中国农业大学的优秀毕业生）克服各种困难健康成长，排除来自各个方面的阻力和内心的激烈矛盾，学成回乡，致力于改变家乡教育落后面貌的感人事迹。虽然这只是一个普通人的平凡决定，但却是大学毕业生把个人前途与国家发展紧密结合在一起的优秀典型，对于当前大学毕业生在选择职业时受到社会风气影响，追求“到城市去，到外企去，到挣钱多的地方去”的个人功利思想是一个有力的对比和抨击。

选择本案例的目的是要说明，一个人的思想品德的成长过程是一个连续的过程，大中小学思想政治教育需要环环紧扣、相互衔接。特别是在中学和大学，青少年处于世界观、人生观、价值观初步确立和逐步成熟的时期，由于个人的成长环境和生活经验不同，思想政治教育必须抓住各种时机，采用多样化的社会机制，贴紧对象的需要和切身利益，特别是那些有特殊困难的对象群体，在帮助他们解决实际问题的过程中更要关注他们的思想和人格健康成长。像案例中的庹蓝兰在面对突如其来的命运变化和生活困难的时候，师长、乡亲的帮助给了她生活的温暖和坚持学习的信心，宏志班高中学习时立下的学成回乡的志向、中国农业大学的支教实践强化了她运用所学回报社会的责任感。特别是胡锦涛总书记的勉励，使她克服了外在的社会影响和内心的思想矛盾，做出“下定决心到基层去从事教育工作，希望能为山区的孩子们做点实事”这样令人感动的选择。本案例具体生动地展现了一个个体思想品德成长的历程，对思想政治教育有诸多启示。

【启示分析】

（1）针对青少年的思想政治教育要遵循青少年成长的特点和规律。“思想政治教育是青少年的经常性需要”，它指导并教育青少年学会做事，学会做人。但是青少年的思想政治教育有别于以成人为教育对象的思想政治教育。青少年时期是个体从不成熟走向成熟的过渡时期，处于这个时期的个体，在生理成熟水平显著提高的同时，其在智力发展、情感意志、个性表现上都有其独特的发展特征。所以，在对青少年开展思想政治教育工作时一定要针对他们身心成长的特点，牢牢把握其思想品德形成与发展的规律，协调和控制各种影响因素，使青少年思想政治教育取得实效。从 13 周岁开始，到 24 周岁之前，青少年正处于中学与大学阶段。由于从中学到大学要完成从未成年人向成年人的跨越，对人一生的影响极为重大，首先就要求我们中学与大学的思想政治教育要具有连续性与衔接性，满足青少年在特殊阶段的需要。其次，针对中学和大学不同的阶段，教育者要有不同的侧重点，并抓住良好的教育机遇对受教育者予以教育，帮助受教育者逐渐提高思想品德素质，完善人格，走向成功。案例中的庹蓝兰儿时生活困难，初中时老师和同学们的关怀让她倍感温暖，高中时就读宏志班又让她萌生了报答社会的想法，进入大学后，中国农业大学良好的思想文化氛围，特别是总书记在农大的讲话使她坚定了回乡建设、报效父老乡亲的决心。应该说，庹蓝兰对人生发展方向的最终选择，是注重教育连续性、衔接性和侧重点的青少年思想政治教育的成功案例。

（2）发挥多样化的社会建设机制的思想政治教育功能。经济的快速发展，人的自由程度的不断提高，带来了多样化的社会建设机制。多姿多彩的社会机构和团体在当前的社会中发挥着越来越重要的作用。特别是针对青少年的社会救助机构以及以青少年为主体的志愿服务组织等，已经成为新时代发挥思想政治教育功能的有效载体。针对青少年的社会救助机构为青少年的健康成长提供了一定的保障，让有困难的青少年感受到了社会的温暖，重新燃起生活的信心，对社会抱有感恩之情，形成良好的思想品德；而近年来蓬勃发展的志愿服务组织则适应了青少年思想道德发展要求，尊重其内在需要，发挥主体作用，贴近他们的生活实际，具有鲜明的时代特征，丰富并发展了思想政治教育的内涵，使青少年在活动中受到教育。案例中，庹蓝兰所在的宏志班就是国家为帮助和改善贫困地区品学兼优的学生而专门设立的班级。庹蓝兰在这个特殊的集体中感受到了爱的温暖，感受到了社会给予自己的力量，并萌生了报答社会的想法。来到大学后，庹蓝兰又积极参与学校组织的志愿服务活动——支教。在这次支教过程中，她用自己学来的知识帮助大山里的孩子们。在短短的支教日子里，她看到了山区的孩子们渴望学习的眼神，听到了孩子们呼唤爱的声音，于是，她暗下决心，一定要做一只“飞回山沟的金凤凰”。庹蓝兰在这些多样化的社会建设机制中，获得了自我体验、教育、激励、评价和提高的机会，并最终做出了选择，成就了自己更加灿烂的人生。案例表明，我们应该发挥这类社会救助机构和志愿服务组织等社会建设机制完善思想政治教育的育人体系，彰显思想政治教育育人理念，提高思想政治教育实效性。

（3）思想政治教育的最终目的是将教育转化为自我教育。思想政治教育的目的在于使受教育者形成一定社会、阶级所要求的思想品德素质，而这一素质的形成需要经过内化与外化两大过程。自我教育在思想品德素质形成过程中承上启下，它既是内化的结果，也是外化的起点。它是指人在内化过程中认识自己、要求自己、调控自己和评价自己，进而达到自己教育自己，紧接着通过外化变为行动。恩格斯说过：“就单个人来说，他的行动的一切动力，都一定要通过他的头脑，一定要转变为他的意志的动机，才能使他行动起来”①。自我教育充分发挥了受教育者的积极性和主动性，是受教育者通过自己的努力，克服思想发展过程中产生的矛盾，把教育者的要求变为自己的努力目标的过程。案例中庹蓝兰在大学的生活中也曾迷茫过，她也向往大城市的生活，但是她有着清醒的自我认识，结合自己的实际情况以及自己内心真正的需求，对自己提出了自我要求，她要到祖国最需要的地方去，要用自己的知识为乡村的孩子多做些实事，这样的自我要求使得庹蓝兰没有顾及自己的经济利益，毅然回到了家乡，在乡村支教的舞台上施展着才华，奉献着火热的青春。庹蓝兰最终虽然放弃了繁华的都市生活，但是她所获得的那份宁静却是成功的自我教育。

---

① 马克思，恩格斯．马克思恩格斯选集：第4卷．2版．北京，人民出版社，1995：251.

案例 20　十年企业文化路*

2011 年，是浦发银行大连分行企业文化建设十年来的回眸之年。十年前，上海浦东发展银行（简称“浦发银行”）将发展的目光聚焦到“北方明珠”大连，浦发银行大连分行（简称“大连浦发”）携梦想起航。

十年的发展，“追求卓越、创新、自省、奉献”的企业文化精神，激励着这个金融骄子不断超越自我，实现跨越……

“文化立行、文化兴行”，这是大连浦发企业文化的宗旨。一走进银行的办公区，便可以感受到扑面而来的企业文化气息：办公区墙面上精美的企业文化宣传板上的内容涵盖了营销、运营、服务、管理、创新、超越、执行力、节约、团队建设等各个方面的核心价值和经营理念。

这些展板设计本身，就是大连浦发企业文化价值观的最好体现。这些展板的设计本着环保、节约、美观的原则，采用了固定画框可更换内页的材质，展示内容可以根据不同的需要及时更换，这种设计形式及理念在业内受到好评，广为传播，并于 2010 年由上海总行向全国各分行普遍推广。

大连浦发不仅把企业内部网络当成日常工作的业务平台，还把它视为企业文化建设的阵地、行员生活的虚拟社区。《渤海风》这份面向全行不定期发布的分行简报，已经成为独具特色的企业文化内刊，在全行员工中广泛传播。每当新员工加盟，分行也在网上为他们配图发布个人简介，使大家能够尽快了解、相识。2010 年起，大连浦发推出了以弘扬企业文化为宗旨的“每周一送”电子期刊，内容以管理哲学、生活哲理等小故事为主，并配以评论，引导全行员工强化正确的工作态度和职业素养。

大连浦发建有自己的舞蹈队、模特队、合唱团等文艺社团，分行还拨出专项资金积极推动各个艺术团的建设，定期排演，以近乎专业的演出水准得到了全行员工的认可，他们精彩的表演成了每年新春文艺联欢会的压轴节目。分行篮球队、足球队也成为行内传播运动快乐的载体，每年的“行庆杯”篮球赛、足球赛都是全行员工关注的焦点。

大连浦发人还有自己的“春晚”——自 2005 年起，他们每年都要精心组织、策划新春文艺联欢会，至今已连续举办七届。从“浦发・天地・嘉年华”到“激情飞扬・人文浦发”，从“超越梦想・共谱华章”到“绽放精彩・开创未来”，从“我们的力量”到“勇敢的心”“十年：同一个梦想”……每年的晚会不仅是大连浦发人绽放精彩的舞台，更是传递先进文化思想的依托。晚会综合运用最先进的视听手段，突出文化主题，将工作与生活、娱乐与思想有机融合，让全体员工感受到浦发银行的新变化、新气象，感受到生活的美好和科技创新带来的生活巨变，鼓励行员在工作中不断创新，激发着每一位员工的集体荣誉感与自豪感。

一年一度的“5・29”行庆日，亦是员工们的盛大节日。2005 年行庆，全行在星海

---

* 邵海峰．十年，同一个梦想．大连日报，2011－06－10.

广场用风筝放飞梦想；2007年、2008年连续两届行庆趣味运动会，全行在欢乐中提升团队合力和集体智慧；2009年行庆，全行参加大连市国际徒步大会，“走出健康奔向希望”；2010年行庆，匠心独具的“行博会”成功举办，又在全行范围内掀起了“爱行如家”的行动热潮；2011年则组织了别具一格的登高望远活动和11对浦发新人的集体婚礼……一次次精心筹划，使得各种活动成为弘扬企业文化、传承企业精神、展示行风行貌的重要载体。

大连浦发丰富多彩的社团活动，极大地充实了员工的业余文化生活，提高了企业凝聚力和向心力。

在大连浦发，企业文化并不只是墙上的宣传标语和口号，也不只是文娱体育活动，而是内化、融合在全体员工一点一滴的行动和习惯中的企业文化理念。在浦发，你会经常看到这样的细节：打印纸都是双面使用；自然采光条件下，办公区不再开灯；四层以下提倡步行，不乘电梯；等等。浦发人深知节约也是创造效益的道理，他们才会如此重视强化成本费用控制，追求成本领先优势。在保证战略性成本投入的同时，他们正确、高效、节约地使用各项费用，他们在开源的同时更加注重节流。

严谨的工作态度是大连浦发行员践履企业文化的表现。在大连浦发，没有一个灯管是“忽明忽暗”的；在大连浦发，前台柜员总是要站起来接受客户的资料，那不仅是一种礼貌，更是一种尊重。在大连浦发，地面上不会有一滴水——从行长到普通员工，只要发现地上有一滴水，就会主动俯下身子用随身带的纸擦干净。最初很多人不理解，认为这是小题大做。但行长王新浩却说：“我坚持要求这样，因为小事见精神，小事上注意的人，在工作上也会十分严谨。”于是，在浦发的走廊、大厅、办公室里，你会看到行色匆匆的员工们不时地会留心脚下，你会看到洁净的地面没有一丝污迹……

为了培养行员良好的行为习惯，大连浦发制定了详细的《行员行为规范》和《营业网点管理办法》，全面规范了办公秩序及员工行为，从穿衣着装到桌面布置都有明确的规定。所有这些努力，都是为了更好地塑造大连浦发人良好的职业形象。不仅员工有着严明的纪律和制度，分行领导班子从一开始就非常重视企业文化建设，并坚持身体力行。班子提出并实践着“不搞特殊、不徇私情、不武断、不偏信、勤奋、踏实、民主、团结、平和”的工作作风，将自己作为“大客户经理”，带头进行营销，把自己作为普通员工严格执行行员行为规范。行领导的言行影响、感染并带动着全体行员不断进取、努力工作。

承担社会责任是大连浦发企业文化的重中之重。他们秉承以人为本的文化理念和回报大众的企业社会责任感，一方面在全行倡导尊重价值创造、甘于岗位奉献、善于迎难而上、精于攻坚克难、乐于团结协作的企业文化氛围，另一方面积极参与各项社会慈善公益事业，用实际行动展示全行员工的爱心和履行社会责任。

2002年6月1日，大连浦发、大连团市委希望工程办公室在大连胜利广场共同举行主题为“浦发银行东方卡　托起明天的希望”的捐助活动，分行行长代表全体行员将员工自发捐助的10 000元人民币捐赠给来自大连北三市贫困山区的儿童。

2005年5月31日，大连浦发与大连市慈善总会正式签署了“浦发—蓓蕾生命互助救援工程”协议，定向救助低保家庭和享受优先救助权家庭中0～18岁五种重大疾病患儿。同年“六一”，大连浦发又在网上银行开设“爱心捐款”专栏，倡议网银客户通过网上银行进行爱心募捐，至今这一捐助渠道仍在积极地发挥作用。

2008年1月下旬，一场五十年不遇的暴风雪突然席卷我国14个省市，给人民的生产生活和经济建设造成了重大影响和巨大损失。面对肆虐的风雪，大连浦发动员全行上下开展了“赈灾一日捐”活动，号召全行员工伸出援手，用爱心点亮希望，温暖灾区人民的心。

2008年5月12日，四川汶川特大地震发生当天，王新浩行长号召全行员工立即行动起来，为灾区人民献出一份真挚的爱心。短短一天时间，全行员工捐款50万元，捐款率达到100%，人均捐款700元，在大连同行业位列前茅。

2010年5月29日，大连浦发在“行庆日”当天开展“低碳银行·浦发先行”的青年志愿者活动，全体员工佩戴统一标识、放弃开车，步行或选乘公共交通工具走访市区12个营业网点，沿途向广大市民发放以“今天为了地球，我们能做点什么？”为主题的宣传单页，宣传低碳环保，践行社会责任。

2011年5月29日，在大连浦发十周年行庆之际，11名即将步入婚姻殿堂的员工在全行发起设立了爱心助学种子基金，此举得到了全行员工的积极响应，不到三天时间，全行累计捐款人民币近20万元，捐款率达100%。该笔基金已陆续委托大连市慈善总会定向资助北三市低保及低保边缘家庭中的品学兼优的高中生完成学业。全行员工都在践行着“关爱他人，回报社会”的伦理准则，每个月在行内捐款系统中自觉捐款已成为员工的一种习惯。该行员工内部捐款系统自2004年启用，8年间已累计捐款117万余元。

星海湾畔，波平浪静。大连浦发十年的成长，是企业文化扬帆远航的路程；站在新十年的起点上，她会以更富有时代特点的企业文化理念，实现又一次的扬帆远航！

【思考题】

1. 你怎样评价浦发银行大连分行的企业文化建设？
2. 企业文化建设有哪些特点和规律？
3. 企业文化建设与企业思想政治教育的关系如何？

案例分析*

【背景介绍】

大连浦发是浦发银行于2001年5月29日在大连设立的分支机构。浦东发展银行股份有限公司是1992年8月28日经中国人民银行批准设立的，1993年成为第一家经中国证监会、中国人民银行批准上市的股份制商业银行，总行设在上海。浦发银行秉承“笃守诚信、创造卓越”的经营理念，以“奉献社会，服务大众，协同发展，共建和谐”为目标，以“行之以礼，出之以仁，成之以信，守之以诚”为内涵，在中国金融市场占据一席之地。

---

* 孟凡驰．企业文化实践的观点共识和基本规律．企业文明，2008 (8).

大连浦发秉承总行的文化宗旨，履行企业的社会责任，依托大连地方文化特色提出了追求“卓越、创新、自省、奉献”的企业文化理念，十年来，大连浦发已成长为大连金融市场的佼佼者，大连浦发的企业文化精神也在浦发银行广为传播，获得好评。2011年，“十二五”的开局之年，大连浦发总资产达770亿元，一般性存款余额突破650亿元，各项贷款余额458亿元，持续在大连中小股份制商业银行中保持领军者地位。

【主题分析】

在社会主义市场经济条件下，企业越来越成为现代社会建设的主体和核心，成为思想政治教育活动实施的重要领域。企业文化作为企业人格，在其生产经营中形成、倡导、提炼，对企业中的员工发挥潜移默化、习惯形成、精神濡养、人格塑造的作用。同时通过履行企业社会责任，发挥支撑经济与社会发展、推动社会良好风气形成的中坚力量的作用。从这个意义上来说，每个企业都是一所学校，企业文化就是思想政治教育的有效载体。因为企业文化是在社会主义市场经济条件下，企业及企业职工在企业生产经营和管理活动中逐渐形成的观念形态、文化形式和价值体系总和，包括价值观、行为规范、精神风貌、心理状态、思想意识、经营哲学、风俗习惯、制度规则、企业员工文化素质和文化生活等。企业文化的核心是企业价值观，它以企业战略目标、企业经营理念、企业行为规范和行为方式等为载体，凝聚员工精神和归属感，激发他们的积极性和创造性。案例所展现的大连浦发建设以追求“卓越、创新、自省、奉献”为核心的企业文化的生动实践，说明了企业文化建设是适应企业组织经营发展特点的企业思想政治教育的有效载体，它适应了企业生产方式和员工利益及发展的需要，以寓于和渗透的形式传播了社会主义核心价值观念，凝聚了员工的力量，提升了企业的核心竞争力，促进了企业经营目标和社会责任目标的和谐发展。

【启示分析】

（1）企业文化建设的过程实质上是企业全员思想政治教育的过程。首先，企业文化建设过程中所培育的价值观体现了思想政治教育的内容。企业价值观是关于企业经营发展的一定信念、倾向、主张和态度的总和，其凝练和表述的过程就是反思企业生存发展成败经验和教训，澄清企业价值、员工价值与社会价值三者辩证统一关系的过程，它必然涉及如何对待社会核心价值观念的问题。这是企业文化的亚文化属性，它必然通过企业文化建设完成与社会文化的顺利对接。其次，企业价值观的宣传与培育过程，就是企业运用其所蕴含的社会核心价值理念提升员工思想文化素质、转变其态度、规范其行为、塑造其人格的过程。大连浦发企业文化建设的经典案例，就是在十年的发展历程中，不断通过各种文化建设形式将社会核心价值追求渗透到每个员工心中，凝聚员工的力量，培养其强烈的主人翁精神的最好体现。因此，企业作为现代社会组织的主要形式，其所承担的社会责任内在地包含了以文化建设的形式传播社会核心价值观，培育一代社会主义建设者和接班人的使命和义务。加强企业文化建设，毫无疑义地成为加强全社会思想文化建设的有效途径之一。再次，当下企业文化作为超越单纯制度管理的思想文化管理方式，它是历史时代发展的必然。事实证明，优秀的企业总会追求崇高的社会价值目标和高尚的社会责任，并善于把社会主义核心价值体系寓于企业文化建设的全过程中，把培育社会责任感作为企业文化建设的重要目标，把诚信作为体现企业核心价值观的重要途径。相反，如果21世纪的企业家不懂企业文化，不用企业文化的管理方式来管理企业，离开对企业方向和人的精神把握，企业将必然面临被淘汰的危险。

（2）企业文化建设的主要特征。企业文化建设作为企业管理方式的革命，具有五个基本特征。第一是以人为本，人本管理是企业文化的首要特征。第二是以文化人，文化本来的含义就是培育创造，如《易经》中所言："观乎天文，以察时变；观乎人文，以化成天下。"以文化人，就是用有文采的东西来变化人，用文质彬彬的东西来改造人。在运用文化管理方式时，要培养一种科学的文化理念，用以改造人、提升人，使人越来越脱离动物的本能状态，使企业的形象和面貌越来越具有深刻的文化内涵。以文化人，要重内在启发，而不是外在的刚性约束，要重在文化环境的熏陶，重在文化氛围的感染，重在文化场的约束（塑造一个文化场，让人在文化场当中，自觉地约束自己的行为）。第三是文化主导。第四是文化创新。第五是文化自觉。案例中，大连浦发从成立之初就用团队精神、奉献精神、创新精神作为前进的标尺，在文化理念、经营方式上贯彻始终，养成自觉，形成特色。

（3）企业文化建设的基本规律。第一，自觉建设企业文化。企业文化的形成和存在，有自发、自觉两种形态。当企业文化以自发形式存在时，容易偏离方向，可能逐渐导致企业组织崩溃。而自觉建设的文化，既可以遏制偏离方向的文化的滋生，扶植有利于企业发展的文化，也可以使企业增强凝聚力、核心竞争力。因此，必须自觉地建设企业文化，运用科学的方式方法把握它的性质方向。第二，企业文化形成的关键因素在于企业家。在企业文化形成和发展的过程中，企业家起的作用是关键的，企业家的文化主张、文化思想、文化素养都会成为企业文化的重要元素。企业家在企业文化建设中应担负起倡导、整合、示范和变革等责任。第三，共性、个性充分结合。共性显示文化的原则，个性才能说明事物的本质。所以企业文化的生命力关键在于个性。集团文化建设和分公司文化建设要各有侧重。大连浦发的企业文化目标与浦发总行的企业文化宗旨各有侧重，内容互补，相得益彰，很好地诠释了这个规律。第四，接力传承，前后相续。文化核心理念形成后，不应该随意更改，企业文化不能随着企业领导的更迭而不断变化。企业文化的本质内涵应该有跨越历史时空的力量。第五，企业文化建设要经过审核、提炼、意志化、物化、文化与制度化、形象化以及典型化的环节逐步推进，使其成为引导企业经营活动方向、推动企业健康可持续发展的强大精神动力。

第五章
思想政治教育的内容

要点综述

思想政治教育的内容由相互联系、相互作用的多种要素组成，是思想政治教育目的和任务的具体化。在我国现阶段，思想政治教育内容以社会主义核心价值观为基础，包括世界观教育、政治观教育、人生观教育、法制观教育、道德观教育以及心理教育等多方面的具体内容。本章通过“追梦廿五载 飞天梦终圆”“卓嘎——扎根祖国边陲的格桑花”“全面从严治党永远在路上”“大国工匠：徐立平”“你养我长大 我陪你变老”“我在思想上是无家可归的”等12个案例，较为详细地展示了思想政治教育的丰富内容。

案例21　追梦廿五载　飞天梦终圆*

2022年11月29日，神舟十五号载人飞船顺利升空，飞行乘组由航天员费俊龙、邓清明和张陆组成，他们即将开启为期六个月的太空“出差”，主要任务为验证空间站支持乘组轮换能力，实现航天员乘组首次在轨轮换。在这次的航天员名单中，邓清明格外引人注目，因为他是唯一一位没有执行过飞天任务却仍在现役的首批航天员，为了飞天这一刻，他经过了25年的等待、坚守与奋斗，如今，终于圆梦！

25年来坚持做同一件事，邓清明曾多次与梦想擦肩而过。1998年1月5日中国人民解放军航天员大队成立，邓清明成为14名首批航天员之一，那一天，他庄严宣誓：“英勇无畏，无私奉献，不怕牺牲，甘愿为祖国的载人航天事业奋斗终生！”这句誓言成为邓清明一直在坚守的信念。

2010年，邓清明被选入强化训练队成为神舟九号飞行任务备份航天员。他与主份航天员训练的项目、内容、强度都完全一样，需通过八大类、上百个项目的严格考核。遗

* 王嘉驰、王文韬改编自：24年10个月，邓清明的梦．央视网，2022-11-28；56岁的邓清明圆梦了！女儿写了一封信．光明网，2022-11-30；美又飒！95后直20女飞行员亮相中国航展．人民网，2022-11-10。

憾的是，邓清明落选了。“神九”发射升空后，邓清明在地面按照手册跟天上的航天员一起把程序走了一遍。“作为备份的任务，不是从基地回来任务就结束了。我的战友安全回来了，这才是做备份的结束。”邓清明这样说道。他把“神九”的经历当作一次积累，觉得自己离飞天梦想又近了一步，然而，在神舟十号任务中，邓清明因为微乎其微的分差再次与梦想擦肩而过。就是这样一个很小的差距，让邓清明失之交臂，让他止步发射塔前。而那一年，邓清明已 47 岁了。

2013 年，邓清明体检的时候查出一个非常细小的结石。对于普通人来说这种小结石通常没有太大影响，但航天员不行。为了能继续追寻飞天梦，邓清明选择接受手术。令人没想到的是第一次手术时结石没能完全取出，医生只能在他肾脏里埋下了一根管子。一个多月的时间邓清明一直带着管子，也尿血了一个多月，直到第二次手术结石才被成功取出。邓清明回忆说：“我的梦想重新又点燃了。”

2014 年，和他同时进入航天员大队的五名队友正式停航停训，停航停训仪式后，同是“神九”“神十”飞行任务备份的陈全对邓清明说：“不管主份备份，都是航天员的本分，老邓，你要努力，不要放弃。”邓清明一直记得这句话，不管飞天之路多么艰难，他从未想过放弃。

2016 年，在神舟十一号任务中，邓清明再次成为备份航天员，这次是他离飞天梦想最近的一次。在备战的三年里，邓清明完成了和主份完全相同的训练，在最具挑战的 33 天模拟验证试验中，他住进了不到 10 平方米的密闭舱，与外界完全隔绝，灯一直开着，机器的振动与噪声环绕不歇。发射前一天，总指挥部召开会议宣布由景海鹏、陈冬执行神舟十一号载人飞行任务。邓清明说，听到结果的时候，他感受到整个大厅的目光都集中在自己身上。“当时什么都说不出来。停了一会儿，我转过身面对海鹏紧紧地抱住了他，说了一句：海鹏，祝贺你！”海鹏也深情地回了一句：“谢谢你，兄弟。”这一幕令在场的许多人流下了泪水。

当年并肩进入航天员大队的首批 14 名航天员中，邓清明是唯一没有执行“飞天”任务又仍在现役的首批航天员。当年一起入伍的 14 个人，8 人早已梦圆太空，他们分别是杨利伟、聂海胜、费俊龙、翟志刚、刘伯明、景海鹏、刘旺、张晓光；另外 5 人一直到退役都没有上天，2014 年，吴杰、李庆龙、陈全、赵传东、潘占春退役，因为停航停训，已经再无飞天的可能。战友陆陆续续地停航停训，妻子一次次穿红衣来接落选的丈夫，母亲带着“希望你能飞到太空去”的愿望离开人世。古云“五十而知天命”，“天命之年”的邓清明决定不放弃。在采访中，邓清明说：“不管飞与不飞，不飞也是飞行任务的深度参与者。我的这个梦想不是我自己在坚持，只有我坚持了，别人才能为我坚持。那是一种承诺，为祖国的载人航天甘愿奉献一切。”

56 岁的邓清明圆梦了，女儿为他写了一封信，信中写道：“早上，太阳刚刚升起。我到航天员大队送你出征。我远远地望向你，看着你的从容和淡定。这些天，我一直在听一首歌：‘我的信仰是无底深海，澎湃着心中火焰。燃烧无尽的力量，那是忠诚永在。温暖若停在你心里，愿用一生祝愿。生命只为一个信仰，无论谁能听见。’听歌的时候，我想到你，热泪盈眶。你只为一个信仰，坚守初心，追梦一生。这一年，我三十一岁，你五十六岁。很快，我就要在屏幕里目送你飞向太空。这一刻，我们等了二十五年。未来的半年，我在地上，你在天上。我们的生活还在继续。正如我小时候的约定一样，我们并肩战斗。你永远是我心目中最伟大的英雄，我亲爱的爸爸。”

从 32 岁进入航天员大队时风华正茂，到 56 岁即将圆梦太空时两鬓斑白，一次次碰壁遇挫、一次次重新出发，为祖国永远时刻准备着。正是无数个像邓清明一样，默默无闻、永不言弃的航天人，用自己的心血铺就了祖国航天事业的飞天之路。致敬中国航天人！致敬每一个坚守梦想的人！

【思考题】

1. 你认为支撑邓清明实现梦想的动力是什么？
2. 如何理解中国航天精神的内涵？
3. 当代中国大学生应如何发挥发扬中国航天精神？

案例分析*

【背景介绍】

神舟十五号载人飞船发射取得圆满成功，标志着中国空间站关键技术验证和建造阶段 12 次发射任务全部完成。神舟十五号载人飞船将与神舟十四号两个乘组 6 名航天员在太空“会师”，“面对面”进行在轨交接，这也是本次任务的首要看点。习近平总书记在党的二十大报告中指出：党的十八大召开后的十年，我国基础研究和原始创新不断加强，一些关键核心技术实现突破，战略性新兴产业发展壮大，载人航天、探月探火、深海深地探测、超级计算机、卫星导航、量子信息、核电技术、新能源技术、大飞机制造、生物医药等取得重大成果，进入创新型国家行列。教育、科技、人才是全面建设社会主义现代化国家的基础性、战略性支撑。必须坚持科技是第一生产力、人才是第一资源、创新是第一动力，深入实施科教兴国战略、人才强国战略、创新驱动发展战略，开辟发展新领域新赛道，不断塑造发展新动能新优势①。

【主题分析】

本案例通过介绍邓清明坚守梦想 25 年终于实现飞天梦的经历，生动地诠释了载人（中国）航天精神的内涵，体现了思想政治教育内容的时代性。坚定的理想信念是一个人、一个政党、一个民族、一个国家的精神支柱和精神动力。邓清明面对一次次落选的失落仍选择继续坚持日复一日高强度的训练。当看到自己的战友获得名额后，他也没有任何怨言，反而帮助战友训练，时刻关注飞船动向，做好辅助工作直到战友平安归来，

---

* 习近平．高举中国特色社会主义伟大旗帜　为全面建设社会主义现代化国家而团结奋斗：在中国共产党第二十次全国代表大会上的报告．北京：人民出版社，2022；陈万柏，张耀灿．思想政治教育学原理．3 版．北京：高等教育出版社，2015；戴艳军．思想政治教育原理案例分析．北京：中国人民大学出版社，2012；戴艳军，王嘉．思想政治教育原理案例分析：修订版．北京：中国人民大学出版社，2018.

① 习近平．高举中国特色社会主义伟大旗帜　为全面建设社会主义现代化国家而团结奋斗：在中国共产党第二十次全国代表大会上的报告．北京：人民出版社，2022.

充分体现出了广大航天人牢记使命、不负重托，特别能吃苦、特别能战斗、特别能攻关、特别能奉献的载人航天精神。“特别能吃苦”诠释了航天人热爱祖国、为国争光的坚定信念；“特别能战斗”诠释了航天人独立自主、敢于超越的进取意识；“特别能攻关”诠释了航天人攻坚克难、勇于登攀的品格作风；“特别能奉献”诠释了航天人淡泊名利、默默奉献的崇高品质。经过几代航天人奋斗拼搏凝聚而成的载人航天精神，是“两弹一星”精神在新时代的发扬光大，不仅是托起飞天梦的精神之翼，更是思想政治教育内容时代化的标志。

【启示分析】

(1)“特别能吃苦”诠释了航天人热爱祖国、为国争光的坚定信念。邓清明是我国首批 14 名航天员中的一个特别存在，其被称为“影子航天员”。我国首批航天员从 20 世纪 90 年代开始选拔，如今 20 多年过去，这批航天员中 8 人已飞天，5 人光荣退役，邓清明是唯一没有执行过飞天任务的首批现役航天员。20 多年的时光中，邓清明 4 次入选备份乘组，却 4 次与飞天失之交臂。“不管是备份还是主份，都是航天员的本分”，邓清明始终将这句话记在心上，不管飞天梦想有多遥远，他从未想过放弃，始终在坚持着高强度的训练，为梦想而不懈奋斗。“特别能吃苦”的载人航天精神，不单指忍受物质条件的艰苦，更包括克服身体的辛苦、战胜意志的困苦。可以说，是面对困难百折不挠的韧性和毅力，成就了一代又一代航天人。在 20 世纪七八十年代，面对国外的技术封锁，老一辈航天人在广阔戈壁、茫茫大漠中开展艰苦的科研试验，面对十分恶劣的外部环境、十分有限的科研条件，他们仍能实现一次次的技术突破，支撑他们的是“特别能吃苦”的载人航天精神。在新时代，我们将面临更多的困难挑战、更多的艰难险阻，我们更要保持“爬坡迈坎、攻坚克难”的耐心与勇气，保持“事不避难者进”的信心与决心，在“吃苦水”中，练意志，长才干。

(2)“特别能战斗”诠释了航天人独立自主、敢于超越的进取意识。邓清明的此次圆梦并非偶然，机会从来都是留给有准备的人的。近 25 年来，无论训练有多累有多辛苦，邓清明都坚持多练一会儿，始终保持着高强度的训练。2016 年神舟十一号任务，邓清明再次成为备份航天员，在最具挑战的 33 天模拟验证实验中，他与另一名航天员在不足 10 平方米的密闭舱中生活了 33 天，完成了大量验证实验，取得了宝贵的数据。这是邓清明距其飞天梦最近的一次，然而他再次遗憾落选，但仍旧坚持高强度训练。他宁愿做一块默默无闻的基石，也绝不容忍自己在号角催征时还没有准备好。“特别能战斗”的豪迈气概是邓清明完成航天任务的无穷力量。从一曲星梦东方红到神舟飞天览九州，一代代航天人以一个个坚实的脚印走出了一条追梦逐梦的阳关大道，接力式的“航天实干”筑牢了中华民族的航天梦。青年干部更要发扬斗争精神，知难负重，在基层一线锤炼斗争本领，铆足“定一件、干一件、成一件”的拼劲，练就干事创业的“钢筋铁骨”。如今，神舟系列载人飞船多次成功往返，长征二号 F 火箭的发射成功率位居世界先进行列，中国人的航天梦想不断向深空延展……一次次堪称完美的表现背后，是每一名航天人不懈战斗的姿态。实践证明，“特别能战斗”的载人航天精神，是航天人通过高风险挑战历练而成的。

（3）“特别能攻关”诠释了航天人攻坚克难、勇于登攀的品格作风。事实证明，“特别能攻关”的载人航天精神，孕育在中国航天工程建设的历史进程中，更发展于中国航天事业的伟大实践中。20 世纪 90 年代，中国的长征系列运载火箭已经形成了 12 种不同类型的火箭，能满足发射不同轨道、不同重量卫星的要求，具备了发射载人飞船的能力和技术物质基础。为支撑载人航天事业，中国航天科技集团一院的科技人员又重点突破了高可靠性、逃逸系统、冗余技术等 3 道难关。为保证长征二号 F 火箭具备高可靠性，科技人员采用了 55 项新技术，解决了一系列技术难题，研制了堪称世界级课题的火箭故障检测诊断系统，确保中国航天员安全进入太空。正是发扬不畏艰险、特别能攻关的精神，中国航天科技集团一院的科技人员抓住一切机会提高火箭可靠性，最终完成了这些看似不可能完成的任务。空谈误国，实干兴邦。新时代的思想政治教育工作者，要大力弘扬实干精神，勇于挑最重的担子，敢于啃最硬的骨头，真正做到想干事、能干事、干成事；要把责任扛在肩上，把压力存于心上，在涉深水、破坚冰中淬炼“金刚钻”，敢于“负重前行”并“挑重担”，用实干担当擦亮共产党人的底色。作为思想政治教育工作者要带头传承和发扬“特别能攻关”的航天精神，攻坚克难、迎难而上，用航天人的精神服务群众，刻苦学习、不怕困难、勇于创新，真正以航天精神指引自己的成长之路。

（4）“特别能奉献”诠释了航天人淡泊名利、默默奉献的崇高品质。功成不必在我，对邓清明来说，任务的成功就是他的成功。邓清明一次次与飞天梦失之交臂，但再苦再累他也始终没想过放弃，为梦坚守 25 载，时刻准备着。邓清明的坚守是对“勇于攀登、勇于超越”“科学求实、严肃认真”“淡泊名利、默默奉献”载人航天精神的最好诠释。坚守 25 年，已经 56 岁的邓清明，此次圆梦亦是一个“有志者，事竟成；苦心人，天不负”“守得云开见月明”的现实案例，令人振奋，引人欢呼。“特别能奉献”就意味着越是危险时刻，我们越是要冲锋一线，争当“扛旗者”、勇当“冲锋者”、甘当“牺牲者”。每一次火箭成功升空的背后，是默默无闻的无名英雄们在艰苦训练、在科研攻关，他们用自己的青春与生命，一次次托举起火箭升空，让中国的航天事业走在世界的前沿。在社会价值取向日益多元化的背景下，思想政治教育工作要不断厚植“特别能奉献”的为民情怀，甘当“奉献火种”，方能“于无声处听惊雷”。在航天人心中，祖国的分量最重、人民的利益最大。为了报效祖国、成就航天事业，他们将“特别能奉献”的载人航天精神深深镌刻进理想信念中。

案例 22　卓嘎——扎根祖国边陲的格桑花*

2021 年 6 月 29 日，中国共产党建党百年纪念日前夕，“七一勋章”颁授仪式在北京人民大会堂隆重举行。全国 29 名优秀共产党员和基层党务工作者接受习近平总书记颁授的党内最高荣誉，来自西藏自治区山南市隆子县玉麦乡的卓嘎便是“七一勋章”获得者

* 娄慧、周炎丽改编自：“七一勋章”获得者“高原最美格桑花”卓嘎：戍边的卫士，国家的坐标．新华社，2021－07－19。

之一。

“卓嘎，爱国守边精神的传承者，秉持‘家是玉麦、国是中国’的坚定信念，几十年如一日，在雪域高原为守边固边忠诚奉献，践行了‘再苦再累也要守好祖国每一寸土地’的誓言。”——这是卓嘎获颁“七一勋章”时的授奖词。伴随着浑厚洪亮的播报声，身着氆氇呢藏装，纯朴的卓嘎面带微笑走上颁奖台，接受习近平总书记亲自为她颁授的勋章。

家是玉麦，国是中国

西藏自治区山南市隆子县玉麦乡地处中印边境，3 644 平方千米的境域上，1964 年到 1995 年间，只有卓嘎、她的阿爸桑杰曲巴、她的妹妹央宗三人在这里生活。这里也曾是中国人口最少的建制乡，被称为“三人乡”。卓嘎继承父亲爱国守边的精神，放牧、巡逻几十年，其事迹令人敬仰。近些年，党和国家给予她多项国家级荣誉，满载盛誉的卓嘎依然保持朴素内敛的精神品质。

从山南市隆子县往南 100 多千米，翻越海拔将近 5 000 米的日拉山，继续沿着蜿蜒曲折的山间公路迂回前行，这段平均海拔 4 000 多米的道路颇有些崎岖险峻。沿途时而风沙弥漫，时而雨雾迷蒙，时而飞雪飘扬，狞厉的巨石山岩似乎随时要滚落下来拦住去路。荒山乱石过后，视野里突然出现绿色植被，各种树木参差错落。碧野丛林裹着层峦叠嶂连绵环绕，中央静卧一片平坦的河谷绿地。绿地上有人家，被层层叠叠的远山、密林、雪峰围护掩映，看起来静谧而美好。这里就是卓嘎的家园——西藏自治区山南市隆子县玉麦乡，距离县城 197 千米。

宁静美丽的玉麦乡与边境线之间只有二三十千米。玉麦人以畜牧为生，夏季放牧的草场直接抵近边境线。1959 年西藏实行民主改革前后，别有用心的叛乱分子将爪牙伸向边境附近的玉麦地方，肆意编造谣言，煽动、蛊惑、恐吓当地群众。不明真相的老百姓最终选择逃离，祖祖辈辈在此繁衍生息的 50 多户 100 多位藏族牧人，就剩下时年 30 岁出头的桑杰曲巴和他的妻儿。此后，一家人一直驻守在这里，直到 1996 年以后，才陆续有人迁入玉麦定居。其间长达 30 多年的漫长岁月里，玉麦乡数千平方千米的土地上，就只生活着卓嘎一家人。

卓嘎跟随阿爸桑杰曲巴数十年如一日坚守在此，不仅仅是放牧生活那么简单，他们身上负有神圣使命——保家卫国。“我们离开的话，这片国土上就没有人了啊!”这是卓嘎自记事起，就听到阿爸念叨最多的一句话。对于单家独户的桑杰曲巴和卓嘎父女来说，守家园就是守国土，护家就是卫国，伟大的爱国情怀在父女两代人心中生根发芽，孕育出崇高无私的奉献精神，寒来暑往、顶风冒雪，一家人自觉为国家护卫着长达几百千米的边境线。桑杰曲巴年老之后，女儿接过父亲手里的旗帜，继续坚守家园边境，继续戍边卫国。

整个幼年时期，卓嘎几乎没有见过家人之外的其他人。一家人静静守护一大片山林河谷，听起来似乎很美，事实上常人根本无法想象，在日复一日的漫长岁月中，需要怎样坚韧顽强的毅力、勇敢和智慧，才能化解常人难以想象的孤独寂寞，克服生产生活中的艰难困苦和冰霜严寒。这不可思议的情境，只有卓嘎兄妹跟着他们的阿爸桑杰曲巴用一生来体会。

四季轮回中，每天陪伴这家人的，除了他们放牧的百十头牦牛，就是周围那些各具姿态的山脉峰峦以及各种草木鸟兽。每天黄昏时分，阿爸和大哥赶着在山上吃了一天草的牛群回家。卓嘎帮着阿妈给牛挤完奶之后，将牛群全部赶至安静避风的围栏里休息。安顿好牛群，一天的放牧生活结束，阿妈开始熬茶煮奶。茶香氤氲中，夜幕缓缓降临，巍峨的山峰变得静谧淡远，渐成一幅朦胧剪影，直至完全隐没于黑暗中。直到现在，夜晚那深不可测的漆黑，仍是卓嘎兄妹刻骨铭心的童年记忆。

守护好祖先留下的神圣国土

乐观、开朗、睿智的桑杰曲巴既是一家之长，也是当时玉麦公社的书记兼主任，性情和顺的妻子是他的贤内助。卓嘎兄妹在父母的呵护下，过着几乎与世隔绝，却也丰富多彩、安宁充实的生活。

桑杰曲巴肚子里有说不完的故事，伴随着兄妹的成长，那些故事也在不断更新。作为公社主任，桑杰曲巴常常要去山外开会学习，各项时事政策他都及时掌握。见多识广的桑杰曲巴很早就意识到孩子们没有更多的交流和学习渠道，便自觉充当起孩子们的老师，手把手传授生活技能，耐心教他们写藏文字母和语法拼写，不仅教会他们认识身边的山水、花草、树木、鸟兽等自然万物，还为孩子们建立起与山外那个更广阔世界的连接，为他们指明人生方向。

从阿爸最初的讲述中，卓嘎知道了国家、人民和中国共产党，知道了带领劳苦大众赶跑日本侵略者、让人民当家作主的伟大领袖毛主席。童年的记忆总是最深刻的，至今说到毛主席时，卓嘎和央宗还会流露出由衷的敬仰爱戴之情。受阿爸言传身教的影响，卓嘎心里孕育出坚定的家国情怀，“家是玉麦，国是中国”这一信念深深扎根于她的意识中，引导她树立起爱国护边的责任心和使命感。

在边境线上巡逻一圈需要两天时间，从卓嘎记事起，阿爸从来没有间断过这一神圣职责。待他们兄妹长到十来岁时，阿爸每次去巡逻，总要刻意带上一个孩子同行，为的是让孩子们认清边境线的重要意义。

去往边境线的道路非常难走，途中要过几道河，其中一道河虽然不是很宽，但每逢夏季，水流特别湍急，而跨在河岸之上的桥却只是几根原木，踩在上面晃晃悠悠的。所以，桑杰曲巴坚持等孩子 10 岁以后才带来，第一次还要避开夏季。

卓嘎十多岁了，桑杰曲巴决定带她去体验边境巡逻。前一天做好了准备，第二天凌晨，父女俩背上干粮和几面五星红旗出发了。晨曦中，过了几道河流，穿过一条条幽深蜿蜒的峡谷小径，终于来到边境线附近。这里古树参天，草木葳蕤，阿爸手持利斧在前面开路，卓嘎虽然紧跟其后，仍时常找不到下脚的地方。路途遥远又崎岖不平，卓嘎累得双腿像灌了铅一样沉重，脚也疼得厉害，但看到阿爸在前面精神抖擞的样子，她硬是没有喊一声。终于来到边境线附近，父女俩一路走，一路找合适的地方，一起把国旗稳稳地插在上面。“国旗代表着国家，插在边境线上就标示着主权。”每插好一面，看着五星红旗迎风飘扬，卓嘎心里不由得生起一种豪迈感，肃穆而庄严，身体上的疼痛、劳累不知不觉地也淡化了。前面有一棵特别高大的树，卓嘎伸长脖子、仰起头才勉强看得到树梢。阿爸用斧头刮掉用红油漆写的字，然后一笔一画刻上“中国”两个字。看着眼前的情景，卓嘎心里不由得生出一种庄严的情愫，朦朦胧胧觉得自己也有责任保护国家的土地。她理解了为何自记事起，阿爸总是不辞辛苦、不怕艰险地坚持定期来边境线巡逻。

这趟边境线巡逻的经历，给卓嘎心里刻下深刻印记。国家的疆土是无数人用生命捍卫的，生活在边境线附近的人民自然也有守边护疆的责任和义务。

把生命活成一面旗帜

一年之中，玉麦乡被大雪封山的时间基本不会少于5个月。其间，玉麦乡被巍巍雪山重重环围，本地却并非冰天雪地，卓嘎家的百十头牦牛就在周围的几座山上轮流放牧。

因为缺医少药，卓嘎的母亲过世。小妹也在和他们一起翻山运粮时冻死在路上。大哥和小弟离开玉麦乡去别处生活，家里就剩卓嘎、央宗和她们的父亲桑杰曲巴。

冬天的山谷里，桑杰曲巴有意识地锻炼卓嘎独立刚强的品质和自主决断能力。担心女儿觉得留在玉麦乡孤独寂寞，他想方设法开导卓嘎：“比起扎日和曲松，我们这里气候好，水草面积广且质量好。能够生活在这么美好的地方，我们应该心怀感恩，牢牢守卫我们的家园，更要护卫好国家的边境线！现在虽然只有我们三个人，但肯定是暂时的。不久后，一定会有人搬迁过来，国家也一定会给这里修路……”这一席话，他语重心长地说了无数遍。此后十数年间，不管是在冬雪皑皑、群山封围的家园，还是幽深静谧的夏季牧场，无论环境多么艰苦、生活多么辛劳，卓嘎从不抱怨，不畏艰险、任劳任怨地放牧、巡逻，也静享着玉麦乡独有的美好。

1998年，连任玉麦乡（公社）书记兼乡长（主任）30多年的桑杰曲巴到了退休年龄，上级政府经过考察研究，安排已于两年前加入中国共产党的卓嘎任乡长，妹妹央宗任副乡长兼妇女主任，乡党委书记则另派人兼任。这样的安排一直维持到2011年新的玉麦乡政府正式成立。

卓嘎个头不高，性情温和，从不大声说话，个性却特别坚强、有担当，坚忍顽强、吃苦耐劳。出任乡长后，这些优秀品质逐渐显现出来。阿爸那种对生活永不松懈的热情和激情，对故土家园的执着守护，数十年坚定不移的爱国护边和为此表现出的不畏艰险、不知疲倦的勇敢顽强精神，卓嘎全部继承下来，坚定地扛起这面旗帜，做着阿爸曾经做过的一切，发扬着睿智达观的精神品格，活成了玉麦乡广袤山水草木的守护者和祖国边防线上的忠诚卫士。

沉寂了半个多世纪的玉麦乡，如今旧貌换新颜，各个方面都呈现出欣欣向荣的景象。这崭新温润的美好情景，一如卓嘎那安静和善的美丽笑颜。

为守边卫国做出巨大贡献的卓嘎一家人，党和国家不会忘记。2018年年初，卓嘎当选第十三届全国人大代表；同年3月，卓嘎、央宗姐妹被评为“感动中国2017年度人物”；2018年10月，中央宣传部向全社会宣传发布卓嘎、央宗姐妹的先进事迹，授予她们“时代楷模”称号；2019年9月，卓嘎荣获第七届全国道德模范“全国敬业奉献模范”，入选“最美奋斗者”个人名单；2020年10月，卓嘎获得2019年度“全国三八红旗手标兵”荣誉称号；2021 年 6 月 29 日，中共中央授予卓嘎“七一勋章”。

【思考题】

1. 你认为卓嘎为什么能够获得“七一勋章”？
2. 谈谈守边卫国的卓嘎身上具有哪些值得学习的宝贵爱国品质？
3. 思想政治教育如何培育新时代爱国者？

案例分析*

【背景介绍】

卓嘎，藏族，西藏隆子人，1961 年 9 月生，1996 年 7 月入党，西藏自治区隆子县玉麦乡玉麦村农民，西藏自治区妇联副主席（兼职），第十三届全国人大代表。20 世纪很长一段时间，玉麦乡仅有卓嘎和她的父亲桑杰曲巴、妹妹央宗一户人家，被外界称作“三人乡”，但他们从未动摇坚守玉麦的信念。十几岁，卓嘎就学着阿爸，开启了自己巡边放牧的人生。每天天刚亮，她就赶着牦牛出门，一路翻山越岭，一直走到夜色降临，脚下自制的牛皮鞋缝缝补补，一年不知要穿坏几双。寂寞和单调袭来时，她总会抚摸着随身携带的国旗……几十年来，这条巡边路她走了成千上万遍，哪里的路该怎样走、哪里适合悬挂国旗和刻画标记，她都熟稔于胸。党的十八大以来，玉麦乡发生了翻天覆地的变化，曾经的“三人乡”如今已有 60 多户、200 多人。卓嘎积极宣讲党情，引导群众听党话、感党恩、跟党走，越来越多的人来到玉麦，投入守护边疆、建设边境的工作中。在卓嘎、央宗姐妹的带领下，玉麦乡群众自觉遵法学法守法用法，国家意识、公民意识、法治意识不断增强，成为“守法模范、戍边卫士、国家坐标”。

【主题分析】

案例《卓嘎——扎根祖国边陲的格桑花》反映了新时代爱国主义教育内容的历史性、民族性、时代性。卓嘎和她的父亲、妹妹是爱国主义精神的践行者、爱国守边精神的传承者，秉持着“家是玉麦，国是中国”的坚定信念，数十年如一日以抵边放牧、巡逻方式守护数千平方千米的国土，将国旗挂遍走过的每一条路，践行了“再苦再累也要守好祖国的每一寸土地”的承诺。他们是神圣国土守护者、幸福家园建设者的优秀代表，在祖国西南边陲西藏玉麦乡，他们在半个多世纪的坚守中，牢记“家是玉麦，国是中国”，数十年如一日，不畏艰难放牧守边，如格桑花一样扎根祖国边陲，用青春、热血，守护祖国家园一方平安，谱写了一曲爱国守边的时代赞歌。正如习近平总书记在给卓嘎、央宗姐妹的重要回信中指出的：“在海拔 3 600 多米、每年大雪封山半年多的边境高原上，你们父女两代人几十年如一日，默默守护着祖国的领土，这种精神令人钦佩。”在平凡的

---

* 陈万柏，张耀灿．思想政治教育学原理．3 版．北京：高等教育出版社，2015；戴艳军．思想政治教育原理案例分析．北京：中国人民大学出版社，2012；戴艳军，王嘉．思想政治教育原理案例分析：修订版．北京：中国人民大学出版社，2018.

岁月中，凝结出不平凡的精神。以卓嘎、央宗一家爱国守边事迹凝结成的“玉麦精神”，是新时代爱国主义的时代典范。他们扎根雪域边陲为国守边的感人事迹，充分彰显了共产党员忠诚担当的政治品格，有力弘扬了爱国奉献精神，生动诠释了新时代爱国主义。在他们身上，集中体现了艰苦奋斗、勇于担当、无私奉献的高尚品格。榜样的力量是无穷的。见贤思齐，是对榜样最有力的回应。越来越多的年轻人，被卓嘎、央宗一家“家是玉麦，国是中国”的坚守所鼓舞，继承和发扬爱国戍边光荣传统，愿意像坚韧、顽强的格桑花一样扎根祖国边陲，争做神圣国土的守护者、幸福家园的建设者，用实际行动续写新时代爱国守边的青春之歌。

【启示分析】

（1）爱国主义具有历史性。爱国主义作为中华民族优秀传统文化的重要内容之一，是在历史发展进程中经过时间沉淀和实践积累而经久不衰的文化传统，是被历代爱国志士不断实践和证明的优秀精神资源，因而具有历史传承性。卓嘎从小亲眼见证父亲对家园和祖国坚定不移的热爱与执着顽强的守护，这种强大的感染力量，早已渗透进她的血液里，融在她的骨髓中。女儿始终秉承着父亲的不屈精神，循着父亲的爱国足迹走下去。在海拔 3 600 多米、每年大雪封山半年多的边境高原上，卓嘎父女两代人几十年如一日，继承和发扬爱国戍边光荣传统，默默守护着祖国的领土，自觉做维护民族团结、维护社会稳定的建设者、守护者、促进者，用实际行动谱写新时代爱国守边的时代赞歌。

（2）爱国主义具有民族性。各个民族如同石榴籽一样紧紧抱在一起，始终团结奋斗、齐头并进，牢牢站在历史正确发展的一边，把发展进步的命运牢牢把握在自己手里。处理好民族问题、促进民族团结，关系祖国统一和边疆巩固，关系民族团结和社会稳定，关系国家长治久安和中华民族繁荣昌盛。弘扬新时代爱国主义，要坚持以维护祖国统一和民族团结为着力点，维护全国各族人民大团结的政治局面，巩固和发展最广大的爱国主义统一战线。维护和保卫国家，是每一位人民群众的重要责任。卓嘎扎根边陲，不仅仅是用行动传承着守土固边的使命，更是用实际行动在深刻诠释爱国守边精神，用自己的实际行动无私地守卫着祖国的领土。无数个卓嘎、央宗一样的家庭在为祖国大家庭做着默默而重要的奉献，各族人民心向祖国，团结一心，维护祖国的整体利益，使中华民族文化传承发展，铸就了中华民族伟大复兴的历史基础。习近平总书记指出，有国才能有家，没有国境的安宁，就没有万家的平安。爱国主义作为中华民族的民族心、民族魂，是中华民族最重要的精神财富，深深植根于中华民族心中，维系着中华大地上各个民族的团结统一，激励着一代又一代中华儿女为祖国的发展和繁荣而自强不息、不懈奋斗。

（3）爱国主义具有时代性。爱国主义是具体的、现实的。新时代大力弘扬爱国主义，做忠诚的爱国者，必须坚持爱国、爱党、爱社会主义相统一，维护祖国统一和民族团结，尊重和传承中华民族历史文化等。卓嘎如格桑花一样扎根在雪域边陲，做神圣国土的守护者、幸福家园的建设者，无悔奉献、默默坚守，秉持一片赤子情怀，时时处处把祖国和人民利益放在第一位，坚守初心、不求闻达、默默奉献，踏踏实实、尽职尽责，体现出对党忠诚、不计得失、始终如一的坚定信仰。卓嘎作为爱国守边精神的传承者，没有将爱国停留在口号上，而是把自己的理想同祖国的前途、民族的命运紧密联系在一起，时刻秉持着“家是玉麦，国是中国”的坚定信念，践行了“再苦再累也要守好祖国的每一寸土地”的承诺，不畏艰难放牧守边，坚守在祖国西南边陲西藏玉麦乡，长达半个多世纪，如格桑花一样扎根祖国边陲，奉献国家，以一生的真情投入、一辈子的顽强坚守来践行爱国主义。

案例23　全面从严治党永远在路上*

《永远在路上》是由中央纪委宣传部、中央电视台联合制作的一部反腐纪录片。摄制组先后赴22个省（区、市），拍摄40多个典型案例，采访70余位国内外专家学者、纪检干部，采访多名因严重违纪违法而落马的省部级以上官员，剖析了一些典型案例，讲述了一些鲜活的监督执纪故事，全景式呈现了“从严治党永远在路上”四年来不平凡的历程。八集纪录片中至少有77名官员被曝光。这77名官员中，其中包括30名省部级及以上落马官员，7名红通人员，5名被处以警告处分官员等。官员类型既有副国级，也有村主任。

《永远在路上》共八集。第一集“人心向背”。宣示了全面从严治党、深入推进党风廉政建设和反腐败斗争，是中国共产党对人民的承诺，对世界的宣示。因为，这是民意所致、民心所向。每个人都期望生活在一个风清气正的社会里，这关乎每个人的安全感和幸福感。党风廉政建设和反腐败斗争的效果怎么样，人民的心中自有一杆秤。人心向背是最公正的砝码，也是唯一的砝码。

第二集“以上率下”。本集以习近平总书记出京调研轻车简行，不封路、不清场为例，讲述自中央八项规定出台以来，以习近平同志为核心的党中央率先垂范、勇于担当。全党上下认真贯彻落实中央八项规定精神，有力促进了党风政风好转，带动了民风社风转变。正风肃纪扎实推进，清廉节俭蔚然成风。然而，有些党员领导干部却无视作风建设的重要性，依然我行我素，直到最终底线失守。吉林省原副省长谷某某，广东省委原常委、广州市委原书记万某某对违反中央八项规定精神、沉迷奢侈享乐之风进行自我剖析。无数案例证明，领导干部“破法”必先“破纪”，不正之风是腐败产生的土壤。党中央抓住作风建设这个关键点、切入口，始终聚焦“四风”，推动中央八项规定精神落地生根，使作风建设成为全面从严治党的亮丽名片。

第三集“踏石留印”，通过剖析矿泉水瓶装茅台、办公室里藏暗门等多起隐形变异的“四风”案例，说明“四风”问题具有顽固性和反复性，防反弹、防回潮任务依然艰巨。中石化原党组成员、总经理王某某，江苏省委原常委、南京市委原书记杨某某现身说法，深刻反省和剖析由大吃大喝到奢侈腐化、由违纪到违法的过程，警示告诫每名党员干部，落实中央八项规定精神是严肃的政治纪律，触犯了就要受到严肃查处。

第四集“利剑出鞘”。全国政协原副主席苏某，山西省委原常委、秘书长聂某某等对自身的违纪违法行为进行自我剖析和深刻忏悔，说明一把手腐败对当地政治生态造成的

---

* 王嘉驰、乔宇洁改编自反腐纪录片《永远在路上》。

恶劣影响。政治生态的破坏，并不是一夜之间发生的，要修复曾经污染的生态，让它重新变得风清气正，也并非一两天就能完成。良好的政治生态、从政环境，需要持之以恒地去呵护和培养，需要一砖一瓦，按照严格的规矩和标尺，踏踏实实地建设。

第五集“把纪律挺在前面”。讲述监督执纪“四种形态”是对党的十八大以来全面从严治党实践的科学总结，是对管党治党规律的深刻把握。通过分析天津、江西运用监督执纪“四种形态”的三起案例，说明全面从严治党，绝不仅仅是查处一批贪腐大案，而是要用纪律和规矩管住全党，防患于未然。北京市委原副书记吕某某在本集中对自身违纪违法行为进行深刻剖析，讲述自身由小毛病演变成大问题、从违纪走向违法的蜕变过程，说明深入推进全面从严治党，要切实把纪律和规矩挺在前面，使红脸出汗成为常态，实现惩处极少数，教育大多数的政治和社会效果。

第六集“拍蝇惩贪”。2014 年 7 月，中央巡视组公布的问题清单指出，一些地方小官巨腐问题严重、农村基层腐败不容轻视、基层反腐败斗争形势比较严峻。10 月，新一轮巡视公布的问题清单中，“苍蝇式腐败”“基层腐败”“小官巨腐”等词语再次高频出现。与此同时，各地相继通报的一系列案例，也引起了全社会的高度关注。从这些案例中不难发现，党员干部违法都是从违纪开始的，破法必先违纪。所以要把纪律挺到前面，做到纪严于法、纪在法前。

第七集“天网追逃”。2014 年 11 月，北京怀柔雁栖湖，亚太经合组织（APEC）领导人非正式会议在这里举行。这次会议的重要成果之一，是通过了《北京反腐败宣言》。这是第一个由我国主导起草的国际反腐败宣言，也是 APEC 历史上第一次以一国首都命名的反腐败宣言，让全世界看到了中国在反腐败问题上的坚定立场，也为中国在全球反腐败合作领域赢得了更多的主动权和话语权。从亚太经合组织领导人非正式会议到二十国集团峰会，再到联合国，从美国、英国到澳大利亚、新西兰，习近平总书记在各个外交场合主动设置反腐败国际合作议题，表明了我国加大追逃追赃力度的态度和主张，得到了各国和国际社会的积极回应。

第八集“标本兼治”。习近平总书记在庆祝中国共产党成立 95 周年大会上的讲话十次强调“不忘初心、继续前进”，一再提醒全体党员，中国共产党走到今天，更不能忘记自己当年为什么出发。从落实八项规定抓作风，到“老虎”“苍蝇”一起打，再到明确提出严肃党内政治生活，强化党内监督，向着高标准努力，守住纪律底线，一条从治标走向标本兼治的路径，正越来越清晰地展现在世人面前。

贪腐的原因是什么？重庆市人大常委会原副主任谭某某说，原因就是收“坨坨钱”。无论大事小事，在地方都是一把手说了算。说给某个人帮个忙，对他来讲好像就是一句话的事，但对那些人来讲，就如同拿到了政府的通行证、银行的信用卡一样的。以前是他去找人家，到城里面工作后是人家来找他。找他就难免开始说一些好话，接着就送红包、请吃饭、送礼品、送“坨坨钱”。谭某某说，“坨坨钱”就是比较大额的资金，用“坨坨钱”来开路。开始他也很反感、很不习惯，但后来小错铸成了大错，从违纪走向了违法。它是一个不断渐进的过程。谭某某还称，长期在基层工作的他，最终受贿上千万，这个情况何其严重。他说自己在做领导干部的时候，信誓旦旦、振振有词地讲话、表态，如今真是成了笑料。他感觉对不起党和人民的培养、教育，对不起领导和同事的信任、支持，对不起父母的养育、期盼。

国家发改委原副主任刘某某是“老子办事、儿子收钱”。多年来，刘某某利用手中的审批权，为多个请托人的项目审批提供帮助，几乎都是通过这种“老子办事、儿子收钱”的模式。对于这种披着市场外衣的变相受贿，刘某某并非不懂，但是他掩耳盗铃，以为这样就能够规避法纪、规避风险。刘某某表示，中央发了很多的纪律要求，领导干部子女不能做生意，从 20 世纪 80 年代就有。自己明知道违纪结果还要去做，利令智昏，判断问题的能力都低了，教训太深刻了。

武汉钢铁集团公司原党委书记、董事长邓某某说：“权力是谁给的都忘记了。”邓某某出生于 1951 年，在武钢集团工作了整整 40 年，一路从基层的技术员，做到这家大型央企的一把手。早年间，邓某某在武钢是出了名的工作狂，能力和敬业精神都受到好评。但是随着职务的逐步晋升，变化也渐渐发生。回首自己走过的路，邓某某反思自己变化最大的时期，就是在 2004 年升任武钢总经理之后。邓某某称，自己做武钢集团党委书记董事长以后，工作轻车熟路，觉得自己有了一些成绩，所以开始骄傲自满，放松对自己的要求。对亲属做生意视而不见，甚至默许、纵容。有一些下属和一些个体户老板给他送一些钱物，刚开始他也不敢要，到后来也就麻木了。邓某某称：“当一把手以后没有制约了，没有人管。在这个管理上、决策上、人事上，各个方面我的一票，不管在哪个会上都是很重要的。就是总会计师签了字还不行，一把手要签字。这个时候自己又放松了要求、放松了警惕，就很容易出问题。忘记了自己是谁，权力是谁给的，是干什么用的，都忘记了。”

【思考题】

1. 你是否看过《永远在路上》这部反腐纪录片？
2. 你如何评价这些高级领导干部的腐败堕落行为？
3. 少数领导干部从人民公仆堕落为贪腐分子的根本原因是什么？

案例分析*

【背景介绍】

纪录片《永远在路上》反映党的十八大以来，以习近平同志为核心的党中央把全面从严治党提升到“四个全面”战略布局高度，正风肃纪，锲而不舍纠“四风”，赢得党心民心；反腐惩恶，整治群众身边的腐败问题，厚植党执政的政治基础，着力构建不敢腐、不能腐、不想腐的体制机制，使不敢腐的震慑作用得到发挥，不能腐、不想腐的效应初步显现，反腐败斗争压倒性态势正在形成。该片于 2016 年 10 月 17 日在中央电视台综合频道首播。2017 年 11 月，该片荣获第二十七届中国新闻奖一等奖。专题片摄制组先后

---

* 陈万柏，张耀灿．思想政治教育学原理．3 版．北京：高等教育出版社，2015；戴艳军．思想政治教育原理案例分析．北京：中国人民大学出版社，2012；戴艳军，王嘉．思想政治教育原理案例分析：修订版．北京：中国人民大学出版社，2018.

赴22个省（区、市），拍摄40多个典型案例，采访70余位国内外专家学者、纪检干部，采访苏某、周某某、李某某等10余位因严重违纪违法而落马的省部级以上官员，剖析典型案例，讲述鲜活的监督执纪故事，具有很强的警示意义和教育意义。

【主题分析】

《永远在路上》这部反腐纪录片展示了党和国家“打虎、拍蝇、猎狐”的决心，展示了我们党全面从严治党的自我革命的定力，深刻地反映了党员特别是党的领导干部是思想政治教育的重点对象这一基本原理。党的二十大报告强调，全面从严治党永远在路上，党的自我革命永远在路上。我们党能够战胜一个又一个困难，取得一个又一个胜利，关键在于始终坚持党要管党、全面从严治党不放松，在推动社会革命的同时进行彻底的自我革命。自我革命精神是党永葆青春活力的强大支撑，敢于斗争是我们党的鲜明品格①。《永远在路上》这部反腐纪录片明确了全体党员干部要把思想和行动统一到党的二十大精神上来，认真贯彻落实新时代党的建设总要求，健全全面从严治党体系，全面推进党的自我净化、自我完善、自我革新、自我提高。党员干部是思想政治教育的重点对象之一，这是由党员干部在社会生活中的地位和作用决定的。中国革命、建设、改革和新时代的各个历史时期的经验证明，党和国家的事业能否顺利开展，党员干部素质是关键，尤其是党员干部的思想政治素质和科学文化素质，是中国特色社会主义伟大事业不断发展的关键。因此，建设一支革命化、年轻化、知识化、专业化，能适应社会主义现代化建设需要的高素质党员干部队伍，就必须加强思想政治教育，并将党员干部的思想政治教育落到实处。

【启示分析】

（1）党员干部必然是思想政治教育的重点对象。一般而言，党员干部的思想政治教育是教育者按照一定的社会要求，有目的、有计划、有组织地对受教育者进行系统影响，把一定社会的政治原则、思想观点、道德规范、法纪规范、原理要求，转化为教育者个体的思想政治道德素质的教育活动。党员干部的思想政治教育应当遵循思想政治教育的一般规律和思想政治教育的基本原则。然而，党员干部的思想政治教育除了对干部进行与社会发展相适应的思想、政治和道德教育外，还必须加强以廉政建设为主要内容的从政道德教育，这与党员干部的先进性要求和领导责任是分不开的。特别是党员干部手握一定的权力，能够对社会资源进行一定程度的支配，因而要根据党员干部的思想政治教育之特点，进行特殊形式的思想政治教育。《永远在路上》反腐纪录片充分说明，党员干部不仅是对广大人民群众进行思想政治教育的教育者，模范执行党的路线方针政策的示范者，也是受到广大人民群众监督、党纪国法警示和自我革命要求的受教育者。只有不断丰富党员干部思想政治教育的内容，创新党员干部思想政治教育的方式方法，建立健全党员干部思想政治教育的制度机制，使之更好地满足时代的要求，才能增强思想政治教育的时代性、有效性、科学性。

① 习近平．高举中国特色社会主义伟大旗帜 为全面建设社会主义现代化国家而团结奋斗：在中国共产党第二十次全国代表大会上的报告．北京：人民出版社，2022.

（2）自我革命是中国共产党走出第二个历史周期率的创新性答案。《永远在路上》展现出了中国共产党始终坚持以刀刃向内的勇气、壮士断腕的决心、刮骨疗毒的信心和永远在路上的恒心来惩治腐败、开展自我革命，反腐败始终坚持无禁区、零容忍、全覆盖。从中央苏区到延安，从西柏坡到北京，反腐败一直在路上而且永远在路上，只有进行时没有完成时。新时代十年来，我们党开展了史无前例的反腐败斗争，以“得罪千百人、不负十四亿”的使命担当祛疴治乱，不敢腐、不能腐、不想腐一体推进，“打虎”“拍蝇”“猎狐”多管齐下，反腐败斗争取得压倒性胜利并全面巩固，消除了党、国家、军队内部存在的严重隐患。自我革命是中国共产党永葆生机活力的源头活水。其一，就在于我们党能够坚持真理，敢于修正错误，敢于亮剑，直面自身存在的问题，发扬批评与自我批评的优良作风。其二，就在于我们党能够坚持自我净化、自我完善、自我革新、自我提高。走过百年奋斗历程的中国共产党在革命性锻造中更加坚强有力，党的政治领导力、思想引领力、群众组织力、社会号召力显著增强，党同人民群众始终保持血肉联系，中国共产党在世界形势深刻变化的历史进程中始终走在时代前列，在应对国内外各种风险和考验的历史进程中始终成为全国人民的主心骨，在坚持和发展中国特色社会主义的历史进程中始终成为坚强领导核心。回望百年奋斗历程，我们党外靠发展人民民主、接受人民监督，内靠全面从严治党、推进自我革命，保证了党长盛不衰、不断发展壮大。中国共产党不断清除一切损害党的先进性和纯洁性的有害因素，就一定能够确保党永远不变质、不变色、不变味，确保党在新时代坚持和发展中国特色社会主义的历史进程中始终成为坚强领导核心，团结带领中国人民在新的赶考之路上夺取新的伟大胜利。

（3）反腐倡廉制度建设是保证党员干部思想政治教育的重要方式。思想政治教育是党的建设的重要内容和优良传统。在长期的革命、建设、改革和新时代的实践中，我们党坚持用马克思主义教育武装广大党员干部和人民群众，帮助人们树立坚定的理想信念，激发革命斗志和建设中国特色社会主义的热情，为实现党在各个不同历史时期的中心任务而奋斗，取得了中国革命、建设、改革和新时代的伟大胜利，形成了中国共产党思想政治教育的重要经验和优良传统。加强思想政治教育是推进党风廉政建设和反腐败斗争的一项重要举措。腐败现象的产生，首要原因是思想道德的腐败，思想道德是反腐败的第一道防线，坚持不懈地加强思想政治教育，是提高党员干部和国家机关工作人员的思想政治素质，筑牢思想道德防线的根本之策。在扎实推进建立健全惩治和预防腐败体系的进程中，要充分发挥思想政治教育在反腐倡廉建设中的基础性作用，要重点抓好理想信念教育、党纪法规教育、职业道德教育和权力意识教育，通过全面的经常的思想政治教育，真正打牢思想政治基础，筑牢思想道德防线。

案例 24　大国工匠：徐立平*

2015 年“九三大阅兵”的盛况，让每一个中国人记忆犹新，新一代预警机、舰载

---

* 雕刻火药 为国铸剑的军工匠人：徐立平．央视新闻，2015－09－30；徐立平当选“感动中国”2015 年度人物：事迹及颁奖词．文汇报，2016－02－15.

机、战略核导弹等一批国产武器装备精彩亮相，震撼人心。它们不仅是捍卫国家安全和民族尊严的利器，更是中国工业制造实力的象征。而在这些国之重器的背后，有一位胆量超人，甘于寂寞和奉献的匠人，他的名字叫徐立平。

固体燃料发动机，是战略战术导弹装备的心脏，也是发射载人飞船火箭的关键部件。在上千道的固体燃料发动机制造工序中，固体燃料微整形极为关键，它决定了发动机是否能够按照既定的轨道运转，否则就会发生爆炸。不管是战略导弹还是载人航天，都离不开火药微整形。而目前，火药整形在全世界都是一个难题，无法完全用机器代替，主要工作要靠手工完成。在火药上动刀，稍有不慎蹭出火花，就可能引起燃烧爆炸，被火药炸得粉身碎骨。面对火药整形这一世界难题，徐立平一次次“亮剑”，经过近 30 年的锻造，将一件件大国利器送入太空，也让自己从一介普通职工成长为大国工匠。

徐立平是中国航天科技集团公司第四研究院 7416 厂高级技师，自 1987 年入厂以来，一直为导弹固体燃料发动机的火药进行微整形，是天天与火药打交道的人。0.5 毫米，这是固体发动机药面精度的最大误差，而徐立平手工雕刻的精度不超过 0.2 毫米，还没有两张 A4 纸厚，堪称完美。药面精度是否贴合设计形状和尺寸，直接决定导弹能否在预定轨道达到精准射程。火药有很强的韧性，再加上含有粗糙的颗粒，用刀的力道很难把握，一刀切下去，药面很难保持平整。而火药整形不可逆，一旦切多，或者留下刀痕，药面精度与设计不符，发动机点火之后，火药不能按照预定走向燃烧，发动机就很可能偏离轨道，甚至爆炸。药面平不平，一刀下去切多少，都要依靠工人师傅自己的判断。徐立平的绝活是仅仅用手摸一次，就能雕刻出设计要求的药面，这样的手艺让他的师傅都望尘莫及。徐立平说，要做到心手合一并不容易，只能通过用心苦练。

而雕刻火药最大的难点还不止这些，瞬间的摩擦如果过大会引燃火药并发生爆炸，这一过程快到根本就没法做出反应，火药整形师想跑都来不及。近 30 年的锻造，徐立平的工作从来没出现过一丝纰漏，令中国航天发射成功率在 99.99%以上。一介工匠如他，大国良匠也如他。

大国工匠绝非一天炼成。1987 年，不到 19 岁的徐立平从技校毕业。在母亲温荣书的建议下，他选择了母亲曾经工作过的发动机药面整形车间，为导弹固体燃料发动机的火药进行微整形。进厂第一课是师傅王安民带着徐立平做一次点火试验。巨大的轰鸣声，腾起的蘑菇云，把徐立平看呆了，他没有想到会这么危险，这堂课给徐立平留下了一辈子的记忆。从那时起，他就暗暗告诉自己，要规避危险，唯有胆大心细，练好手中这把刀。冬练三九，夏练三伏。工作的时候“生命通道”的大门必须敞开，夏天闻了火药的蚊子格外厉害，冬天长时间一个姿势会让冻僵的双手麻木，只能放在暖气上烤烤再重新拿起刀具。工作时每个车间的人数最多不能超过两个人，戴上护具开始工作后，徐立平感觉世界和时间都停止了，只能听见挖药的沙沙声和自己的心跳声。徐立平一刀一刀地勤学苦练，练秃了 30 多把刀，手越来越有感觉，药面的平整度也越来越高，经其手雕刻出的火药药面堪称完美。

1989 年，我国军用某重点型号发动机研制进入攻坚阶段，一台即将试车的发动机火药出现裂纹，为了不影响后续的研制进度，同时为不可逆的发动机装药探索补救方式，专家组决定，首次探索就地挖药。整形师要钻进翻个身都很难的发动机狭小的药柱里，一点一点挖开填注好的火药，寻找问题部位。这是中国航天科技集团公司第四研究院7416厂有史以来第一次尝试钻到火药堆里去挖药，而且挖药量极大。工作不到三年的徐立平，凭着精湛的技术和胆量，主动要求加入挖药突击队。徐立平说："当时我们的老厂长郝增海亲自钻进发动机带头挖药，车间主任也是突击队的成员。那年我21岁，能够成为突击队员是我今生的自豪和骄傲。"

这次挖药非常危险，如果整形刀挖得不好，摩擦过度或者碰到哪个地方产生火花发生燃烧事故，整形师完全没有逃脱的机会。狭小的仅容一名操作人员半躺半跪的操作空间、机内推进剂散发出的毒性刺鼻气味、高度紧张和缺氧等一系列困难，是对每一名突击队员身心的严峻挑战。每名突击队成员每次最多只能干十多分钟，每次只能挖四五克火药，而徐立平为了让别人能多休息一会儿，总是坚持着多干五六分钟才出来。每次爬出来徐立平都是满头大汗，浑身发软。在无比艰难的两个多月里，徐立平凭着精湛的技术和过人的胆量和队友们一起挖出了300多千克火药，并且成功排除发动机故障，为国家重点型号发动机研制争取了宝贵时间。他自己却由于长时间保持一个姿势，在密闭空间里长时间接触火药，火药毒性发作，平日里壮实的他双腿竟无法行走，上厕所都需要两个人搀扶。母亲为了他不瘫痪，不得不将他接回家强迫他自己行走，锻炼双腿。经过高强度的物理训练，徐立平的双腿逐渐恢复了知觉。这次经历让他对火药整形的危险有了更深的认识。

像这样危险的任务，徐立平已不记得完成了多少次。为了杜绝安全隐患，徐立平还不断琢磨，大胆创新，针对不同的发动机药面，他先后设计发明了20多种药面整形刀具，有两种获得国家专利，一种还被单位以他的名字命名为"立平刀"。这种刀的刀刃旋转范围是一定的，能够有效避免撞击金属产生火花，从而杜绝安全隐患。近年来先进的数控整形技术逐步进入药面整形工序的视野。2005年已经是整形组组长的徐立平，全力以赴投入工厂首台整形机的安装、调试和实验中。他提出改装吸屑装置、加装连锁装置等20余项改造建议，完善了设备的安全保障系统；自学整形机操作控制知识，承担起最核心的整形程序编制任务，逐步摸索出适用于各种燃速推进剂的整形参数，并针对特殊型面设计了专用整形刀具。徐立平勤思考、善总结，撰写的论文、报告等多次获奖；带领班组完成了30多项技术革新；编写了《整形机培训教材》等多份材料；他培养的七名徒弟中，两人担任重点班组长，两名成为国家级技师。

将近30年过去了，徐立平早已不再年轻，同时进厂的工友们都已离开或调换岗位，只有徐立平一人，甘于奉献和寂寞，一直行走在危险边缘，坚守在火药微整形这个危险的岗位上。徐立平本来也有多次调换岗位的机会，可是他都放弃了。有人问徐立平图什么，他说我是一个党员，再说危险的工作总得有人去干。近30年来，徐立平就是这样严格要求自己，兢兢业业，与最危险的火药为伴，抬望航天梦，俯刻匠人心。

默默付出，迎来累累硕果。2008年以来，徐立平先后荣获航天技术能手、全国技术能手、航天基金奖、航天四院十大感动人物首届"最美航天人"等荣誉称号。2016年2月14日，徐立平又当选"感动中国2015年度人物"。面对纷至沓来的荣誉，徐立平谦逊地说："工匠精神就是做好自己的本职工作，精益求精。每一次看到神舟飞船上天、嫦娥探测器升空、新锐武器亮相天安门广场，我心中就充满了无比的自豪感。"

【思考题】

1. 徐立平是如何从一个年轻的技校毕业生成长为如今的大国工匠的？工匠精神在他身上都有哪些具体体现？

2. 大国多良材，徐立平便是其中的佼佼者，他在平凡的工作岗位上将航天人的爱岗敬业精神表现得淋漓尽致。你认为徐立平冒着生命危险雕刻火药的精神原动力是什么？

3. 结合本案例，谈谈你对“工匠精神”既是一种敬业精神又是一种人生态度的理解。

案例分析*

【背景介绍】

传统意义上的工匠精神一般用于描述手工艺匠人所传承的慢工细活、钻研技艺、认真专注、一丝不苟、精益求精的工作态度和职业精神。现代意义的工匠精神扬弃了慢工出细活的具体操作性内涵，上升为现代产业工人对工作所秉持的认真专注、精益求精的敬业精神。

2015 年 5 月伊始，央视新闻推出八集系列节目《大国工匠》，讲述了八个工匠“八双劳动的手”所缔造的神话。他们数十年如一日，靠着传承和钻研，凭着专注和坚守，书写了一个又一个的“中国制造”故事。节目播出之后，工匠的故事很快引起社会热议。

2016 年 1 月，李克强总理在主持召开钢铁煤炭行业化解过剩产能、实现脱困发展座谈会时，谈到一个让国人感到震惊而又惭愧的事实：中国人可以造飞机、修高铁，却连圆珠笔上一颗小小的笔珠都要依赖进口；相比之下，仅拥有 8 000 万人口的德国，长期执着于对每一个产品精度的不懈追求，打造出了 2 300 多个世界级品牌。2016 年 3 月 5 日，国务院总理李克强在《政府工作报告》中明确提出，要培育精益求精的“工匠精神”。“工匠精神”迅速成为“两会”期间的热词，引起了社会各界的广泛热议。此后，李克强还在多个不同场合反复强调“工匠精神”。

【主题分析】

本案例通过介绍“感动中国 2015 年度人物”获得者火药整形工人徐立平的“绝活”和成长经历，说明“工匠精神”，不仅仅是制造业的需要，也不仅仅是产业工人的需要，它还代表一个时代的气质，是我们每一个人的事业追求。敬业是社会主义核心价值观公民层面的价值要求，是职业道德的重要内容。火药整形师的工作，必须手工操作，不仅难度大、要求高，而且十分危险，随时面临生命的威胁。在 30 多年的火药整形工作中，徐立平兢兢业业，与最危险的火药为伴，为我国航天事业的发展做出了重要贡献。在如此危险的岗位上坚持 30 多年，这背后是他本人和他的亲人的巨大付出，这种无怨无悔、

---

* 黄群慧．工匠精神的失落与重塑．光明日报，2016-06-29；李晓红．做自己人生的“工匠”．光明日报，2016-07-19.

这种强烈的责任感，源于他们对我国航天事业的热爱，对祖国的热爱。行久方为执着，品高方能致远。做自己人生的“工匠”，就是要用“工匠精神”打磨青春、锻造人生，成为行业领袖和国家脊梁，这是时代赋予年轻人的使命，也是思想政治教育的使命！

【启示分析】

（1）工匠精神是社会主义核心价值观公民层面的价值要求——敬业的生动体现。从古代的鲁班，到新中国成立后的八级工，我国一直就不缺少对工匠精神的推崇。1956 年制定并逐步完善的企业八级技术等级制度，得到当时企业工人和全社会的普遍认可，八级工成为工人终身奋斗的职业生涯目标。歇后语“八级工拜师——精益求精”，就从一个侧面反映了八级工制度对工匠精神的很好诠释。但一段时间以来，在追求跨越式发展的背景下，我国在成为一个制造业大国的同时，传承和发扬工匠精神的环境和制度基础逐渐被忽视，在一定程度上导致了制造业大而不强的格局。在实施“中国制造 2025”、打造“工业 4.0”的时代浪潮中，我们不仅需要大力倡导创新创业精神，还迫切需要找回中华文明曾引以为豪的工匠精神。当今世界的制造业强国，无一不是高度重视工匠精神的。德国、日本的制造业强国地位和其产业工人的工匠精神密不可分，即使是美国，其创新源泉也根植于认真专注、精益求精的工匠精神，工匠精神被认为是“缔造伟大传奇的重要力量”。一种精神或文化的培育，往往要经历社会文化环境与经济法律制度相互作用的复杂漫长的过程。我国工匠精神的培育，不仅需要宣传教育，还需要改善社会文化环境与完善激励制度相协同。

（2）崇高的职业理想是工匠精神的灵魂。徐立平作为“大国工匠”，自己的刻苦努力、多年的工作磨炼以及不断创新的精神固然重要，可是即使在身体受到火药侵害时，依然不忘初心，依然能够热爱自己的工作岗位、对工作极端负责、敬重自己所从事的职业，这背后需要更大、更强的精神动力支撑。正如马克思所说：“在选择职业时，我们应该遵循的主要指针是人类的幸福和我们自身的完美。”① 树立崇高的职业理想是树立正确择业观的首要问题。马克思在《青年在选择职业时的考虑》中写道：“如果我们选择了最能为人类而工作的职业，那么，重担就不能把我们压倒，因为这是为大家作出的牺牲；那时我们所享受的就不是可怜的、有限的、自私的乐趣，我们的幸福将属于千百万人，我们的事业将悄然无声地存在下去，但是它会永远发挥作用，而面对我们的骨灰，高尚的人们将洒下热泪。”② 我们需要如“工匠”般时时打磨自我，以端正的品行、高尚的品格，不断擦亮人生；在追逐成功的路途上，我们需要坚守诚信、正直与善良；在实现个人价值的奋斗中，我们需要心系他人、胸怀社会，在关爱和奉献中释放自己的能量！

（3）专注和求精是工匠精神的永恒追求，徐立平给各个领域的人做出了榜样。人和人之间最小的差距是智力，最大的差别就是专注。徐立平 30 多年就做了一项工作——雕刻火药。徐立平的工作堪称完美，仅仅用手摸一次，就能雕刻出设计要求的药面，手工雕刻的精度不超过 0.2 毫米，还没有两张 A4 纸厚。为了达到心手合一，唯有勤学苦练、

①② 马克思，恩格斯．马克思恩格斯全集：第 1 卷．2 版．北京：人民出版社，1995：459.

大胆创新。徐立平练秃了30多把刀，终于掌握了“绝活”。他不断琢磨，发明了“立平刀”等多项国家专利，杜绝了安全隐患。专注意味着坚定的热忱，意味着坚持的恒心，意味着坚强的毅力。做自己人生的“工匠”，就是要专注，要经得起诱惑、耐得住寂寞，就是要咬定青山不放松！正是因为徐立平冬练三九、夏练三伏，精益求精，才能达到心手合一、出神入化的程度，让他的师傅都望尘莫及。无论人生的风向将我们带到何处，始终保持一颗精益求精的“心”：做老师就要反复打磨教案，不断追求学问水平的“精深”；做医生就要认真琢磨每一个病例，不断追求医术水平的“精湛”；做程序员就要持续钻研编程技艺，不断追求代码产品的“精准”……只有历经千锤百炼、矢志追求卓越、不断突破自我，才能最终实现从“量变”到“质变”的飞跃。

案例25　我的故事以及背后的中国梦*

我要讲五个年份，第一个要讲的年份是1968年。那一年我出生了。但是，那一年世界非常乱，法国有巨大的街头骚乱，美国也有，然后美国总统候选人罗伯特·肯尼迪遇刺了。那一年，我们更应记住马丁·路德·金先生的遇刺。那一年他倒下了，但“我有一个梦想”这句话却真正地站了起来，在美国站了起来，也在全世界站了起来。但是，当时很遗憾，不仅是我，几乎很多的中国人并不知道这个梦想。中国与美国的距离非常遥远，不亚于月亮与地球之间的距离。但是我并不关心这一切，我只关心我是否可以吃饱。

1978年，我10岁了。我依然生活在我出生的地方，那个只有20万人口的非常小的城市。它距离北京有2 000公里，我们要想读到北京出的报纸则要等到三天之后。所以，对于我们来说，是不存在新闻这个说法的。那一年，我爷爷去世了。而在两年前，我的父亲去世了。所以，只剩我母亲一个人抚养我们哥儿俩，她一个月的工资不到16元。因此，对于10岁的我来说，梦想依然是一个非常陌生的词，我从来不去想它。我母亲一直也没有建立新的婚姻，是她一个人把我们哥儿俩抚养大。我看不到这个家庭的希望，只是感觉，那时候的每一个冬天都很寒冷。而就在1978年，无论是中国，还是中美两国之间，都发生了非常巨大的变化。那是一个我们在座的所有人都该记住的年份：1978年的12月16日，中美正式建交，那是一个大事件。而在中美建交两天之后，12月18日，中国共产党十一届三中全会召开了，那是中国改革开放的开始。历史、两个伟大的国家、一个非常可怜的家庭就如此戏剧性地交织在一起，不管是小的家庭还是大的国家，谁都没有把握确定未来是什么样的。

接下来，1988年，那一年我20岁。那时我已从边疆的小城市来到了北京，成为一名大学生。虽然，今天在中国依然有很多的人在抨击中国的高考制度，认为它有很多很多的缺陷。但是，必须承认，正是高考的存在，让我们这样一个又一个非常普通的孩子，拥有了改变命运的机会。当然，这个时候美国已经不再是一个很遥远的国家，它变得很

* 白岩松．我与中国梦．光明日报，2011-02-21.

具体，它也不再是那个过去口号当中的“美帝国主义”，而是变成了生活中很多的细节。这个时候，我已经第一次尝试了可口可乐，并且在喝完可口可乐之后觉得中美两个国家真的是如此接近。因为，它几乎就跟中国的中药是一样的。那个时候，我已经开始非常狂热地喜欢上摇滚乐。那个时候，正是迈克尔·杰克逊长得比较漂亮的时候。更重要的是，那个时候的中国，已经开始发生了非常大的变化。改革已经进行了十年。那一年，中国开始尝试放开很多商品的价格。这在你们看来是非常不可思议的事情。但是，在中国当时是一个很大的进步，因为过去的价格都是由政府来决定的。就在那一年，因为放开了价格，引起了全国疯狂的抢购，大家都在担心会有多久，于是，要把一辈子用的食品和用品，都买回到家里。那一年也标志着中国离市场经济越来越近了。当然，那个时候没有人知道市场经济也会有次贷危机。当然，1988 年对于耶鲁大学来说是格外的重要，因为你们耶鲁的校友又有一个成了美国的总统。

接下来，1998 年，那一年我 30 岁。我已经成为中央电视台的一个新闻节目主持人。更重要的是，我已经成为一个一岁孩子的父亲。我开始明白我所做的许多事情不仅要考虑我自己，还要考虑孩子及他的未来。那一年，在中美之间发生了一个非常重要的事件，主角就是克林顿。也许在美国你记住的是性丑闻。但是，在中国，记住的是他那一年访问了中国。在 6 月份他访问中国的时候，在人民大会堂和江泽民主席进行了一个开放的记者招待会，然后又在北京大学进行了一个开放的演讲，这两场活动的直播主持人都是我。当克林顿总统在上海即将离开中国的时候，记者问道：“这次访问中国，您印象最深的是什么?”他说：“我最想不到的是这两场讲座居然都直播了。不过，直播让中国受到了表扬，而美国却受到了批评。”当然只是一个很小的批评。在北大的演讲当中，由于整个克林顿总统的演讲，用的全是美方所提供的翻译，因此，翻译的水准远远达不到今天我们翻译的水准。我猜想有很多的中国观众，是知道克林顿一直在说话，但是说的是什么，不太清楚。所以，我在直播结束的时候，说了这样的一番话：“看样子美国需要对中国有更多的了解，有的时候要从语言开始。”包括美联社在内的很多美国媒体都报道了我的这句话。但是，我说的另外一句话不知道它们有没有报道？我说：“对于中美这两个国家来说，面对面永远要好过背对背。”当然也是在那一年年初，我开上了人生的第一辆车。这是我在过去从来没有想到的，中国人有一天也可以开自己的车。个人的喜悦，也会让你记很久，因为往往第一次才是最难忘的。

接下来，2008 年，那一年我 40 岁。很多年大家不再谈论“我有一个梦想”这句话了，但是在那一年我听到太多的美国人在讲。看样子奥巴马的确不想再接受耶鲁占领美国 20 年这样的事实了。他用“改变”以及“梦想”这样的词，让耶鲁大学的师生在他当选总统之后举行游行，甚至庆祝。在这个细节中，让我看到了耶鲁师生的超越。这一年，也是中国梦非常明显的一年。它就像全世界所有的伟大梦想，注定都要遭受很多的挫折才能显现出来一样。无论是期待了很久的北京奥运会，还是神舟七号中国人第一次在太空行走，那都是很多年前，我们期待了很久的梦想。但是，突如其来的四川汶川特大地震，让这一切都变得没有我们期待中的那么美好。这个时候中国人对于生命的看待，我相信跟美国人和世界上一切善待生命的民族都是一样的。8 万多个生命的离开，让所有中国人在 2008 年中度日如年。我猜得到在耶鲁校园里头，在每一个网页、电视以及报纸的前面，也有很多的来自中国的人以及世界各地的人，为这些生命流下眼泪。但是，就像40年前，马丁·路德·金先生的倒下，却让“我有一个梦想”这句话站得更高、站得更久、站得更加让人觉得极其有价值一样，更多的中国人也明白了，梦想很重要，但是生命更重要。在北京奥运会期间，我度过了自己的40岁生日。那一天，我感慨万千。虽然，周围的人不会知道。因为时间进入我的生日那一天的时候，我在直播精彩的比赛。24小时之后，当这个时间要走出我生日这一天的时候，我仍然在直播。但是，这一天我觉得非常幸运。因为，正是这样一个特殊的、在北京奥运会期间的40岁，让我意识到了我的故事背后的中国梦。正是在这样的40年的时间里，我从一个根本不可能有梦想的、一个遥远边疆的小城市里的孩子，变成了一个可以在全人类欢聚的一个大的节日里分享以及传播这种快乐的新闻人，这是一个在中国发生的故事。而在这一年，中国和美国相距并不遥远，你中有我，我中有你，彼此需要。据说布什总统度过了他作为总统以来在国外、一个国家待得最长的一段时间，就是在北京奥运会期间。菲尔普斯在那儿拿到了八块金牌，而他的家人都陪伴在他的身边，所有的中国人都为这样一个特殊的家庭祝福。当然，任何一个这样的梦想都会转眼过去。在这样的一个年份里，中美两国历史上几乎是第一次同时发出了“我有一个新的梦想”的呼唤，如此巧合，如此应该。美国面临了一次非常非常艰难的金融危机，当然不仅仅是美国的事情，也对全世界有重大的影响。

昨天到达纽约，下飞机后我去的第一站就是华尔街，我看到了华盛顿总统的雕像，他的视线是那么永久不变地在盯着证券交易所上那面巨大的美国国旗。而非常奇妙的是，在这个雕像后面的展览馆里正在举行“林肯总统在纽约”这样的一个展览。因此，林肯总统的大幅的画像也挂在上面，他也在看那面国旗。我读出了非常悲壮的一种历史感。在离开那个地方的时候，我对我的同事说了这样一句话：“很多很多年前如果美国发生了这样状况的时候，也许中国人会感到很开心。”因为，大家会说：“你看，美国又糟糕了！”但是，今天中国人会格外地希望美国尽早地好起来，因为我们有几千亿的钱在美国，我们还有大量的产品等待着装上货船，送到美国来。如果美国的经济进一步好起来的话，在这些货品的背后，就是一个又一个中国人增长的工资，是他重新拥有的就业岗位，以及家庭的幸福。因此，你明白，这不是一个口号的宣传。

在过去的30年里，你们是否注意到了，与一个又一个普通的中国人紧密相关的中国梦。我不知道世界上还有哪个国家，在过去这30年的时间里，让个人的命运发生了这么大的变化。一个边远小城市的孩子，一个绝望中的孩子，今天有机会在耶鲁跟各位同学交流，当然也包括很多老师和教授。中国经历的这30年，有无数个这样的家庭。他们的爷爷奶奶依然守候在土地上，仅有微薄的收入，千辛万苦。他们的父亲母亲，已经离开了农村，通过考大学，在城市里已经有了很好的工作，而这个家庭的孙子孙女也许此刻就在美国留学，三代人，就像经历了三个时代。如今在中国，你随时可以看到这样的家庭。如果我没有说错的话，现场的很多个中国留学生，他们的家庭也许就是这样。对吗？

那么，在我们去观察中国的时候，也许你经常关注的是“主义”“社会主义”或其他庞大的政治词汇，或许应该换一个视角去看13亿个非常普通的中国人。在过去的很多年里，中国人看美国，似乎在用望远镜看。美国所有的美好的东西，都被这个望远镜给放大了。经常有人说美国怎么怎么样，美国怎么怎么样，你看我们这儿什么时候能这样。在过去的好多年里，美国人似乎也在用望远镜看中国。但是，我猜测可能拿反了。因为，他们看到的是一个缩小了的、错误不断的、有诸多问题的中国。他们忽视了 13 亿名非常普通的中国人，改变命运的这种冲动和欲望，使这个国家发生了如此巨大的变化。但是，我也一直有一个疑问：为什么要用望远镜来看彼此？我相信在座的很多位来自中国的留学生，他们用自己的眼睛看到了最真实的美国，用自己的耳朵了解了最真实的来自美国人内心的想法。无论用什么样的文字也很难再改变他们对美国的看法。因为，这是来自他们内心的感受。当然我也希望非常多的美国人，有机会去看看中国，而不是在媒体当中去看中国。

所以，最后我只想再说一句。40 年前，当马丁·路德·金先生倒下的时候，他的那句话“我有一个梦想”传遍了全世界。但是，一定要知道，不仅仅有一个英文版的“我有一个梦想”。在遥远的东方，在一个几千年延续下来的中国，也有一个梦想。它不是宏大的口号，并不仅仅在政府那里存在，它属于每一个非常普通的中国人，而它用中文写成：“我有一个梦想！”

【思考题】

1. 你认为这篇演讲最大的特色是什么？
2. 这篇演讲的题目“我的故事以及背后的中国梦”有什么寓意？
3. 能否说说你的梦想？

案例分析*

【背景介绍】

继 2005 年《岩松看台湾》、2007 年《岩松看日本》之后，2009 年 3 月 30 日，白岩松和中央电视台摄制组赴美国东部的华盛顿、纽约、底特律、波士顿、新泽西等城市采访报道，制作大型特别节目《岩松看美国》，2009 年 3 月 31 日，白岩松应邀赶往耶鲁大学并发表了题为“我的故事以及背后的中国梦”的演讲，案例中的内容为那次演讲内容的选编。耶鲁大学这所世界名校，每天都有许多世界名人来此演讲。白岩松作为一名新闻人受到了热烈欢迎，会场座无虚席，许多人站在走廊倾听，演讲多次被掌声和笑声打断。

白岩松，中央电视台著名主持人。1968 年 8 月 20 日出生于内蒙古，蒙古族。1985 年考入北京广播学院新闻系，1989 年分配至中央人民广播电台《中国广播报》工作，1993 年初进入中央电视台《东方时空》栏目组。1997 年开始，他先后参与主持了中央电视台制作的香港回归、澳门回归、三峡大江截流、北京申奥、中国加入 WTO、悉尼奥运

* “案例分析”部分参考视频《白岩松看美国——黄色校车的特权》。

会和北京奥运会、国庆 50 周年和 60 周年庆典、神舟飞船、嫦娥卫星等重大事件的直播。2000 年被授予“中国十大杰出青年”称号。现为中央电视台《新闻 1+1》节目评论员、《新闻周刊》节目主持人。出版著作《痛并快乐着》《幸福了吗》。

【主题分析】

中央电视台著名新闻主持人白岩松用他睿智、幽默、犀利、热情的语言，以自己的亲身经历，讲述了自己如何从一个边远小城的绝望孩子，成长为见证无数重要时刻的新闻人，为我们呈现出一幅近 40 年的中国重大事件图表，以大众传播媒介为载体，向美国、向全世界展现了 40 年来中国的巨大变化与中美关系的深刻变化，他讲出了自己对国家的政治关系、政治活动的观点，字里行间流露出对祖国的深切热爱和对祖国不断繁荣强大的民族自豪感，既生动感人又厚重深刻。这篇演讲内涵是丰富的，有 40 年来中国基本国情的变化，有改革开放的强国之路，有党的路线方针政策的变化，有中美关系的变化形势，有中国老百姓追梦的路程。从中说明了一个深刻的道理，个人利益和国家的发展变化是紧密联系在一起的，只有祖国的发展和强大才有个人的生活水平的不断提高，才能实现以往不曾想到的梦想。可见，没有中国共产党就没有现代化的社会主义中国，没有中国共产党就没有中国百姓个人梦想的实现。

【启示分析】

白岩松以自己的成长为线索，浓缩了 40 年来中国的日新月异、中美关系的深刻变化，从家运到国运，用真情讲述了自己的中国梦。

(1) 白岩松的演讲，客观地展示了一个普通中国人命运和思想的变迁。首先，他的演讲内容充分展现了中国的基本国情。1968 年的中国百姓还在为填饱肚子而挣扎；1978 年的中国，尽管通信还不发达，但中美建交和改革开放大幕的拉开，却成为影响中国人今后生活的一个开始；1988 年的中国，他个人通过高考从边塞小城来到了北京，读了大学，而中国，也与美国有了进一步的交流，中国的市场经济正一步步地改变着人们的思想；1998 年，他成为中央电视台的一名主持人和一位父亲，懂得了更多的责任，开上了自己的汽车，中国人民的生活水平不断提高，而中国的舆论透明也让当时访华的克林顿总统刮目相看；2008 年，国人经历了汶川地震和第 29 届奥运会，也因全球化而和美国一起面对次贷危机。中国国情 40 年的变化，衬托着白岩松个人命运的转机。其次，他的演讲内容呈现出中国改革开放的前行轨迹。无论是他第一次喝可口可乐，还是中国逐步放开的价格机制，无论是他拥有人生的第一辆汽车，还是中国的神舟系列运载火箭的相继升空，都凸显了中国走中国特色社会主义道路所取得的成就。再次，他的演讲表达了浓厚的爱国主义情怀。爱国主义教育是民族精神教育的核心内容，它对于人们形成健康向上且富有时代内涵的民族精神具有极其重要的意义。从他对自己由一个边远小城的孩子成长为全国著名的新闻主持人的深情描述中，对在汶川地震中 8 万多遇难同胞的深切的哀悼中，对他在奥运直播间里度过自己 40 岁生日时感到的激动和满足中，我们都能感受到他的浓浓爱国情。最后，他的演讲传递出了我国国际关系的政策导向。从我国与美国的建交，到加强与美国的合作与交流，到美国总统的访华、美国总统布什奥运期间在中国的“常驻”，再到中美两国一起面对次贷危机等，都帮助我们更好地观察和分析中美关系的发展变化，了解我国的对美外交政策。应该说，在他生动感人的演讲中，处处都透着对人类社会、国家民族、个人命运的重大关切和深度思考，留给了我们深深的启示。

（2）经济全球化条件下需要不断加强青年的政治观教育。正像案例中所说的，中国有越来越多的青年学生走出国门，到西方发达国家，到世界一流学府深造求学。然而又有多少青年人能够在多大程度上把自己的幸运归功于社会主义中国的蒸蒸日上，归功于祖国的强大发展？诚然，中国还存在很多问题亟待解决，但有一点不容置疑：祖国给我们提供了越来越多的发展机会。白岩松的经历在中国具有一定的代表性，许多中国人伴随着祖国几十年来的翻天覆地的变化，实现了自己的人生梦想。只有祖国的强大才有个人的发展。在全球化、市场经济、信息网络的社会大环境下，当代青年的政治观呈现出了新的特征，如政治认知的弱理性和易变性、政治情感偏激和政治盲动、政治价值功利性以及政治理想弱化等。加强青年的政治观教育可以从四个方面努力：首先，青年时期是政治观形成的关键阶段，应抓住机遇，加强对青年政治价值理念的引导，重视对青年进行有目的有计划的系统政治观教育。其次，要适当增加青年参与社会政治生活的机会，通过政治活动，青年们可以加深对现实国情、社会政治运行的实际过程、政府的现行政策等的了解和认识，从而有利于摒弃他们政治观中过于理想化、不切实际的部分。最后，加强对青年政治热情的引导，充分发挥青年的政治先锋作用。青年人拥有十分可贵的政治热情和政治积极性，在历次重大历史转折时期，发挥了不可替代的政治先锋作用。但同时，也要预防和克服青年人的政治盲动和政治偏激。要努力增加青年参与政治的机会，为青年的政治情绪提供宣泄途径，引导他们通过正常的渠道反映问题，解决问题。

（3）要注重运用多种形式进行政治观教育。白岩松的这次演讲，通过电视、网络、杂志、广播等媒介进行了很好的传播，国内很多媒体全文刊发了他的演讲稿，可以说是一次生动的政治观教育。我们要善于运用多种手段进行显性的或隐性的政治观教育。不仅要通过学校的思想政治理论课系统讲授政治知识、政治理论，还要善于利用大众传播媒介弘扬社会主旋律，从而达到“润物细无声”的教育效果，例如，先进人物事迹报道、音乐作品传唱、影视剧热播等都可以起到这样的效果。同时，政府也要通过展现自身形象，为百姓办实事、办大事来赢得人民群众对党的路线方针政策的好感和认同。例如，神舟飞船发射成功、汶川地震后的全力救灾、成功举办第 29 届奥林匹克运动会等，都大大增强了人民群众的民族自豪感和自信心，这些都是我国政府用实际行动对公民进行生动的政治观教育的典型案例。

案例 26　你养我长大　我陪你变老*

我是一个“80 后”，顾名思义，“80 后”就是指 1980 年到 1989 年出生的人。但是在

---

* 选自 2015 年 10 月 11 日北京卫视节目《我是演说家》中王帆的演讲《做一个怎样的子女》。

中国，“80后”还有一层比较特殊的含义，它其实是指在20世纪80年代初中国正式实施计划生育政策之后出生的第一代独生子女。我们一出生，就得了一个国家级证书，叫独生子女证。这个证可以保证我们能够独享父母的宠爱，但是这个证，也要求我们承担赡养父母的全部责任。

最开始我是觉得，如果想做一个好女儿，那我肯定得赚很多的钱，然后让我爸妈过上特别好的生活。我从上大学开始就经济独立，我所有的假期都在工作，所以我的父母几乎一整年都见不到我两次。对于很多像我这样在外求学工作打拼的独生子女来说，父母几乎都变成了空巢老人。

有一天，我妈给我打电话说，早上你爸坐在床边，在那掉眼泪，说想女儿了。你知道我当时第一反应是什么吗？哟！至于吗？您这大老爷们儿还玻璃心呐，天天在给自己加戏呢。但是后来有一次我回家，那个下午，我永远记得。老爸侧坐在窗前，虽然依旧虎背熊腰，但腰板没以前直了，头发也没以前挺了，他摆弄着窗台上的花儿说了一句：“爸爸没有妈妈了。”“爸爸没有妈妈了”，大家觉得这句话在表达什么？悲伤？软弱？求呵护？我只记得我小时候如果梦到妈妈不要我了，我就会哭醒，我特别难过，但我从来都没有想过：爸爸没有妈妈了是一种什么样的感觉呢？我发现这个在我印象中坚不可摧高大威猛的男人，突然间老了。爸爸没有妈妈了，表达的不是悲伤，也不是软弱，而是依赖。父母其实是我们每个人最大的依赖，而当我们的父母失去了他们的父母，他们还能依赖谁呢？所以在那一刻我才意识到，父母比任何时候都需要我，而且他们后半辈子能依赖的只有我。

我得养他陪他，把我所有的爱都给他，就像他一直对我那样，我要让他知道，即使你没有妈妈了，你还有我。所以从那以后，我愿意适当地推掉一些工作、聚会，挤时间多回家。我陪他们去旅行而不再是把钱交到旅行社，让别人带他们去吧。因为我明白了一点，赡养父母，绝对不是把钱给父母让他们独自去面对生活，而应该是我们参与他们的生活，我们陪伴他们享受生活。所以，我每次回家，就会带我妈去洗浴中心享受一把。

有一次我正给我妈吹头发，旁边一位阿姨说：“你女儿真孝顺。”我妈说：“大家都说女儿是小棉袄，我女儿羽绒服！”幸亏没说军大衣。那阿姨说：“我儿子也特孝顺，在美国，每年都回来带我们去旅游。”说着阿姨还把手机掏出来了，给我妈看照片，说你看我儿子多帅，一米八五大个，年薪也好几十万。我当时有点觉得话锋不对，为什么呢？当一位阿姨向你的妈妈展示他儿子的照片，并且报上了身高体重年薪的时候，笑的都是相过亲的，你懂的。就在这个时候，阿姨说了一句让我们全场人都傻了的话，她说，可惜不在了，不在了。原来就在去年，阿姨唯一的儿子在拉着他们老两口在旅行的高速公路上，车祸身亡。在那一刻，我真的不知道说什么去安慰那位阿姨，我就想伸出手去抱抱她。可当我伸出手的那一刻，阿姨的眼泪就开始哗哗地往下流。我抱着她，我能感受到她那种身体的颤抖，我也能够感受到她是多么希望有个孩子能抱一抱她。也就是从那一刻我特别地害怕，我不是害怕父母离开我，我怕我会离开他们。

经过这件事，我对于某句话有了更深入的理解，叫作“身体发肤，受之父母，不敢毁伤”，原来我只觉得这句话的意思是我应该珍惜自己的身体，珍惜自己的生命，别让爸妈担心，对吧？但是现在我发现，不仅如此，我们对待别人，也要这样。因为每一个人，都意味着一个家！所以我现在每一次在跟父母分别的时候，我都会紧紧地抱抱他们，在他们脸上亲一下。可能像拥抱亲吻这种事，对于我们大多数中国父母来讲一开始都是拒绝的，但是请大家相信我，只要你坚持去做，你用力地把她搂过来，你狠狠地在她脸上亲一下，慢慢地她就会习惯。像我现在走的时候，我妈就自然地把脸送过来。这样他们就会知道，你在表达爱。

我想作为独生子女，我们确实承担着赡养父母的全部压力，但是我们的父母承担着世界上最大的风险，可是他们从不言说，也不展现自己的脆弱。你打电话他们说家里一切都好的时候他们真的好吗？作为子女，我们要善于看穿父母的坚强，这件事越早越好，不要等到来不及了，也不要等到没有机会了，就像所有的父母都不愿意缺席子女的成长，我们也不应该缺席他们的衰老。

有人说，父女母子一场，不必追。可是今天我想告诉大家，我们就得追，而且我们要从今天开始追！提早追！大步追！至亲至情，不应该是看着彼此渐行渐远的背影，而应该是你养我长大，我陪你变老。谢谢大家！谢谢老师！

【思考题】

1. 读了这篇演讲稿你有什么感受？
2. 谈一谈你和父母如何相处？
3. 你认为“孝”是一种什么样的情感？

案例分析

【背景介绍】

《我是演说家》是北京卫视自 2014 年 10 月 4 日开播的语言竞技真人秀节目。该节目将亲情、友情、理想、人生等作为话题，通过演讲比赛的形式传播社会正能量。王帆（1988—　），辽宁本溪人，北京大学艺术学院戏剧影视学专业博士生，《我是演说家》第二季最美演说家（六强选手），中央电视台大型电视文化节目《中国成语大会》全国第 4 名。本案例选自她在《我是演说家》的初赛演讲《做一个怎样的子女》，其视频和文字稿被各大网站转载，很多网友感动落泪。浙江卫视著名主持人华少当场反思自己不会为人子女，单亲家庭长大的他陪伴父亲时间太少，几欲落泪，并感叹：“你养我长大，我陪你变老，好难好难。这值得所有人反思”。2015 年 10 月 19 日，重阳节期间，澄城县文广局组织全系统党员干部观看了《做一个怎样的子女》的视频。

【主题分析】

“老吾老以及人之老”，这句在我国世代相传的道德格言说明尊老的观念自古就深入人心。如今，它作为中华优秀传统文化的核心理念，历久弥新地涵养着一代又一代人的道德价值观念。老年人对社会做出了贡献，又为抚养和教育晚辈付出了心血，当他们年老体弱时，理应得到社会、子女及家庭成员的尊重与回报。子女要尊敬、关心、体贴父母，自觉履行孝敬和赡养老人的法律责任和道德义务。“百善孝为先”，孝敬父母在各种美德中是占第一位的。一个人如果都不知道孝敬父母，那么很难想象他会热爱祖国和人民。然而，在生活节奏日益加快、生活压力不断增大的今天，青年人特别是独生子女如何履行孝道不仅是一个处理家庭中父母子女之间关系的难题，更是一个普遍的社会道德困惑。本篇案例为现代青年如何履行孝道、如何为人子女提供了一个很好的解答。你养我长大，我陪你变老。现代青年人脚步匆匆，追求梦想、追求成功、追求幸福，外面的世界很精彩、外面的世界也很无奈。在我们一路向前奔跑，或得意或失意的时候不要忘了回头看看始终对我们默默付出、不求回报但却日益年迈的父母。他们比别人更需要子女的关心，更依赖子女的抚慰，对他们来说精神的慰藉比物质的帮扶更重要。本篇案例没有感天动地的事迹，但却通过一件件小事、日常生活中的一个个场景，直达人心、令人感动、使人反思。

【启示分析】

(1)“孝”属于家庭美德，是思想政治教育的重要内容。尊老是家庭美德的重要内容。作为子女要孝敬父母，敬重长辈，关心他们的物质和精神生活，理解并尊重老人的意愿。中国的孝文化具有丰富的内涵，主要体现在两个方面：一是赡养父母，这不仅是人类亲情的自然流露，还是子女对父母抚育自己的一种回报，体现了子女对父母的道德义务。二是敬养父母，使父母得到人格的尊重和精神的慰藉。王帆对如何孝敬父母经历了一个认识过程：开始她认为给父母寄钱就是尽孝，因此她忙于兼职、打工，减轻父母的经济负担，一年里与父母的见面次数屈指可数；后来奶奶的去世让她突然意识到看起来强大的父亲实则对她这个独生女有着强烈的心理依赖，独自面对生活的父母看起来坚强实则脆弱，尽孝不能仅仅是物质的满足，因此她开始尽量抽出时间陪伴父母，一起享受生活，给父母以心灵的慰藉。王帆的经历在当代“80 后”青年中具有一定的代表性。很多大学生很早就离开父母读书，一直到大学毕业。人在外地，经济独立，长时间与父母不接触，与父母感情逐渐疏远，父母不再是他们的依靠。有些大学生成家立业后厚子薄老，儿女是心肝宝贝，父母则是负担拖累。出现这种情况的原因是复杂的，“四二一”的家庭结构使得家庭资源配置有限，日益加快的城市生活节奏和生存压力使青年忙于学习和工作而无暇照顾父母。此外，孝文化受到思想文化的冲击使得社会对孝的传统文化淡漠，严重影响大学生“孝”意识的形成，“孝子贤孙”不再成为大学生追求的社会角色。当代青年人忙着追学业、追事业、追成功、追爱情，风驰电掣地向前奔跑，却忘记了身后默默奉献、日渐衰老而需要关心呵护的父母。

(2) 孝文化与思想政治教育的诸多内容联系紧密。首先，有利于树立正确的生命价值观。正像案例中所说的“身体发肤，受之父母，不敢毁伤”，牢记双亲的养育之恩，珍惜自己的身体、珍惜他人的生命，勇于克服困难，自尊自爱，热爱生活，形成健康的、积极乐观的生命价值观。其次，有利于培养集体主义观念。孝文化的核心是对父母怀有感恩之心，由此可以扩展至对师长、同学以及他人的感恩。感恩之心使得学生学会理解他人，能够看到他人的付出、他人的优点和长处，能够学会换位思考站在他人的角度去想问题，从而有效地减少相互之间的矛盾，从而形成良好的集体氛围。感恩之心也会使学生能够服务他人、奉献社会，参与公益爱心活动，以实际行动在集体中多做贡献。最后，有利于培育爱国主义精神。孝文化的内涵已经由孝敬父母、关爱家庭扩展至奉献社会、热爱祖国。它要求对社会和国家的发展有认同、有贡献。中华孝文化中蕴含的自强不息、奋发向上的精神理念，推动大学生积极走向社会建功立业，激发他们的爱国情怀和远大的报国志向。

（3）通过多种途径对大学生进行孝文化教育。首先是家庭教育，家风对子女、对大学生耳闻目染的熏陶相对而言比学校的教育更为重要。如果离开感性的教育和体验式的认知，仅靠学校教育，效果是有限的。感性的教育主要通过家教完成，到了大学，孝道教育更偏重理性认知，而理性是以感性为基础的。其次，可以通过“奖孝金”等奖励方法鼓励学生提高自身道德素质。在高校中，奖学金制度已经非常普遍和成熟，它们主要是以奖励成绩优秀的学生进而带动学风建设的一种激励政策，但对于道德模范的奖励制度还处于起步阶段。高素质人才不仅仅要学业优秀，更重要的是道德品质过硬。最后，通过丰富多彩的校园文化活动对大学生进行孝道教育。通过开展多种形式的感恩教育活动、社会责任感教育活动、爱国主义教育活动等进行孝道教育，组织形式可以是文化名家知识讲座、辩论赛、走向社会的社会实践活动等。还要充分利用好校团委网站、微博、微信公众号等网络载体，定期推送孝文化故事和实践案例，让学生时时处处都能够受到孝文化的熏陶和影响。

案例 27 坚决向学术造假说“不”*

六名老教授，岁数加在一起超过 400 岁，最大的已经 83 岁。他们硬是凭着自己的一股“牛劲”，把一名在校内叱咤风云的“长江学者”拉下了马——不为别的，就因为跟学术造假“过不去”。

2007 年年底，一个教育部的科技进步奖获奖项目公示，让长期从事压缩机技术教学科研工作的西安交通大学退休老教授杨某侃感到很惊讶：能源与动力工程学院教授、长江学者李某生等申报的教育部科技进步奖一等奖项目是“往复式压缩机理论及其系统的理论研究、关键技术机系列产品开发”。“他在学校里就没有搞过往复式压缩机，怎么会突然弄出这么大的一个课题？我们这个行业比较小，稍微有一点新东西我们都很清楚，结果他报的内容当中，很多都是别人完成的东西。”杨某侃说。随后，心存疑问的杨某侃找到几位曾经的老同事，也就是后来一起进行举报的其他五位教授，包括郁某章教授、陈某江副教授、林某教授、冯某科教授和屈某长教授，一起来讨论这个事情。这六人平均年龄 70 多岁，据杨某侃介绍，他们在李某生等人的报奖推荐书中发现大量弄虚作假的内容，比如，李某生把上海压缩机厂 1965 年的大型机身整体铸造技术，说成是自己开发的；把沈阳鼓风有限公司 1998 年和 2001 年已经获奖的两种产品，都说成是采用他的技

① 改编自《没有结果的“学术成果”》，见中央电视台《焦点访谈》栏目，2010-03-20；西安交大 6 名教授联名举报始末．中国日报网，2010-03-24；西安交大 6 名老教授举报学术造假曾遭校方阻拦．广州日报，2011-02-25。

术研发的。对此，他们感到十分震惊和愤慨，便向校领导口头反映了这一情况。

2008年1月，六名老教授详细地整理出了报奖材料中的30多处造假信息，向校方提交了针对李某生所报奖项的书面意见，要求学校进行核实。意见提交后不久，学校有关方面的领导约见六位教授谈话。校方意见是学校地处西北，学校科技排名比较靠前来之不易，希望大家慎重对待，同时希望不要激化矛盾。这一说法让六位教授无法接受。3月17日，他们再次向西安交大党委、纪委等多个部门同时发出公开检举信，举报李某生报奖造假。几位老教授在举报信中强调：举报目的在于给母校身上新长的毒瘤开刀，以免养痈成患、毒害一代青年教师和莘莘学子。学校随后组织专家进行评审，通过校学术委员会讨论，认为该项目授奖存在争议，便致函教育部，建议撤销授予该项目2007年度高等学校科学进步奖。在学校后续进行的一系列调查取证中，认定该项目存在造假、侵占他人学术成果进行拼凑和包装等严重学术问题。3月31日，他们接到学校科研处通知，李某生等人的一等奖申报材料已从教育部撤回。至于为什么撤回，造假问题是否属实，学校却没有明确回应。六位教授对学校的态度很不满意，他们认为学术造假性质恶劣，必须严查才能警示师生。

然而事情至此远没有结束。六位教授又发现，李某生的造假还远不止这一次。早在2004年和2005年，他获得过的另外两个重要大奖——陕西省科学技术进步奖一等奖和国家科学技术进步奖二等奖也存在造假嫌疑。疑点主要集中在获奖成果的经济效益上。根据相关规定，科技成果必须为所应用的企业带来一定的效益，这是获得科技进步奖的必备条件。在陕西省科学技术进步奖一等奖的推荐书中，效益证明主要来自西安泰德压缩机有限公司。这是1998年由陕西某部门专门为李某生等人的技术成果而成立的企业，也就是说在这个公司中，这个技术成果是唯一的生产项目。但是，从西安市工商行政管理局的资产评估报告书中可以看到，泰德公司成立后的1998年至2000年之间没有生产任何产品，甚至在2001年至2003年间连续亏损，最终该项目于2004年停产，4 500万元的本金仅剩868.5万元，亏损率超过80%。然而，更加荒唐的是，就在已经停产后的2005年，李某生又以该项目获得了国家科学技术进步奖二等奖。2008年7月13日，“六人小组”向学校呈递第二封举报信，将矛头指向李某生获过的这两个重量级奖项。但当他们看到相关部门对李某生“不痛不痒”的处理后，他们开始在网络上披露该事件。2009年3月9日，陈某江在科学网开通了博客，陆续将李某生的造假材料在博客中全部公开，不到一个月，点击量突破六万，并引来众多网友的评论。一个月后，校方第二次约见六名教授谈话，希望六位教授停止网上的检举揭发，不然会对学校造成不可估量的伤害。在此之后的2009年4月，陈某江等教授又实名举报李某生1998年出版的专著《涡旋压缩机》多处涉嫌抄袭。由于六位教授坚持举报，2009年5月，学校终于成立了专门调查小组，通过学术委员会对李某生的学术造假进行彻查。通过组织校内外同行专家三次核查，认定该书第三章存在严重抄袭。同年5月，李某生和束某程以污蔑原告剽窃和侵犯原告名誉权为由将陈某江、郁某章和杨某侃三名举报者告上法庭。7月21日开庭，三位白发苍苍的老人站在了被告席上。耐人寻味的是他们之间的关系——李某生是西安交通大学教授、博导，是三位被告的后辈。用陈某江的话说，李某生是他的“孙子辈”——他是李某生的老师郁某章的老师。三个多月后，李、束二人主动撤诉。陈某江说这是因为他们掌握了李某生谎报泰德公司经济效益的证据。

2009 年 12 月，针对李某生严重的学术不端行为，西安交通大学学术委员会决定免除其博士生导师资格。在此之前，学校已免去其流体机械及压缩机国家工程研究中心副主任职务。

2010 年 3 月 21 日，中央电视台“焦点访谈”栏目以“没有结果的‘学术成果’”为题，报道了上述六位教授艰难检举的事实。次日，西安交通大学党政联席会议做出决定：鉴于李某生严重的学术不端行为，取消其教授职务，并解除其教师聘用合同。教育部亦做出撤销李某生“长江学者”称号、追回奖金的决定。

2011 年 2 月 10 日，新华网发出消息，科技部和国家科学技术奖励工作办公室日前发布通告，正式撤销西安交通大学原教授李某生等 2005 年获国家科学技术进步奖二等奖的决定，收回奖励证书，追回奖金。这是中国首次因学术造假撤销国家科学技术进步奖获奖项目。郁某章认为，这表明了国家对打击学术造假的决心。“我们做这个事情，一定要让学校恢复到我们过去的踏实、认真，为了党，为了国家，为了工业振兴，要老老实实工作，要让年轻的教师知道该做什么，不该做什么，因为我们要为人师表。”陈某江说。

至此，六位老教授长达三年的漫漫举报路终于画上了圆满的句号。

【思考题】

1. 你认为是什么促使了李某生等人的学术造假行为？
2. 六名老教授锲而不舍地揭露、打击学术造假行为，说明了什么？
3. 如何加强高等学校教师的学术道德建设？

案例分析*

【背景介绍】

大学和学术界一向被认为是纯洁的象牙塔，可是近年来，高校学术造假现象时有发生，从本科生到研究生，从知名学者到院士，学术不端行为频频见诸报端。仅 2009 年一年在国内影响较大的学术事件就有 11 起之多。这些学术不端行为导致了学术含金量的下降，也降低了公众对整个学术界的信任。

本案例中的李某生就是名利熏心、不择手段制造学术不端行为的高等学校教师之一。李某生，原西安交通大学能源与动力工程学院长江学者，特聘教授，博士生导师。曾任职流体机械及压缩机国家工程研究中心副主任、中国机械工程学会流体工程学会常务理事、全国冷冻空调设备标委会技术委员、《流体机械》杂志编委、教育部长江学者特聘教授、西安交通大学能源与动力工程学院学位委员会及博士研究生指导委员会委员等职务。

多年来，教育部已先后出台了《关于加强学术道德建设的若干意见》《高等学校哲学社会科学研究学术规范（试行）》《关于进一步加强和改进师德建设的意见》等文件，又

---

* 郝俊杰．高校学术道德失范的原因透析及防治策略．黑龙江高教研究，2011（1）；王又军．加强学术道德建设刍论．中国高校科技，2011（6）；王比学．学术腐败为何愈演愈烈？．人民日报，2006－03－02.

于 2009 年 3 月 19 日下发《关于严肃处理高等学校学术不端行为的通知》，给全社会用法律法规去约束学术道德、阻击学术腐败等学术不端行为提供了有力保障。

【主题分析】

本案例中的原西安交通大学的教师李某生为了谋取国家奖项，不惜造假申报材料、抄袭他人成果，说明高校亟须加强学术道德教育。西安交通大学能源与动力工程学院压缩机教研室的杨某侃教授、郁某章教授、陈某江副教授、林某教授、冯某科教授和屈某长教授，历时三年，以坚定的意志与不屈的信念勇敢地对李某生的学术不端行为进行了揭发，并取得了最后的胜利。这也说明有很多学者心存正气，敢于同学术不道德行为做斗争。学术道德是教师职业道德的重要内容，因此也是思想政治教育的重要内容。学术造假是教师违反学术道德的主要表现，其形成原因是复杂、多方面的，造成的影响也是极为恶劣的，不仅对大学生的思想道德发展产生了不利影响，而且也影响了整个社会的道德风气。

【启示分析】

（1）学术道德教育属于职业道德教育，是思想政治教育的重要内容。职业道德是社会主义道德原则在职业生活中的具体体现，在要求“学为人师、行为世范”的教师行业，教师的职业道德直接影响着国家的未来。而高等学校育人为先的使命，则使教师学术道德建设更具有特殊的意义。教师在学术研究活动的整个过程中，在处理人与人、人与社会、人与自然关系时，应遵循学术共同体的行为准则和学术活动的道德规范，绝不能有剽窃、抄袭他人的研究成果，或者伪造、修改研究数据等行为。这种学术造假是一种违背学术道德和科学精神的表现，是一种学风浮躁和急功近利的产物。尤其恶劣的是，案例中李某生等人作为学术不端行为的制造者居然不思悔改，不知羞耻地与几位坚持打假的老教授对簿公堂，其行为和品德玷污了教师的基本职业道德、辱没了科学研究工作者的人格。科技部、教育部及所在学校对其做出了撤销奖励、解除聘任合同的处理决定，才使学术的尊严和教师的声誉最终得以维护。这也进一步表明，作为肩负培养社会主义“四有”新人崇高使命的高校教师，其学术道德建设不仅关系国家学术进步和科技发展，还关系人们对科学的信任和支持，影响到学术界的形象和尊严。因此加强教师的学术道德建设是思想政治教育的重要任务。

（2）高校教师的学术道德失范不仅影响高校的发展，而且对大学生的思想道德状况也有着巨大影响。学术研究是一个复杂严谨、厚积薄发的过程，需要经历艰辛的探索，有的教师通过不正当手段，短时间内就能获得很多“科研成果”，并由此而顺利地在职称、职务上得到晋升，这不仅使学术道德失范现象恶性膨胀，还挫伤了其他教师科研的积极性。“学高为师，身正为范”，在学生心里，教师无疑是学生投身科学研究的引路人和培养高尚道德与情操的楷模，教师的学术道德失范行为无疑会对学生产生潜移默化的负面影响。教师在学术上可以造假，学生自然在学习上也可以马虎。当前，大学生缺课、迟到现象屡见不鲜，考试作弊、论文作假现象也已不足为奇。这类现象与教师学术道德失范不无关系。所以，教师学术道德失范，不仅严重影响到高校的学风、教风和校风，也严重地影响到大学生的健康成长。高校教师职业道德失范现象，必然会给大学生思想道德培养留下阴影。

（3）通过多种途径规范教师的学术道德。首先，树立正确的科研观。要清醒地认识到，进行科学研究是为培养人才服务的。只有建立正确的科研观，才能在科学研究中坚持对原创性的追求，避免为了职称评定、项目评奖等而炮制出大量平庸的学术垃圾。其次，树立正确的学术观和学术道德观。我国著名教育理论家瞿葆奎教授说："学术研究来不得半点虚假，一就是一，二就是二，自己思考到什么样的程度，也就表达到什么样的程度。如果把别人的成果当作自己的成果，这不是简单的'掠人之美'，而是对学术研究的亵渎。学术研究是与存真求实、脚踏实地联系在一起的，没有了真实、诚信，也就没有了学术的生命。"因此，教师要在学术活动中加强自律。再次，要建立完善的学术评价体系。学术评价体系要彻底改变重量轻质的倾向，要从质量、原创性、创新性及效能等多维指标进行评价。最后，要健全相关法律。要尽快完善《著作权法》《专利法》等相关法律中有关惩治学术道德失范行为的内容，明确法律处罚措施，保障高等学校学术活动的健康发展。

案例 28　敬畏生命的施韦泽*

阿尔贝特·施韦泽出生于法国阿尔萨斯的一个小镇恺撒堡。这个小镇位于法国中部，与德国相邻的莱茵河西侧，所以当地人会同时使用德语和法语。施韦泽在小时候便会这两种语言。在他写作业的时候就用法语，在学校演讲的时候就用德语。因为当时的阿尔萨斯是属于德国的，所以德语是他的母语。施韦泽年幼时曾看过一个非洲人的人头雕像，这给他留下了深远的影响。他回忆说："他脸上那忧伤而若有所思的神情，好像是在和我诉说黑暗大陆的悲痛。"小施韦泽一直想当一个马车夫，喜欢跟着做马车夫的邻居学习驾车，用鞭子不停地赶着马往前走。回家后卸套时，小施韦泽注意到了驾车奔驰时看不到的一幕，老马的腹部被磨伤了。他看着它那疲惫的双眼，默默地请求它的原谅。上中学时，小施韦泽驾着马拉的雪橇回家过圣诞节，一只狗突然从一个院子里跳出来对着马猛叫。他抽了小狗一鞭，击中了它的眼睛，它号叫着在雪地里打滚。狗的哀号声一直在小施韦泽耳边回响，几个星期都不能摆脱。施韦泽后来回忆说："正是从这种震撼我的心灵并经常使我惭愧的经历中，我逐渐形成了不可动摇的信念：只有在不可避免的条件下，我们才可以给其他生命带来死亡和痛苦。"

施韦泽聪明好学，年轻时就已在音乐、宗教与哲学方面展现出了出众的才华。他 24 岁获得哲学博士学位，25 岁获得神学博士学位，随后在斯特拉斯堡大学担任神学及哲学教授的职位，并出版了几本著作。他有关耶稣的历史著作和音乐家巴赫的传记影响比较大。施韦泽也是一位非常优秀的风琴演奏家，尤其对巴赫的作品有着独特的领会，在当

* 施韦泽．对生命的敬畏：阿尔贝特·施韦泽自述．陈泽环，译．上海：上海人民出版社，2006；许子蓉．丛林诊所里的"非洲之子"．小学生导刊（高年级版），2008（5）．

时拥有许多乐迷。年少的施韦泽对《圣经》的独特诠释、对康德的深入研究、对管风琴的美妙弹奏都让人印象深刻。

施韦泽虽然自幼多才多艺且发展顺利，但他心中一直念念不忘从小向往的服务与帮助他人的志愿。29 岁时，施韦泽读到了一篇有关非洲大陆急需医疗援助的文章，这促使他在次年做出了一个震惊他父母和好友的决定：放弃他蒸蒸日上的学术地位和演奏生涯，重新进入医学院去学习。八年后，施韦泽终于完成了他的心愿，获得了医学博士学位，和他志同道合的伴侣海伦（Helene）远赴非洲的兰巴雷内（Lambaréné），在原始森林边的奥果韦（Ogooué）河畔建立了施韦泽医院，开始为非洲人民奉献他的爱心。迎接他们的是无边的原始森林、水、陆地、毒烈的阳光、蚊蝇、土著人的病痛和白人的迫害。兰巴雷内一所传教办事处的破鸡舍是他最初开展义诊的地方。心脏病、肺病、精神病、脱肠、橡皮病和脓伤的患者极多。热带赤痢、麻风、昏睡病、日晒症及疥癣更是普遍而可怕，最难对付的强敌则是土著人对病痛的麻木，以及慵懒、偷窃和浪费的习性。施韦泽夫妇不仅夜以继日地医治他们的身体，更关怀他们的灵魂。土著人因此叫他“欧刚加”，就是神人的意思。他也是土著人的严父、兄长、工头和密友。在丛林中，他亲自和土著人一起建医院，制砖、配药、开拓农场。为此，欧战中他被关入法国俘虏营，感染上了赤痢和日晒症。但是苦难不曾使他低头。在蛮荒之地，他不但行医救人，也弹巴赫，读歌德，写《文明的哲学》，领悟出“敬畏生命”的真理。

爱因斯坦说，像阿尔贝特·施韦泽这样理想地集善和对美的渴望于一身的人，他几乎还没有发现过。

施韦泽在几近蛮荒的贫穷落后地区为素不相识、语言不通的非洲人民奉献他所有的精力、智慧和爱心 50 余年，在非洲兰巴雷内开设诊所义务行医，毕生保持对道德的敏感和对人性的敬重、竭尽所能地以行动而非言论去实践“为人类服务”的坚定理想，这是他本人留给世人最高大光辉的身影。在最初的 30 多年中，他还经常奔波于欧洲各大城市，举办他拿手的风琴演奏会，不断为他的医院募集经费。施韦泽一生反对任何暴力与侵略，他极力倡导尊重生命的理念。施韦泽深信渴望生存、害怕毁灭和痛苦，是人类的一种本能。作为一个有思想能力的人，我们应该尊重别人和别的生命，因为他们像我们自己一样，强烈地希冀着自由和快乐的生活。在实践生活中，施韦泽认为每一个人在伤害生命时，都必须判断这是不是基于生活的必需并且不可避免。他特别举了一个例子：一个农人可以为了生活在牧场上割一千株草给他的牛吃，但在他回家的路上，他却不能因不小心踢倒路旁的一朵小花。施韦泽相信宇宙间所有的生命是结合在一起的，当我们致力于帮助别的生命时，我们有限的生命则可以与宇宙间无数的生命合而为一。施韦泽一生发表了许多演说和文章，他反对战争、反对破坏环境及发展核武器，而他最有力的演说是他用自己的生命发表的。在非洲恶劣的条件下，他写下了大量有关文化和伦理学的著作，创立了“敬畏生命伦理学”。这种伦理学后来被认为是“标志西方道德进步的一个里程碑”。

1952 年，他 77 岁，漫长岁月，爱心似海，世人为之动容。他从收音机里听到了自己获得诺贝尔和平奖的消息。这位慈祥博爱的长者在奥斯陆接受了诺贝尔和平奖颁奖，这个奖代表着多年来全世界对他的尊敬和推崇。他毫无保留，把全部奖金连带演讲、演奏所得，全都用来增盖兰巴雷内的麻风病院。他的善举，担当得起爱因斯坦的高度评价："在20世纪西方世界，施韦泽是唯一能与甘地相比的具有国际性道德影响的人物。"

1965年，他90岁，这位20世纪人类良知的代表、和平之子，在临终前说道："上帝啊！当跑的路我跑过了，尽力了，我一生扎实地活过了。"之后，他庄严地在为爱而奉献半个多世纪的非洲兰巴雷内停止了呼吸。

【思考题】

1. 爱因斯坦为什么称阿尔贝特·施韦泽是"理想地集善和对美的渴望于一身"的人？

2. 你如何看待施韦泽提出的"敬畏生命伦理学"？

3. 施韦泽的世界观、人生观、价值观是如何形成的？

案例分析*

【背景介绍】

阿尔贝特·施韦泽（1875—1965），法国医学家、神学家、哲学家、音乐家，是20世纪人道主义精神划时代的伟人，被称为"非洲圣人"。施韦泽提出的"敬畏生命伦理学"成为当代生态伦理运动的重要思想资源。1962年，"现代环保之母"蕾切尔·卡森为了表达对施韦泽的敬意，将其名著《寂静的春天》一书题献给施韦泽。敬畏一切生命，这是施韦泽生命伦理学的理论基石。他把伦理的范围扩展到一切动物和植物，认为不仅对人的生命，而且对一切植物和动物的生命，都必须保持敬畏的态度。他说："我的生命对我来说充满了意义，我身旁的这些生命一定也有相当重要的意义。如果我要别人尊重我的生命，那么我也必须尊重其他的生命。道德观在西方世界一直就仅限于人与人之间，这是非常狭隘的。我们应该要有无界限的道德观，包括对动物也一样。"今天，施韦泽虽已辞世50多年，但他仍为全球志愿者所尊敬和仰慕。他用实际行动和他所选择的人生道路不断鼓舞和感动着许许多多后来的志愿者去追随他那四海一家的博爱情怀。国际上现在仍有许多人在宣扬和发展施韦泽的博爱精神，其中较为著名的是国际阿尔贝特·施韦泽组织（International Albert Schweitzer Association）和国际阿尔贝特·施韦泽基金会（International Albert Schweitzer Foundation），前者着重于继承和发扬施韦泽的精神，后者则致力于继续他在非洲的医疗援助工作。

【主题分析】

在人类伦理思想史上，主张奉献、同情和博爱的思想家有很多，但是，又有几位思想家能像施韦泽一样，不仅在理论上创立并阐释自己的思想，而且还用一生的奉献去践行自己的思想呢？施韦泽放弃欧洲优越的生活条件和较高的社会地位，献出毕生精力扎

---

* 孟广慧．浅析施韦泽的敬畏生命理论．青春岁月，2011（8）；余巾英．施韦泽的敬畏生命伦理学及其现代启示．上海：上海师范大学，2008.

根非洲行医50多年的善举，是他对生命敬畏的体现。施韦泽认为只有把肯定世界和生命发展作为一种世界观，我们才能进行有意义的人生活动。假如我们能树立肯定世界和生命的世界观，就会对这个世界和所有生命存在抱着积极的看法，对于社会环境的变迁和人自身生活际遇的改变也会采取正确和乐观的态度，从而对一切生命负责，在不断的努力中体现自己的人生价值。施韦泽以他的实际行动，完美地向世人诠释了他肯定世界和生命的世界观。施韦泽的世界观决定了他奉献人类的人生观和珍爱生命的价值观，任何人都要关怀他周围的所有人和生物的命运，给予需要帮助的人真正的人道帮助。同时，施韦泽认为只涉及人与人关系的伦理学是不完整的，自然界中一切生命都是神圣的，敬畏生命的思想对人类走出传统人类中心主义的困境、肯定并尊重自然的内在价值、实现人与自然和谐共处也提供了诸多启示。我国正在建设社会主义和谐社会，其中非常重要的就是人与自然的和谐，只有坚持建设社会主义生态文明，才能真正实现中国的可持续发展。

【启示分析】

本案例介绍了“敬畏生命伦理学”的创始人施韦泽为非洲人民奉献一生的感人经历和他敬畏一切生命的思想，具有多方面的启示。世界观是人们对整个世界的总的看法和根本的观点，是人们对世界本质、人与周围世界的关系、人在世界中的地位和生存价值等一系列观点的总和。世界观一旦形成，就决定了人们观察问题、处理问题、立身处世的基本态度。进行科学的世界观教育是思想政治教育最根本的教育内容。

（1）世界观决定了人生观的基本取向。施韦泽奉行肯定世界和生命的世界观，决定了他奉献人类的人生观。施韦泽把为人类奉献视为自己的幸福，在30多岁时，他就毅然放弃他在欧洲学术、艺术和宗教等方面的锦绣前程，奔赴非洲兰巴雷内，义务为当地居民治病。他的奉献精神令世人震撼，也令世人景仰。他对人类苦难的无比同情和他极其热忱的献身精神感动了世世代代的人。他认为我们不能够把自己的幸福权利理所当然地接受下来，在我们在生活中获得美好东西的同时，我们必须为此做出相应的奉献。罗素说：“世界上真正善意、献身的人，非常罕见。在我们这个时代，是不适于理解和无资格比拟这种人的。施韦泽博士是真正善意、献身于世的人。”奉献人类的人生观，在任何时代都应该得到提倡。在社会主义市场经济条件下，一些人奉行自私自利的人生观，为达目的不择手段，其根本原因在于他们的世界观已经发生了严重扭曲。

（2）世界观决定了人们价值观的基本取向。施韦泽肯定世界和生命的世界观，决定了他珍爱生命的价值观。在“敬畏生命伦理学”看来，生命是伦理的基础，无论是为己还是为人，都不能成为伤害和毁灭生命的理由。在当代社会中，我们非常迫切地需要发扬这种珍爱生命的价值观。近年来，大学生、中小学生自杀或攻击、杀害他人的案件时有发生，这些学生既不重视自己，也不关爱他人，他们究竟出了什么问题？在社会主义市场经济的其他领域，漠视生命的现象也时有发生。屡屡发生的矿难事故令多少生命在黑心矿主与腐败官员的勾结中被践踏，这些案例反映出长期以来在我们的教育中缺乏对珍爱生命这一价值观的重视和培养。珍爱生命，不仅是要珍爱自己的生命，也要珍爱他人的生命，珍爱大自然孕育的所有生命。能否在全社会广泛发扬珍爱生命的价值观，是关系能否实现人与人、人与社会、人与自然和谐相处的重要因素，也是一个国家能否永葆生命力的关键所在。

（3）如何认识人与周围世界的关系是世界观的重要内容。施韦泽敬畏生命，主张把所有生命当作道德关怀的对象，避免了传统人类中心主义的生物等级观念和物种歧视主义，为所有生命获得平等道德地位发出了一种呼唤，从而实现了对传统人类中心主义的超越。人类应该敬畏生命，不断完善和发展生命，不断提高生态系统维持生命的能力。如果人类只关注自身的利益，把自身的价值和人生的意义仅仅归结为尽可能地占有物质财富，而无视其他生命群体的利益和权利，肆意地掠夺地球上的资源，那么最终结果只能是人类与地球的共同毁灭。构建社会主义和谐社会，其重要内容之一就是人与自然的和谐，肯定并尊重自然的内在价值，人类才能在大自然中摆正自己的位置，真正地实现可持续发展。建设社会主义生态文明强调人的自觉与自律，强调人与自然环境的相互依存、相互促进、共处共融，既要追求人与人的和谐，更要追求人与自然的和谐。

案例 29 “无语体师”*

2006 年 10 月 19 日下午，大连医科大学临床医学 2006 级的 60 多名同学统一身穿白衣围站在即将被使用的人体标本前，在轻奏的乐声中静静地聆听思想道德修养课老师和本班同学的致辞，饱含敬意地献上一束黄色的雏菊，默默地低头致以哀思。这是大连医科大学从 2006 级新生开始，全面开展的“无语体师”感恩系列活动之一。

“无语体师”是医学生对解剖教学用遗体的尊称。此项活动贯穿医学生的五年学习过程：第一学期为“无语体师”的启用仪式、告别仪式；第二学期为“无语体师”的祭奠仪式及清明追思会；第七学期为榜样寻觅；第九学期为医德践行。

学生入学伊始，在“思想道德修养与法律基础”课的教学中安排两个学时，与基础医学院解剖教研室、遗体捐献中心等部门联合，在解剖实验时，由“思想道德修养与法律基础”课教师主持，结合“思想道德修养与法律基础”课的教学内容，以班级为单位举行“无语体师”启用仪式。在仪式中，同学们统一身穿白衣围站在即将使用的“无语体师”前，在轻奏的乐声中，饱含敬意地献上一束黄色的雏菊，默默地低头致以哀思，静静地聆听思想道德修养课老师的致辞：“人人有父母，个个有情谊。可是面前的这些将作为我们学习用标本的人，失去了所有的一切。我们不知道他们曾有过的幸福快乐，也不知道他们曾有过的难过悲伤。我们只知道他们失去了自己的生命。在生命的最后时刻，他们没有选择青山黄土，在那里寻找灵魂的安息；也未选择蔚蓝的大海，在那里寻求生命的永恒。他们只是在这里静静地等待着我们，然后一点点化为腐朽。可是在他们的腐朽中，成就了医学的神奇，成就了我们悬壶济世的本领。我们本不相信有永恒的灵魂，但我们现在却期待着永恒的灵魂，唯有如此，我们才能听到他们无语的倾诉；我们本不

---

* 胡莉莉，任晶惠．一场特殊的追悼会．大连晚报，2006－10－20；刘玉，胡莉莉．“无语体师”唤起“爱与善”的生命循环．中国教育报，2006－10－27；“无语体师”唤起“爱与善”的生命循环．辽宁大学生在线联盟，2009－05－12；魏晓蕾．我市有 86 人实现了遗体捐献．大连晚报，2010－04－02.

相信有不死的生命，但在这个时刻我们却盼望着不死的生命，与我们共同体会死亡中的价值人生。常人所有的对死亡的恐惧，我们轻轻将它抹去；常人所有的对生命的眷恋，我们深深地珍藏。”

学生在第一学期末解剖课结束时，“思想道德修养与法律基础”课课程负责老师再用两个学时与基础医学院解剖教研室、遗体捐献中心等部门教师联合，举行“无语体师”告别仪式。在“无语体师”告别仪式上，同学们将一起缓缓走到“无语体师”前，向“无语体师”鞠躬献花，以表达自己对“无语体师”的敬意和谢意。72 岁的戴秉忠老先生，是大连硬质合金厂的处级离休干部，作为一名遗体自愿捐献者也参加了此次活动，并为同学们做了一场主题为“生命的价值”的报告会。他说：“作为一名党员干部，应该跳出世俗的观念，从自己身边的事做起。捐献遗体是最科学的人生观，它将一个人的价值发挥到了最大，也是一个人能为社会做的最后贡献。作为一名唯物主义者，我不相信鬼神，人死之后，将尸体付之一炬是很可惜的，不如捐献出来，供科学研究，来实现更大的价值。而且有这么多的同学对‘无语体师’献花和举行告别仪式，你们对尸体的敬重让我深深感动，也让我更坚定了捐赠遗体的信念。与其去世后尸体被烧掉，还不如捐献出来做些贡献，我甘愿也成为‘无语体师’，让同学们学到更多的医学知识。”戴老先生的发言感动了很多在场的学生，有学生代表发表感言称：“‘无语体师’，您也曾经是活生生的人，也有被亲人热切呼唤的名字，值得我们去尊敬。您是高大的，令人尊敬的。当我们颤抖的双手在您的身上划下道道创口，当轻轻拨开两侧的肌肤，我们看到了身体的构造，更深深体会到了生命的精致与伟大！虽然您没有鞭辟入里的陈词，您没有神采飞扬的表情，但您的教诲却是无声的，您的给予更是生动的！肋骨下，胸廓中，那自胸口传来的简单律动，孜孜不倦地为我们昭示着生命的纯净与庄严，纵使胸口不再起伏，脉搏不再跳动，您失去温度的身体，却依然发着光与热！当您决定献出躯体的那一刻，生命的力量已然贯穿时空的界限，将不再会因呼吸的停止而消逝，不会因心跳的终止而终结！您用您宝贵的身躯将科学昭示给我们。此时，耳畔仿佛传来您的教诲，告诉我们您宁愿受千刀苦，也不愿我们未来在病人身上划错任何一刀。于是我们领会了身为一名医生的责任与神圣，我们在此向您深深鞠躬，在那遥远美好的国度里，您是否悄悄听见我们的感谢？下课了，您依旧沉睡，看着我们增长了知识，成熟了心灵，相信远方的您，嘴角已然泛起满足的微笑。我们真诚的感谢每一位‘无语体师’，也许我们不知道您的名字，但我们一辈子都会记住您的躯体，因为这是我们跨入医学之门的第一级台阶，您的无私奉献，使我们这些后人受益终身。我们由衷地祝愿您安息。”

学生在第二学期，结合“马克思主义基本原理概论”课课堂教学，利用 4 学时，进行“无语体师”清明祭奠仪式及追思会。在这项活动中，医学生心灵得到了震撼，情感得到了升华。在参加过“无语体师”感恩活动启用仪式和告别仪式的学生眼中，解剖教学用遗体已不再是一具冰冷的尸体，而是一位被赋予了生命的“老师”。许多学生根据自己参加“无语体师”悼念仪式以及解剖实验课的相关经历，发表了自己的感言，针对“无语体师”在医学实验中的重要贡献及其蕴含的人文精神抒发了自己的感想。医疗专业的一名学生表示：“我坚信，许多年后回忆往事时，我会记得这位在大学期间的特殊导师。他的生前我们无从知晓，但我们会记得他死后的伟大。”学生们在参加了启用仪式后，纷纷写下《致“无语体师”的一封信》《医学生的自白》等感言。麻醉专业的一名学生在感言中写道：“刚刚接触‘无语体师’时，我还是满腔的恐惧与害怕，仿佛他们会突然间站起来一样。他们身体所散发的那种甲醛的刺鼻气味，令人更加敬而远之，仿佛只有保持一米以上的距离才能有安全感。自从老师告诉了我有关‘无语体师’的故事，听了那位老红军捐献遗体的事迹后，我受到了深深的震撼。我第一次感觉到了肩膀上责任的重大，第一次感觉到遗体捐献者的崇高与伟大！我想郑重地对他们说声‘谢谢！’但我想，表达谢意的最好方式就是努力掌握医学技能，去拯救无数鲜活的生命。”“让我们记住这个时刻，这个让我们比较生死两界的时刻；让我们记住这些无名的人，这些用无言的方式让我们面对死亡，却更能思考生命意义的人；让我们共同记住这个普通的名字——‘无语体师’。”

现在，大连医科大学已建成“无语体师”告别厅，并将继续梳理“无语体师”生前的点点滴滴，整理他们对即将解剖自己的医学生们的赠言，使医学生知道，解剖台上躺着的遗体，也有自己的故事，尽管生前是平凡人，但临终做出捐献遗体的决定是伟大的，看到逝者背后的故事、看到家人的不舍，让医学生更懂得尊重逝者，珍爱生命。另外，该校遗体捐献中心将建立“无语体师”数据库，将“无语体师”的姓名、年龄、生平书写下来永久保留，让他们不再是默默地来、默默地走。

随着“无语体师”感恩系列活动的开展，已经有越来越多的人来大连医科大学登记申请自愿捐赠遗体。“无语体师”，是生命的重托，更是“爱与善”的生命循环。

【思考题】

1. 你如何看待这些“无语体师”？
2. 你会参加遗体捐献活动吗？
3. 你如何评价“无语体师”系列教育活动？

案例分析*

【背景介绍】

大连遗体捐献始于1996年，近几年来遗体捐献者明显增多。目前全市共有656位市民办理了志愿捐献遗体手续，有86位捐献者实现了捐献的夙愿。捐献者中既有教授、军人、干部，也有普通的工人、市民；年龄最小的是两个月的婴儿，最大的是95岁的老将军，还有五对老夫妻双双捐献了遗体。

大连医科大学自2006年起，全面开展“无语体师”感恩系列活动。这项活动不仅使学生学会了感恩，更增加了准医生对生命的尊重和对患者的关爱。同时，这一活动也引起了有关媒体的关注，《中国教育报》、《大连日报》、《半岛晨报》、《新商报》、《大连晚

---

* 杨文龙，颜正良．浅析大学生生命观教育．中南林业科技大学学报（社会科学版），2011（3）；闫平．中国遗体捐献渐成风气．新华网，2010-04-01；“无语体师”唤起“爱与善”的生命循环．辽宁大学生在线联盟，2009-05-12.

报》、大连电视台等相继对此进行了多次报道。

【主题分析】

大连医科大学的“无语体师”感恩系列活动，是培养医学人才的特殊举措，是对医学生的生命观教育、世界观教育，使学生深刻领悟到了在生命洪流里，死亡可以是一种形式的落幕，但也可以升华为一种爱与善生命循环的序幕。“无语体师”生前为社会做贡献，死后捐出遗体供医学生学习，他们以彻底的唯物主义观点对待人生的生死问题，这也是人生观的最高境界。“无语体师”不仅为医学生提供了学习实验的基础，而且使医学生深刻体悟到敬畏生命、善待生命、尊重生命等医学伦理精神。医务工作者的神圣职责是拯救生命，医学生时期的生命观教育是他们具备良好的职业道德的基础。思想政治教育要善于针对教育对象特点充分挖掘思想政治教育资源进行针对性的思想政治教育。

【启示分析】

自 2006 年，大连医科大学“思想道德修养与法律基础”课程组根据医学生思想道德教育的特殊要求，与学校的基础医学院解剖教研室、遗体捐献中心等部门联合，实行了“无语体师”感恩系列教育活动，同学们心灵受到很大触动，为“无语体师”的奉献精神深深感动。进行生命观教育是思想政治教育的重要内容，该案例给予我们以下三点启示：

(1) 要引导学生用唯物主义的观点去对待生与死。如何看待生与死的问题，是生命观的核心问题。生命观属于世界观范畴，是思想政治教育的重要内容，它是指人对生命的存在、生命的价值和意义的认识、理解及基本观点。唯物主义告诉我们，生与死是不依赖于人的意识而存在的，生命的价值和意义就在于创造和提升人的生命品质，通过实践去展现生命的精彩，因此要尊重人的生命。“无语体师”死后捐献遗体，供医学生学习、实验，这种奉献精神、这种对待生死的乐观精神，让人心灵震撼，情感升华。医学生是未来的医务工作者，特殊的工作性质使他们要经常面对病人的生与死、掌握病人的生与死，引导他们用唯物主义的观点认识生死问题，具有重要的意义。

(2) 要帮助大学生树立正确的生命观。人的生命观并不是生而有之，它的形成是一个漫长而复杂的过程，它需要对人生感悟的积累，需要对生命存在和价值进行不断的探索，如果仅凭个人努力而没有正确的引导和教育，所形成的生命观可能是低俗的甚至是错误的，因此生命观教育是非常重要的。生命观教育包括生命价值教育，每个人的生命存在都有其价值，这是生命的最基本层面，人类的生命还存在更高的价值——创造性价值。生命观教育还包括尊重和敬畏生命存在的教育，人具有其他生物不具备的非凡的认识世界和改造世界的能力，每一个体相对于其他人类个体都具有独特性和不可替代性。实施生命观的理论教育应该从以下三个方面入手：一是以学校教育为主，在大学的思想政治理论课中增加有关生命观的内容；二是开设生命观教育方面的专门课程，让大学生接受系统化、理论化的生命观教育；三是充分利用电视、报纸等传播媒介进行生命观方面的理论教育。生命观教育的实践教育方面主要是要求大学生多接触和了解社会，多参与到与生命活动有关的社会实践中去，让大学生充分体会人存在的意义和人在改造社会中的伟大作用和现实价值，从而使大学生认识到生命存在的重要性，坚定他们珍惜生命、投身社会和实现自己生命价值的信心。大连医科大学对“无语体师”的感恩系列活动，正是对遗体捐献者的尊重与维护，给予了他们生命的尊严，让他们的生命在精神上继续传承下去。把大学生思想政治课搬进解剖课堂，让医学生通过“无语体师”感受奉献精神，可以培养他们尊重患者、关爱患者的基本素质。

（3）思想政治教育应注重与教育对象自身的特点相结合。首先，思想政治教育内容要符合教育对象需求。本案例对医学生生命观的教育适合他们将来工作的需求。一是教育医学生树立敬畏生命的意识。医务工作者拯救生命的事业是建立在对生命敬畏的基础上的，医学生生命观教育的基础是树立敬畏生命的意识。只有把生命放在最重要的位置上，才能在以后的工作中做到不论遇到什么样的病人，从内心自觉形成一种拯救生命的神圣感和使命感，从而善待生命、尊重生命和救治生命。二是要指导学生善待生命。医者有仁心，方可济世救人。要指导学生珍惜病人的生命，医学生未来工作的对象是病人，病人的身心处于痛苦甚至危难之中，病人把对自身生命与健康的希望都寄托在医务工作者身上，医务工作者要重视病人的祈求和痛苦。因此，只有在医学教育中培养医学生大仁大爱的思想情感，他们将来在医疗工作中，才能对患者一视同仁，认真负责。其次，思想政治教育方式方法要体现教育对象的特点。本案例对医学生的思想政治教育就融于医学专业课解剖课中，通过对医学标本“无语体师”的感恩系列活动，对学生进行了深刻的生命观教育。此外，还可以积极结合社会突发事件或医疗行业热点问题进行教育。应该随时抓住社会中与医疗行业相关的真实事例，用事实说话，唤起学生内心的共鸣，从而达到良好的培育效果。例如，在“非典”、“5·12”汶川地震等突发公共事件中，众多医务工作者的无私奉献，都可以作为医学生品德培育的有力“教材”。

案例 30　我是你近旁的一株木棉*

1977 年 3 月下旬的一个黄昏，年届六旬的诗人蔡其矫，从永安到厦门，来见一位被称作“鼓浪屿女王”的女知青。他们在鼓浪屿灿烂奔放、鲜花似锦、春意融融的氛围里散步。当暖风如醉时，蔡其矫大发感慨：我一生结识过无数美女，多数都头脑简单，那些有才情的女子又往往相貌平庸，而既美丽又聪明的女子不是没有，却往往是精明强干的女强人，令人生畏。有谁曾让自己内心真正折服过、一生投入过呢？答案是：没有。

这位被称作“鼓浪屿女王”的女知青便是后来成为“朦胧诗五将”之一的诗人舒婷。舒婷这一年 25 岁，还是一个单薄文弱的姑娘，下乡插队三年后回城成为一名工人，正做着文学女青年的梦。她对风流倜傥、才华横溢的蔡其矫由衷敬佩，而蔡其矫从不讳言自己对诸多美女的爱，舒婷把这点当作诗人襟怀坦白的品质而予以尊重。听了蔡其矫的感慨，舒婷心里默默想道：男性对女子要求是这样完美，其实女性对男子的要求又何尝不是完美的呢？这个世界上又何尝有过令女子满意的十全十美的男子？舒婷当时年轻气盛，她不仅这么想，而且还大声地说了出来：天下的男子都希望自己遇上一个集美貌、智慧

* 俞晓红．我是你近旁的一株木棉．高校辅导员学刊，2011（1）．

于一体的女人，以为自己有取舍受用的单方面的权利；其实女人也有同样的选择标准，而且还有比男人更加深切的希望。

在舒婷的心中，女子之于异性，不是依附，不是陪衬。如果将男子比作一棵树，那么女子不应该依树而活；女子与男子的关系，应该是一棵树和另一棵树的关系。当天夜里，舒婷无法入眠。一棵树和另一棵树，什么树和什么树呢？半夜 2 点，舒婷一口气写完了一首诗，题目是《橡树》。次日，舒婷将诗稿赠予蔡其矫。蔡其矫回北京后将诗送给时年 68 岁的艾青看。比舒婷大 3 岁，后来成为朦胧诗的代表作家的北岛在艾青的家中读到了这首诗，艾青建议将诗题改为《致橡树》。1978 年，北岛与芒克创办油印诗刊《今天》时，将这首诗刊发在创刊号上。这样，《致橡树》很快便在青年人中流传开来，并得到大家的喜爱。很多人将它作为情书向所爱的人传递心声。

当我们的思绪与想象回到 1977 年 3 月鼓浪屿那个漫步的黄昏和不眠之夜，试图还原这首永恒的诗篇催生的土壤、空气和阳光时，可以想象：那位颇具才情的诗人见到聪明多才却相貌平平的舒婷，心中曾否荡漾过爱的涟漪，口中又是否曾诉说过爱的表达，这并不重要。重要的是木棉的表态，则可视为舒婷的人格独立意识和女性书写立场的自白。诗作的题目由“橡树”改为“致橡树”，正能体现诗作的作者的书写立场和抒发与异性平等相处、精神独立的目标追求。一字之改，境界全出。

有一次，舒婷在德国美因茨参加了一个野餐会。朗诵《致橡树》是舒婷参加各种聚会的保留节目，那天她照例朗诵了《致橡树》。餐会的女主人环视周围的山林，友善地对舒婷说：“这片山林全都是你的橡树。”可是舒婷看了一下那些枝干粗细各异的橡树，骄傲地说：“不，那不是我的橡树，它们是橡树的儿子。”的确，舒婷的橡树只有一株。

如果说舒婷的《致橡树》和《神女峰》是从女性的视角来看待爱情的，那么，匈牙利伟大的抒情诗人和民族文学的奠基人裴多菲的《我愿是激流》就是从男性的视角出发，阐释了男性的爱情观。裴多菲曾写了一首题为《我愿是激流》的爱情诗献给他的未婚妻尤利娅。诗人运用两组富有对照性的意象，表达了他博大无私的爱情观。在诗人的情感世界里，“我”是能越过险阻的激流，是能抵御狂风的荒林，是甘于牺牲的废墟，是能遮蔽风雨的草屋，是天空苍白的云朵；而“我”只愿“我的爱人”是激流中快乐游戏的小鱼、稠密的树枝间安居的小鸟、攀援废墟的青青的常春藤，是草屋中炉子里愉快的火焰，是云朵边辉煌的夕阳。诗中男性意象刚毅而悲壮，女性意象则欢快而灵动。五幅连续的象征图景，传达出诗人无私奉献的爱的情怀。这首诗对爱情观之所以做出了与《致橡树》截然不同的诠释，是源于两诗抒情主体的性别与书写立场不同：一首是女性追求人格独立，具有更多理性的思考；一首是男性愿意自我牺牲，富于激情澎湃的意味。换言之，《致橡树》则是一个拥有明确的平等意识和刚强的独立精神的知识女性的生命宣言，《我愿是激流》是一个拥有坚定刚毅的品格和宽厚博大的襟怀的伟大男性的爱情表白。你听：

致橡树

我如果爱你——绝不像攀援的凌霄花，借你的高枝炫耀自己；
我如果爱你——绝不学痴情的鸟儿，为绿荫重复单调的歌曲；
也不止像泉源，常年送来清凉的慰藉；
也不止像险峰，增加你的高度，衬托你的威仪。

甚至阳光。甚至春雨。
不，这些都还不够！
我必须是你近旁的一株木棉，作为树的形象和你站在一起。
根，紧握在地下；
叶，相触在云里。
每一阵风过，我们都互相致意，
但没有人听懂我们的言语。
你有你的铜枝铁干，像刀，像剑，也像戟；
我有我红硕的花朵，像沉重的叹息，又像英勇的火炬。
我们分担寒潮、风雷、霹雳；
我们共享雾霭、流岚、虹霓。
仿佛永远分离，却又终身相依。
这才是伟大的爱情，坚贞就在这里：
爱——不仅爱你伟岸的身躯，也爱你坚持的位置，足下的土地。

我愿是激流

我愿意是激流，是山里的小河，在崎岖的路上、岩石上经过……
只要我的爱人，是一条小鱼，在我的浪花里，快乐地游来游去。
我愿意是荒林，在河流的两岸，面对阵阵狂风，我勇敢地作战……
只要我的爱人，是一只小鸟，在我稠密的树枝间做窠、鸣叫。
我愿意是废墟，在峻峭的山岩上，这静默的毁灭，并不使我懊丧……
只要我的爱人，是青青的常春藤，沿着我荒凉的额，亲密地攀缘而上。
我愿意是草屋，在深深的山谷底，草屋的顶上，饱受风雨的打击……
只要我的爱人，是可爱的火焰，在我的炉膛里，愉快地缓缓闪现。
我愿意是云朵，是灰色的破旗，在广漠的空中，懒懒地飘来荡去……
只要我的爱人，是珊瑚似的夕阳，傍着我苍白的脸，显出鲜艳的辉煌。

【思考题】

1. 你赞同舒婷的爱情观吗？为什么？
2. 你如何评价裴多菲的爱情观？
3. 你认为女性应确立什么样的爱情观？

案例分析*

【背景介绍】

舒婷，原名龚佩瑜，中国当代女诗人，出生于福建龙海市石码镇，生长在厦门。

* 舒婷《致橡树》创作背景及思想内容浅析．新浪博客，2007-07-08.

1969 年下乡插队，1972 年返城当工人，1979 年开始发表诗歌作品，1980 年调至福建省文联工作，开始从事专业写作。主要著作有诗集《双桅船》《会唱歌的鸢尾花》《始祖鸟》，散文集《心烟》等。舒婷崛起于 20 世纪 70 年代末的中国诗坛，她和同时代的北岛、顾城、梁小斌等成为中国诗坛朦胧诗派的代表人物，她的《致橡树》是朦胧诗潮的代表作之一。舒婷下过乡，干过重体力劳动，吃过不少苦。“文化大革命”结束后，一种宣泄和寻求解脱的情绪呼之欲出。一批青年诗人们为解放自我、完善自我而不断地奋斗，表达着迷茫、哀愁和忧伤。在这种背景下，舒婷从女性的视角出发，以细腻敏感的手法倡导理想主义和自由人格，创作出了一系列具有深远影响的作品，《致橡树》便是其中之一。

【主题分析】

爱情是千百年来无数文学作品永恒的主题。什么是真挚的爱情？不同时代的不同作家给出了不同的答案。舒婷的这篇《致橡树》在现代中国产生过巨大的反响，它指出了当代女性应该本着一种什么样的态度去追求爱情和婚姻。是做凌霄花，依附在橡树的高枝上沾沾自喜，是做整日为绿荫鸣唱的小鸟，还是成为一厢情愿的泉源？不，这些都不是。女性应该是那株与橡树并排站立盛开红硕花朵的木棉，女性不应在爱情中迷失自己。舒婷认为爱情需要以人格平等、个性独立、互相尊重倾慕、彼此情投意合为基础。裴多菲的《我愿是激流》则表达出了男性在婚姻恋爱中的责任与担当，保护爱人，愿意付出所有，不求回报。不管是舒婷的《致橡树》，还是裴多菲的《我愿是激流》，都表现出了对爱情的执着追求和无私奉献的精神。然而，现代社会中很多青年人的爱情在物质的重压下愈发单薄。一些大学生为了得到优越的生活条件把婚姻、爱情甚至青春当成了物质财富的跳板，不惜成为“毕婚族”甚至“第三者”。他们的人生观已经发生了严重的扭曲。婚恋观虽然只是人生观的一部分，但对于青年来说，婚恋观很大程度上反映了他们的人生观。因此，思想政治教育者要重视对青年大学生婚恋观的引导，帮助他们树立健康的婚恋观。

【启示分析】

（1）培养大学生树立正确的婚恋观是思想政治教育的重要内容。婚恋观是人生观的重要组成部分，其价值取向反映出了人生价值的取向。男女双方在恋爱中不仅要保持人格的独立、地位的平等，也要甘于奉献、勇于付出。舒婷从女性的角度，否定了传统的以人身依附为根基的两性关系，提倡双方应相互关爱、相互理解、相互尊重，相濡以沫、忠贞不渝、不离不弃。裴多菲的《我愿是激流》用比喻与对比的手法展现了男性不屈的意志和忠贞的爱恋。然而，当代大学生则对婚恋的态度日益开放、自我和随意，呈现出鲜明的时代特色。虽然，绝大部分大学生在择偶标准上呈现出积极的态度，注重恋人的人品、才能、性格等，但也有一部分大学生崇尚奢华的生活，把家庭、地位、金钱作为择偶的标准，为了寻求就业、留学、出国的捷径，不惜拿自己的青春和情感进行交换。婚恋观在某种程度上可以反映出大学生人生观的一些重要问题，如人生目的是否高尚，人生的价值是奉献还是索取，人生态度是否认真、乐观、务实、进取，等等。近年来，因恋爱问题造成的恶性事件不断发生，给恋爱者自己或对方的身心造成了严重的伤害。因此培养大学生树立正确、高尚的恋爱观是大学生身心健康发展与成长成才的需要，也是思想政治教育的重要内容。

（2）思想政治教育内容的侧重点应注重教育对象性别的差异。舒婷的《致橡树》与裴多菲的《我愿是激流》都以独白的方式抒发了作者对爱情真谛的理解，但我们可以清楚地看到女性与男性在对爱情的理解上是有明显差异的，这是由双方的生理特征、性格特征以及社会职责等诸多方面的差异造成的。因此，在进行恋爱观教育时，也要注重性别的差异。以往我们对思想政治教育的划分多根据教育对象从属的领域进行划分，如军队思想政治教育、高校思想政治教育等，对不同性别的思想政治教育研究不多。在高校思想政治理论课“思想道德修养与法律基础”中，涉及有关大学生恋爱观教育内容时，教师应根据性别差异，对男女生做有差异的引导。例如，在对女生进行相关教育时，应针对女性的特点，注重对其进行自尊、自强、自爱教育。懂得自尊、自重的女性才能得到男性的尊重；自爱的女性，才会有远大的理想，努力实现自身的人生价值；女性要自强，用自己的能力和智慧为自己争取一方灿烂的天空。男女双方恋爱关系应是平等而美好的，应共同面对困难的威胁和挫折的考验，共享人生的灿烂。

（3）要通过多种途径进行大学生婚恋观教育。首先，要丰富大学生思想政治理论课内容，对大学生进行正确的恋爱观教育、健康的择偶观教育、性教育、婚姻风险教育、法制教育等；其次，可以利用网络信息开放、平等和交互自由的特点，设立婚恋专题网站，介绍恋爱、婚姻和性的有关知识，并与学生进行平等聊天、讨论，不仅可以使学生接受正确的婚恋知识，还可以使学生大胆提出自己关心或困惑的问题，提高教育效果；再次，发挥心理咨询的疏导功能，从干预向疏导转变，开展“一对一”的个性化心理辅导，以提高德育的针对性和有效性，贴近生活、贴近实际、贴近学生思想，从而解决学生婚恋方面的实际问题；最后，开展家庭、社会和学校联动的教育机制。大学生作为社会人，他们的健康成长离不开学校、家庭和社会的共同努力。特别是媒体要坚持正确的舆论导向，对娱乐明星复杂的情感生活、奢华的婚恋态度等问题加以正确的引导，多关注普通人平淡而真实的婚姻生活，弘扬健康而积极的婚恋观。

案例31 “我在思想上是无家可归的”*

林森浩（1986—2015）出生于广东汕头，来自一个姐弟众多的家庭，家里五个孩子，他排行老二，家境并不富裕，他是被寄予厚望的儿子。2006年林森浩以高考680多分的成绩考入中山大学医学院，四年后因成绩优异被推荐免试进入复旦大学医学院攻读硕士研究生。在读期间，林森浩依然保持不错的成绩，不仅担任研究生会副主席，而且毕业前已经找到了令人羡慕的工作。2013年3月，林森浩因日常生活琐事向同寝室同学黄洋

---

* 王珑锟．我的室友林森浩与黄洋．三联生活周刊，2014-03-25；林森浩最后陈述手写版曝光．光明网，2014-12-14.

投毒导致黄洋死亡，被判处死刑。人们至今难以理解，像林森浩这样意气风发、前途大好的“天之骄子”，为何会沦为杀人犯？“生活琐事”究竟造成了什么样的分歧，非要付出一个年轻的生命？更何况，林森浩与被害人黄洋并无深仇大恨。

林森浩从小就担任班级干部，学习自律性特别强，学习成绩优异，没有让家人操心过，是全家的希望。学医是父母为他选择的“铁饭碗”。林森浩曾在文章中自述，刚进入中山大学医学院时，经常处于“浑浑噩噩”的状态。但即使如此，他的学习成绩依然优异。研究生第 3 年，林森浩放弃读博，早早完成研究生毕业论文，就等着毕业到广州市一家三级甲等医院工作。20 多年来他第一次这么“闲”，不必努力学习，就像他在一审宣判前所说：他当时比别人都“闲”。就是这么一个处于毕业迷惘中的“闲人”，在一条恶作剧的路上坠入深渊。

林森浩与黄洋均为复旦大学医学院 2010 级硕士研究生，分属不同的医学专业。黄洋是一年后从其他寝室调入林森浩寝室的。黄洋爱开玩笑、能言善道，说话不太注意别人感受，有时会伤人而不自知。他多次以开玩笑的方式直言评价林森浩，这让林森浩很不习惯。林森浩从中学时代就表现出沉默、害羞、不善言辞的个性，被室友形容为“因家境不佳而要强，极敏感，不容奚落”。林森浩因日常琐事对黄洋越来越不满，渐渐怀恨在心。

2013 年 3 月 29 日，林森浩在宿舍听到黄洋和其他同学调侃说愚人节将到，想做节目整人。黄洋的行为让林森浩很看不惯，他脑中晃过个念头：好吧，那就让我先整你一下。两天后，林森浩以取物为借口，从他人处借得钥匙后，进入复旦大学附属中山医院 11 号楼 204 影像医学实验室，取出他于 2011 年参与医学动物实验后存放于此处的、内装有剩余剧毒化学品 N-亚硝基二甲胺原液的试剂瓶和注射器。回到宿舍后趁无人之机，将试剂瓶和注射器内的 N-亚硝基二甲胺原液投入该室饮水机内，并对投毒后的饮水机中的液体进行了一定稀释，后将试剂瓶等丢弃到宿舍楼外的垃圾桶内。

2013 年 4 月 1 日 9 时许，黄洋在宿舍从该饮水机接水饮用后，出现呕吐等症状，即于当日中午到中山医院就诊。4 月 2 日下午，黄洋再次到中山医院就诊，经检验发现肝功能受损，遂留院观察。4 月 3 日下午，黄洋病情趋重，转至该院重症监护室救治。由于病情恶化极快，引起了黄洋的师兄孙希才与主治医生的怀疑。他们把寝室水样及黄洋的血样、尿样、生活用品等送到检测机构检验，寻找病因，但均未发现异常。寝室的另一位室友葛俊琦在查看黄洋的病历后感觉黄洋似乎沾染了某种毒物造成肝衰竭。4 月 8 日晚，葛俊琦发现林森浩曾使用过 N-亚硝基二甲胺对白鼠肝脏进行肝纤维化的造模。4 月 9 日，经过专业检测，黄洋的相关送检样品中确实存在这种毒物成分。林森浩被发现有重大嫌疑。4 月 25 日，上海市黄浦区检察院以涉嫌故意杀人罪批准逮捕林森浩。

林森浩在黄洋生病期间，多次与黄洋家属接触，也去医院看过黄洋三次。黄洋以“急性肝损伤”被送往中山医院后，正在该院超声科实习的林森浩不仅亲自带着水果前去看望，还亲自为黄洋做 B 超检查。检查过后，林森浩还告诉黄洋：没有什么事。黄洋的父亲黄国强去寝室拿东西，林森浩熟练地指给他哪些是黄洋的东西。还有一次，林森浩骑自行车碰见黄国强，还特别停车询问黄洋有没有好转。后来黄国强说：“根本没有想到是他做的。”在黄洋住院期间，林森浩陆续多次上网查询 N-亚硝基二甲胺，希望能找到一些证据，支持黄洋没有生命危险的说法。在黄洋长达16天的医院抢救过程中，林森浩完全有机会说出真相。如果说出来，也许黄洋的性命还可以保住，他的命运也许还可以改变，但因为缺乏勇气，林森浩始终不敢承认自己的行为。用林森浩自己的话说："但那时的我，是很难把真相讲出来的。那时的我，内心是荒凉的，是枯寂的，没有勇气，也没有责任心，有的只是自私与不负责任，有的只是逃避与自欺欺人，有的只是惶恐与不安。"

2013年4月16日，黄洋经抢救无效去世，年仅28岁。去世前两天，黄洋全身浮肿，有大片皮下出血瘀斑，已经很难认出他原本的模样。经法医鉴定，黄洋系因N-亚硝基二甲胺中毒致急性重型肝炎引起急性肝功能衰竭，继发多器官功能衰竭死亡。

2013年11月27日，"复旦投毒案"在上海市第二中级人民法院C101法庭公开开庭审理。庭审中，检方指控，被告人林森浩因琐事与被害人黄洋不和，竟采用投毒方法故意杀害黄洋并致其死亡，手段残忍，社会危害极大，其行为已构成故意杀人罪，提请法院对林森浩依法予以严惩。被告人林森浩辩称，他只是出于"愚人节"作弄黄洋的动机而实施投毒，没有杀害黄洋的故意。辩护人对起诉书指控不持异议，但提出林森浩系间接故意杀人，到案后能如实供述罪行，有认罪表现，建议对其依法从轻处罚。

2014年2月18日，上海市第二中级人民法院一审以故意杀人罪判处林森浩死刑，剥夺政治权利终身。涉事双方父母都泪洒庭审现场。25日，被告人林森浩委托辩护律师正式向上海市第二中级人民法院提起上诉。2015年1月8日，上海市高级人民法院对被告人林森浩故意杀人上诉一案进行公开宣判，认为林森浩杀人手段残忍，后果严重，虽然到案后能如实供述，但不能从轻处罚，裁决驳回上诉，维持原判。死刑判决将依法报请最高人民法院核准。

林森浩在二审向法庭提交的"最后的陈述"中反思了自己为何会铸成大错。"当我还在自由世界里的时候，我在思想上是无家可归的。没有价值观，没有原则，无所坚守，无所拒绝。头脑简单的人生活在并不简单的世界里，随波逐流，随风摇摆，兜不住的迷茫。要成为一个什么样的人，对我而言，是很不清晰的。这迷茫与想要有所改变的内心诉求成了我身上最主要的矛盾。我一直在认识自己。某日，我在某电视节目里听到一句话：成功的人都是善于制定规则的。这话在当时我的心里引起了强烈的共鸣。我恍惚地以为我找到了突破口：我要成为一个善于制定规则的人，在生活中要不吃半点亏，还要欺负欺负别人。也许就是这样的一种模糊的认知隐隐地引领着我犯下了这个罪大恶极的过错。"

林森浩对黄洋的父母和自己的父母十分愧疚，希望能够照顾他们、服侍他们，可惜这一切都来得太迟了。"我非常地对不起你们：黄洋的父母亲人，还有我的父母家人，你们20多年殷殷期盼，在就快要成为现实的当口，却因为我一时的无知而幻灭了。""如果我侥幸还有机会，我将在后面的日子里竭尽全力地补偿你们，服侍你们终老；如果我还是走了，那也只是我的报应，希望你们能从丧子之痛的阴影中走出，好好地活着。或许有另外一个世界，在那里，我们将为着自己的过错而赎罪。同时，我也希望，千千万万的年轻人能从我身上吸取到教训，引以为鉴！"

2015年12月9日，最高人民法院下发核准林森浩死刑的裁定书。两天后，林森浩被依法执行死刑，时年 29 岁。

【思考题】

1. 医学生林森浩为什么会杀人?

2. 林森浩在“最后的陈述”中说“我在思想上是无家可归的。没有价值观，没有原则”，这是什么意思?

3. 如何看待人生观教育在青年成长中的作用?

案例分析

【背景介绍】

林森浩案件的审理过程较为曲折。2014 年 5 月，林森浩在一审被判处死刑上诉期间，复旦大学 177 名学生将联合签名的《关于不要判林森浩同学“死刑”请求信》寄往上海市高级人民法院，随之一起寄到的还有另外一份《声明书》。学生们建议给被告人林森浩一条生路，让他洗心革面，并在将来照顾受害人黄洋的父母。177 名学生表示，希望国家、社会、法院综合考量，慎重量刑，给林森浩一个重新做人的机会。2015 年 7 月，在最高人民法院死刑复核阶段，林森浩的父亲和其律师向最高人民法院提交了《请求最高人民法院不核准并撤销林森浩死刑意见书》。最高人民法院刑庭主办法官经过请示领导研究和慎重考虑，同意了被告人林森浩的父亲与主办法官的会见请求。在最高人民法院刑事审判庭内，林森浩案件的主办法官和林森浩的父亲交流了部分案情，并告诉他最高人民法院已经多次派人到上海方面了解情况。林森浩的律师说：“这次是自从最高人民法院收回死刑复核权以来，死刑复核法官首次与被复核人员的亲属在刑事审判庭直接见面并听取意见。”但是不论如何，林森浩最终要为自己的冲动行为承担责任，并付出生命的代价。

N-亚硝基二甲胺是一种黄色油状的液体，气味刺鼻，类似氨气。根据造模剂量，1 000 克的白鼠注射 50 毫克的原液即可导致肝纤维化。这种药物 1 毫升的质量约等于 1 克。对一个 65 千克的人来说，3 毫升左右的 N-亚硝基二甲胺足以致其死亡。侦查发现，林森浩使用的原液瓶里的药品含量达到约 52 毫升。

【主题分析】

本案例通过介绍复旦大学医学研究生林森浩因生活琐事向同寝室友黄洋投毒导致其死亡，经过两年多的法院审理最后被判死刑的案件，说明人生观教育对青年的健康成长具有重大意义。林森浩是医学高才生，多年的专业医学知识没有用于救死扶伤而是成为他杀人的利器；他自小到大学习成绩优秀并担任学生干部，是老师眼中的好学生、父母心中的好孩子，然而却因为生活琐事残害室友；他已找到令人羡慕的工作，新的人生之路即将开启，然而却戛然而止。这一切让人既惋惜、悲痛，又无法理解。林森浩在二审时向法院提交的“最后的陈述”中写道“我在思想上是无家可归的”，这或许道出了他杀人的原因。他说的“家”其实就是人生观，然而林森浩是像他自己所说的那样没有人生观吗？不，他有人生观。这是一种极端个人主义的人生观，以个人为绝对的中心，否认社会和他人的价值，甚至不惜采用损人利己的方式追求自己的人生目标。所以，他在“最后的陈述”中又写道：“我要成为一个善于制定规则的人，在生活中要不吃半点亏，还要欺负欺负别人。”有什么样的人生观就会有什么样的人生，人生观决定着人们实践活动的目标和人生道路的方向，也决定着人们行为选择的价值取向和对待生活的态度。因此，青年的健康成长离不开正确的人生观的指导，引导青年树立科学高尚的人生观，摒弃错误的人生观，是思想政治教育的重要内容。

【启示分析】

（1）人生观的迷失是林森浩铸成大错的首要的、根本的原因。人生观是人们在实践中形成的对于人生目的和意义的根本看法。有什么样的人生观就会有什么样的人生，树立正确的人生观对大学生的健康发展至关重要，但是人生观出现问题不像道德观、法制观等容易外化、容易被发现，往往不容易被察觉。不论是林森浩还是马加爵，他们平时的表现都是好学生，是同辈人中的佼佼者。他们学习成绩优秀、尊敬长辈、遵守纪律，是家庭的希望和父母的骄傲。他们在被捕后都对自己的行为进行了反思和忏悔，林森浩说自己“在思想上是无家可归的”，马加爵认为“没有理想，是我人生最大的失败”。正是因为他们的人生观出现了偏差，一失足成千古恨，但悔之晚矣。有人认为法律意识的淡漠和法制观念的缺乏是林森浩杀人的根本原因，这没有看到问题的实质，林森浩铸成大错的根本原因是缺乏科学高尚的人生观的指引。

（2）不能够正确处理个人与他人的关系是林森浩下毒的直接导火索，也是黄洋招致杀身之祸的隐患，因此引导教育对象促进自我身心的和谐以及个人与他人的和谐也是思想政治教育的重要内容。人际关系处理不当困扰着相当一部分青年。林森浩作为一个高智商的医学人才，知晓所使用的毒药的毒理。林森浩与黄洋并无很深的矛盾，彼此也无利益冲突，而且林森浩已在求职中脱颖而出，在一所三甲医院找到了工作。在这种情况下，为何还要蓄意杀人呢？这与他处理人际关系及调节情绪的能力低有关。思想政治教育者要针对青年人在日常生活中经常遇到的实际问题和困难进行心理辅导、开设心理健康教育的讲座，帮助教育对象掌握基本的人际关系处理技巧，促进教育对象自我身心的和谐和人际关系的和谐。例如：如何处理好和室友的关系？如何合情合理地解决同学之间的矛盾？如何减少人际交往的误会？如何正确看待他人对我们的评价？如何疏导自己的负面情绪？等等。教育对象协调好自我身心关系，明确个人在与他人关系中的定位，保持身心健康，创造良好的人际环境，才能更好地实现人生价值。

（3）思想政治教育者要重视人生观的教育，帮助教育对象提高辨别、抵制错误人生观的能力。树立正确的人生观，摒弃错误的人生观，是大学生成长成才的关键，是大学生应该严肃对待的重大人生课题。进行人生观教育，首先要引导受教育者确立正确的人生目标，其次要确立积极进取的人生态度和正确的人生价值评价的标准与方法，最后要鼓励教育对象从主客观条件出发积极实现人生价值。林森浩说，要成为一个什么样的人，他是很不清晰的。正是在这样一种混沌状态下，他看到电视节目上说：成功的人都是善于制定规则的。"这话在当时我的心里引起了强烈的共鸣。我恍惚地以为我找到了突破口：我要成为一个善于制定规则的人，在生活中要不吃半点亏，还要欺负欺负别人。也许就是这样的一种模糊的认知隐隐地引领着我犯下了这个罪大恶极的过错。"从这段话中，我们可以清晰地看到林森浩如何从一开始的模糊、混沌的人生观一步步地走向人生的歧途。教育者要帮助学生看清容易侵蚀大学生纯洁心灵的错误人生观的表现和危害，如拜金主义人生观、享乐主义人生观、极端个人主义人生观等，帮助大学生认清这些错误思想观念的实质，警惕和自觉抵制它们的侵蚀。

案例 32　药家鑫的蜕变*

药家鑫的那双手，纤细、修长，天生是一双弹钢琴的手。

他坐着的时候，常常会不自觉地五指分开，双手摊在桌面上。

没有人知道他握刀捅人的姿势。他的朋友说："他哪里像拿刀的人。"

死者身上共中八刀，致命的一刀在胸前。

暗　涌

药家鑫是家里的独生子。在邻居的眼中，药家鑫文气，并不是一个"油痞"，他是家里的乖孩子。他父亲原来在西安华山机械厂工作，后来下海经商。母亲也是厂子里的工人，退休后主要精力都在照顾他。楼下的邻居张定亮说："药家和邻居相处得都不错，但也不会交往太深，家境算是殷实。"在药家鑫的朋友吴强（化名）看来，药家鑫和父亲的关系其实一直很紧张。"他常常会在背后骂父亲。"吴强说。药家鑫的父亲弹古筝、练书法，是一个很传统的人。在药家鑫小时候，父亲对他太过严厉。父亲打他，还曾经把他关在地下室，黑而且冷。另外一位朋友李令（化名）曾经在药家鑫家下面的垃圾桶，发现一堆被掰成两半的游戏碟片。药家鑫从来不敢自己在家玩游戏。

吴强说，药家鑫最无法接受的是父亲对他的讽刺。他的父亲曾经对药家鑫说："你那么丑，没有人会喜欢你。"那时候药家鑫在上初中，体重近 100 千克。在很短的时间内，他迅速瘦了下来。到现在，他一直保持 50 千克出头的体重。药家鑫曾经对他一个朋友说，他会把吃进去的食物都吐出来，只尝一下味道。药家鑫很在意自己的外表。夏天，为了不晒黑，他会穿长袖的衣服。他不能容忍自己的脸上长痘，会熬中药来吃。他会买各种化妆品，会用脱毛膏。他对自己双手的保养比女孩子还要精细，一层层地抹护手霜，细致地修剪指甲。他爱美，还曾想到要整容。有一段时间，药家鑫和自己的一个朋友聊得最多的话题就是中了 500 万怎么花。计算了那么久，他最后的结论是，拿去整容。高考他考得很好，姥爷奖励了他一万块钱。吴强说，药家鑫拿出一半钱做脸部美容，一半

---

* 张寒．从撞人到杀人 药家鑫的蜕变．新京报，2010-12-06；梁娟．药家鑫案二审宣判 法院维持一审死刑判决．新华网，2011-05-20.

买了手机。“我想把家里的钱都花光。”药家鑫甚至有时候会对吴强抱怨，恨死了自己的父母。这样的药家鑫躲在“乖巧、成绩好的药家鑫”后面，很多人看不到。他也曾对吴强感叹：“也许我的心理有点扭曲了吧。”

执　拗

朋友李令说：“我在某种程度上理解药家鑫。家长越严厉，孩子越叛逆。外表乖一点，会少一点麻烦。”李令说：“药家鑫的爸爸希望他出类拔萃，而这种希望会让药家鑫逆反。药家鑫的性格有时候很温顺，但有时候会突然强硬。”邻居张定亮说：“有一次药家鑫的父亲对我感叹，这孩子怎么这么倔。”倔到吴强甚至觉得他有一点强迫症的倾向。“喜欢什么就全身心地喜欢。他喜欢滨崎步，MP3 里永远都是滨崎步的歌。他去卡拉 OK 厅，只唱滨崎步的日文歌。他不懂日文，就用中文注音。他不允许任何人说滨崎步的坏话，说了他会翻脸。”

有一次，药家鑫和吴强在网吧里下载游戏，有人喊地震了，大家都往外跑。药家鑫不肯跑，他对吴强说：“滨崎步的游戏还没下完呢，跑了回来又要重新下。”

他和吴强在一起玩的时候，常常提前两个小时就准备出门。除了擦化妆品，他还会把自己的东西反复核对，总是感觉自己忘记带某样东西。

他的执拗也经常会让家里人屈服，他开的那辆雪佛兰科鲁兹是他家的第一辆车。吴强说：“按照他父亲的性格，是不会喜欢他那么张扬的。”吴强一直觉得，药家鑫是个柔弱的人，他胆子小，不和人吵架，有什么事情都跟在他后面。他的一些执拗，也只是单纯的执拗。他的虚荣只是爱美的虚荣，有点自私，但无伤大雅。

爆　发

发现被撞者没死并在记他的车牌号码，他拿出了刀子。他的爆发让所有人都大吃一惊。

“好像突然间所有的路灯都灭了。我把刀扔在副驾驶的位置，我不敢看。”药家鑫被抓之后，陕西电视台的记者宫茜见到了他。这是他和宫茜说起杀人之后上车的瞬间。

2010 年 10 月 20 日晚 11 点左右，药家鑫在西安大学城的翰林路撞倒了张妙。张妙是附近村的村民，在大学旁边的一个麻辣烫店打工。当时她骑着电动车和药家鑫同向行驶，药家鑫车加速后感觉撞上了什么东西，他没在意。

后来他觉得不对，掉头查看，发现张妙被撞倒。

事情就在此时起了变化。他后来向警方供述，他下车，发现张妙没死并在记他的车牌号码。他拿出刀子。腹部一刀，背部三刀，前胸一刀，双手三处刀伤。张妙的妹妹张朗说，致命的是前胸右锁骨处，主动脉被割断。

药家鑫接受采访时说，他之所以选择这种方式，是怕受害人难缠。后面还跟着一句，电视上没有播出来：“我害怕她没完没了地缠着我的父母和家人。”

宫茜第一眼见到他的时候，明显感觉到药家鑫整个人都要垮下来了，“比照片显得老了五六岁”。他一看到有人提摄像机进来，眼泪一下子就出来了。

宫茜问他“为什么要这么做”，他抿了一下嘴，想了半天，看着像有点不好意思，后来还是回答了那句话。他说话的时候整个声音都颤抖着。他还说，自己后悔。他说，如果没有这件事情，他应该已经参加完学校的考试，而且还可以和父母在一起吃一顿热饭。宫茜觉得他应该是一个感情细腻的人，在看到自己那辆红色的汽车时，他突然提到了自己的女友。他说，他的车牌号是，陕 A419NO。419 是他女友的生日，NO 是不分手的意思。

刀刺张妙之后，事情还远没有结束。在距离翰林路不远的地方，药家鑫又一次撞了人，这次是一男一女。他下了车，看了一眼，上车准备掉头开走。这时段乖良路过，他正好从一辆出租车上下来，看到受伤的人自己认识，上前堵住了药家鑫。药家鑫不肯停车，打方向盘。段乖良一把拽住药家鑫的胸口，一手抢方向盘。争夺了几下之后，药家鑫终于停了下来。“我一看他就是新手，要不然他拿车使劲一撞我也没办法。”段乖良说。正如他所说，药家鑫的车和驾照都是当年 6 月份的。

“他很平静。”被撞的男子石学鹏说。药家鑫一下车就蹲在一个地方打电话。当时被撞的女孩伤比较重，石学鹏让他过来扶女孩。“他说，还不知道伤得怎么样，一动说不定动坏了。”石学鹏想想也对，就没再坚持。

过了一段时间，药家鑫的父母赶到，张罗着给受伤的人看病。石学鹏对药家鑫父母的印象是，两个人不推诿，很爽快。而药家鑫那一晚，脸色平静，闷声跟在父母身边。

宫茜跟着药家鑫回过现场。在第二次车祸发生之后，药家鑫将杀人的刀偷偷扔在了附近的草丛里。“很奇怪，他指认现场的时候反而很平静。”那把水果刀很快找到了，血迹犹存。

困　惑

药家鑫从幼儿园开始学琴。他爱好音乐，也曾经是家里所有的希望。现在，他在看守所等待着判决。

西安音乐学院钢琴系的梁书记说：“第二天药家鑫还到学校上课了。”钢琴课上到一半，药家鑫脸色发白，他对老师说自己不舒服，之后就回家了。从此，药家鑫再也没有回学校。2010 年 10 月 23 日，母亲带他到公安局，他承认了自己杀人的事实。

张妙比药家鑫大三岁，是一个两岁孩子的妈妈。张妙家里穷，她想着要给孩子一个更好的条件。她每天上午串好麻辣串，晚上去卖。一个月只有七百块钱，但她总是蹦蹦跳跳、嘻嘻哈哈的。出事之后，妹妹张朗总是觉得姐姐晚上会在外面敲门。她锁门的时候总有个念头，“姐还没回来呢”。张妙跟妹妹说，未来的理想就是开个麻辣烫店，“好好心疼娃，挣钱养活我娃”。其实，她的梦想并不难实现。现在的雇主已经开始教她怎么配料。事发那天晚上之前，她已经有半个多月没见到孩子了。她给老公打过电话，说一直没给你买过衣服，这次发了钱，给你买一件。她两岁的孩子很可爱，瞪着眼睛说：“妈妈打工挣钱呢。”张妙的父亲一直在等着药家鑫的父母出现。他说：“俺们不想要他娃的命，养活一个娃不容易，你总要来道个歉吧。”

判　决

2011 年 4 月 22 日，陕西省西安市中级人民法院以故意杀人罪判处被告人药家鑫死刑，剥夺政治权利终身。药家鑫不服，以其罪行并非极其严重，系初犯、偶犯，且有自首情节，应依法从轻处罚为由提出上诉。陕西省人民检察院认为本案事实清楚，证据确实、充分，定罪准确，量刑适当，审判程序合法；药家鑫故意杀人犯罪的动机极其卑劣，手段特别残忍，情节特别恶劣，罪行极其严重，其上诉理由和辩护人的辩护意见均不能成立，建议二审驳回上诉，维持原判。

陕西省高级人民法院经审理认为，一审认定药家鑫故意杀人犯罪的事实清楚，证据确实、充分。药家鑫开车撞倒被害人张妙后，为逃避责任将张妙杀死，其行为构成故意杀人罪。药家鑫在作案后第四天由其母亲带领到公安机关投案，如实供述犯罪事实，构成自首，但药家鑫开车将被害人撞倒后，为逃避责任杀人灭口，持尖刀朝被害人胸、腹、背部等处连续捅刺，将被害人当场杀死，其犯罪动机极其卑劣，手段特别残忍，情节特别恶劣，属罪行极其严重，虽系初犯、偶犯，并有自首情节，亦不足以对其从轻处罚。对其上诉理由及辩护人的辩护意见不予采纳。陕西省人民检察院的意见正确，予以采纳。原审判决定罪准确，量刑适当，程序合法，故裁定驳回药家鑫的上诉，维持原判，并依法报请最高人民法院核准。

【思考题】

1. 你认为促使药家鑫将人撞伤后捅死的根本原因是什么？
2. 药家鑫的悲剧说明了什么？
3. 如何看待心理健康教育在思想政治教育中的作用？

案例分析*

【背景介绍】

药家鑫，21 岁，西安音乐学院钢琴系大三学生。药家鑫性格过分执着，很执拗，甚至达到了强迫症程度，不能够正确看待某些事物和他人的看法。药家鑫家境殷实，所驾车辆为私家车。一方面，药家鑫父亲一贯的家长制的权威行为对其产生了极为负面的影响；另一方面，药家鑫父亲很少认为孩子做得好、做得对，不会轻易去表扬孩子，更多的是对孩子惩罚、憎恶、刺激，甚至是贬低。药家鑫父亲对药家鑫的不顺从行为会采取惩罚（拿皮带抽、关地下室）、憎恶（对药家鑫失望、觉得药家鑫没出息，甚至说出“你那么丑，没有人会喜欢你”这样伤人的话）、束缚等措施。药家鑫父亲的极端行为造成了药家鑫的扭曲人格，最终酿成了药家鑫的人生苦酒，上演了人生悲剧。对此事件，陕西

* 陈秉公．思想政治教育学原理．北京：高等教育出版社，2006.

省委教育工委、省教育厅针对药家鑫事件下发了《关于以药家鑫事件为反面教材在全省大学生中集中开展法律法规学习和思想道德教育的紧急通知》，通报了 2010 年 10 月 20 日晚西安音乐学院学生药家鑫交通肇事后，不仅不救助伤者反而凶残地将其杀死的事件，要求从 2010 年 12 月 6 日起用一个月的时间，以药家鑫事件为反面教材在全省大学生中集中开展法律法规学习和思想道德专项教育。

【主题分析】

药家鑫撞人后将人捅死的案例是心理扭曲导致行为变态的典型，说明心理因素是一个人成长成才的重要构成维度，心理健康教育是对人进行教育的一个重要方面。新时代思想政治教育的根本任务是培养社会主义事业的建设者和接班人。药家鑫作为西安音乐学院钢琴系大学三年级的学生，学习的是一种高雅艺术，本应该心中充满爱，有一颗悲天悯人的艺术家的情怀，持有积极、乐观向上的生活态度，追求幸福美好的生活。但是药家鑫的心理和灵魂是扭曲的，他对某些事情过分执着、执拗，甚至达到了一种强迫症的状态，以致最终造成了他对生命的漠视与践踏，在开车撞伤人之后为了免于受害人纠缠而用刀将受害人刺死，手段极其残忍，让人难以相信这是一个饱受艺术熏陶的音乐学院的大学生所为。采取这种残忍手段的原因在于药家鑫人生观、价值观的扭曲，本质上说明思想政治教育不仅要对人进行世界观、人生观、价值观和政治观等方面的意识形态教育，还要对人进行心理健康教育。

【启示分析】

（1）药家鑫的蜕变说明改革开放以来学校、社会和家庭中存在的功利性教育趋向。它在一定程度上也是对我国人才培养制度的拷问。我国现行教育体制过分注重对人的智力水平的要求和培养，对人的情商水平关注度不够，对构成完整人格的心理健康重视更是不够。在经济高速发展的时期，激烈的社会竞争导致人们错误地认为成功的主要衡量标准就是智力因素，而对人与人之间的心灵沟通自然就淡漠了许多。因此在复杂的社会环境中，人活得越来越孤独，人们变得敏感、浮躁、急功近利，有些人心理几近扭曲。药家鑫事件正是反映这种社会心理的典型案例。药家鑫在家庭成长压力和升学等社会压力之下，心理变得越来越封闭、行为变得越来越扭曲，对某些事物过分执着，甚至达到了强迫症的程度。所有这些都说明，健康、积极的心理状态和精神面貌，以及基本的思想道德修养和法制观念，对于青年人的健康成长起着至关重要的作用。

（2）药家鑫撞人后杀人的行为是家庭教育和艺术教育的失败。药家鑫父亲对其严厉近乎苛责的管教是其形成变态人格的内在原因。家庭教育的本质定位应该是情感教育，是爱的教育，而不应是对子女进行各个方面技能的要求。音乐教育饱含着人文精神，是人文教育最重要的形式之一。可以说，音乐教育的本身，就是情感教育、爱的教育，承担着唤醒追求生命的美好情感的功能。但是，事实却告诉我们，生命的艺术和残忍的杀害这两件原本完全悖谬的东西却同时出现在药家鑫身上。功利性的音乐教育磨蚀了学生对音乐固有的热情，更无暇体验艺术所蕴涵的生命的美。音乐艺术对很多学生而言，最终被物化为一种谋生的手段，通过掌握音乐而实现物质利益不断增长的目标。现行的功利性教育重技能不注重内心世界塑造，重专业不注重思想教育，教育的目的就是功利性成才。市场经济追逐利益的导向使教育尤其是大学教育忽视对学生进行全方位的培养，使教育偏离了满足人的全面发展需要的本质。

（3）当代青年教育要重视心理健康教育，要完善个体心理预防机制。心理预防机制是指个体处在挫折和冲突紧张情境时，其内部心理活动所具有的自觉或不自觉的解脱烦恼、减轻内心不安，以恢复情绪平衡与稳定，确保心理健康的一种适应性倾向。心理防御机制是否完善，决定了遇到困难和挫折时能够采取的态度和行动。心理防御机制健全的人在遇到困难和挫折时也许就能从容面对，反之则可能无所适从。因此，思想政治教育的一个重要内容和任务就是通过各种心理健康教育手段，指导青年完善和健全自身心理预防机制，以确保心理健康。

第六章

思想政治教育的原则和方法

要点综述

思想政治教育原则是指教育者依据思想政治教育的客观规律，在总结思想政治教育实践经验的基础上确立的思想政治教育活动的准则，主要有正面教育为主、疏与导相结合、导向性与多样性相统一、理论与实践相联系、解决思想问题与解决实际问题相结合、教育与自我教育相结合等原则。思想政治教育方法是指教育者在思想政治教育活动中所采取的各种方式和手段的总和，主要包括理论教育法、情感教育法、榜样示范法、比较教育法、咨询辅导法等。准确把握和合理运用这些原则、方法，对于提高思想政治教育者的工作能力和水平、提高思想政治教育的实效性具有重要意义。本章选用了"'寻找最美'""道德楷模大家评""厅级干部曲建武的'不了情'""民族班学生的'邵老爹'""'最迷人的课'"五个案例，用于说明正确运用多种不同的思想政治教育方法，能够显著地提高思想政治教育的实效性。

案例 33 "寻找最美"*

自 2011 年，由中央主流媒体和各相关部门联合开展的"寻找最美"系列公益活动在中华大地开展得如火如荼，反响空前强烈。多年来，活动通过"寻找"社会各行各业的先进人物，谱写出一曲曲可歌可泣的动人赞歌，凝聚了中国精神，弘扬了社会主义核心价值观，为全国各族人民树立了光辉的学习榜样，引领了社会新风尚。

2011 年 6 月 17 日，光明日报社和北京广播电视台率先发起了大型系列公益活动"寻

* 史竞男．用"最美"生动诠释社会主义核心价值观：光明日报开展"寻找最美"系列公益活动取得良好成效．中国青年报，2015－10－25；"寻找最美乡村教师"大型公益活动简介．光明网，2011－06－16；央视"寻找最美医生"大型公益活动揭晓名单．人民网，2015－03－30；"寻找最美导游"活动启动．黑龙江日报，2014－07－24；"最美导游"名单公示．光明日报，2015－04－18；弘扬家庭美德 彰显文明风尚：各地开展寻找"最美家庭"活动亮点扫描．光明日报，2015－05－14；寻找"最美家庭" 弘扬时代家风：访全国妇联党组书记、副主席、书记处第一书记宋秀岩．人民日报，2015－02－09.

找最美乡村教师”。系列活动历时 83 天，内容包括“最美乡村教师”事迹与稿件征集、摄影展、农村教育发展论坛、颁奖仪式、出版画册五项。它以农村中小学教师为特定对象，以报纸、电台和网络为平台，通过寻找、自荐或推荐，由组委会从中选出 100 位入围者，在光明网公示并接受广大网友投票。最后按照评委会评分占 60%、网友投票占 40%的权重选出 30 位，其中得分最高的 10 位是“最美乡村教师”，其他 20 位作为“特别关注乡村教师”。活动展示了优秀乡村教师的高尚精神风貌，提高了社会和人民对农村教育建设的重视，增强了全社会对乡村教师群体的普遍关注。

由此，全国掀起了各种“寻找最美”的热潮。“寻找最美教师”“寻找最美医生”“寻找最美导游”“寻找最美孝心少年”“寻找最美老有所为人物”“寻找最美养路工”“寻找最美邮递员”“寻找最美家庭”……如今，“寻找最美”系列参评活动、系列报道及系列学习活动，已走进千家万户，牵动着亿万人的心。

“寻找最美教师”（始于 2015 年）是“寻找最美乡村教师”的亲“妹妹”。它将推选范围拓宽至全社会的教育工作者。“2016 寻找最美教师”活动经历三个阶段：寻找、推荐和展播、颁奖。主流媒体积极“寻找”和展播。光明日报于 2016 年 8 月 10 日在头版推出双头条《陈先达：教书人永远是年轻》和《钱易：最大幸福是后生可“慰”》，并配以“开栏的话”，推出《光明日报》2016“寻找最美教师”栏目。栏目共采访教师 20 余名，刊登通讯稿 20 余篇，刊登图片 20 余张，涉及多个领域。中央电视台《新闻联播》《朝闻天下》等重点新闻栏目利用早、午、晚多个时段联动报道，大力宣传典型教师的感人事迹。

2016 年 9 月 10 日，“2016 寻找最美教师”颁奖典礼如期播出。典礼以弘扬中国梦和社会主义核心价值观为主题，通过“推荐人引入＋人物短片展示＋现场访谈＋特别献奖”模式，生动展示了 10 位“最美教师”和 1 个“最美教师团队”的典型事迹。典礼还创新设计了“为老师送祝福”的环节，千万观众通过扫描屏幕上的二维码为教师们送上了节日祝福。同时，本次活动还为评选出的“最美教师”“最美教师团体”“特别关注教师”精心策划了“圆梦行动”。爱心企业以多种公益方式，圆了他们的“教育公益梦”。随后，央视科教频道连续五天播出系列片，每集二十分钟，深入地刻画优秀教师的人物形象，突出了他们爱岗敬业、无私奉献的精神风貌。

据不完全统计，截至 2016 年 9 月 9 日，中国网络电视台（CNTV）多终端页面的访问量累计达到了 1 187 万次，百度搜索“寻找最美教师”相关结果约 598 万个、相关报道约 669 篇，新浪微博“最美教师”相关话题超过 53.5 万条，美拍客户端活动参与人数超过 10 万人次。网友们的评论既暖心，又发人深省。“我从小就十分崇敬人民教师，他们真的是蜡烛，牺牲了自己，照亮了每一个学生。”“‘最美’是我的榜样！作为一名师范生，我将秉承‘学高为师，身正为范’信条，努力做一名德才兼备的好老师。”“我要感谢所有帮助过我的老师，没有你们，就没有我的今天。”“我好想念我的老师，你们都还好吗？学生不敬，毕业后都没有去看望过你们。”“不要再提‘范跑跑’了，给所有人民教师点赞！”

“寻找最美医生”（始于 2014 年）是“寻找最美乡村医生”（始于 2012 年）的亲“弟弟”。2015 年的“寻找最美医生”活动以“医者仁心”为主题，通过媒体寻找、社会推荐、个人自荐三个渠道广泛征集以及投票选拔，评选出十名“最美医生”。“最美医生”中，有96岁仍坚持在一线义务坐诊看病的眼科专家张效房；有独自坚守偏僻山村40年、服务方圆770平方公里村民的藏族医生占玛泽仁；有从医67年、见证我国传染病防治历程的新中国首批留苏归国医学女博士陈菊梅；有异国救人引起网上热议、被誉为“最美中国医生”的急诊科医生唐子人。同时，活动还授予中国援非抗击埃博拉队伍、北京协和医院巡回医疗队“最美医生团队”称号。

活动开展三个多月以来，中央电视台等主流媒体自觉承担社会责任，用心走基层，深入挖掘医生群体中的典型人物，报道规模、深度、力度空前。中国网络电视台为活动打造官网（http：//zmys. cntv. cn），官网推出“白衣天使的最美瞬间”“我眼中的最美医生”“寻找最美医生故事”三个线上活动；实时报道活动进程，共制作《讲述——寻找最美医生》等74个专题；为活动开通了微博、微信官方平台，配合活动发布信息、宣传亮点；在央视悦动建立“寻找最美医生”活动专区，预告各项活动安排，并与科教频道《讲述》等栏目举办“为最美医生点赞”线上活动，呼吁广大用户参与，进入“边看边聊”表达心声。据不完全统计，本届“寻找最美医生”活动在CNTV多终端页面的累计用户达9 351万人，多终端页面累计访问量1.55亿次，通过百度搜索关键词“最美医生”的相关网页约191万个、相关报道约24万篇。

“最美医生”的先进事迹报道、播出后，“白衣天使”无私奉献、救死扶伤、精于专业的高尚品格深深地感动了广大群众。他们纷纷表达对医生群体的崇敬之情，表示“虽然目前医患关系有些紧张且问题层出不穷，但我们不可忽视和否定整个医生群体的伟大付出，他们救死扶伤、恪尽职守”，“最美医生用职业道德和良心打造了最美医德品牌，他们把自己的良心当作承诺和责任的阳光、用爱心和真诚营造了和谐的医患关系”，“我们应该相信和爱护不舍昼夜、尊重秘密、尊重生命的伟大医生群体”。

同时，“寻找最美导游”“寻找最美孝心少年”“最美老有所为人物”“寻找最美养路工”“寻找最美邮递员”“最美家庭”等“寻找最美”系列活动也在热火朝天地开展着，在社会上引起了强烈的反响。

由国家旅游局、光明日报社主办，中国旅游报社承办的“寻找最美导游”（始于2014年）活动，全方位发动社会各界力量，发现和推出了一批又一批诚实守信、乐于奉献、积极向上、奋发有为的导游人员。活动展示了他们的职业美、品德美、行为美，树立了导游群体的良好形象。仅第一届活动，就有近千万人次参与其中，新浪微博“寻找最美导游”的主页浏览量已突破1 064万人次，在百度上搜索“寻找最美导游”的相关结果达57.8万个。这不仅推动了全社会进一步理解、尊重和信任导游群体，而且增强了导游自身的职业自信心和自豪感，使其更能热爱旅游、服务旅游、奉献旅游，有效地弘扬了主旋律、传播了正能量。

由教育部和中央电视台联合主办的“众里寻你——寻找最美孝心少年”（始于2013年）大型公益活动，展现了“最美”少年们孝敬长辈、阳光向上、自立自强的感人事迹和美好情操。2016年，活动评选出悉心照料93岁奶奶和患病哥哥的田应志、坚持多年带着年幼弟弟妹妹上学的余虽、给渐冻症的舅舅带去温暖和希望的周蕊、和继母共同撑起六口之家的坚强女孩迟凯琳、跑遍深山为爷爷采药的“小大人”张钊、捐髓救父的曹胤鹏等“最美孝心少年”。活动大力弘扬了社会主义核心价值观，讴歌了具有时代感的中华民族家庭伦理道德，营造了尊老、爱老、敬老的浓厚氛围，更是起到了引导少年和儿童树立正确家庭观和高尚道德观的作用。

由中国邮政集团公司和光明日报社联合主办的“寻找最美邮递员”（始于 2013 年）活动，连续举办了三届，得到了全社会、全行业的积极参与和广泛赞誉。仅截至 2014 年 10 月 9 日，历时 15 个月，网上投票总数就达到了 1 377.7 万张。由全国妇联联合多个部门开展的“最美家庭”和“好家风好家训”宣传展示活动，吸引了广大群众的积极参与，引领了家风建设的良好风尚。中央主流媒体倾力宣传，各类新媒体齐振共鸣。据不完全统计，妇联组织先后开设了 647 个活动专网、1 267 个专题微博，举办了 80 多万场次“好家风好家训”展示评议会，亮出 71 万余条“好家风好家训”格言，吸引 580 多万家庭自荐和他荐，8 000 多万群众踊跃参与、跟进活动。几年来，累计涌现出 300 多万户各级“最美家庭”，评选出 638 户全国五好文明家庭标兵、7 275 户全国五好文明家庭。“最美家庭”用实际行动诠释和传承了中华民族传统美德，营造了当代文明和谐的家风。这些感人故事激励了广大家庭不断学习榜样，向“最美”看齐。

…………

同时，各地政府、各社会团体和组织也积极开展地方性的各类型的“寻找最美”活动。寻找、发现、挖掘、自荐和推荐、投票评选和宣传等环节，已经成为广大群众文化生活必不可少的内容。人们从中找到了各行各业的“最美”人物，并逐渐将其内化成自己学习的榜样。

【思考题】

1. 你身边有“最美”人物吗？
2. 你曾关注或参与过“寻找最美”的相关活动吗？你如何评价这类活动？
3. “寻找最美”系列活动是否发挥了思想政治教育榜样示范法的功能？

案例分析*

【背景介绍】

2011 年 6 月，光明日报社和北京广播电视台率先发起了“寻找最美乡村教师”大型系列公益活动，引起广泛关注，反响空前强烈。此后，全国各地掀起了“寻找最美”的热潮。“寻找最美医生”“寻找最美导游”“寻找最美孝心少年”“寻找最美邮递员”“寻找最美家庭”“寻找最美基层干部”“寻找最美老有所为人物”“寻找最美养路工”等“寻找最美”系列活动如火如荼地进行着，涉及社会各行各业。“寻找最美”系列活动的过程大体一致，即确定方案、媒体寻找、群众自荐和推荐、公开审核、专家评委和公众投票评选、颁奖、宣传。每项评选活动，大致会评选出 10 位杰出个人和 1～2 个优秀团体。多

* 陈万柏，张耀灿．思想政治教育学原理．3 版．北京：高等教育出版社，2015；李陈续．我与“最美”有个约定．光明日报，2015－12－13.

年来，“寻找最美”系列参评、系列报道及系列学习活动致力于立典型、颂典型和学典型，弘扬了社会主义核心价值观，调动了群众的积极性，强化了群众的自我教育，营造了良好的社会风尚。如今，自觉学习“最美”已然成为亿万人民的生活日常。

【主题分析】

“最美的人”因平凡而伟大，“最美的故事”砥砺人心。“寻找最美”大型系列公益活动，是全民思想政治教育的伟大实践，是榜样示范法的当代展现和最好诠释。榜样示范法，也称典型示范法，是指通过具有典型意义的人或事的示范引导、警示警戒作用，引导受教育者提高思想认识、规范自身行为的方法。系列活动以“寻找最美”为主题，通过借助权威媒体大力宣传、鼓励群众积极推荐和参与评选、树立各行业的先进典范、传颂先进人物的生动事迹，引导群众自觉学习典范爱岗敬业、诚实有信、办事公道、服务群众、奉献社会、忠于职守等社会主义道德，弘扬了社会主义核心价值观，守护了当今的道德底线，向全社会传递了人间的大爱和满满的正能量，形成了良好的社会风尚。“寻找最美”系列活动充分展示了正确运用思想政治教育榜样示范法的强大功能，它对有效提高公民的思想道德素质、整饬社会道德风气发挥了重要作用。

【启示分析】

（1）以正面教育为原则的榜样示范法是思想政治教育的有效方法。它在激发广大群众的积极性、培养其思想道德素质、促进中国特色社会主义建设方面发挥着重要作用；榜样的确立是社会对其蕴含的时代精神、社会价值的充分肯定、认同，这些精神和价值的人格化对整个社会风气发挥着示范、引导的作用。思想政治教育始终坚持正确的政治方向和先进的价值导向的本质，在教育过程中必须坚持正面教育为主的原则，“寻找最美”系列活动的榜样示范法是坚持这一原则的最好体现。“寻找最美”系列活动结合了时代要求，从平凡人出发，通过多维互动，树立正面典型，是反映百姓生活和追求的最有说服力的思想政治教育“教材”；它通过道德模范的人格力量，实践着全社会的思想政治教育活动，带动了全社会道德水平的整体提升；它把抽象的道德规范具体化、人格化、生动化，其吸引力、说服力和感染力“爆棚”。在社会经济体制转轨、社会结构转型、价值观念嬗变的形势下，这类以正面教育为原则的榜样示范活动，对于弘扬正能量、回击部分道德冷漠现象带来的质疑、切实实践社会主义核心价值观具有重要的实践意义。

（2）“寻找最美”系列活动是对思想政治教育榜样示范法的创新。榜样示范法作为思想政治教育传统的教育方法，常以历史伟人、民族英雄、革命前辈、思想家、科学家作为教育素材。榜样示范法不但从未“过时”，还以各种新形式发挥重要作用，看似无声，胜似有声。这是满足社会发展和进步的需要，是提高思想政治教育实效性的内在要求。“寻找最美”系列活动迎合了时代发展要求，是思想政治教育榜样示范法的有力创新。它不同于以往自上而下、直接确立并宣传典型的传统模式，而是采取“中央和各部门联合发起组织—媒体主动发现—民众自下而上自荐和推荐—专家和广大群众投票评选—颁奖—宣扬典型”的模式，提高了教育主体之间的互动，易于理解，易于学习。案例中，作为方法的创新，“寻找最美”系列活动具有以下特点：活动有组织性、计划性和规模性，活动的参与性高，注重发挥新媒体优势，“最美”都是“平民英雄”，促进了自我教育。具体而言，各种“寻找最美”活动都是由相关部门和主流媒体联合发起的，计划严密、宣传力度强、持续时间长；涉及的职业和领域非常广泛，群众的活跃度和参与度高；发挥了中央主流媒体和各种网络等新媒体的优势，为群众互动助力；“最美”都是百姓身边的人物和团体；群众在整个参与过程中潜移默化地进行了自我教育。因此，当代教育者应该与时俱进，结合实际，不断探索和创新思想政治教育方法的新形式。

（3）当代社会成功开展榜样教育要满足一定的条件。任何一种方法的运用，都必须充分结合特定的教育背景和教育对象。在运用榜样示范法时，教育者应主动顺应时代变化，及时关注教育对象的特点和真实诉求，努力和充分利用网络等新媒介，善于挖掘新内容和新形式，强化榜样示范的效果。具体而言，成功运用榜样示范法，需要满足以下几个要求：首先，必须实事求是地选择和运用榜样。榜样的力量首先在于真实。以“高大全”为标准塑造出的“榜样”，往往游离于人们现实生活世界与精神世界之外，难以真正从思想到行动上得到人们的普遍认同，也难以发挥榜样应该发挥的作用。“最美”的教师、医生、邮递员、家庭等，都是来源于现实的普通的群体，因身份真实和事迹属实而变得非常有说服力。其次，应尽可能让“榜样”现身说法。现身说法，一能检验榜样的真实可靠性，二能增强榜样的感染力和说服力。现身说法，可以是直接来到百姓身边讲述故事，也可以是通过电视、网络等媒介进行交流、报告等现实互动。各种“最美”人物颁奖后，央视都会专门展播他们的事迹，地方还会邀请“最美”人物做专题报告，这就大大强化了榜样示范的效果。再次，积极利用新媒体开展榜样示范活动。网络、手机App等新媒体能大大增强思想政治教育的实效性，活化思想政治教育内容。“最美”活动的各个阶段，都依托于中央电视台的多个栏目、新浪微博、百度搜索、微信等平台，既方便又高效。最后，注意运用正反两方面典型开展教育。既要大力培养、宣传正面典型，发挥先进典型的示范效应和带动作用，也要善于利用反面典型进行教育，注意发挥其威慑、劝阻、警示作用。

案例34　道德楷模大家评*

“101 毛陈冰事迹、102 王文忠事迹、103 王文珍事迹……”这是第三届全国道德模范评选表彰活动网上投票“助人为乐”专栏里候选人事迹的链接。

自2011年3月第三届全国道德模范评选表彰活动开展以来，各地群众通过电子邮件、信函、电话等形式，踊跃向各级组委会办公室推荐自己身边的道德模范。目前已进入全国公示和投票评选阶段。

根据评选表彰工作程序，5月31日—7月20日，主办单位在《人民日报》、《解放军报》、《光明日报》、《经济日报》、《工人日报》、《中国青年报》、《中国妇女报》、《农民日

---

* 华春雨．第三届全国道德模范评选活动进入公示和投票阶段．中国青年报，2011-05-31；谷嫦瑜．全市道德楷模巡回演讲反响强烈．渭南日报，2008-12-04；5单位联合表彰“河南省十大道德楷模”产生．中广网，2007-09-17.

报》、中国文明网、中国网络电视台、人民网、新华网、光明网、中国广播网、中国军网、中工网、中国青年网、中国妇女网、搜狐网、新浪网、网易网、腾讯网等各大媒体同步刊登候选人的事迹，进行集中公示，接受社会监督，请公众投票评选。

这是中宣部、中央文明办、解放军总政治部、全国总工会、共青团中央、全国妇联六部门继 2007 年、2009 年评选表彰首届和第二届全国道德模范后举行的第三届全国道德模范评选表彰活动。据不完全统计，本次评选有 6 500 多万人参加基层推荐活动，共提名 36 000 多名候选人。在属地管理、逐级推荐的基础上，由各省、自治区、直辖市、新疆生产建设兵团和解放军总政治部经过酝酿讨论和投票筛选，在省级和部队主要媒体公示后，正式确定推荐人选。全国活动组委会认真审核了各地及军队系统推荐程序和候选人事迹，报经中央文明委领导审定，确定第三届全国道德模范正式候选人为 317 名。

第三届全国道德模范评选分为“助人为乐模范”“见义勇为模范”“诚实守信模范”“敬业奉献模范”“孝老爱亲模范”五大类型。每类表彰 10 名左右，共表彰 50 名左右全国道德模范。其余正式候选人授予全国道德模范提名奖。在公示投票阶段，群众可采取网络或信函任一种方式投票，但不能重复投票，并必须填写本人有效身份证件号码，保证选票真实有效。在一般公众投票的同时，活动组委会还组织“万名公众代表”和评选委员会投票。其中，“万名公众代表”投票是本届评选活动为进一步提高公众投票质量、增强公信力而采取的创新投票方式，请前两届全国道德模范及提名奖获得者（入选本届评选获得正式候选人者除外）和每省（区、市）300 名人大代表、政协委员、劳动模范、优秀教师、优秀医务人员、杰出青年、三八红旗手、身边好人、优秀志愿者等先进人物参与投票。

组委会邀请了国家统计局指导和监督群众选票统计过程和结果，由公安部全国公民身份证号码查询服务中心验证选票身份证件，剔除不合格选票及重复选票。国家统计局运用抽样办法，科学统计报纸有效选票；网络投票平台逐一统计网络有效选票，“万名公众代表”和评委会选票逐一统计。每位候选人报纸和网络选票的得票数相加得出为该候选人的一般公众支持率。主办方还将同时计算出每位候选人在“万名公众代表”和评选委员会投票中的支持率。三项支持率将按一定权重相加，得出每位候选人的总支持率，从而排列出每位候选人在各类全国道德模范人选中的顺序。

其实，前两届全国道德模范评选表彰活动就已经引起了社会各界的强烈反响。各大媒体争相报道群众反响和参与者感言。如在第一届评选活动结束后，《人民日报》发表了题为“评楷模　知荣辱　促和谐”的评论员文章，指出：公民道德楷模的大量涌现，是时代的呼唤，也是经济发展、社会进步的丰硕成果。各级党委和政府应当深刻认识新形势下加强公民道德建设的重要性和必要性，将其纳入经济社会发展规划，建立健全工作机制，充分调动各方面积极性，明确责任，精心组织，务求实效，为夺取全面建设小康社会新胜利、开创中国特色社会主义事业新局面提供强大的道德支撑。《光明日报》也发表评论员文章指出：提高公民道德素质和整个社会的文明程度，不仅需要我们进一步用“八荣八耻”的社会主义荣辱观规范人们行为的道德边界，也需要道德楷模的激励作用来激发人们的精神追求和道德行为。广大青少年工作者和共青团员认为：榜样的激励、示范和引导作用，对于加强青少年思想道德建设，全面提高青少年的道德素质意义重大，青年人向来有开风气之先的优良传统，自己一定要以这次活动为契机，寻找道德楷模、学习道德楷模、争做道德楷模。

同时，各地政府也开始组织学习全国道德模范事迹，推选全国道德模范活动。一场学习道德模范事迹、树立文明公德新风的热潮在全国各地迅速掀起。新疆维吾尔自治区发出通知，要求自治区各地积极做好全国道德模范推选活动，各地宣传部门都在当地主要媒体公布了全国道德模范的评选标准、推荐方式和征求意见电话，陆续开展了海报、橱窗、主题活动等多种形式的宣传活动，营造评选模范、争做道德公民的良好社会氛围。辽宁省正式成立了推荐全国道德模范组委会，要求省内各市、县（区）推荐的首批公民道德模范典型名单汇总到省文明办并对这些典型进行地方宣传。甘肃省决定通过“海选”推举全国道德模范，候选人主要由群众推荐产生。在省内 14 个市（州）公布了推荐渠道。首都精神文明办召开了各区县精神文明办公室主任会议，就道德模范评选进行了专项部署、提出了具体要求。团中央通过电视电话会议向各地各系统团组织做了具体部署，要求各级团组织充分发挥优势和作用，动员广大青少年积极参与活动，推选出一批真正社会认可、青少年崇尚的道德典型。

在评选出全国道德模范后，全国各地随即开展了具有地方特色的道德模范评选和道德模范巡讲活动。

2007 年 9 月，河南省委宣传部、省文明办、省总工会、团省委、省妇联决定，授予王一硕等 10 人“河南省十大道德楷模”荣誉称号。这是河南省对近些年涌现的道德典型进行的首次命名表彰，作为河南省进一步加强公民道德建设的一项重大举措。同时，河南省委宣传部、省文明办等单位还要求受表彰的个人谦虚谨慎，戒骄戒躁，再接再厉，扎实工作，推动省公民道德建设再上新台阶，并号召全省各条战线的广大干部群众以他们为榜样，积极参加道德教育实践活动，着力提高思想道德素质，大力培育良好社会风尚，为加快“两大跨越”、推进“两大建设”、实现中原崛起做出新的贡献，以实际行动迎接党的十七大的胜利召开。

2008 年 9 月初至 11 月底，渭南市文明办在全市范围内组织开展了大规模的道德楷模巡讲活动。为期三个月的巡讲活动在全市干部群众中引起了强烈反响，潼关县委一位干部在听完报告后激动地对报告团成员说：“报告真生动、真精彩，道德楷模的精神太感人了，感谢你们为我们送来了巨大的精神财富!”巡回演讲活动报告团由“全国敬老之星”大荔县安仁乡敬老院院长温妍、“中国十大经济女性人物”大荔县永恒餐饮有限服务公司总经理李富荣、“全国未成年人教育先进个人”合阳县城关镇关工委常务副主任党忠民和“全国自强模范”澄城县军干所一等伤残军休干部张清海等人组成。他们进社区、进村镇、进校园、进企业、进机关、进军营，在全市举行报告会十四场、座谈会八场，与干部群众面对面谈心交流，直接听众近四万人次。

随着第三届全国道德模范评选活动的落幕，全国各地又掀起了关注新一批道德模范事迹，进一步开展全国道德模范学习的热潮。

【思考题】

1. 你是否关注或参与过全国道德模范评选活动?

2. 你如何评价这项活动对公民道德建设的意义？

3. 评选道德模范的事迹是否体现了榜样示范法的时代特征？

案例分析*

【背景介绍】

自从2001年9月党中央印发《公民道德建设实施纲要》以来，特别是党的十六大以来，各地各部门大力加强公民道德建设，广泛开展道德实践活动。2006年3月，胡锦涛总书记关于树立社会主义荣辱观的重要讲话发表后，广大干部群众热烈拥护、积极响应，形成了公民道德建设的新高潮，涌现出一大批体现社会主义道德要求的模范人物，成为人民群众学习的楷模。2007年7月，中央文明办、全国总工会、共青团中央、全国妇联决定，在第五个"公民道德宣传日"开展评选表彰全国道德模范活动并印发了《关于在"公民道德宣传日"评选表彰全国道德模范的方案》。方案确定了在全国范围内，经群众推荐、审核公示、评委评选和群众投票评选等程序，李明素等53人荣获"全国道德模范"，孙茂芳等254人荣获"全国道德模范提名奖"。此后，2009年、2011年分别开展了第二届、第三届评选表彰全国道德模范活动，影响日渐扩大，程序日渐完善，与其他组织和媒体开展的其他各项评选活动（如中央电视台开展的"感动中国"年度人物评选活动等）相呼应，引起了群众的高度关注、广泛参与和认真学习。

【主题分析】

全国道德模范评选活动，是党和国家有关部门开展的有目的、有组织、有计划的全民思想政治教育实践。它是依据时代的发展和要求，运用榜样教育方法提高公民的思想道德素质、整饬社会道德风气的公民道德建设过程。榜样示范法历来是思想政治教育的有效方法之一，在我国革命和建设中涌现出来、树立起来的英雄人物、模范代表为感召人民群众积极投身社会主义革命和建设事业发挥了巨大的带动作用。从历史经验看，榜样示范法是唤起人们巨大的革命热情、激励人们无私奉献、鼓舞人们斗志的最普及、最有效的方法之一。但是，在新的历史时期，在商品经济的冲击下，一些人认为榜样示范法已经过时了。全国道德模范评选活动以及各种形式的优秀人物评选活动，以正面人物的优秀品质和模范行为生动鲜明地使人们受到感染和激励，使人们对行为准则、道德规范易于理解、易于效仿的特点，用事实证明了榜样示范法仍然是思想政治教育的有效方法。但是，我们必须探索在新时代运用榜样示范法开展全社会思想政治教育的特点和规律，以便在工作中更好地应用榜样示范法，充分发挥其教育作用。如全国道德模范评选表彰活动运用的榜样示范法就不同于以往自上而下、直接确立宣传榜样的传统模式，而是采取了中央发起组织和民众自下而上推荐评选相结合的做法，重在社会大众的参与和

---

* 陆艺，张祥浩．思想政治教育大众化的内涵及要素解析：以全国道德模范评选表彰活动为范例．东南大学学报（哲学社会科学版），2010（4）；陈万柏，张耀灿．思想政治教育学原理．2版．北京：高等教育出版社，2007；王伟．榜样的力量是无穷的：论道德模范的引领作用．光明日报，2007-09-18.

互动，强化了思想政治教育榜样示范法的群众基础和示范效能，给新时代创新和丰富榜样示范法的内容和形式提供了诸多启示。

【启示分析】

（1）榜样示范法是思想政治教育的基本方法。榜样示范法体现了以正面教育为主的思想政治教育原则，它是指通过具有典型、正面意义的人和事的示范引导，教育人们提高思想认识、规范自身行为的方法。榜样的确立是一个社会对其所蕴含的时代精神、社会价值的充分肯定与认同，这些精神和价值的人格化能对整个社会风气起到示范、引导的作用，榜样的力量是无穷的。思想政治教育始终坚持正确的政治方向和先进的价值导向的本质，要求其在教育过程中必须坚持以正面教育为主的原则，榜样示范法是坚持这一原则的最好体现。当前，在社会经济体制转轨、社会结构转型、价值观念嬗变的条件下，体现传统精神特质的榜样人物开始受到一些人的质疑，这其中有时代精神需要发展的因素，也有榜样的价值受到错误思想挑战的因素，因此更加需要榜样示范法对主流价值的确认及引导，也需要榜样示范法采用更符合时代要求的形式。社会主义核心价值体系的提出，为思想政治教育奠定了理论基础和核心内容，也为榜样教育提出了明确的目标。在全社会开展道德模范评选活动，其实质就是通过践行社会主义核心价值体系的道德模范的人格力量，带动全社会道德水平的提升，进行全社会的思想政治教育活动。公众自己所评选出的道德模范是体现社会道德要求、反映百姓生活和追求的最有说服力的思想政治教育教材。所以，开展道德楷模评选表彰，引导全社会学习先进人物，对于进一步倡导爱国、敬业、诚信、友善等道德规范，弘扬我国传统文化中有利于社会和谐的内容，建立和完善符合传统美德和时代精神的道德行为规范，培育注重提升个人品德，自觉遵守社会公德、职业道德、家庭美德的社会风尚，形成科学、健康、文明的生活方式，增进男女平等、尊老爱幼、扶贫济困、礼让宽容的人际关系等，具有十分积极的意义。

（2）全国道德模范评选活动是思想政治教育榜样示范法的崭新模式。与传统的榜样示范法相比，近年来连续多届的全国道德模范评选活动具有以下特点：第一，活动的组织性、计划性、规模性。以第二届为例，2009 年是新中国成立 60 周年，是我国《公民道德建设实施纲要》颁布实施 8 周年。为集中展示公民道德建设的丰硕成果，广泛动员人民群众支持和参与道德建设，推动社会主义核心价值体系建设，为庆祝新中国成立 60 周年营造文明和谐的社会氛围，中央文明委决定评选表彰第二届全国道德模范。中宣部、中央文明办、解放军总政治部、全国总工会、共青团中央、全国妇联 2009 年 4 月 14 日在《人民日报》等各大媒体联合发出《关于评选表彰第二届全国道德模范的通知》，对评选表彰第二届全国道德模范做出部署。通知对评选表彰活动的指导思想、主办单位、奖项设立和表彰数量、实施步骤、工作要求等进行了具体规定和说明。对于在全国范围内充分认识评选表彰道德模范的重要意义发挥了重要的组织领导作用。第二，活动的群众性、参与性、教育性。评选活动坚持面向基层，重在群众参与，立足社区、企业、村镇、学校、连队、机关等基层单位，做到群众评、评群众，群众学、学群众，着重推选群众身边看得见、过得硬、学得到的先进人物，确保评选出的道德模范可敬、可信、可亲、可学，使群众在参与中受到教育、得到提高。第三，活动的示范性、激励性、现代性。各级宣传媒体把道德榜样的先进事迹贯穿评选表彰活动始终，大力宣传各地公民道德建设的进展和经验以及候选人的感人事迹，努力扩大榜样的示范效应，营造全社会关注、支持、参与道德建设的浓厚氛围。完善道德榜样的激励机制，充分体现了党和政府对道德模范的关爱，体现了道德模范崇高的社会地位，使他们备受社会尊崇，在全社会范围内树立正确价值导向。活动中推荐、评选、表彰三个阶段的安排井然有序，充分发挥各级行政组织和现代化传播媒体的力量，充分满足了公众的参与要求，最大程度上体现了民意。这些特征是与时代文明的发展、执政党的执政宗旨、公民主体精神的形成、社会组织发达和技术的进步紧密联系在一起的，因此，榜样示范法的价值在与社会同步发展。

(3) 努力提高道德榜样教育的实效性。往届全国道德模范评选活动都顺利结束，但是应如何发挥其长期效果还要不断地总结经验和教训。首先，在选择榜样的环节中，需要坚持实事求是的原则。要避免以“高大全”的标准、游离于人们现实生活世界与精神世界之外来选择道德榜样，如此也难以真正得到人们的普遍认同，起不到道德示范的作用。其次，要尽可能让先进人物现身说法。让有理想的人讲理想，守纪律的人讲纪律，有奉献精神的人讲奉献，诚信的人讲诚信，只有这样，榜样示范才会产生更强的感染力和说服力，也更能打动人心。再次，注意利用多种途径、方式开展榜样示范活动。随着现代科学技术的迅猛发展和信息时代的到来，人们获取信息、接受外界因素影响的方式以及思维方式、生活方式、行为方式等都发生了深刻的变化。榜样示范应该适应这些变化，大胆采用现代化的教育手段与方式，充分利用电视、广播、报刊特别是网络等大众传播媒介宣传典型，广泛采用多媒体技术塑造、呈现生动的榜样形象，强化榜样示范的效果。最后，还要关注推荐、评选、表彰环节的技术操作和法律尺度问题，让活动在遵循客观规律、媒体规范和法律制度规范的范围内运作，避免成为一些经济活动的炒作手段。总而言之，以全国道德模范评选表彰活动为代表的道德榜样示范法，弘扬正气，彰显高尚的思想道德风貌，契合时代、关注生活、求真求实，满足了公众的心理诉求，在探索榜样教育新模式方面走出了一条新路。

案例 35　厅级干部曲建武的“不了情”*

2013 年 3 月，时任辽宁省高校工委副书记、省教育厅副厅长的曲建武，主动提出辞呈，真诚地向组织请求回到高校、回到教学第一线，做一名普普通通的大学辅导员。“让我回去吧。我现在的心情就像一个足球教练，怎么也按捺不住自己，就想亲自把球踢进球门里。”

听到消息后的朋友们一片哗然。很多人以为他是在开玩笑。“你是不是犯了错误?”

---

* 蔡拥军．“正厅级”辅导员曲建武．中国教育报，2016-05-24；把事业融入血液：记大连海事大学马克思主义学院曲建武教授．思想理论教育导刊，2014 (5).

“你这是何必呢？许多人一生的追求不就是要戴上这样的光环吗？”“辅导员有什么好干的？越来越多的人都离开辅导员岗位了。你竟要回去！”“再有几年就退休了，没有了领导职务，一些待遇就没有了……”然而，在曲建武看来，“光环”并没有多么重要，他坚定地想“要完整地再带一届学生”。他常说：“我已经很知足了。从小家境贫困，没想过什么厅级干部、教授、博导，没有组织的培养、大家的帮助，哪能有这些呢！”“不当辅导员，不去家访，你不知道家长对你寄予了多大的厚望！”

自 1982 年参加工作以来，35 年间，曲建武迈着坚定的步伐，一直行走在大学生思想政治教育这片田野上。无论是做一名平凡的辅导员、普通的思想政治理论课教师，还是任职辽宁省委高校工委副书记、教育厅副厅长、巡视员，无论在校园里，还是在社会上，在有些人对学生工作这片“田野”仍抱有偏见的时候，他选择了，便决不放弃。“三十几年了，我和学生工作结下了不解之缘，我深深地热爱这项工作。我经常想，我们每个家庭都希望自己的孩子能够快乐地成长，这些学生来到我们身边，其实就是我们自己的孩子。爱自己的孩子是人，爱别人的孩子是神。”这些话他常挂在嘴边。

2013 年 9 月，曲建武来到了大连海事大学。他有两个“角色”：一是马克思主义学院理论课教师，讲授大学生公共政治理论课“思想道德修养与法律基础”；二是担任公共管理与人文学院 2013 级辅导员。

对他而言，理论课教学的讲台，是一个既熟悉又陌生的地方。熟悉的是，他在大学工作时，就担负着理论课教学任务；陌生的是，他毕竟离开一线教学工作已经十个年头了。为了使理论课教学生动、形象，每堂课开始之前，他总是认真备课，经常准备到深夜。他坚持学习和掌握现代教学手段，积极利用多媒体教学。他走访过国内近 800 所大学，感受每所大学潜藏的浓厚的中华优秀传统文化底蕴，并将其梳理、编辑到课件里，将抽象的理论转化为学生易于接受的鲜活知识，进而内化为他们的人生信念。他还把教学与科研紧密结合起来，先后承担过多项国家和省部级有关大学生思想政治教育的课题研究任务，进而将这些研究成果运用到理论课教学中。现在，他仍然笔耕不辍，坚持每天写作到深夜，仅 2013 年，他便完成了 20 多万字的书稿写作；累计为学生发送微信、短信文字达 8 万余字。

作为辅导员，他更是尽职尽责。在曲建武看来，在实际工作中，游刃有余地处理学生事务不难，要想成为学生有困难时首先想到的朋友难。他这样向他的学生们承诺：“我和你们说的每一句话、为你们做的每一件事未必都是对的。但是，我敢向你们保证，我所说的每一句话、做的每一件事都是饱含真情的。你们都是我的学生，按年龄来看，我也算你们的父辈了。我也可以是你们的代理家长，你们就是我的孩子。今后，无论生活中，还是学习上，只要有困难，就来找我，我一定为你们服务好。”

新生一入学，他就给学生一一建立了电子档案，请每个学生写下自己的大学梦想和最关心的一个问题；为尽快了解每一名学生，他开学之后每天请学生在食堂吃饭；每个学生生日，他会根据学生特点写下数百字的祝福和嘱托；端午、中秋等节日，他会给每个学生送上粽子、月饼等礼物。他根据学生的特点和社会发展的需要做专题报告，报告围绕如何理解大学、认识大学，为什么要在政治上要求入党，如何正确看待生活困难，如何处理好情感问题等内容，及时回答学生们刚入大学后迫切需要解决的思想问题。他采用分别谈话的方式，与学生进行细致交流，了解学生的思想实际，帮助学生做好大学规划。他还结合时事政治，与学生交流，面对多元文化、各种社会思潮，及时掌握学生的思想动态，及时澄清学生们潜在的和已有的错误认知。党的十八届三中全会召开的时候，他给年级每个学生买了一本《中共中央关于全面深化改革若干重大问题的决定》，组成了 30 多个理论学习小组，引导大学生们加强理论学习。他还亲自到书店为学生购买了 8 000 多元的人生励志图书，要求每个学生都加入年级的读书社，每个月举办一次读书报告会，丰富大学生的人文知识，陶冶大学生的情操。

曲建武还根据年轻人的喜好，充分利用微信、短信、博客等与学生保持紧密联系。他通过微信平台与大学生们建立了“大学生与历史上的今天”栏目，评述重大历史事件和重要历史人物，引领大学生们积极学历史、用历史、传历史。比如，平安夜的时候，他给学生发送微信，引导学生科学地分析当今的文化现象，正确理解西方文化的根源和传播等问题；12 月 26 日是毛泽东的诞辰，他在微信中讴歌毛泽东的伟大历史功绩，让大学生们能够正确地评价毛泽东。同时，曲建武还利用微信增加与学生的互动。春节期间，他分别给学生家长和学生每人发送了 1 000 多字的微信，告诉家长放心，他会像对待自己的孩子一样对待他们的孩子，要叮嘱自己的孩子在家一定不要忘记读书；他告诉学生们一定记住“你们不是带薪休假回去的，要多陪父母，多尽孝心……少壮不努力，老大徒伤悲”。据不完全统计，3 年多来，他累计给学生发了 200 多万字的微信、短信，而学生发给他的也有数十万字。与学生的互动交流给曲建武带来了无穷的乐趣，“每天他们都围绕在我的身边，他们的笑声、匆忙的脚步声、朗朗的读书声，奏响了我人生最美妙的乐章”！

尽可能帮助困难学生，是曲建武的一个重点工作。新生入学时他开的第一个座谈会，就是困难学生座谈会。他告诉困难学生：“谁也不能饿着肚子进步，有困难一定要找我，只要找我，我不能管你吃好，但肯定管你吃饱。”“有什么需要我做的事就跟我说，千万不要客气，就是为了你们，我才选择了做辅导员，你们不找我，我就没有什么价值了，也就失去了我生活的意义。”冬季来了，他花了 2 万多元钱给这些困难学生购买过冬的衣物；寒假的时候，考虑到这些困难学生回家路途较远，他又花了 2 万元钱给这些困难学生做交通补贴，并给每人购买了一大包烤鱼片，让学生们带回家；考虑到困难学生舍不得买水果，影响身体健康，他亲自购买几十箱苹果分发给年级里每一个困难学生；他年级里有一名学生病了，他亲自送学生到医院看病，并给学生 500 元钱用于营养补贴；困难学生家中亲人患重病，他总是毫不迟疑地出手帮忙。有一次，他了解到他授课的年级里有 28 名家庭生活困难的学生，他主动拿出 2 800 元钱分给每个学生 100 元。有学生感动地说：“曲老师，谢谢您！这一次是真的震撼到我了，就如您所说，或许这 100 元并不能对我的物质生活有什么较大的改善，但是来源于心灵的那种浓浓的温暖却让我感受到了关心，让我对于生活与学习有了更加坚定的动力！”其实，他在任副厅长时就非常体恤学生。2012 年，曲建武对辽宁省孤儿大学生的学习、生活状况进行调研，完成了一份 3.5 万字的调研报告，同辽宁省人大代表杨颖一起建议，免除孤儿大学生的学费和住宿费。2013 年，该建议得到了落实。

他还积极倡导建立年级爱心基金，自己筹资 1 万元作为基金启动经费。他把学校教育与家庭教育有机结合起来，利用外出开会的机会，先后顺访了十几个学生的家庭，和家长一起帮助孩子更好地成长。在曲建武的手机里，经常会收到学生们发来的感激的信息，其中有这样一条信息代表了学生们的心声："曲老师，很感谢您对我的关心与照顾，很荣幸能够在这里遇到您，真的很感谢您像父亲一样照顾我们、关心我们，身为您的一名学生，我感到万分荣幸！我不会让您失望，我一定会努力学习，以后把这种爱心继续传递下去，帮助他人，让世界充满爱。曲老师，您永远是我的恩师！"

曲建武不知疲倦地行走着，将事业融入血液中，无怨无悔……

【思考题】

1. 你如何看待曲建武教授辞官从教的选择？
2. 你认为曲建武老师爱学生的初心是什么？
3. 如何理解情感教育法的思想政治教育意义？

案例分析*

【背景介绍】

曲建武，2013 年辞去辽宁省委高校工委副书记、省教育厅副厅长、巡视员职务，任大连海事大学公共管理与人文学院 2013 级学生辅导员、马克思主义学院教师。他辞官从教，曾轰动一时。他 1982 年开始参加工作，做过辽宁师范大学辅导员、学生工作处处长、辽宁师范大学党委副书记、辽宁省委高校工委副书记、省教育厅副厅长和巡视员。他将毕生经历和全部资源投身于大学生的思想政治教育工作中。他兢兢业业地培育一代又一代学生，如今，他的很多学生已经是社会各个领域的翘楚。他还潜心研究，出版了很多著作，比如《识读大学——一个老辅导员的心声》《高校辅导员工作中涉及社会思潮相关问题研究》《大学生理性爱国研究》《我和明明》《建构高校辅导员工作长效机制研究》《学校教育与家庭教育相结合创新模式研究》《大学生思想政治工作科学体系研究》，同时还参编多部思想政治教育类图书，如《用"中国梦"引领大学生成长研究》《大学生入党启蒙教育研究》《辽宁省大学生思想政治教育纪实（2004—2014）》。他已走访世界千余所大学，应邀在北京大学、复旦大学、山东大学等国内高校做过 200 余场学术报告。他获得了众多荣誉——全国师德标兵（2015 年）、全国高校理论课教师年度十大标兵人物（2014 年）、第六届"全国高校辅导员年度人物"唯一荣誉奖（2014 年）、"辽宁省五一劳动奖章"（2015 年）、"辽宁好人·最美人物"（2014 年）等。他是"传道、授业、解惑"的人民教师，更是深受学生喜爱的灵魂导师。

一直以来，党和国家高度重视大学生思想政治教育工作，尤其重视辅导员队伍的专业化、职业化建设。2000 年 7 月，教育部印发的《关于进一步加强高等学校学生思想政治工作队伍建设的若干意见》指出，高等学校学生思想政治工作人员包含学生政治辅导

---

* 中华人民共和国教育部．普通高等学校辅导员队伍建设规定．中华人民共和国教育部官网，2017－09－21；陈万柏，张耀灿．思想政治教育学原理．3 版．北京：高等教育出版社，2015.

员，除了专职辅导员，还可以有从教师和品学兼优的党员研究生、高年级大学生中选拔配备的兼职辅导员。2004 年 8 月，《中共中央国务院关于进一步加强和改进大学生思想政治教育的意见》指出，要“大力加强大学生思想政治教育工作队伍建设”，“辅导员按照党委的部署有针对性地开展思想政治教育活动”。2006 年 7 月，教育部发布《普通高等学校辅导员队伍建设规定》，指明“辅导员是高等学校教师队伍和管理队伍的重要组成部分，具有教师和干部的双重身份。辅导员是开展大学生思想政治教育的骨干力量，是高校学生日常思想政治教育和管理工作的组织者、实施者和指导者。辅导员应当努力成为学生的人生导师和健康成长的知心朋友”。2015 年 11 月，教育部公布了《普通高等学校辅导员队伍建设规定》的修订情况。进一步指明了辅导员工作的要求和职责，辅导员选聘的标准，培养与发展、管理与考核制度。新规定要求，辅导员要综合运用多种方式，把社会主义核心价值观落实到学生日常管理服务各个环节；积极学习和运用现代信息技术，构建网络思想政治教育阵地，及时了解网络舆情信息，密切关注学生的网络动态；努力学习思想政治教育的基本理论。2016 年 12 月，习近平总书记在全国高校思想政治工作会议上，强调“把思想政治工作贯穿教育教学全过程，开创我国高等教育事业发展新局面”，指出要整体推进辅导员等队伍建设，保证这支队伍后继有人、源源不断。曲建武的事迹是践行党和国家大学生思想政治工作队伍建设精神的典型代表。

【主题分析】

爱的奉献是无尽的，情感教育法的力量是无穷的。本案例通过介绍曲建武辞官从教，在教育岗位上处处以情感人、以情育人进而实现与学生的情感共鸣、提高思想政治教育实效性，说明情感教育法是思想政治教育富有成效的方法，教育者应该充分运用情感教育法。曲建武“辞官从教”，曾轰动一时，做出这个决定有多难，可能只有他自己知道。这正体现了他对教育事业的无上热爱、对学生的无悔的爱。学生的进步和成才是他前进的动力。来到大连海事大学后，他把所有精力都奉献给了学生。他用爱的力量唤醒和激励了懵懂的学生，用爱的真诚感化了学生，用爱的奉献铸就了一批又一批学生的成功。学生们亲切地喊他“曲爸爸”。

【启示分析】

（1）以情感人、以情育人的情感教育法是思想政治教育富有成效的方法。情感教育，是教育者用真情实感打开教育对象的心扉，架起教育者与教育对象心灵沟通的桥梁，通过情感交融以情感人、以情育人。情感教育法包含三个方面的内容。首先，教育者尊重教育对象。教育者应该尽可能地遵循教育对象的身心发展规律，把握个体需要和个体特点；尊重教育对象的自尊和人格；尊重教育的话语权。曲建武给学生一一建立电子档案从而第一时间了解学生的基本信息，和学生一起吃饭、过节、谈心等，都生动地体现了他与学生间的平等和尊重。其次，教育者真诚地关心、爱护、信任教育对象，成为教育对象的好朋友。曲建武关爱每一个学生，他时常自己掏腰包解决学生的经济问题和生活问题。他向辽宁省委提出的免除孤儿大学生的学费和住宿费的建议已经得到实施。最后，教育者充分理解教育对象。理解的过程就是“移情”和品德体验的过程。理解本质上是一种有利于教育者和教育对象身心“双赢”的感情体验。曲建武通过家访体验学生的成长环境和问题，拉近了他与学生的关系，学生们都亲切喊他“曲爸爸”，这就实现了“双赢”。由此可见，这种以情感人、以情育人的情感教育，贴近生活、贴近学生实际，使教育者和教育对象产生强烈的情感共鸣，大大提高了思想政治工作的实效性，是思想政治教育工作者应该重视和有效运用的方法。

（2）情感教育要多做“雪中送炭”的工作。俗话说，“感人心者莫过于情”。当教育对象在思想、心理或其他方面遇到问题和困难亟待解决时，教育者如果能够主动给予关心和鼎力帮助，就会在很大程度上得到教育对象的信任，从而建立亲密的关系，增强教育效果。所以，教育者用真情感人、育人的同时，也应该注重把握“时机”，提高教育效果。曲建武及时了解学生的思想动态、生活状态。当学生困惑于是否入党或有一小部分学生入党动机不“纯”时，他第一时间开党会，说明党的基本方针、政策是什么，为什么要入党，如何拥护党的领导，怎样做一名合格的共产党员。当他了解到班级困难学生的经济状况时，多次补贴生活费和交通费，给学生购买衣物、水果，还及时帮助学生的家属解决问题。“有什么需要我做的事就跟我说，千万不要客气。就是为了你们，我才选择了做辅导员，你们不找我，我就没有什么价值了，也就失去了我生活的意义。”曲老师无私的爱的付出，学生看在眼里，记在心里。有学生感慨道：“我一定会努力学习，把这种爱传递下去，帮助他人，让世界充满爱。”曲建武与学生的情感互动，产生了情感共鸣，提高了思想政治教育的实效性。

（3）教育者应综合运用情感教育法和其他教育方法。思想政治教育过程，是一个多要素相互影响、相互作用的过程。只有恰当地、综合地运用多种方法，并充分利用和发挥新媒体等载体的功能，以情感为基础，以理性为指导，才能够形成教育合力，将教育内容有效地作用于教育对象，更好地达到思想政治教育目的。首先，除了情感教育法，曲建武还综合运用了理论教育法、咨询辅导法和实践锻炼法等。具体而言，他利用课堂、专题讲座和研讨会等进行传统的说理教育，以理服人。比如，当学生面对多元文化、各种社会思潮的涌入而不知所措时，他开专题报告，准确把握学生的思想脉搏，及时澄清学生们头脑中潜藏的和已经存在的错误认知，引导学生形成正确的价值观。他告诉大学生一定要确立马克思主义的科学信仰，正确辨析西方国家所谓的“普世价值”。他利用谈话、咨询来了解和解决学生的各种问题，贴近生活、贴近实际；采用班级干部轮换制锻炼学生的实践能力，帮助学生在实践中“检验真理”。其次，曲建武与时俱进，结合“90后”大学生酷爱“玩”手机的特点，积极学习和利用微信来强化教育。一方面，他在微信平台建立“大学生与历史上的今天”等栏目，正面教导学生积极学历史、用历史、传历史。另一方面，他利用微信发送日常信息和祝福给学生及家长，3 年累计发送 200 多万字，学生发给他的也有数十万字。这种积极利用新媒体的互动方式大大增强了教育者与教育对象的情感交流，推进了“微”网络思想政治教育阵地的构建。因此，当代思想政治教育者应该不断根据社会发展的新情况和学生的新特点，掌握新手段，创造性地运用传统的教育方法，自觉地综合和探索新的思想政治教育方法。

案例 36　民族班学生的“邵老爹”*

“同学们都管他叫‘老爹’。”说起大学生涯的第一个班主任，来自新疆乌鲁木齐的维吾尔族小伙子库都来提肃然起敬。

被学生喊作“老爹”的邵春亮，今年 76 岁，党龄 53 年，教龄 52 年。

1986 年 9 月，国家决定在大连工学院（1988 年更名为大连理工大学）开办少数民族预科班。究竟选谁担任班主任？学校领导慎之又慎，最后选定了邵春亮。此时，他已经在大连工学院工作了 30 年，他讲的电路原理课是学校品牌课，任辅导员的班级入党人数最多、考研人数也最多。

一向心胸开阔的邵春亮连续几个晚上失眠。选择心爱的专业，还是选择心爱的学生？好多个夜晚，邵春亮辗转反侧，久久不能入睡。想起多少次在边疆那片美丽与忧伤交织的土地上见到的场景，邵春亮心绪难平。面对来自维吾尔族、哈萨克族、锡伯族、蒙古族等 7 个民族的 39 名预科学生组成的班级，邵春亮不是不知道，这是一个与大学其他班级有很大差别的民族预科班：生源来自边疆且都是少数民族，年龄较小，课程学的是高中教材，学生们的文化水平参差不齐，民族风俗、宗教信仰、生活习惯更是千差万别……邵春亮不是不知道，在大学里，他这个岁数正是一名专业课教师搞课题、出成果的盛年之期。而带上这个班就意味着他每天要与困难、付出、责任为伴。既然他深爱着自己的教育事业，既然他理解少数民族孩子的憧憬和向往，既然他牵挂着边疆的繁荣进步，既然他遇上了为少数民族地区培养人才的好年代，那就上路吧！

从此，他走上担任少数民族预科班班主任的岗位，一干就是 25 年。

在邵春亮看来，这些学生从遥远的地方来到大连，告别雪域高原、黎村古寨、巴山蜀水、敖包毡房，离开他们熟悉的生活环境，学习不仅仅是他们碰到的唯一难题，他们远离家乡，远离父母，最需要的是关爱。无论是气候、饮食、风俗习惯等生活方面，还是学习、正确处理人际关系等成长方面，他们都要慢慢适应。适应需要过程，更需要引导。做学生的亲人、师友、知音，这是邵春亮给自己的角色定位。

邵春亮练就一个绝招。每次接班前，从民族、姓名到家庭成员，从毕业中学到习惯爱好，他能把每名学生的基本情况背得滚瓜烂熟，做到心里熟识每个孩子，一见面准能叫出每个人的名字。这一点，让思乡的孩子们倍感亲切。

为让学生尽快成才，邵春亮总是亲自设计安排教学课程。每次临考，他总是召集基础差的学生进行重点辅导。他既重视少数民族学生对文化知识的学习，又从不忽视培育他们丰富而均衡的精神世界。每天早晨一见面，邵春亮总是先为学生们“转播”新闻，从国内外大事到天气预报，捎带着播报文体明星的近况，以拓展孩子们的眼界。

邵春亮带班的诀窍是：尊重＋爱护＋研究。每年元旦每位同学都会收到一张“邵老爹”贺年卡，上面有他写的一段话，每个人的都不一样。“疾病谁都无法避免，关键是把

---

* 于晓威．爱，让教育更完整．人民日报，2009-07-29；谢文君．迎春花，希望的花．辽宁日报，2009-04-13.

它看成绊脚石还是垫脚石。”身体不好、几度要求退学的藏族学生李军把新年贺卡当成人生座右铭，激励自己克服病痛，最终完成学业。

只有老两口的邵春亮家里有两多：拖鞋多、碗筷多。这里是他的学生们经常光顾的“饭店”。邵春亮老伴早已习惯了这种生活，也练就了手抓饭、拉条子、大盘鸡、红烧洋芋牛肉的好手艺。只要学生来，老伴就提前用碱水把所有的炊具彻底清洗一遍，完全按清真标准准备一桌丰盛可口的饭菜。听到学生不经意间说起附近买不到清真方便面，邵春亮像得到命令似的，挤一个多小时的公共汽车，专门跑到北京街为学生买回来两大包。藏历新年时，知道藏族人过年都要吃大麦粉做的面团，邵春亮到处跟人打听这东西怎么做，又跟学校食堂协调给在校的56个藏族孩子做了一顿藏族特色的“年夜饭”。熟悉民族政策、了解民族风俗、研究民族宗教，甚至留意来自边疆地区或少数民族的那些影视明星，邵春亮做这些，只为找到与学生沟通的切入点。就在这些点滴平凡之间，邵春亮一点一滴地雕琢着孩子们的思想、情操和技能。

一些学生好冲动，还会不自觉地流露出一些情绪。在一个有十几个民族学生的班级里，有时学生们会因为一句关于风俗习惯和宗教信仰的不经意的话而动起拳头。“大家既然走到了一起，就是一家人，要相互了解尊重各民族的风俗习惯，学习各自的优点，弥补缺点。中华民族的发展史就是一部众多民族和睦相处、相互融合、统一兼容的历史。我们的团结就是各民族的团结，就是中华民族的团结。”邵老爹一句简单的话搭起了各民族同学间和谐相处的桥梁。

一些学生好面子，他们犯错误时，邵春亮从不当面训斥。他会包容理解他们的想法和做法，及时掌握其思想动态和实际困难，在彼此尊重信任的基础上动之以情、晓之以理。他常说：“对待少数民族娃娃，要纵向看他们的进步，而不是横向看他们的差距。”

一些学生不爱学汉语。“这是交流的最主要工具，用好它会提高你们的各种能力。”邵春亮反复叮嘱。学生们文化基础较差，邵春亮反复跟教务处沟通，精心设计安排教学课程。只要新换了授课老师，他都要亲自听课，如果老师和学生们有不适应，就及时提出调整意见。考试前，他会把一些学习有困难的学生集中到一起，给他们单独辅导，开小灶，确保不让一人掉队。他说，一个学生学习的好坏，是关系一个人、一个家庭和一个民族未来的大事，放弃他们就是老师的失职。

一些学生虽然外表强悍，但内心还有些许自卑。每到开展班干部选举、各类评选、各类活动时，邵春亮都充分考虑民族政策，发挥各族学生们的特长，让每名同学都有展示自己的平台。邵春亮对孩子从来都是给予肯定和鼓励。学生们常常听到的他的话就是：“好样的，你能行!”

为让学生们尽快摆脱时差的困扰，养成良好的学习生活习惯，每天清晨，他陪伴学生一起出早操；夜深了，等学生们都睡下，他才放心离开……20多年来，每天如此。

每逢寒假结束时，总有一部分新疆学生说大雪封山无法及时赶回学校上课。这也成了他放不下的心事，他决定亲自走一趟看个究竟。2004年暑假期间，69岁的邵春亮自费只身来到新疆伊犁。他发现，被学生称为封山的路段，就是峭壁嶙峋、蜿蜒数里的果子沟，是伊犁通往乌鲁木齐的必经之路，这样的地势，再赶上大雪，交通都中断了，学生自然出不来。因此，他更加体会到了边疆学生们求学的艰辛。

邵春亮还陪学生们逛街买东西，和他们一起吃新疆大盘鸡，与他们载歌载舞过古尔邦节……邵春亮是幸福的，他的幸福来自他的奉献。他长年默默地坚守，为的是铺平边疆学子的求学之路。尽管他年事已高，但是他激情不减；尽管他朴实平凡，但是他高尚的品德又拨动人心。邵春亮就像悄无声息绽放的迎春花，用无声的力量实践了自己心中一个朴素的信念：带好这些少数民族娃娃，让他们对国家的建设和发展有影响、有作为、有贡献。

转眼之间，邵春亮 76 岁了。回眸担任民族预科班班主任这 20 多年，邵春亮想起了他第一年担任首届民族预科班班主任时立下的自我警诫：不让这个班的学生有一个掉队。如今，他培养了 600 多名学生，确实没有一个掉队，全部升入本科！

20 多年来，在被关爱的氛围中成长，受老师的影响，他的学生们养成了谦虚、勤奋、坚毅、乐助的好品格。这些年，他不断收到学生和家长的感人肺腑的来信，以及上千个热情洋溢的长途电话。这几百名学生，就是数不清的火种，他们分散在祖国的边疆各地，传递力量，也传递爱的光芒。从预科班走出去的维吾尔族学生尤利瓦斯·买买提已经成为克拉玛依市人大代表、奥运火炬手、独山子乙烯工程主要负责人；哈萨克族学生冶成已是新疆维吾尔自治区通信管理局办公室主任；锡伯族学生吴庆胜现在是乌鲁木齐铁路局科研所电务研究室主任，被授予铁道部科技拔尖人才；蒙古族学生郭文强博士后，已成为新疆财经大学计算机学院的副院长；维吾尔族学生哈密提已是乌鲁木齐市开发区安监局局长……然而无论他们在何种岗位，他们合格的专业技能，他们以人为本的情操，他们人文主义的理想，都不仅在激励着自己，而且在影响着更多的人……

邵春亮呕心沥血致力于把来自祖国边疆的数百名少数民族学生培养成才。他的心愿就是："把这些少数民族学生培养教育好，将来他们会发挥更大作用。"从大连理工大学民族预科班走出来的学生，有"三多"的特点，那就是：考研究生的多、要求入党的多、毕业后返回边疆的多。

锡伯族学生郭文强、维吾尔族学生希望、哈萨克族学生古丽米拉、蒙古族学生孙毅超等，毕业后都选择当了老师。他们说："我们要像邵老师那样，也去点亮边疆学生心中的那盏灯！"

【思考题】

1. 你如何评价邵春亮教授致力于用爱教育少数民族预科班学生的事迹？
2. 爱的教育的本质是什么？
3. 如何理解情感教育法对思想政治教育的意义？

案例分析*

【背景介绍】

邵春亮教授 1956 年从大连工学院毕业后，留校任教。1986 年担任大连工学院首届

* 张耀灿，陈万柏．思想政治教育学原理．北京：高等教育出版社，2001；张耀灿，郑永廷，吴潜涛，等．现代思想政治教育学．北京：人民出版社，2006；高欣．用真情书写大爱：记大连理工大学民族预科班班主任邵春亮教授．辽宁日报，2009-03-23．

民族预科班班主任。由于这些学生都来自少数民族地区，年龄较小，学习水平参差不齐，文化课基础较差，民族风俗、生活习惯更是千差万别，当这个班的班主任，难度可想而知。邵春亮接手这个班后，以慈父般的爱心，像对待自己的孩子一样，从学习到日常生活给予了学生们无微不至的关心和爱护，而且在这个班主任的岗位上一干就是 20 多年。邵春亮所在的大连理工大学，连续三次被国务院授予“全国民族团结进步先进集体”荣誉称号，邵春亮本人也多次获得“辽宁省民族团结进步先进个人”“大连市优秀教育工作者”等荣誉称号，被大连理工大学学生评为“我最喜爱的老师”，2009 年被评为全国优秀教师，荣膺“2009 中国教育年度新闻人物”，光荣当选为第三届“全国敬业奉献道德模范”……

从 20 世纪 50 年代起，少数民族学生就一直享受国家特殊的教育政策，而且为少数民族地区培养高素质人才越来越受到国家的重视。一方面，国家出台一系列经济资助政策如减免学费、优先优惠发放助学金等；另一方面，国家制定了在一些高等学校开办少数民族预科班的制度。

少数民族预科班是根据少数民族学生的特点，采取特殊措施，着重提高文化基础知识，加强基本技能的训练，使学生在德育、智育、体育等方面都得到进一步发展与提高，为在高等院校本、专科进行专业学习打下良好基础所开设的一种教学班制度。1996 年全国开设民族预科的高等院校达 140 余所，在校生 11 622 名。预科教育对提高少数民族学生的文化基础，使更多的少数民族学生升入高等专业学校学习起了很大的作用，它已成为针对少数民族学生的独具特色的主要办学形式。

【主题分析】

案例所反映的大连理工大学少数民族预科班班主任邵春亮教授 20 多年如一日，以爱为宗旨，呕心沥血培养少数民族学生，成效卓著的事迹，生动地诠释了作为一名教师、班主任、思想政治教育工作者无私奉献、以情育人的成功实践，给我们带来诸多启示。尤其在情感教育法方面，邵春亮教授达到了一种前所未有的境界。少数民族学生的一声“邵老爹”，饱含着对邵春亮教授的敬爱之情。邵春亮教授也确实用慈父般的爱照顾着几百名来自各地的少数民族学生。他用爱的力量唤醒了这些懵懂少年的心，用爱的真诚感化了这些少数民族学生的灵魂，更是用爱的奉献铸就了他们的思想品质和事业的成功。案例表明，成功的思想政治教育必须以爱为真谛、以情感教育为基础，深入对象的生活和思想实际。

【启示分析】

（1）爱的奉献是邵春亮情感教育法的鲜明特点。纵观邵春亮教授对待少数民族预科班学生的教育方法，应该说是以爱的奉献为基点的情感教育法。邵春亮在担任班主任 20 多年的工作中对学生所流露的情感，可归纳为“三心”和“两则”。“三心”表现为真心、耐心和恒心。作为一个具有 30 年教龄，开出了专业品牌课的教师，他正处在业务上收获的季节，然而他以对少数民族地区人才培养工作的高度责任感和奉献精神，决心以育人为先毅然担任学校首届少数民族预科班班主任，这是一种对学生的爱的情感基础。他钻研不同民族学生的生活习俗，关注学生们喜欢的明星偶像，陪伴学生们早起晚归，下功夫指导学生的汉语……点点滴滴，日复一日，年复一年，充满耐心、恒心，赢得了“邵老爹”的称呼，这正是学生们深切认同这无微不至的关爱的表现，也正如高尔基曾经说过的：“谁爱孩子，孩子就爱谁。只有爱孩子的人，他才可以教育学生。”“两则”表现为适度原则和适时原则。作为雕琢心灵的工程师，他针对少数民族学生的生理心理状况和生活习惯，坚持教育的适度原则和适时原则，在与学生进行情感沟通的基础上实现了教育的目标。

（2）情感教育法应遵循针对性原则。针对性是指从实际出发，根据对象的不同情况，采用不同的方法，完成不同的任务，解决不同的问题。其实质是要求思想政治教育方法的运用合乎思想政治教育过程的客观规律，合乎人的思想品德形成发展的客观规律。针对性也是情感教育的前提。少数民族预科班的政策制度是根据少数民族学生的特点，采取特殊措施，着重丰富学生的文化基础知识，加强学生的基本技能训练，使学生在德育、智育、体育等方面都得到进一步发展与提高，为在高等院校本、专科进行专业学习打下良好基础所开设的一种教学班制度。少数民族预科班的班主任就是具体贯彻执行这一少数民族教育政策和目标的执行者。作为一个有着30年教龄和丰富教学经验的老教师，邵春亮深入班级学生，采用多种方式方法与学生同吃、同玩、同学，同样早出晚归，了解来自不同民族的学生们的生活、传统、文化习俗，有针对性地开展育人工作，使来自各少数民族的学生能够和谐相处、一心向学。

（3）情感教育法与其他教育方法配合运用和综合创新。“尊重＋爱护＋研究”是邵春亮情感式带班的诀窍。这其中凝聚了他数十年的工作经验和心血。尊重是处理好不同民族生活习惯和文化传统的师生、生生之间关系的前提，是调动和发挥学生主体性，实现情感认同的基础。爱护是思想政治教育者工作的出发点和教育的真谛。研究则是情感教育有效性的保证。邵春亮研究知、情、意、信、行的教育过程和转化规律，研究教育对象的情感需求，加强与学生之间的亲情交流，推动师生之间的情感互动，与学生共同分担面临的困难、存在的问题，分享快乐的心情、成功的喜悦，保证了情感教育的有效性。同时，他努力创设情感教育发挥作用的有效环境，综合运用多种方法，形成教育合力，产生综合效果。如邵春亮以情感的渗透与融合为主，加之其他方法，如与说服教育法、榜样示范法、政策对话法、个别帮助法、家庭沟通法等相互结合促进教育的成效，表现出对情感教育的方法游刃有余的运用技巧与经验。

案例37　“最迷人的课”*

笑声……笑声……掌声……

柔和的语调中理精辞美，优雅的举止中流溢着知性的光辉。

---

* 刘立凯．贾凤姿：用爱与责任讲活了思政课．中国教育报，2010-04-08；叶辉，宋言荣，吴琳．最迷人的课.光明日报，2010-04-08.

2010 年 3 月 30 日下午，大连海事大学马克思主义学院贾凤姿教授在为本科生讲授“马克思主义基本原理”课，短短一节课竟响起十余次掌声。

谁说马克思主义理论艰涩难懂？谁说思想政治理论课枯燥乏味？

在大连海事大学，贾凤姿老师的课一直呈“爆棚”状态，深受学生们喜爱。她的课已经成为学校的招牌课，被学生们誉为“最迷人的课”。

由于选课学生太多，贾凤姿不得不把同样的内容重复三次。即便这样，能容纳 230 多人的阶梯教室仍然座无虚席。人文学院 2006 级的宁卉同学从大一选到大三才选上她的课。一位毕业生在校园网上留言：“大学四年没能选到贾老师的课，是人生的一大遗憾！”一位名叫喻洁洁的同学说：“我在思想政治理论课上从来都是‘蜗居’最后一排奋笔疾书赶作业，而现在我争取坐到前三排。一年半的时间就能够选上贾老师的课，我是幸运的。”

每次来到教室，贾凤姿都是迎着学生们的掌声走进去的。复杂的理论她讲得深入浅出，抽象的内容被演绎得绘声绘色。她上课从不看讲稿，也很少站在讲台上，一般都是站在学生座位的过道里边走边讲。不知多少次，下课铃声响了，但学生们的注意力依然在课堂上，纷纷央求贾老师把这部分内容讲完。

为了讲好思想政治理论课，贾凤姿着实费了一番功夫。她常为讲解一个知识点反复查证各种资料，以使课程信息量饱满，传播的知识前沿。例如，在准备给学生讲时间和空间的相对性原理时，她想用爱因斯坦狭义相对论的两个公式来讲解。为了深入理解这两个公式，她跑去听大学物理课，一听就是 20 节，而这方面的内容在她的课堂上却只有五分钟的时间。多年来，贾凤姿听过的课不但有大学物理，还包括中文、历史、经济学、哲学等多个方面的课程。她说：“听别人的课，目的是提高自己，把自己的课讲得更好。”为把课堂教学与课下实践结合起来，贾凤姿还在辽宁省大连市金州区登沙河镇专门建立了自己的联系点，既作为科研基地，也作为学生进行社会实践教育的基地。

扎实的理论基础和丰硕的研究成果是贾凤姿讲好思想政治理论课的根基。她主编出版了《马克思主义哲学》《马克思主义原理》等教材和学术专著五部，在国家重要刊物公开发表学术论文 50 余篇，论文多次被《新华文摘》和《中国人民大学复印报刊资料》转载，并且多次主持了教育部项目，辽宁省社科基金项目和辽宁省社科联、辽宁省教育厅教育科学规划项目。

贾凤姿的教学密切联系实际，绝不做空洞的说教。面对学生提出的分配不公、贪污腐败等现实问题，她总是先直面这些问题，再利用马克思主义理论解释产生这些问题的根源，经过透彻的分析，从而化解学生心中的疑惑。

以下是她曾经使用过的一个教学案例。

案例原理：内外因辩证关系原理的意义。

2010 年 4 月，华晋焦煤王家岭煤矿 115 名工人平安升井。从料峭凌晨到正午暖阳，迎接被困工友升井的风门一次次打开。在华晋焦煤王家岭煤矿“3·28”透水事故发生八天八夜之后，153 人中已有 115 条顽强生命平安获救。正如原国家安监总局局长骆琳所言，王家岭煤矿抢险救援在中国事故抢险救援史上创造了两个奇迹，一个是被困工人的生命奇迹，一个是事故救援的奇迹。被困人员在井下 190 多个小时，坚守生存希望，突破生理极限。这是矿工平安升井的内因条件。3 000 多名抢险救援人员，夜以继日，抽水 17 万立方米；低洼积水巷道长达 500 多米，运送排水设施巷道长达 600 多米，倾角 25 度斜坡作业，工作最大断面只有 30 平方米……救援难度之大，丝毫没有阻碍全力救人的决心。这是矿工平安升井的外因条件。这一案例说明自主、自力更生是第一位的，在此前提下要重视外部环境、外部条件的作用，重视信息、能量、物质交换，重视把外部因素转化为内部因素。

贾凤姿从教 28 年来，一直坚持“先育人再教书、先做母亲后做老师”的理念，以真诚的言行博得了学子们的爱戴。

每学期新生上课的第一天，贾凤姿都会把手机号和家里的座机号写在黑板上，让学生们记住。她说，只要有需要找贾老师，无论何事，24 小时都行。

有一年春节前夕，贾凤姿去学生宿舍找人，听到水房传来哗哗的流水声。她走进水房，看到一个学生正在洗衣服。贾老师关切地问：“学校都放假了，供暖和供电都停了，你为什么不回家过年呢?”那个学生两眼含泪说：“我家在广西，家里经济很困难，往返一趟需要不少钱。”贾凤姿二话没说，立即把兜里仅带的 300 元钱递给了他：“快回家过年吧，你妈妈一定很想念你。”

学生小耿有些消极避世，还产生了退学出家的念头。贾凤姿发现后，就跟他谈心，从社会责任、家庭责任、个人发展等方面动之以情、晓之以理。她还专门安排了“哲学与宗教”和“人生的价值与意义”的讨论课，鼓励小耿给同学讲“人的价值和本质”。小耿认真备课，深入思考，开始认识到世界之大、理论之深，消极避世并不可取，逐渐打消了出家的念头，并喜欢上了“马克思主义哲学”课，大学毕业后考取了马克思主义哲学专业的研究生。

电子专业的两个学生因迷上了网络游戏而经常逃课。贾凤姿发现后，不仅专门安排人督促他们来上课，而且上课前总会到网吧寻觅他们的踪迹，一旦发现，立即找回。学生很不情愿：“我妈都管不了我，你干吗要管?”贾凤姿说：“你妈离你太远管不着你，在学校，我既是你们的老师，也是你们的妈!”一次、两次，无数次后，她的执着感动了两位学生，他们终于从网瘾中摆脱出来。

学生把贾老师视为最亲近的人，想家时就会给她打电话，有心事时会毫无保留地向她倾诉，考试取得好成绩时也第一时间向她报喜。每逢母亲节，贾凤姿都会收到来自全国各地、世界各地的贺卡和在校生的许多鲜花。在她的影响下，许多学生爱上了这门课，甚至决定改变志向，献身马克思主义理论教学与研究。在她带的研究生中，已毕业的戴昕哲、袁铭、郑静、范昆等同学，都是在她的影响下改变志向，陆续担任了高校马克思主义理论课教师。目前在读的刘涛（化名）也改变了一心要当公务员的志向。还有一个人很特殊，那就是她的儿子，大学生杨驭越。

从小到大，见那么多学生喜欢妈妈，夸赞妈妈课讲得好，他也想感受一下。在他考上大连海事大学研究生后，终于有机会亲自听一听妈妈的课。阶梯教室里座无虚席，杨驭越选了一个角落坐下。妈妈一袭黑白相间的细花外套，一头短发，气定神闲地走上讲台。哗！掌声热烈地响起！他没有想到上课时学生还会给老师鼓掌，尤其是思想政治理论课啊！妈妈的课讲得真是好！大教室里笑声和掌声此起彼伏。课后，杨驭越由衷地对妈妈说："你的课是我听过的所有课中讲得最好的！我将来也想当一个像妈妈一样的思想政治理论课老师。"

贾凤姿的家搬了几次，但一块粗糙地绣着"翰墨奇香"的匾却一直跟随着她。这里面有一个故事。她的班上有一个学生叫刘志强，来自湖北农村，家庭经济条件非常差。上课时个头矮小的他总是坐在教室的角落里。贾凤姿注意到了他，在讲授哲学原理时间、空间客观性问题时，她特意重点讲述了空间是客观的，是不以人的意志为转移的。贾老师一边讲，一边用哲理和事例"点醒"着刘志强——人的身高也是一种客观存在，是不以自己的意志为转移的，但是主观的努力可以改变现实。渐渐地，刘志强目光里的冰冷开始融化，无精打采的他挺直了腰板。课后他含着眼泪走到贾凤姿面前说："谢谢老师，您给了我信心和希望。"从此，刘志强变得乐观向上，勤奋好学。有一年的寒假开学前，刘志强打电话给贾凤姿说从老家带了点东西，要老师去火车站接他。贾凤姿疑惑地来到火车站，那天天气寒冷，风雪弥漫，此时的火车站广场已经没有几个人，这时贾凤姿看到站在风雪中已成为雪人的刘志强，背着一个比他还高的东西。当刘志强把那个扁平的东西打开给贾凤姿看时，贾凤姿一时感动得说不出话来。那是一块匾，绣着"翰墨奇香"四个大字。刘志强说，这字是他在家乡县城书法最有名气的老先生家门口站了三天才求来的，回来后他的母亲用了好几个晚上一针一线地绣在布上，刘志强和父亲连夜亲手制作了这看起来显得粗糙的镜框。返程时怕弄坏了这块匾，刘志强背着它在火车上站了一天一夜……风雪中，刘志强背匾的镜头永远定格在贾凤姿的心中，对她来说这不是一块普通的匾，而是一个家庭对滴水之恩的真诚感念，也是学生对一名教师最高的褒奖。

【思考题】

1. 你如何评价贾凤姿老师的事迹？
2. 你理想中的思想政治理论课是什么样的？
3. 你认为思想政治理论课对大学生成长发挥着怎样的作用？

案例分析*

【背景介绍】

2005 年年初，为了贯彻落实《中共中央国务院关于进一步加强和改进大学生思想政治教育的意见》（中发〔2004〕16 号），中共中央宣传部、教育部发布了《关于进一步加强和改进高等学校思想政治理论课的意见》（教社政〔2005〕5 号）和《〈中共中央宣传部、教育部关于进一步加强和改进高等学校思想政治理论课的意见〉实施方案》（教社政〔2005〕9 号）（简称"05 方案"）。作为新时期加强高校思想政治理论课的重大举措，"05 方案"规定了高校思想政治理论课新的课程设置和实施步骤，并就教材编写、教学研究、

---

* 真情，开创思想政治教育新境界．光明日报，2010－04－08；常讲常新的艺术．光明日报，2010－04－09；贾凤姿．做一名卓越的大学教师的几点哲学思考．光明日报，2010－04－11；彭进清．论大学思想政治教育灌输方法创新．科教新报，2006－05－31．

教师培训和学科建设等提出了明确要求，标志着思想政治理论课新一轮改革和建设正式启动。这期间，贾凤姿教授作为高校“马克思主义基本原理”课任课教师，积极参与新课程改革方案实施，她学理论、信理论、传播理论、践行理论，通过课堂教学帮助学生树立正确的世界观和方法论，树立正确的人生观、价值观。她以高度的责任感，努力探索教书育人之道，通过与学生心与心的沟通、交流，抓住当代大学生的所思所想、所作所为，提升他们的思想素质、人格层次、思维能力、实践水平。她钻研教学方法，升华教学经验，完善教学艺术，把思想政治理论课变成大学生“真心喜爱、终身受益”的课程，展示了一名优秀思想理论课教师的人格魅力和业务素质，为进一步改进和加强高校思想政治理论课，进一步探索大学生思想政治教育的方法和途径发挥了示范作用。她的课成为大连海事大学最受学生欢迎的“招牌课”，她的课堂被学生誉为“迷人的课堂”。《光明日报》、中央人民广播电台、《中国教育报》等30余家主流媒体都曾集中宣传报道过贾老师的先进事迹。她先后荣获全国教书育人楷模提名奖、全国交通系统精神文明标兵、辽宁省教学名师、辽宁省“五一劳动奖章”、辽宁省优秀思想政治理论课教师、辽宁省“五一”巾帼奖、第四届辽宁省道德模范候选人等荣誉和称号。

【主题分析】

高校思想政治理论课承担着对大学生进行系统的马克思主义理论教育的任务，是对大学生进行思想政治教育的主渠道。在“05方案”中规定了高校思想政治理论课新的课程设置和实施步骤，并就教材编写、教学研究、教师培训和学科建设等提出了明确的要求。贾凤姿作为一名优秀的高校思想政治理论课教师，以其高度的社会责任感和敬业精神，探索思想政治理论课的原则和方法，走出了一条把这门课建设成大学生“真心喜爱、终身受益”的课程的成功之路。她的课堂一改高校思想政治理论课教学照本宣科、空洞说教的传统面貌，成为学生争相选择、评价最高的课程。她针对学生的年龄、性格和专业特质，总结出一套集启发式、参与式、案例式等多种方式相结合的课堂教学方法，采用课堂讲授、课堂讨论、讲演、辩论等多种教学形式，协调课内外环境转变学生思想面貌。她的提高思想政治教育魅力的成功实践和教学艺术，体现了思想政治理论课教学遵循对象的思想特点和成长规律，坚持理性教育与情感教育相结合的原则和方法，调动学生参与教学活动的主体性、积极性、创造性，从而实现思想政治教育目标的要求。

【启示分析】

(1) 坚持思想政治教育的灌输原则。灌输原则是马克思主义思想政治教育的基本原则，是马克思主义思想政治教育理论的重要组成部分。马克思曾把灌输过程比喻为“思想的闪电”射向人民的园地。马克思主义经典作家之所以强调思想政治工作中要进行理论灌输，是因为：工人阶级要改变自己的命运和地位，就需要有一种科学的革命理论来指导自己的革命实践，但是这种理论又不可能在工人阶级中自发地产生，这就需要找到这种理论并通过其先锋队由外界灌输到工人阶级中去。马克思主义的灌输理论是根据当时的社会条件，工人阶级受其历史地位和自身文化水平等因素的限制，不可能自己产生社会主义思想而提出的。现阶段，虽然社会历史条件已经发生了根本的变化，如社会主义制度的不断完善，中国特色社会主义事业的蓬勃发展，人民群众特别是青年大学生的科学文化水平不断提高等，但是这些变化只是为广大青年大学生接受并形成社会主义思想意识提供了有利的条件，并没有改变社会主义思想不能在人们日常的生活实践中自发形成的基本态势。这是因为社会主义思想作为一种科学的思想体系，是在汲取前人思想成果的基础上，运用科学的思想方法，对实践经验进行科学总结的结果，是以社会实践为基础的、自觉的理论研究和理论创造活动的产物，它不是人们日常生活实践的自发产物。毛泽东思想、邓小平理论、“三个代表”重要思想、科学发展观、习近平新时代中国特色社会主义思想是中国共产党集全党智慧，运用马克思主义的立场、观点和方法，在科学总结社会主义建设的历史经验，特别是我国社会主义现代化建设和改革开放鲜活经验的基础上，经过艰巨的理论探索而创立起来的，必须通过强有力的思想政治教育工作，把这一理论灌输到广大青年大学生中去，才能使之为广大青年大学生所掌握。

可见，灌输是灌输主体根据一定的阶级或社会的要求，对灌输客体施加有组织、有计划、有目的的思想影响，使其形成符合一定阶级或社会的要求的思想意识的社会实践活动。它在任何社会、任何时期都是存在的，具有广泛的普遍性。特别是，随着改革开放的不断深化，西方资产阶级腐朽思想文化和生活方式乘虚而入，并与我国历史上根深蒂固的封建思想残余结合在一起，侵蚀大学生的思想，误导大学生的行为。由于缺乏科学理论的武装，再加上他们自身的认识能力有限，辨别是非的能力不强，一些大学生在信仰、信念上感到迷茫，甚至对马克思主义产生怀疑。因此，在高校坚持理论灌输，加强正面教育，用马克思主义科学的世界观、人生观、价值观教育武装广大青年大学生具有十分重要的现实意义。作为加强和改进大学生思想政治教育主渠道的高校思想政治理论课必须坚持马克思主义的理论灌输原则。贾凤姿老师 28 年如一日坚守在思想政治理论课的三尺讲台上，学习理论、宣传理论，她倾注了全部的才情和责任坚持思想政治理论灌输原则，为青年学子树起了思想的旗帜，扬起了理想的风帆。

（2）创新思想政治教育的灌输方法。在当今这个“民主”“多元”“选择”“创新”的时代，针对主体意识不断增强、批判思维日益发展、思想观念更加开放的大学生这类高文化素质的群体，加强和改进大学生思想政治教育必须既要坚持马克思主义的灌输原则，又要创新灌输方法，切实提高灌输的针对性与实效性。案例中贾凤姿老师能够把复杂的理论变得深入浅出，枯燥的内容讲得绘声绘色，她的课总是紧跟时代步伐和青年学子的思想脉动，她用学生们的语言解读理论，引导青年，不仅丰富了学生们的知识储备，也提升了他们的理论素质和思维能力，激发了学生对思想政治理论课的浓厚兴趣，以及对生活、对人生的思考。在贾老师的课堂上，启发式、参与式、研究式、案例式教学方法等手段经常被综合运用，大大增强了思想政治理论课的针对性、实效性、吸引力和感染力。她总结出“八大教学创新法”，形成了师生双向互动的灌输教育模式。这种模式一方面强调思想政治教育“以理服人”的主导性、权威性，注意理论阐述的彻底性、说服力和生动性；另一方面避免了将灌输简化为注入式和填鸭式，充分关注教育对象的需要和特点，调动他们主动学习、积极思考、自我建构、知行统一的主体性，增强了思想政治教育的吸引力和感染力。具体来说就是四个坚持：第一，要坚持灌输内容的科学性与针对性。一方面在坚持灌输马克思主义经典理论的同时，要以科学的态度对待马克思主义，坚持在实践中把马克思主义推向前进，着重讲授其运用和发展的最新成果，提高理论灌输的说服力和感染力，就当前而言，要突出习近平新时代中国特色社会主义思想，因为它既体现了马克思主义的基本原理，又以新的实践经验丰富和发展了马克思主义，是马克思主义在中国发展的最新成果；另一方面要把理论“灌输”的落脚点放在解决学生的思想认识问题和面临的现实问题上，指导学生对现实问题进行深入的理性分析，提高他们的认识水平，使理论灌输贴近学生实际，贴近学生生活，增加理论灌输的针对性。第二，要坚持灌输过程的互动性，摒弃强制硬灌的做法，从传统的以灌输者为中心、“我讲你听，我打你通”的单向灌输模式，转变为以学生为中心、以人的全面发展为坐标的双向互动式的灌输模式，把大学生真正作为认识和实践活动的主体，培养他们自主评价、自主判断、自主选择、自主发展的能力，使他们的主体潜能得到充分的挖掘。只有这样，外在灌输才能成为对灌输客体有价值的活动。第三，要坚持灌输方式与途径的多样性，做到“两课”灌输与其他课程灌输、第一课堂灌输与第二课堂灌输、他人灌输与自我灌输、普遍灌输和个别灌输、理论灌输与实践灌输等有机统一，扩大灌输的覆盖面，做到显性灌输与隐性灌输有机结合，大力提倡环境灌输、形象灌输、行为灌输、舆论灌输、校园文化灌输、实践灌输、网络媒体灌输等，将理论灌输融入管理之中、融入文体活动之中、融入校园文化之中、融入网络媒体之中，融入环境之中，以“润物细无声”的方式，潜移默化地将先进的思想意识灌输到广大青年大学生的思想之中，消除学生的逆反心理，增强灌输教育的吸引力、感染力和说服力。第四，要坚持灌输对象的层次性，根据不同学生的实际情况，合理设计思想政治教育的内容，提出不同的行为规范要求。对党员大学生来说，在接受理论教育、理论武装思想方面应当提出更高的要求，帮助他们树立共产主义的远大理想，确立马克思主义的坚定信念。对于广大的普通大学生来说，在加强马克思主义理论教育的同时，应突出社会主义、集体主义、爱国主义和公民道德教育，帮助他们增强抑制各种腐朽思想文化和不正之风侵蚀的能力，成为有理想、有道德、有文化、有纪律的社会主义新人。

（3）灌输主体的综合素质决定灌输的实效。“打铁还须自身硬”，教育者的素质是学校实施有效灌输的基础，因此教育者必须首先受教育，增强对各种思想理论的辨别能力；同时，要强化自身的人格力量，以自己的德行感染人、塑造人。案例中贾凤姿老师为了讲好马克思主义基本原理课，颇费了一番工夫。她每天都关注社会发展的新思想、新动态，内容涉及政治、经济、文化、科技、卫生、体育等，她不断地把一些新的内容和马克思主义研究的最新成果及时补充到教学中。最重要的是贾凤姿对教师责任的深刻理解和阐释。她在《做一名卓越的大学教师的几点哲学思考》一文中深情地写道，教师是人类灵魂的工程师，高校最基本和最重要的任务就是育人。教育的根本在于“育”，“育”的本质在于“化”，“化”的主要表现为“变”。因此，教育的本质乃是使受教育者在人格塑造及心性灵魂等方面朝更为完善的方向转变。她在与学生的交往中，付出真心，以情感人，赢得了学生发自内心的敬重。正是贾凤姿老师有着优秀的综合素质和坚定的信念与意志，才使得她的授课如此成功，给思想政治理论课坚持灌输原则、创新灌输方法树立了榜样，积累了宝贵的经验。

第七章
思想政治教育的形态

要点综述

思想政治教育的形态是思想政治教育的存在方式和表现样态，是思想政治教育在现实世界中的外部呈现，具有承载性、可感性和多样性的特征。它揭示思想政治教育概念背后丰富的、鲜活的、多样态的思想政治教育存在。思想政治教育形态根据不同的划分标准可以划分为不同的类型，如基于空间维度，可以划分为宏观思想政治教育、中观思想政治教育和微观思想政治教育；基于载体维度，可以划分为线上思想政治教育和线下思想政治教育；基于显隐程度，可以划分为显性思想政治教育和隐性思想政治教育等。研究和认识思想政治教育形态，有利于认识思想政治教育的本质，推进思想政治教育的创新，进而提升思想政治教育的效果。本章精选“人民至上 生命至上”“百集党史纪录片——《山河岁月》”“《典籍里的中国》掀起‘典籍热’”等五个案例，介绍了多种类型的思想政治教育形态及其特征，阐发了怎样推进思想政治教育形态的创新以提升思想政治教育的实效性。

案例 38　人民至上 生命至上*

2020 年年初，一场突如其来的新冠疫情，打乱了人们迎接新春的脚步。此次疫情是新中国成立以来，我国遭遇的传播速度最快、感染范围最广、防控难度最大的重大突发公共卫生事件，也是百年来全球发生的最严重的传染病大流行。“生命重于泰山。疫情就是命令，防控是责任。”面对史无前例、突如其来的新冠疫情，习近平总书记亲自指挥、亲自部署，团结带领全党全军全国各族人民打响了疫情防控的人民战争、总体战、阻击战，取得抗击新冠疫情斗争重大战略成果，创造了人类同疾病斗争史上又一个英勇壮举。

---

* 李奇峰改编自：“始终坚持人民至上、生命至上”：从抗疫实践看价值追求．新华社，2022-04-19；伟大抗疫精神是中国精神的生动诠释．人民日报，2021-10-14；中国战“疫”进入新阶段：我国因时因势优化疫情防控措施纪实．新华社，2023-01-08；同舟共济战“疫”记：中国抗击新冠肺炎疫情全纪实．新华社，2020-09-06.

新冠病毒阻击战

2019 年 12 月，湖北省武汉市部分医院陆续发现不明原因肺炎病例，这是中国最早出现的病例。2020 年 1 月 8 日，国家卫健委专家评估组初步确认“新冠病毒”为疫情病原。此后，根据新冠病毒可能存在的传染性，国家卫健委印发《新型冠状病毒感染的肺炎诊疗方案（试行）》《新型冠状病毒感染的肺炎防控方案》等新型冠状病毒诊疗、防控方案，以指导各地做好疫情防控。1 月 20 日，在武汉实地考察后的国家卫健委高级别专家组组长钟南山代表专家组通报，新冠病毒存在“人传人”现象。疫情警报拉响，一场重大突发公共卫生事件汹涌来袭。

面对突如其来的疫情，党中央统揽全局、果断决策，以非常之举应对非常之事。第一时间实施集中统一领导，成立中央应对疫情工作领导小组，派出中央指导组，建立国务院联防联控机制。2020 年 1 月 20 日，经报国务院批准后国家卫健委发布公告，将“新冠肺炎”纳入《中华人民共和国传染病防治法》规定的乙类传染病，并采取甲类传染病的预防、控制措施。2020 年 1 月 22 日，在确认新冠肺炎存在人传人后仅两天，国家卫健委便根据疫情形势和研究进展，组织制定了《新型冠状病毒感染的肺炎防控方案（第二版）》，明确了加强组织领导、病例发现与报告、流行病学调查等九项防控措施。

此后的两个月内，根据对病毒传播规律认识的深入和防控经验的积累，中央陆续发布了新冠肺炎防控方案的第三版到第六版，不断提升疫情防控的科学性与精准性。无论是抢建方舱医院，还是多条技术路线研发疫苗；无论是开展大规模核酸检测、大数据追踪溯源和健康码识别，还是分区分级差异化防控、有序推进复工复产，都是对科学精神的尊崇和弘扬，都为战胜疫情提供了强大科技支撑。同时，防疫过程中也非常注重对社会的宣传教育和舆论导向，每版防控方案都明确要求积极开展舆情监测，普及疫情防控知识，开展群防群控，及时向公众解疑释惑，回应社会关切，做好疫情防控风险沟通工作。在疫情发展不同阶段，通过对社会公众心理变化及关键信息的分析及时调整健康教育策略，及时组织相应的科普宣传。

经过艰苦卓绝的努力，我国用 1 个多月的时间初步遏制疫情蔓延势头，用 2 个月左右的时间将本土每日新增病例控制在个位数以内，用 3 个月左右的时间取得疫情防控的决定性成果，进而又接连打了几场局部地区聚集性疫情歼灭战，取得了全国防疫重大战略成果。

外防输入、内防反弹

2020 年 3 月，以武汉为主战场的全国本土疫情传播基本阻断，但零星散发病例和局部疫情暴发风险仍然存在，结合全球疫情大流行形势，中央及时将全国总体防控策略调整为“外防输入、内防反弹”，推动防控工作由应急性超常规防控向常态化防控转变，健全及时发现、快速处置、精准管控、有效救治的常态化防控机制。进一步加强应对输入性风险的防控策略和政策举措，完善数据共享、信息通报和入境人员核查机制，建立“从舱门到家门”的闭环式防控管理体系。与病毒赛跑，跑得越快，就越能掌握防疫的主动权。我国坚持“动态清零”总方针，以“早发现、早报告、早隔离、早治疗”为核心，从严从实开展防控工作，疫情防控取得了良好效果。在此背景下，国家先后发布实施《新型冠状病毒肺炎防控方案》第七版和第八版，全面落实“外防输入、内防反弹”的防控策略，坚持常态化精准防控和局部应急处置有机结合。明确提出充分发挥互联网、微博、微信、客户端等新媒体和广播、电视、报纸、宣传品等传统媒体作用，全方位开展新冠疫情防控知识宣传教育。

2021 年，德尔塔病毒变异株带来的疫情一度波及我国 20 余个省份。中央坚持“动态清零”总方针，迅速采取防控措施，迎战德尔塔变异株，有效处置 30 余起聚集性疫情，基本用一个潜伏期（14 天）就控制住疫情。这一策略使得我国德尔塔毒株的感染人数、发病人数、重症人数和死亡人数都保持在低水平。这也让中国成为全球唯一控制住德尔塔变异株传播的国家。

在科学防疫的同时，中央提出统筹兼顾，即最大限度减少疫情对经济社会发展的影响。如何统筹好这对看似不可调和的矛盾，是考验世界各国的一道难题。中央及时做出统筹疫情防控和经济社会发展的重大决策，坚持依法防控、科学防控，推动落实分区分级精准复工复产，最大限度保障人民生产生活。这些策略使我国成为疫情发生以来第一个恢复增长的主要经济体，在疫情防控和经济恢复上都走在世界前列，显示了中国的强大修复能力和旺盛生机活力。

2022 年 2 月 20 日晚的国家体育场流光溢彩，充满依依惜别的浓浓情谊。“天下一家”字样的焰火在“鸟巢”上空粲然绽放，举世瞩目的北京冬奥会圆满落下帷幕。不惧新冠疫情影响持续蔓延、奥密克戎变异株来势汹汹，中国如期履行承诺，成功向世界奉献了一届简约、安全、精彩的冬奥盛会，为处于动荡变革期的人类注入强大信心和力量。闭环内阳性率非常低并动态清零，各项赛事安全顺利举行；闭环外经济社会运行如常，人们共享体育竞赛带来的激情、欢乐与感动。

病毒频繁变异，形势不断演变，变的是不同阶段的具体防控策略，不变的是贯穿其中的鲜明主题：坚持以人民为中心，把人民放在心中最高位置。

保健康、防重症

因时因势动态优化调整防控措施，不断提高科学精准防控水平，使我国经受住了全球疫情的多轮冲击，成功避免了致病力相对较强的原始株、德尔塔变异株等在我国的广泛流行，极大减少了重症病例和死亡病例，也为疫苗、药物的研发应用以及医疗等资源的准备赢得了宝贵的时间。

进入 2022 年，全世界新冠病毒的流行毒株逐步变为奥密克戎变异株，在传染性更强的同时，重症率和致死率不断下降。针对这一新情况，习近平总书记在中共中央政治局常委会会议上就精准防控做出战略指引：“要提高科学精准防控水平，不断优化疫情防控举措”，“努力用最小的代价实现最大的防控效果”[①]。

2022 年 6 月 27 日，国务院应对新型冠状病毒肺炎疫情联防联控机制综合组发布《新型冠状病毒肺炎防控方案（第九版）》。相比第八版，第九版防控方案主要针对奥密克戎传播快、致病力减弱的特点，优化调整风险人员的隔离管理期限和方式，将密切接触者、入境人员隔离管控时间从“14 天集中隔离医学观察＋7 天居家健康监测”调整为“7 天集中隔离医学观察＋3 天居家健康监测”，密接管控措施从“7 天集中隔离医学观察”调整为“7 天居家隔离”。我国走上了一条在坚持科学防疫基础之上的逐步放开之路。

从病毒变异情况看，国内外专家普遍认为病毒变异大方向是更低致病性、更趋向于上呼吸道感染和更短潜伏期，新冠病毒将在自然界长期存在，其致病力较早期明显下降，所致疾病将逐步演化为一种常见的呼吸道传染病。随着病毒变异、疫苗接种普及和防控经验积累，我国新冠疫情防控工作进入新阶段。鉴于此，2022 年 11 月 11 日，国家推出《关于进一步优化新冠肺炎疫情防控措施科学精准做好防控工作的通知》（“二十条”），“二十条”与过去防疫政策最大的区别就是对地方上层层加码防疫政策进行规范与治理，同时加快了放开的节奏。“二十条”优化措施发布后，各地积极做出响应，国家卫健委也在密切跟踪各地实施效果，结合各地疫情应对过程中积累的经验和面临的突出问题，12 月 7 日，《关于进一步优化落实新冠肺炎疫情防控措施的通知》颁布，要求不得采取各种形式的临时封控，更不能随意采取“静默”管理。

2022 年 12 月 26 日，国务院联防联控机制综合组发布了《关于对新型冠状病毒感染实施“乙类乙管”的总体方案》。将“保健康、防重症”作为下一阶段的主要目标，采取相应措施，最大程度保护人民生命安全和身体健康，最大限度减少疫情对经济社会发展的影响。该方案综合考虑病毒特点、疫情形势、疫苗接种、医疗资源准备和防控经验等因素后指出，我国已具备将新型冠状病毒感染由“乙类甲管”调整为“乙类乙管”的基本条件。随着奥密克戎变异株成为主要流行株以后，致病力减弱，仅有极少数病例有肺炎表现。考虑到肺炎仅反映了病毒感染后较为严重的患病状况，不能概括所有感染者临床特征，将“新冠肺炎”更名为“新型冠状病毒感染”。方案规定，自 2023 年 1 月 8 日起，新型冠状病毒感染将从“乙类甲管”调整为“乙类乙管”。对新冠病毒感染者不再实行隔离措施，不再判定密切接触者；不再划定高低风险区；对新冠病毒感染者实施分级分类收治并适时调整医疗保障政策，不再对入境人员和货物等采取检疫传染病管理措施。2023 年 1 月 7 日，按照“乙类乙管”总体方案，国务院联防联控机制综合组发布《新型冠状病毒感染防控方案（第十版）》，提出强调更加科学、精准、高效做好疫情防控，更好统筹疫情防控与经济社会发展。

正是在“人民至上、生命至上”理念指引下，当世界其他地方新冠肺炎确诊人数和死亡人数持续攀升时，中国最大限度地保护了人民生命安全和身体健康，更为经济社会发展提供了坚实基础。

---

① “始终坚持人民至上、生命至上”：习近平总书记指挥打好统筹疫情防控和经济社会发展之战述评．新华社，2022－03－28.

【思考题】

1. 中国取得抗击新冠疫情胜利的原因是什么？
2. 你怎样理解“人民至上、生命至上”的理念？
3. 为什么疫情防控方案要明确提出加强宣传教育？

案例分析*

【背景介绍】

2019 年 12 月，湖北省武汉市部分医院陆续发现了多例不明原因肺炎病例，证实为一种新型冠状病毒感染引起的急性呼吸道传染病。2020 年 2 月 11 日，世界卫生组织总干事谭德塞在瑞士日内瓦宣布，将新型冠状病毒感染的肺炎命名为“COVID-19”，国内简称“新冠肺炎”。3 月 11 日，世界卫生组织宣布，新冠肺炎疫情已经“全球大流行”，这是首个冠状病毒传播引发的全球大流行病。截至 2023 年 1 月 1 日，全球已累计报告逾 6.6 亿例确诊病例，其中逾 669 万人死亡，这是人类历史上的大规模流行病之一，也是第二次世界大战结束以来最严重的全球公共卫生突发事件。面对突如其来的疫情，中国立刻行动起来，将新冠肺炎纳入传染病防治法规定的乙类传染病，实行甲类管控。建立由国家卫健委牵头，包括 30 多个部门的联防联控工作机制，截至 2023 年 1 月 7 日，先后颁布十版新冠病毒防控方案和多部优化防控工作通知，并配套出台官方解释和说明，及时向社会发布涉疫信息，科学有效指导全国的疫情防控工作，并根据病毒传播和变异的特征，不断调整防控措施。2020 年 3 月 18 日，除港澳台外，中国内地本土新增确诊病例清零，有效遏制了疫情大面积蔓延，有力改变了病毒传播的危险进程。随后，面对国外变异毒株的输入，中国适时改变防疫策略，不断提高科学精准防控能力。

【主题分析】

《人民至上 生命至上》展示了新时代中国人民在中国共产党的正确领导下所进行的、不输中国革命史上任何一次军事战役的针对新冠疫情的英勇斗争历程，成为一篇新时代宏观形态思想政治教育的经典案例。按照思想政治教育原理的阐述，思想政治教育总是展现为多样化的形态，如按照空间维度，可以将思想政治教育的形态划分为宏观形态、中观形态和微观形态等。宏观形态的思想政治教育主要有政策化引领、媒体化传播、社会化治理等特点。在抗击新冠疫情过程中，我国每次推出新版疫情防控措施都由中央决策，通过主流媒体召开新闻发布会，政府主管部门向全社会公布防控方案，同时配套出台官方解释和说明，解答人民的疑惑，这是思想政治教育宏观形态的体现。中国在抗击新冠疫情过程中迅速统一思想，动员全社会一切力量投入疫情防控中，并因时因势优化

* 沈壮海．新编思想政治教育学原理．北京：中国人民大学出版社，2022；戴艳军．思想政治教育原理案例分析．北京：中国人民大学出版社，2012；戴艳军，王嘉．思想政治教育原理案例分析：修订版．北京：中国人民大学出版社，2018.

疫情防控措施，取得新冠病毒阻击战和后续一系列抗击疫情的胜利，充分说明了思想政治教育在治党治国中发挥着显著的社会动员、政治引领和思想教育的优势。新时代，思想政治教育领域更加需要研究和总结从局部拓展到全局，从具体工作拓展到整体性工作，从重点群体拓展到全体人民，从专门领域、部门工作和具体领域拓展到治党治国的规律和宝贵经验。这就要求思想政治教育者必须善于运用多种形态特别是宏观形态的思想政治教育，从而推动社会发展、管理社会事务、服务人民群众，保证党和国家各项事业始终沿着正确方向前进。

【启示分析】

（1）宏观形态的思想政治教育要重视政策引领。通过主流意识形态的灌输与引导，引领正确的政治方向，从而激发社会动力、凝聚社会力量、化解社会矛盾，是宏观思想政治教育的重要作用。宏观思想政治教育以全社会为背景，面对全体社会成员，比起中观、微观思想政治教育具有更广阔的范围，能够产生更广泛的影响，对全社会产生积极作用。在疫情防控中，广泛凝聚共识、科学决策，成为防控策略调整的关键，也是赋予思想政治教育的艰巨任务。这就要求宏观思想政治教育必须坚持党的领导，坚持党全心全意为人民服务的根本宗旨，通过政策引领，宣传党的路线方针政策，从而集聚社会资源、凝聚社会共识、促进社会整合。面对疫情的不确定性，我国始终坚持人民至上、生命至上，坚持实事求是、尊重科学的原则。在防控新冠疫情的过程中，我国先后颁布了十版疫情防控方案和多项防控政策。在这些政策的指导下，通过信息发布、政策解读、舆论引导等宏观思想政治教育方式，进行了有效的社会动员，特别是激发调动了广泛的社会基层力量参与到抗疫过程中，这是宏观思想政治教育功能的充分发挥。宏观思想政治教育成功凝聚全国人民的意志，使全体人民心往一处想、劲往一处使，打响了疫情防控的人民战争。疫情防控形势越是严峻复杂，越要统一思想、坚定信心，越是要重视宏观思想政治教育的运用。

（2）宏观形态的思想政治教育要重视媒体化传播。媒体化传播已经成为当前主流意识形态传播的主要途径，也为宏观思想政治教育提供了新的发展机遇。在疫情防控过程中，每一版疫情防控方案的颁布和防控政策的推出，都非常重视通过大众传媒及时向社会公布和做出权威解读。如 2021 年 5 月颁布的《新型冠状病毒肺炎防控方案（第八版）》明确提出，“充分发挥互联网、微博、微信、客户端等新媒体和广播、电视、报纸、宣传品等传统媒体作用，全方位开展新冠肺炎防控知识宣传教育”，这是对大众传媒思想政治教育功能的充分肯定，也是能打赢疫情防控战争的关键因素。

（3）宏观形态的思想政治教育要重视社会化治理。在疫情暴发初期，面对社会资源不足的问题，通过宣传动员，广大医务工作者、疾控工作人员、人民解放军指战员、武警部队官兵、科技工作者、社区工作者、公安民警、应急救援人员、新闻工作者、企事业单位职工、工程建设者、下沉干部、志愿者以及广大人民群众都被充分动员起来，积极投入疫情防控中去。同时，通过宣传教育，也让广大人民群众理解了为什么要进行隔离、注射疫苗和做核酸检验，成功地将中央决策一直贯彻到基层社区，将防疫政策和基层工作有效连接起来，使人民群众形成积极配合并参与防疫的微观意识，这是一种新的社会治理方式，也是宏观思想政治教育发挥社会治理功能的力证。新时代，无论是防控疫情还是社会建设，都必须充分发挥思想政治教育的社会化治理功能，把思想政治教育融入国家治理各领域，把思想政治教育落实到基层工作各方面，着力把思想政治教育的治理优势更好地转化为治理效能。同时，思想政治教育者也要善于总结思想政治教育在社会治理中的重要经验，形成精神宝库，促进社会治理体系和治理方式的转变。在疫情防控过程中，思想政治教育者认真总结，凝练出“生命至上、举国同心、舍生忘死、尊重科学、命运与共”的伟大抗疫精神，被纳入中国共产党人精神谱系第一批伟大精神中。

案例 39　百集党史纪录片——《山河岁月》*

习近平总书记指出，中国共产党的历史是一部丰富生动的教科书。用好红色历史资源，传承红色文化基因，讲好中国共产党领导人民进行革命、建设、改革的故事，成为广播电视文艺创作的重要议题。2021 年，在中国共产党成立一百年之际，中央广播电视总台推出了百集文献纪录片《山河岁月》。节目重温峥嵘岁月，以山河为经、以岁月为纬，以人物为峰、以党史为鉴，讲述建党百年感人故事，展示建党百年史诗画卷。

《山河岁月》的时与空

片名中，“山河”喻指空间，代表我们脚下这片辽阔而厚重的雄关大地；“岁月”指代时间，代表一代中国共产党人践行初心使命的风雨历程，也代表无数革命志士用生命谱写的流金岁月。《山河岁月》用百集篇幅致敬百年风云，通过真实影像讲述党的故事，相较于其他党史纪录片，这部作品不囿于单一的时间维度，而是时空结合、经纬交错。

百集《山河岁月》按照时间分为四季：第一季从中国共产党成立前后到西安事变之前，共 22 集；第二季从西安事变到新中国成立前，共 22 集；第三季从 1949 年到党的十八大之前，共 30 集；第四季讲述党的十八大以来的故事，共 26 集。该片从党的百年历程中，选取 100 个关键场景、高光时刻、典型人物，以人文情怀、历史叙述与细节呈现，讲述 100 个充满人性光辉和人格魅力的生动故事，展示了中国共产党人的精神谱系，也展现了建党百年来，中国共产党对国家发生的历史性变革所起的关键作用及党带领国家和人民创造的光辉成就。

《山河岁月》以史为鉴，以人言事，在内容选择上既涵盖新文化运动、五四运动、安源路矿工人大罢工、遵义会议等重大事件，也包括陈独秀、李大钊、毛泽东、邓小平、周恩来等百年英豪，更聚焦“微意象”“小故事”“平凡人”。如，第一集“历史的天空”以毛泽东在延安窑洞写下的《中国革命和中国共产党》为引，声画结合串联起党组织建立的伊始岁月。第二集“百年望道”则一语双关，既指陈望道第一个把《共产党宣言》翻译为中文，也讲述了那些最先翻译马克思列宁主义著作的先驱者，“追望大道”开辟新

* 娄慧、赵雪阳改编自党史纪录片《山河岁月》。

道路，以共产主义的火种照亮迷雾中的东方古国，用信仰的星星之火点亮一代人的革命理想。第十五集“生如夏花”以“夏花”为隐喻，讲述把一生都献给共产主义和妇女解放事业的蔡畅，也歌颂了宋庆龄、向警予、何香凝、邓颖超、康克清等一批中国妇女运动史上的伟大女性，她们的一生如同绚烂的夏花，寻找阳光，映照世界。

《山河岁月》的叙事手法

《山河岁月》属于红色题材纪录片。据主创介绍，该片是迄今为止容量最大的红色纪录片，也是展示党史上重要人物最多的一部纪录片。这部纪录片打破理论和党史传播的桎梏，以“讲故事”的叙事方式表现出共产党人初心不改、矢志不渝的精神，生动诠释了“为中国人民谋幸福，为中华民族谋复兴”的初心和使命。该片运用纪录片创作中经典的格里尔逊式手法，即“解说（音效）＋画面＋采访”，在影像、音乐、同期声、环境音等多种创作元素中充分运用红色资源，在弘扬主旋律、讲好中国故事的叙事手法上做了探索和创新。

《山河岁月》叙事符号丰富，不仅展现真实黑白历史影像，更以经典影视画面、党史油画作品、手工沙画、领导人重要讲话音频等素材还原主题场景。《历史的天空》在提到《北京市民宣言》时，辑入今年火到“出圈”的电视剧《觉醒年代》中陈独秀散发宣言的片段，体现出“双主流”对接的创作理念，即主流价值和主流观众的对接。概述中国共产党历史时，以《起航—中共一大会议》《南昌起义》《百团大战》等 11 幅油画艺术式再现历史场景，提高了节目观赏性。

在叙事策略上，《山河岁月》以“微言”讲“大意”，驾驭“微”篇幅下的“大”主题，在时间与空间的二元性之间游刃有余。《历史的天空》片末引用了习近平总书记在 2012 年参观《复兴之路》展览时的讲话：“我坚信，中国共产党成立 100 周年时，全面建成小康社会的目标一定能够实现……”结尾之处，余音绕梁、掷地有声。在铿锵有力的解说词之外，该片多处直接从素材中选取人物同期声，以第一人称讲述，折射出平和朴素的叙事语态，提高了观众对传播内容的接收程度。

《山河岁月》的时代价值

传承红色基因和红色文化，发掘利用红色文化资源，用镜头语言更好地记录和讲述党的故事，是新时代纪录片的使命和担当。一百年沧桑巨变，从破碎山河到锦绣大地，从一穷二白到全面小康，从落后的农业国到先进的工业国，时间绵延、空间更迭，《山河岁月》以山河为笔、岁月为墨，勾勒出共产党人百折不挠、百炼成钢、百年筑梦的史诗画卷，是文献纪录片的又一精品力作，是纪录片人对中国共产党百年华诞最具情怀的诗意表达，体现了中华民族千百年来孜孜以求的梦想、每一个中华儿女心心念念的追求，更凸显了中国共产党人为之奋斗百年的理想。

纪录片《山河岁月》展现了一个永恒命题：青年必须肩负起时代的大任。中国共产党的成功，不仅是理论和道路的正确，更是一个个青春洋溢的鲜活个体，在极端困难的情况下，为了伟大理想浴血奋战、顽强拼搏的结果。他们中的大多数人，年龄都不超过35岁，他们曾经在青春的最美岁月里，有过梦想的期冀和无数的道路选择。最终，国运困难之际，他们萌生了改善人民生活福祉、改变国家悲惨境遇的初心。正是这种初心，指引着他们，在血与火中，用身躯和灵魂构筑起共产党员不变的承诺。正如纪录片中任弼时的书信所述："况现今社会存亡生死，亦全赖我辈青年，将来造成大福家世界，同天共乐，此亦我辈青年人的希望和责任。"这种高尚情操的缘起，正在于他们将自我价值与国家的前途和命运进行了高度统一，以人民为核心，以天下为己任。这份初心，是一代代共产党人终生奋斗的基石。这块基石，是毛泽东学无止境的动力，是早期共产党员漂洋过海的意志，也是从李大钊到瞿秋白再到施洋等烈士用生命誓死捍卫的信条。这个命题对于当代青年人同样具有重要意义，因为从根本上说，它指向中华民族伟大复兴的精神内涵。

【思考题】

1. 你看过建党百年纪录片《山河岁月》吗？
2. 你认为《山河岁月》体现出了思想政治教育形态的哪些特点？
3. 以《山河岁月》为例，谈谈应如何推进思想政治教育形态的创新？

案例分析*

【背景介绍】

一寸山河一寸血，一抔热土一抔魂。习近平总书记多次强调，要把红色资源利用好、把红色传统发扬好、把红色基因传承好。《求是》杂志发表了习近平总书记的重要文章《用好红色资源，传承好红色基因，把红色江山世世代代传下去》，文章指出，新中国是无数革命先烈用鲜血和生命铸就的。要深刻认识红色政权来之不易，新中国来之不易，中国特色社会主义来之不易。建党百年之际，《山河岁月》把握政治方向，提高政治站位，用故事传递党的理念，以画面解码红色基因，是文献纪录片的一次全新尝试。该片整体上创造性发掘红色历史资源和红色文化资源，全面、立体、生动地呈现了中国共产党人的精神谱系，诠释了我们党历经百年而风华正茂、饱经磨难而生生不息的"红色基因"。它以山河为经、以岁月为纬；以人物为峰，以党史为鉴，展现了百年来成千上万先烈们共同书写的非凡历史。它是迄今为止容量最大的一部红色纪录片，也是展示人物最多的一部纪录片。全片共100集，每集25分钟，总片长2 500分钟的长度，创下文献纪录片的片长、容量之最；每集以党史重要节点或重大事件为引领，从现实场景切入，以人物展开叙述，在百集篇幅中讲述近千位党史人物故事，创下文献纪录片展示党史人物数量之最。

---

* 沈壮海．新编思想政治教育学原理．北京：中国人民大学出版社，2022；戴艳军．思想政治教育原理案例分析．北京：中国人民大学出版社，2012；戴艳军，王嘉．思想政治教育原理案例分析：修订版．北京：中国人民大学出版社，2018.

【主题分析】

思想政治教育形态作为思想政治教育的存在方式和表现形态，具有承载性、可感性、多样性的特点。中央广播电视总台百集文献纪录片《山河岁月》横跨了中国共产党领导的革命、建设、改革、新时代等各个时期，全面、立体、生动地呈现了中国共产党人的精神谱系，诠释了我们党历经百年而风华正茂、饱经磨难而生生不息的“成功密码”。作为迄今为止容量最大、展示历史人物最多的文献纪录片，它不仅全景式地记录了中国共产党一百年来所经历的重大事件、所成就的非凡人物、所建立的辉煌功勋，也客观讲述了它曾经的艰难曲折和对于前行方向的探索寻觅，体现了坚持真理、坚守理想，践行初心、担当使命，不怕牺牲、英勇斗争，对党忠诚、不负人民的伟大建党精神，更好地彰显了思想政治教育形态的功用。同时，该纪录片展现了青年人在党的建设历程中所发挥的作用，通过主旋律纪录片创新思想政治教育形态，让当代青年人意识到自身所肩负的历史使命，发挥青年在建设社会主义现代化国家中的作用，对于推动思想政治教育的创新、提升思想政治教育的效果的发挥具有重要意义。

【启示分析】

(1)《山河岁月》创新了思想政治教育形态，具有宏观叙事、跨越时空等特点。该纪录片凸显了思想政治教育形态具有承载性、可感性等特点，推进了思想政治教育的创新，提升了思想政治教育的效果。一方面，百年党史纪录片《山河岁月》承载着思想政治教育功能，讲述了建党百年的事迹，展现了中国共产党人的初心和使命，引导人民群众树立正确的政治方向，凝聚前进的动力。通过充满人性光辉和人格魅力的生动故事，展现了中国共产党人的精神谱系，也展现了百年来中国共产党对国家发生的历史性变革所起的关键作用及党带领人民创造的光辉成就，以人民大众喜闻乐见的方式，引领方向、凝聚精神、激发动力，维护了主流意识形态的传播，增强了民族认同感和凝聚力。另一方面，《山河岁月》纪录片体现了思想政治教育形态具有可感性，它以党史重要节点或重大事件为引领，从现实场景切入，以人物展开叙述，在百集篇幅中讲述近千位党史人物故事，让广大观众感知并理解其中思想意识的发展和变化，达到对广大观众思想政治素养的积极影响，进而弥补了思想政治教育单一形态的局限，优化了思想政治教育资源的运用，提升了思想政治教育的实效。

(2)《山河岁月》纪录片紧跟时代主题的转换，创新了思想政治教育的叙述范式，更好地发挥了思想政治教育的功效。思想政治教育形态创新要做到“因事而化、因事而进、因势而新”，要把准时代主题的转换、社会矛盾的转化、人们思想的转变以及科学技术的革新等主要因素，思想政治教育形态的创新变革既包括创造性探索思想政治教育的新兴形态，也包括创新性发展思想政治教育的传统形态。《山河岁月》作为迄今为止容量最大的红色纪录片，在影像、音乐、同声期、环境音等多种创作元素中充分运用红色资源，在弘扬主旋律、讲好中国故事的叙事手法上进行探索和创新，不仅展示了真实黑白历史影像，还以影视画面、党史油画作品、手工沙画、领导人重要讲话音频等素材还原主题场景，提高节目观赏性，促进主流意识形态的传播。

（3）《山河岁月》纪录片注重思想政治教育形态的综合运用，增强了思想政治教育实效。思想政治教育形态多种多样，综合运用不同思想政治教育形态就是在思想政治教育实践当中“集众长合而为一”，集聚、彰显不同思想政治教育形态的优势。《山河岁月》以广阔的视角、恢宏的气势、感人的细节、创新的形式、高清的影像，对百年党史进行“再创造”，兼具真实性、艺术性与创造性。作为优秀文献纪录片，能紧跟时代围绕特定的目标和主题，对实物性历史文献、实地拍摄的空镜头、再生性影像或当事人的口述材料进行编辑，承载了大量思想政治教育元素，展现、传播青年必须肩负起时代的大任等主题，促使广大青年将自我价值与国家的前途和命运进行高度统一，使广大青年在全面建设社会主义现代化国家的火热实践中绽放青春的绚丽之花。

案例 40 《典籍里的中国》掀起“典籍热”*

2022 年 9 月 24 日，中央广播电视总台《典籍里的中国》第二季开播，连续两季播出，引发了一场“典籍热”。

《典籍里的中国》第一季于农历牛年大年初一（2021 年 2 月 12 日）晚 8 点在央视综合频道（CCTV-1）首播，新年伊始便为观众送上了一道够有味的“文化大餐”。节目首播选择了素有“政书之祖，史书之源”美誉的《尚书》。据悉，第一期节目共咨询了 65 位相关专家，查询了 68 本相关书籍和上千篇论文，整理了几百万字的资料，剧本前后修改了 53 个版本，将专业精神体现在了每一个细节中。节目中，“护书人”伏生成为讲述书中故事、解读书中思想要义的串联人物，撒贝宁则以“当代读书人”的身份与伏生对谈，邀请他“穿越”到 2 000 多年后的今天，看今人如何读《尚书》、学《尚书》、传《尚书》。这是撒贝宁时隔 20 多年再次出演戏剧，他表示：“在舞台上和倪大红老师对上戏的那一刻，仿佛真的是穿越千年。伏生对于《尚书》的崇敬之情，让我的眼泪一下子就夺眶而出了。”作为节目的艺术灵魂，饰演伏生的演员倪大红通过炉火纯青的演技把伏生保护传承《尚书》的感人故事展现在大家面前，直击人的心灵和泪点，他表示：“《典籍里的中国》让伏生看到了未来，这种方式不仅是对那些保护典籍的古人的尊敬，更是华夏文明薪火相传，让当代中国人跨越时空，与华夏先贤们心灵相通。这一角色是要用心血来演的，要演得干干净净。”节目首播后热度直线上升，收获无数好评，创下了同类型题材的收视新高。

《典籍里的中国》由总台央视综合频道联合央视创造传媒、中国国家话剧院匠心制作，是总台探索传统典籍当代化传播的一次有益尝试。节目聚焦中华优秀传统文化，陪伴观众识读流传千古、享誉中外的中华典籍，突出戏剧化结构、影视化表达，从适合电视呈现的诉求出发，以“文化访谈＋戏剧＋影视化”的方式，讲述典籍的成书、核心思

* 杨泽垠改编自：慎海雄．我们为什么要策划《典籍里的中国》．求是，2021（5）；慎海雄．为“是以中国”继续作答：慎海雄谈《典籍里的中国》第二季．电视研究，2022（9）：6－7；总台这道“文化大餐”够有味！《典籍里的中国》正月初一创新开启“古今对话”．光明网，2021－02－12；大型文化节目《典籍里的中国》将开播 聚焦中华优秀文化典籍．中国新闻网，2021－02－10．

想以及流转中的闪亮故事，让书写在典籍里的文字“活”起来，展现典籍里蕴含的中国智慧、中国精神和中国价值。《典籍里的中国》第一季从浩如烟海的中国典籍中甄选出11部独具代表性的作品，通过《尚书》《天工开物》《史记》《孙子兵法》讲述华夏九州的家国概念与中国先人的家国情怀，通过《本草纲目》《道德经》传达中华儿女民生为重的社会关爱，通过《论语》《楚辞》《徐霞客游记》《周易》《传习录》体现中华民族的坚韧品格和人格修养。节目共设置了11个导演组，每个导演组负责对一部典籍进行长达一年的精心钻研，对文本不断修改打磨，由中国国家话剧院院长田沁鑫担任艺术总监，邀请知名导演担当影视指导，由口碑佳的实力派影视嘉宾进行故事演绎，着力打造有文化质感的节目。节目设置全包围式的立体舞台、270度环屏和侧幕及贯穿舞台中央的甬道，结合环幕投屏、增强现实（AR）、实时跟踪等技术，展现千年历史中经典书籍的诞生源起和流转传承。观众亦可随座椅的旋转来转换视角，增加了对中华优秀传统文化的沉浸式体验。

第一季仅播出四期，就获得《新闻联播》播报9次，《人民日报》《光明日报》《中国纪检监察报》等国家级媒体刊文报道60次，收获全网90条热搜，视频播放量超5亿次，节目相关话题阅读量超20亿次。第一季全部播出后，全网话题阅读量及播放量超60亿次，被网友赞为“神仙综艺”，在海内外掀起“典籍热”，成为域外关注中华文化的新窗口。法国欧洲华语广播电台、美国《华尔街日报》等多家海外媒体曾对其进行报道，自2021年3月上传至YouTube以来，《典籍里的中国》已被观看2.5亿次。在由封面新闻、华西都市报主办，封面研究院出品的2021名人堂年度人文榜·综艺榜榜单中，综合全网传播热度，包括用户搜索热词、浏览新闻关键词、话题互动热度以及口碑评价、各社交平台热度等，《典籍里的中国》荣登榜首。

在第一季的基础上，《典籍里的中国》第二季深度采用电影工业生产模式，结合绿幕拍摄、运动控制等多种科技拍摄手法，构建瑰丽的视觉效果，进行戏剧核心、关键场次的呈现升级，在更加广博的时间与空间维度上，以全新视角打开典籍——无论是“千载凛然，犹有生气”的《汉书》，还是“统会古今之异同”的《永乐大典》；无论是《诗经》“高山仰止，景行行止”的君子之风，还是《礼记》“礼，时为大”的温润尚德，都被诠释出新的境界与风采。根据收视数据，《典籍里的中国》第二季首播中心城市收视份额2.12%，比节目第一季均值提升了23%。2022年10月28日播出的第二期《汉书》收视继续上涨，增幅达12%，“#典籍里的中国#”微博话题阅读量达15.4亿次。

《典籍里的中国》作为一种文化综艺类节目，在中国历史研究院、中国国家话剧院、中国国家图书馆的共同参与下，首次将文娱作品与传统文化完美融合，打造了生动的历史文化穿越场景，激发了观众尊重历史、传承历史的主体性，提升了文化自信，带起了一波“典籍热”。节目针对新媒体平台进行深度开发，在传播过程中给观众提供了弹幕互动的参与方式，并设计了网络衍生综艺、短视频、新媒体互动产品等多种内容产品，实现大小屏联动的“叠加刷屏”。一时间，弹幕评论区成为年轻人学习古籍的重要方式，有的观众还做起了笔记，将自己的学习心得分享到评论区中供大家一同学习。节目中引起观众共鸣的情节，弹幕总是十分热烈。如，在《本草纲目》中，撒贝宁带领李时珍“穿越”时空看到了已出版的《本草纲目》，弥补了李时珍生前并未看到已刊刻的《本草纲目》的遗憾，同时撒贝宁郑重地向李时珍道谢，线上观众也通过弹幕发表“感谢先生”，齐向李时珍道谢，弹幕互动氛围热烈。在《史记》中，撒贝宁与王学圻饰演的司马迁对拜的场景，让无数网友刷屏“请受中华儿女一拜”。更有网友查资料、做笔记、剪视频，将节目内容融会贯通后展开自己的“二度创作”，将制作的精美中华典籍解说视频上传至网上，收获了不错的点击率和播放量。承接《典籍里的中国》节目，全国各地纷纷开展了一系列与典籍有关的活动，典籍受到了更多的关注，愿意了解并学习典籍的人多了起来。不仅如此，在拥有悠久历史和深厚文化底蕴的江南古城浙江湖州还开设了《典籍里的中国》陈列馆，致力将其打造成中华古籍的科普中心、展示中心、研学中心、交流中心。陈列馆以“在湖州，沉浸中国，大阅典籍”为主题，全方位结合文化陈列、沉浸科技、互动体验、美学传播等前沿创意，以创新体验的方式讲述代表性典籍，让典籍里的文字活起来，让中华文化薪火相传。陈列馆一开馆便迎来了诸多游客前来参观学习，参观者在湖州看见美丽中国，在展馆中感受翰墨书香。除此之外，在 2021 年辽宁省高考中，《典籍里的中国》还以开放题的形式出现在政治学科考试中。

《典籍里的中国》得到了社会各界的充分肯定，荣获上海电视节“白玉兰奖”最佳电视综艺节目、亚广联奖电视娱乐节目奖、电视文艺“星光奖”优秀电视综艺节目等多项大奖，并成功入选国家广电总局 2021 年度广播电视创新创优节目、2021—2022 中华文化国际传播十大案例以及第十六届精神文明建设“五个一工程”。

【思考题】

1. 《典籍里的中国》何以产生如此大的反响？
2. 如何看待中华优秀传统文化在思想政治教育中的地位和作用？
3. 《典籍里的中国》对新时代思想政治教育形态创新有何启示？

案例分析*

【背景介绍】

据中央广播电视总台台长慎海雄讲述，《典籍里的中国》的诞生源于他在 30 多年前刚入大学时的一幕难以忘记的场景。有一次，他和同学到一位中文系的老先生家里拜访，正惊叹于满墙的各种线装典籍，不料老先生感慨道，等他不在了，孩子们会把这些书卖到废品回收站的。老先生痛心于子女未能传承其业。老先生的痛，让人警醒。如果典籍高悬在象牙塔，尘封在藏书馆，没有人自觉赓续文脉香火，那不是随着岁月流逝而丢掉根和魂吗？今天面对互联网时代便捷性、碎片化、快餐式的传播特点，面对“今天的中国，到底还有多少人在安安静静地阅读传统经典，又有多少人读得懂、读得进传统典籍”这一问题，慎海雄认为，中央广播电视总台作为重要的传播阵地，在传承弘扬中华优秀

* 陈万柏，张耀灿．思想政治教育学原理．3 版．北京：高等教育出版社，2015；戴艳军．思想政治教育原理案例分析．北京：中国人民大学出版社，2012；戴艳军，王嘉．思想政治教育原理案例分析：修订版．北京：中国人民大学出版社，2018.

传统文化方面责无旁贷，必须与时间赛跑。于是，《典籍里的中国》这档以优秀典籍为切入口，共享民族记忆、接续民族精神的文化经典节目应运而生。

【主题分析】

《典籍里的中国》节目掀起的“典籍热”深刻反映了中华优秀传统文化在涵养思想政治教育内容方面的重要价值和运用各类思想政治教育形态创新思想政治教育的重要意义。党的二十大强调指出：“坚持和发展马克思主义，必须同中华优秀传统文化相结合。”① 要推动中华优秀传统文化创造性转化、创新性发展，以时代精神激活中华优秀传统文化的生命力。可见，解读好、传播好中华优秀传统文化，既是新时代建设社会主义文化强国、实现中华民族伟大复兴的必由之路，也是当前我国宣传思想工作面临的艰巨任务和重大挑战。《典籍里的中国》依托典籍，通过“多舞台、多空间、沉浸式戏剧和古今对话”的方式讲述中国的故事，充分挖掘和运用中华优秀传统文化中的思想文化精华，展现其中蕴含的中国智慧、中国精神和中国价值，赋予了中华优秀典籍新的时代气息。《典籍里的中国》在节目设计中，着力在思想内核、表达形式和价值引领方面融合创新，将文化传承、戏剧表演、电视节目三者有机结合，同时应用网络电视、微博、微信、抖音等新媒体和实时跟踪、环幕投屏、增强现实等高科技手段赋能节目传播与呈现，掀起的“典籍热”在激发人们学习中国典籍热情的同时，也提升了人们的思想文化素质，是面向全体人民以正确的打开方式开展的一次有效的思想政治教育，对于探索思想政治教育的存在形态，推进思想政治教育的形态创新具有重要的启示意义。

【启示分析】

（1）思想政治教育要重视从中华优秀传统文化中汲取丰富营养。“惟殷先人有册有典”。中华典籍浩如烟海，是中华文脉绵延数千载的历史见证，也是中华文明传承的重要载体。习近平总书记指出：“中华优秀传统文化是中华民族的精神命脉，是涵养社会主义核心价值观的重要源泉，也是我们在世界文化激荡中站稳脚跟的坚实根基。”② 中共中央办公厅、国务院办公厅印发了《关于推进新时代古籍工作的意见》指出：“做好古籍工作，把祖国宝贵的文化遗产保护好、传承好、发展好，对赓续中华文脉、弘扬民族精神、增强国家文化软实力、建设社会主义文化强国具有重要意义。”③ 中国古代先贤究天人之际、通古今之变、察万物之源得出的许多治国之道、为人之学、修身之法具有超越时空的价值，中华优秀传统文化蕴含的智慧结晶同社会主义核心价值观具有高度契合性，这些都是我们立足新时代人们对美好生活的精神向往开展思想政治教育的重要价值支撑。《典籍里的中国》在尊重典籍原版内容的基础上对文本再度升华创作，让典籍穿越数千年的历史时空，与当代观众形成精神共振，展现中华典籍瑰宝的时代魅力，使大众在获得审美享受的同时，也推动了中华优秀传统文化的创造性转化、创新性发展，成为代表

---

① 习近平．高举中国特色社会主义伟大旗帜 为全面建设社会主义现代化国家而团结奋斗：在中国共产党第二十次全国代表大会上的报告．北京：人民出版社，2022：18.

② 习近平．在文艺工作座谈会上的讲话．北京：人民出版社，2015：25.

③ 中共中央办公厅、国务院办公厅印发《关于推进新时代古籍工作的意见》. 中国政府网，2022－04－11.

“中国精神、中国价值、中国智慧”的文化类节目创新的标杆之作。

（2）新时代要不断创新思想政治教育新形态。思想政治教育在实践中往往以多种形态存在，其中既有宏观思想政治教育形态又有微观思想政治教育形态，既有学校思想政治教育也有家庭和社会的思想政治教育，既有线上思想政治教育又有线下思想政治教育，既有显性思想政治教育又有隐性思想政治教育，这就要求我们正确认识不同思想政治教育形态的特点和优势，实现对不同思想政治教育形态的综合运用[①]。近年来，我国举办的庆祝中华人民共和国成立70周年系列庆典活动、北京冬奥会开幕式等都是综合不同思想政治教育形态有效开展思想政治教育的成功范例。从思想政治教育形态的视角来分析，《典籍里的中国》体现为思想政治教育宏观形态、线上形态与隐性形态的高度协同。就宏观思想政治教育形态而言，节目作为中国主流媒体——中央电视台推出的文化创新力作，其教育者和教育对象均超出学校范围，是思想政治教育专业课教师之外的大众传媒组织面向全体社会成员开展的思想政治教育活动，在传播力度上实现了大幅跃升，彰显了主流媒体的价值引领功能。从线上思想政治教育形态来看，节目主要以网络电视的形式呈现，同时利用B站、抖音、微博、豆瓣、爱奇艺等新媒体平台进行推送和宣传，使用新颖的方式展现古老的典籍，让古老的文字实现了现代化、立体化的多元表达。就隐性思想政治教育形态来说，该节目无论是主创人员还是表演嘉宾都对典籍进行了深入研读，将典籍进行“人格化”“形象化”“经典化”创新，在节目中看不到“高大上”的人物和教科书式的说教，而是以真性情的人物和接地气的故事弘扬时代主旋律，使观众在欣赏节目的同时潜移默化地接受了思想政治教育，达到了寓教于乐、以文化人的目的。从《典籍里的中国》掀起的“典籍热”中，我们可以深切地体会到正确辨识进而综合运用多种思想政治教育形态对于提高思想政治教育实效性的重要性。

（3）线上思想政治教育要注重将教育内容与网络新形态有机融合。随着以互联网为代表的信息技术的迅猛发展，人们的社会生活样态发生着深刻变化，“无人不网”“无处不网”“无时不网”已然成为描摹人们生活的主题词。“人们在网上生活当中同样无时无刻不呼吸着‘精神的空气’，推进思想政治教育形态创新就要适应信息技术革命带来的新变化、新场域、新形态。”为此，思想政治教育要主动运用网络信息技术开展形式多样、生动活泼的思想政治教育活动，使正确的思想观念融入人们的生产生活新形态。《典籍里的中国》有效利用高科技手段创新文化传播形态，通过运用实时跟踪、环幕投屏、增强现实等高科技手段，以及“穿越时空对话”的表现形式，将晦涩难懂的古籍进行了时尚化的演绎与传播，让一部部典籍不再是躺在书本上的枯燥文字，而是变成了可感的画面和鲜活的故事，打破了传统典籍以往的“高冷”形象，给人以赏心悦目、情景交融的心灵体验，更加贴近观众的喜好，使观众主动、愉快地接受中华优秀传统文化的熏陶。同时，节目通过在年轻人喜爱的B站、抖音、微博、豆瓣、爱奇艺等平台进行同步宣传和推广，打破了传统电视传播内容的单向性，让该节目在网络平台二次发酵，“叠加刷屏”的互动模式使广大观众可以进行线上讨论和发弹幕，强化了思想政治教育效果。另外，节目还通过App设置典籍知识挑战赛、微信公众号CMG定期更新作品评价等多种网络

---

① 沈壮海．新编思想政治教育学原理．北京：中国人民大学出版社，2022：135.

衍生产品，提高观众的参与度和节目影响力。在现代信息技术的赋能下，《典籍里的中国》一经播出，就创下同类型题材的收视新高。新媒体传播后，节目还变身“网红”，成为“爆款”，带起一波“典籍热”，尤其受到年轻观众的追捧。《典籍里的中国》的成功深刻启示我们思想政治教育的内容固然重要，但是采用正确的打开方式呈现内容同样重要，在新时代就是要适应网络信息时代的新变化，打造教育对象真心喜爱、终身受益的思想政治教育新形态。

案例41　《放牛班的春天》*

皮耶尔·莫杭治是一名闻名世界的指挥家。这一天，就在他音乐会举行的前夕，一个来自法国的电话，传来了他母亲去世的消息。皮耶尔强忍悲痛，拭去泪水，优雅从容地完成了演出，随即赶回故乡小镇，在大雨中参加了母亲的葬礼。

当晚，皮耶尔家里迎来一位造访者，在短暂的惊诧之后，皮耶尔认出了他是50年前的同学佩皮诺。佩皮诺带给他一张童年合影，还有一本学监克雷蒙·马修在“池塘底畔”期间记下的日记。翻开日记本，皮耶尔耳边仿佛传来马修先生的声音，引领他进入回忆。

“池塘底畔”是一所寄宿学校，坐落在乡间浓密的林子深处，学生不是问题儿童便是孤儿。冬雪未化，克雷蒙·马修拎着皮箱来报到，远远地看到一个小男孩倚着铁门，这个男孩正是佩皮诺。他说他在等待着星期六爸爸接他回去。这时，校工马桑出来接马修进去。马桑带马修参观校舍，在医疗室外边，校长哈珊出现在他们后面，一个冰冷而傲慢的声音传来，马修忙不迭地转过身。未及马修开口，哈珊已经开始了他所谓的内部守则的训诫……话音未落，只听哗啦一声，马桑在开门时被东西砸伤，他手捂着眼睛痛苦呻吟，原来是某个顽皮的学生在那扇门上做了手脚。奇怪的是，哈珊制止了马修叫医生的举动，而是先要他摇铃召集学生集合。初来乍到，马修便领略了哈珊的教育方略——不做调查而任意指定学生受罚，他对此深为不解。

马修和前任交接时，前任告诉他这是一个叫乐格克的家伙报复马桑干的好事儿。马修兴奋而又怀有几分忐忑地走向教室，教室里孩子们正打闹成一团，马修一不留神差点绊倒，手中的包飞了出去，几个学生非但没把包还给马修，还将包肆意扔着玩，害得马修跟着团团转。突然，哈珊进来，厉声地问这里发生了什么事，马修却有意包庇孩子们，回答了句“没什么”搪塞过去，学生们感到十分诧异。

马修的开场白也显得与众不同，他自信而幽默，鼓励孩子们要勇于承认错误。随即点了肇事者乐格克说要带他去见校长，又让前任所说的“天使面孔”皮耶尔·莫杭治代他监督课堂秩序。谁知一出门乐格克就开始求情，而马修也恰巧看到了哈珊体罚学生的手段，便以一种特殊的方式以示惩罚——让乐格克去照顾马桑大叔直至他康复。回到教室，皮耶尔正在黑板上画马修的漫画，马修并不生气，却反过来给皮耶尔画了一幅更夸张的，惹来学生们的哄堂大笑。马修让孩子们写下自己的姓名和年龄，出乎意料的是，

* 高山．《放牛班的春天》故事梗概．当代电影，2005（5）．

所有的孩子都写得很认真。

马修向校长提议以自己的方式管理学生，哈珊不以为然。一次，皮耶尔等几个顽劣之徒偷出马修的皮包，将其中的乐谱丢到厕所，马修尽管怒不可遏，但面对闻声而来的老师沙贝，他还是帮助孩子们掩饰。宿舍里，入睡前，孩子们进行着“枕头大战”，还有人编唱着骂新学监的歌曲，马修听到却并无愠色，还帮其纠正不准的音调。在马修的心底，渐渐升腾起一个想法……

一次哈珊举行课堂测验，马修躲在哈珊背后手舞足蹈地给佩皮诺提示，而皮耶尔又因为在笔记本上画哈珊的漫画被关了禁闭。这期间正巧皮耶尔母亲维奥丽特前来探视，马修谎称皮耶尔去医院拔牙了。经过这次接触，马修不知不觉中对维奥丽特产生了好感。

马修开始了“合唱团”试验，他给每个孩子试音，分好声部，连最小的佩皮诺也分派了任务，各司其职。但这一做法却遭到了哈珊的冷嘲热讽。白理医生送来一个有邪恶倾向的少年蒙丹，哈珊不情愿地收留下来。马修想让蒙丹试试嗓音，遭到蒙丹的挑衅。蒙丹还去招惹正被罚做公共服务的皮耶尔，辱骂皮耶尔的母亲，两人扭打在一起，结果蒙丹又被罚关禁闭。生性孤傲敏感的皮耶尔冒着大雨跑到城里，远远注视着在餐厅做侍者的母亲……

瘦小的佩皮诺屡被蒙丹欺负，蒙丹甚至威胁他交保护费，否则就不让他睡觉。马修去警告蒙丹不准再接近佩皮诺，但同时也允诺不会将蒙丹偷东西吃的秘密告诉校长，蒙丹似乎被镇住了。夜里，马修发现原先拒绝加入合唱队的皮耶尔在教室里偷偷练歌，他的歌声惊为天籁。他劝诫皮耶尔不要再荒废下去，并且利用课余时间为他开小灶。合唱团进展越来越顺利，孩子们都投入地参加到这项活动中，连一向古板以至于被嘲讽为“不会开玩笑”的数学老师也受到感染，声称他热爱音乐。

维奥丽特再次来访，马修从窗口看到后跑回住处收拾房间，兴冲冲地去见她，并告诉她，皮耶尔这孩子具有歌唱天赋，维奥丽特将信将疑。马修相信音乐能挖掘出孩子们叛逆外表下的善良和潜力，在教学生歌唱的同时，也重新开始了自己的创作，并教孩子们演唱由他创作的合唱曲。校园被歌声和笑声所包围，甚至连僵硬、冷酷的哈珊也似乎有些被感化，有一回竟然和孩子们一起踢球。

好景不长，由于一起失窃事件，哈珊气急败坏，强令马修中止他的合唱团活动，甚至以燃料钱被偷为由，剥夺学生洗澡的权利。但在沙贝老师的帮助下，两位老师用哈珊的私藏燃料，让孩子们痛痛快快洗了个热水澡，而在此之前，马修一直将沙贝认作哈珊的爪牙敬而远之。私下里，合唱团也在每晚临睡前的片刻得以继续排练。蒙丹由于恰好在失窃那天出走而被列为嫌疑对象。几天后，警察将其带了回来，哈珊恶狠狠地扇他耳光，追问钱的下落。蒙丹忍无可忍动手还击，再次被警察带走。马修在校门口目送蒙丹被押上警车，想要做些什么又深感无力，蒙丹回头看到他，却露出难得的一笑。

又是一个探视日，马修激动而紧张地和维奥丽特边走边聊，皮耶尔从课堂的窗口看在眼里，一种奇怪的感觉袭上心头。马修正坐在楼下夸耀皮耶尔进步非凡，忽然被窗台落下的一摊墨水砸中脑袋。两人奔上楼，发现皮耶尔正遭到学生的围攻指责，原来是皮耶尔扔的墨水，维奥丽特十分吃惊，气愤离去。马修赶忙追出去送她一程，还建议让维奥丽特想法送儿子去读音乐学院。排练时，马修欲擒故纵取消了皮耶尔的独唱段落，有意冷落他，皮耶尔愤然离去。哈珊又进来大吵大嚷，埋怨马修给他添了麻烦，说慈善基金会的伯爵夫人下周要来学校听合唱。原来是马桑大叔把合唱团的事告诉了基金会，哈珊极为不满。

马修接到维奥丽特的一封信，约他去广场咖啡馆见面，还说有重要事情。马修不禁浮想联翩，精心修饰一番前去赴约。不料维奥丽特只是感谢马修给她的生活带来了很大变化，使她交了好运遇上一个里昂来的工程师，两人决定开始新的生活。马修瞬间从峰顶跌落到谷底，他强装镇定，怅然目送自己的仰慕对象随他人离去。伯爵夫人如约来校参观，表示非常欣赏合唱团的做法，哈珊见风使舵、急忙抢功。美好的童音感染了所有人。当一段合唱结束，马修将手势一转，指向独自一旁郁郁寡欢的皮耶尔。面对意外之喜，皮耶尔站直了身体放声而歌，清冽之音犹如仙乐，而马修则从皮耶尔的眼神中读到了被谅解的快乐和感激之情。

马桑在清扫厕所时无意间发现了10万元钱和乐格克的口琴，在马修的追问下，乐格克坦白说是想拿这钱买热气球。事实证明蒙丹是被冤枉了，但哈珊却不肯悔改，认定蒙丹那种人犯罪是迟早之事。这天，哈珊踌躇满志地前往基金会，期待得到基金和晋升，谁知学校急电传来，学校发生火灾，孩子们全部失踪。他急忙赶回来却看见一片废墟，怎么也想不到是蒙丹纵火报复。正当哈珊以为一切都完了，只见马修和马桑领着孩子们从田间走了过来。原来是他们乘着哈珊不在，带孩子们感受自由的空气去了。为此，哈珊解雇了马修。

哈珊向孩子们封锁了马修即将离去的消息，正当马修默默地经过教室窗口的时候，一只纸飞机飞落在他面前，一架，接着又一架……上面全是孩子们写下的祝福，马修抬头望去，小小的窗口挤满了挥别的小手……

马修的日记就此打住，佩皮诺的讲述和皮耶尔自己的回忆继续完成了故事的尾声。在那之后，皮耶尔进了音乐学院，哈珊则因马桑等人举报他虐待孩子被董事会解雇。而在马修离开的那天，佩皮诺追上马修请求带他离开，马修先是拒绝，但车开了几步却又停了下来，因为他想起来那天正好是星期六……

【思考题】

1. “池塘底畔”院长哈珊奉行的教育理念是什么？
2. 马修为什么能够得到“池塘底畔”学生的拥护和爱戴？
3. 教育者应如何开启学生的心灵之门？

案例分析*

【背景介绍】

2004年上映的《放牛班的春天》，是一部片长96分钟的剧情、音乐类型的法国电

* 蒋灵慧．《放牛班的春天》：一部师德大片．中国德育，2010（4）；蔡小燕．让暗淡的生命重新灿烂起来：基于《放牛班的春天》的个案分析．基础教育，2008（5）；徐岩，李天义．音乐，化腐朽为神奇：电影《放牛班的春天》中音乐的德育功能．电影评介，2011（5）；石书臣．论现代思想政治教育者的主导性．探索，2005（1）；许昌良．让生命在场：与《放牛班的春天》的教育对话．思想理论教育，2008（6）；侯元，任金妹．代课教师克雷蒙·马修的教育哲学：感受《放牛班的春天》中师道的光辉．陕西教育（高教版），2009（10）．

影，它不像一般的悲情电影那样让人在悲伤情绪中体会真情，而是让人因为喜悦而泪流满面。它创造了法国电影新概念，是一部阳光情感类电影，这部没有美女、暴力，没有动作、凶杀和商业元素的优秀电影成为2004年度法国人的“心灵鸡汤”。上映后，该片票房与口碑齐涨，仅在法国，观影人次就超过了860万，该电影是2004年法国的票房冠军，全球票房也很可观。《放牛班的春天》获得了2004年奥斯卡最佳外语片提名奖、2005年法国金球奖最佳电影奖，并获得第三十届法国“恺撒奖”6项提名，共计获奖和提名23项。影片中的音乐获得多项最佳电影音乐奖。电影原声带也销量斐然，先是蝉联法国排行榜冠军，破百万销量大关，影片登陆美国后，原声带也长期占据全美古典专辑榜前列。

以青少年男高音让-巴蒂斯特·莫尼耶（Jean-Baptiste Maunier）为首的圣马克教堂儿童唱诗班（Les Petits Enfants de Saint Marc）因为在电影中的感人演出而备受瞩目，甚至因为片子的超强人气而进行了多场巡回演唱会。时至今日，这部电影仍在用音乐之美温暖着许许多多的人。

【主题分析】

《放牛班的春天》是一部优秀的讲述教师职业道德的电影。相对于校长坚持的“惩罚是最好的控制和教育的方法”的观点，马修在面对这些“问题”学生时，引导他们认识到自己的错误并告诉他们什么才是正确的行为，并通过组建合唱团让30个孩子重新认识了自己，并再次放飞梦想。作为一名教师，马修以音乐的名义很好地诠释了爱的教育的真谛，在面对复杂的教育环境和教育对象的各种“问题”行为时，他并没有按常规的教育方式去处理，而是用自己的教师专业精神和道德实践去宽容学生的缺点和错误，不放弃任何一个学生，灵活地运用教育方法，最终完成了教育任务，达到了教育效果。这充分说明了教育者在思想政治教育过程中起着主导作用，教师应坚持一切为了学生的教育理念，还应重视音乐的思想政治教育功能。

【启示分析】

马修，这位品德高尚的教师，平凡中透着伟大。马修老师虽然自己的音乐事业不尽如人意，但仍然充满爱心地对待这些有着不良记录的孩子。在这部电影中，不同老师对学生的问题行为采用不同的处理方式，产生了截然不同的效果，这对于我们有以下几点启示：

（1）教育者在教育过程中具有主导地位和作用。因为教育者决定着教育活动的内容和走向，控制着教育的节奏，掌握着教育的目标。电影中的马修老师在对有问题行为的学生进行教育时，很好地发挥了教育者的主导作用。马修发现了音乐天才皮耶尔的才华和天赋，但当他犯了错误——向老师泼了墨水时，马修对他进行的惩罚是取消他的独唱部分，马修的冷落令皮耶尔十分低落。但在表演时马修对皮耶尔的演唱邀请，令皮耶尔欣喜万分并学会了感激。马修用自己独特的方式让教育活动变得不再难以控制，不断引导学生改掉陋习，发掘他们的优点，继而实现教育目的。他不放过任何一个对孩子们进行教育的机会。为了使孩子们免受校长的惩罚，他虽然向哈珊校长隐瞒孩子们的错误却在私底下严肃批评并让其改正；发现孩子们对春游的渴望，马修冒着被校长惩罚的危险而满足了孩子们的愿望…… 正是在马修老师的努力下，这群原本尽是问题行为的孩子们变了，他们变成了具有天籁之音的天使，他们可以享受到儿童之乐而不是整天面对错误和惩罚，这一切，都是马修老师不放弃教育中的主动权，积极践行教育者职责，不露痕迹地运用自己的教育智慧的结果，对思想政治教育者探索思想政治教育的艺术具有启发意义。

（2）一切为了学生是教师应该坚持的教育理念。教育理念是指教师对教育事业所持有的理想和信念，是教师对教育问题的最基本的认识和看法，指导和支配着教师的教育行为和实践。现代教育遵循的基本教育理念有以人为本的理念、全面发展的理念、创造性理念、主体性理念、个性化理念、开放性理念、多样化理念、生态和谐理念、系统性理念等。总的来说，教师最应坚持的就是一切为了学生，即以人为本的教育理念。首先，要尊重学生的人格。任何人都需要被别人尊重，都容不得别人践踏自己的人格。学生处在学习阶段，幼小的心灵更需要被呵护。在克雷蒙·马修没有到来之前，除了麦神父，这个寄宿学校所有的老师都相信只有通过体罚的手段才能镇住这些问题学生。但马修老师的到来，让学生们体会到了温暖和包容，他把每个人都放在了合唱团合适的位置上，在马修老师充满人性的教育下，在一个个跳动的音符中，他们生命的激情得到了迸发，而院长不问清事情原委就体罚学生的做法把学生的尊严踩在了脚下，引来的只是学生的反抗和善的人性的消隐。教育不应培植人的畏惧感、报复心、对世界的失望以及心灵的禁锢；而应培养人包容的情怀、生活的尊严、信心以及心灵的自由。其次，要宽容学生的缺点和错误。学生和老师的最大的不同之处在于教师年长于学生，知识多于学生，涵养胜于学生。中小学生是未成年人，他们由于生理和心理的因素，在面对一些问题时考虑不够全面，从而产生问题行为。因此，在教育过程中，应采取兼容并包的方式，用宽容的心接纳每个孩子，让他们在教育的土壤中生根、发芽、茁壮成长。只有宽容，才有真正的理解；只有理解，才有知心的沟通；只有沟通，才有真诚的信任。宽容不但能使教师，更能让学生看到快乐的曙光，享受教育的过程，感悟人生的成长。每一个学生在成长的过程中，老师都扮演着重要的角色，有时甚至影响学生的一生。马修从孩子们恶意的侮辱中看到了教育的契机而未加指责，对皮耶尔的恶作剧也根本没有计较，从一开始马修就对孩子们打开了宽容之门、信任之门。再次，要相信学生自我教育的能力。在任何一个孩子身上，都蕴藏着巨大的潜能，而这种潜能可能常常处于黑暗的状态，他需要意识的照亮。教育就是要唤醒这种沉睡的自我意识，就是要将人的创造力与生命感、价值感唤醒，激励他们进行自我教育。电影中的马修老师选择相信学生，相信他们的自我教育能力，而事实也证明他的选择是正确的。乐格克误伤了马桑大叔，马修鼓励乐格克承认错误并主动去照顾马桑大叔直到他痊愈，乐格克经过内心挣扎后认识到了自己的错误，在自我教育后承担了自己应负的责任。同样的事情后来也发生在了皮耶尔身上，马修老师用自己的方法，唤醒了学生们心中的良知，指引学生们向往美好和光明，对思想政治理论课教师提高教学艺术水平具有启发意义。

（3）重视音乐的思想政治教育功能。音乐能陶冶人的情操，重塑人的心灵，是人和人、人和社会、人和自然相联系的纽带，是真善美的体现。黑格尔说："音乐的基本任务不在于反映出客观事物，而在于反映出内在的自我。”音乐教育虽然不能代替思想教育和道德教育，但它是实施德育的最佳方式之一。它有着自己独特的教育功能，它润物细无声，使人们在潜移默化之中接受教育。《放牛班的春天》是一部以音乐为主题，讲述了用音乐开启了被社会遗弃的孩子们的心灵之窗和梦想的故事。音乐，可以鼓励学生们正确对待人生；音乐，可以培养合作精神，使学生们树立自信；音乐，可以教人真诚、友爱、向善；音乐，也可以塑造人的美好心灵。音乐教师马修的到来，令“池塘底畔”的孩子们通过描绘自己的理想而发现了人生的新希望。当马修被迫离开学校时，孩子们为他高歌、折纸飞机。马修老师通过音乐来感化和改变这些“顽劣不化”的孩子，引导孩子们走出心灵的荒漠，步入心灵的绿洲。他的教育方法对提高思想政治教育的实效性具有启发意义。

案例42 《社交网络》*

马克·扎克伯格是哈佛大学的学生。他成绩优异，但是却不擅社交。因没有雄厚的家世背景，哈佛的各种社交圈子都将他拒之门外。

马克大学二年级的时候，他的女朋友艾丽卡因为忍受不了他傲慢的性格和直言直语的社交方式而向他提出分手。马克很郁闷地回到宿舍，在他看来，作为哈佛的一名学生，他拥有着令世人羡慕的光环，但却被这样一个波士顿大学的女生甩掉。他很生气，他在博客里发表了对艾丽卡的不满，甚至将艾丽卡的隐私公之于众。为了泄愤，在酒精的作用下，马克侵入了学校的数据库，将女同学的照片拿来用在自己设计的网站 facemash 上，这其中也包括艾丽卡。作为一个小学六年级就开始编程的天才，这对马克来说不是难事。

马克创建的 facemash 网站使整个哈佛大学的男生沸腾了，大量的点击很快就拖垮了哈佛的校园网络。第二天，马克就因为入侵学校数据库被校委会予以“留校察看六个月”的处分，但他依旧为自己的入侵指出学校的网络漏洞而骄傲。对于大冬天穿着拖鞋、沙滩裤上课，事事都特立独行的马克来说，他根本不在乎学校的处罚，但马克对自己伤害艾丽卡的做法有点后悔。

就在马克接受处罚的同时，哈佛的另外三名学生——温基莱沃斯兄弟和迪夫亚纳伦德拉看中了马克的编程才能，力邀他加入其团队，共同创建一个哈佛学生自己的社交网络——The Harvard connection。马克马上就接受了这个提议。但是，马克却在 The Harvard connection 网站的创意基础上做了一个囊括全球所有人的网站，他要大家在上面工作、学习、娱乐、交友。他的室友爱德华多·萨文虽然认为马克的想法太过疯狂和不切实际，可是鉴于马克之前入侵学校网络的黑客行为的“伟大”，爱德华多最终还是决定出资 1 000 美元，和马克一起设计这个无比庞大的网站——Facebook，并享有网站 30% 的股份，担任网站的首席财务官。

---

* 改编自豆瓣电影《社交网络》影评。

爱德华多是哈佛凤凰会社的成员，拥有很多有影响力的学生的电邮，马克利用这些电邮地址，将Facebook传播开来。Facebook很快出名了。谁都可以上来看看朋友们在做什么，和朋友聊天，搜寻新朋友。马克和爱德华多成了哈佛的焦点人物。但令二人没想到的是，温基莱沃斯兄弟和迪夫亚纳伦德拉认为马克的Facebook网站是抄袭了他们关于建设The Harvard connection的创意，并请律师发函要求他关闭网站。

马克可不那么认为，他觉得创意是自己的，于是他没有按照律师的要求停止自己的工作，还同爱德华多不断地扩展着自己的网站。一个偶然的机会，马克认识了IT界的传奇人物肖恩·帕克，肖恩·帕克很赏识马克的才能，并鼓励其将网站做大做强。而爱德华多却认为网站的盈利功能应该得以体现，他不断地劝马克联系广告赞助，但始终得不到马克的赞成。爱德华多一度对马克与肖恩的接触很反感，特别是当他得知马克听从肖恩的建议要将公司搬到加利福尼亚州的时候。但出于友情，他依然资助了马克18 000美元，自己孤身一人去纽约寻求网站的广告合作。

当爱德华多从纽约赶往加利福尼亚州回归马克公司的时候，淋成落汤鸡的他在马克租住的房子里看到了肖恩，肖恩和马克的一系列经营主张让爱德华多非常生气，他愤然离开了加利福尼亚州。回到了哈佛的爱德华多冻结了马克的账户，试图引起马克对自己意见的重视。就在爱德华多的女友离他而去的时候，马克来电话告诉他，网站已经获得了50万美元的风险投资，可以搬到一座大办公楼里了。爱德华多听到这个成功的消息非常开心地又飞回了加利福尼亚州。

网站基本走上了正轨。在2004年年底，Facebook的注册人数已突破100万。马克拒绝过10亿美元的收购价，网站的成功扩张了他的野心。他把网站当作他的孩子，想一手把它带大，为此他必须扫除一切障碍和不同意见，包括当初的创业伙伴爱德华多。在肖恩·帕克的建议下，马克用财务手段摊薄了爱德华多的股份，使其从30%变为了0.03%，以削弱爱德华多对公司的影响力。

虽然马克坐上了Facebook的头把交椅，但是温基莱沃斯兄弟、迪夫亚纳伦德拉和爱德华多分别起诉了马克，要求其对自己的损失予以赔偿。最后，马克用一大笔钱与三人达成和解。虽然这些赔偿对已经成为亿万富翁的马克来说不算什么，但也让马克陷入了沉思：自己到底是不是坏人，是不是伤害了太多的人？看着面前电脑上的Facebook的网站，马克点开了艾丽卡的页面，申请其为自己的好友，他一遍遍刷新着页面，等待着艾丽卡的回应……

【思考题】

1. 你如何评价片中马克·扎克伯格的行为？
2. 你对哈佛大学的教育方式有何感想？
3. 你认为当代美国的大学生的价值观教育有何特点？

案例分析*

【背景介绍】

影片《社交网络》改编自本·麦兹里奇的小说《意外的亿万富翁：Facebook 的创立，一个关于性、金钱、天才和背叛的故事》，讲述的是全球第一大 SNS 社交网站 Facebook 创始人和首席执行官马克·扎克伯格的创业史，以及后来创业伙伴为了利益而分道扬镳的故事。就电影本身而言，拍摄技艺可谓炉火纯青，以相互交织而紧凑有序的情节架构、倒叙的方式、高超的对白、跳跃的场景和幽暗的影调，让众多观者大呼过瘾。可以说，《社交网络》非但不是 Facebook 成长的浮光掠影，还在很大程度上，诠释了 Facebook 理念，并探讨了关于社交数字化的点点滴滴。本片获得第 68 届美国电影电视金球奖最佳影片（剧情类）、最佳导演、最佳剧本、最佳原创电影音乐奖，第 83 届奥斯卡金像奖最佳改编剧本、最佳剪辑、最佳原创配乐等多个奖项。

【主题分析】

《社交网络》这部电影是由人物传记改编的，在电影中，马克·扎克伯格是个电脑天才，但正是这样一个天才，在人际关系上却严重地先天不足。他被排斥于哈佛大学的各种协会团体之外；由于不懂得如何对待女友、尊重女性而被女友甩掉；他也不大懂得珍惜友谊，与自己最好的朋友缺乏交流。在建立了著名的 Facebook 网站之后，他甚至为了利益失去了自己最好的朋友。电影中马克无疑是成功的，他超凡的技术能力与远见为自己铺就了一条金光大道，但是，他本人的幸福感和他的成就、金钱却不成正比。在那个幽暗空旷的会议室中的马克只是一个没有朋友的青年人，孤独、沮丧。案例为我们讲述了一个年轻人成功的故事，但实际上，在他成功的背后，我们应该看到的是更深层的内容。现代人生活在物质文明极大丰富的社会中，经济发展成为人们生活的重心。而这一时期正是新旧道德的历史嬗变期，道义与利益的选择往往使人陷入无法避免的道德困境中。特别是青少年，他们处在这样的大环境中，并且接受着所谓的成功教育。这样的成功教育往往注重学生在物欲横流的社会中所获得的利益，而忽视了对学生道德素质的培养。其实，学生不仅需要有现代知识和获取利益的技能，而且需要有符合现代社会的道德心态和人格理想。这就需要我们的道德教育改善目前所出现的问题，使青少年接受真正的成功教育，并帮助人们走出当代社会的道德困境，建设与现代文化目标相一致的道德文明。

【启示分析】

（1）马克的困惑反映了当代社会道德的困境。在当代社会中，人们最容易看到和感

---

* 彭定光，左高山．当代道德教育的困境与出路：访万俊人教授．现代大学教育，2003（4）；姜世健．当代学校道德教育的困境．思想政治教育研究，2010（3）；段吉福，王刚．现代人的道德困境与道德文明建设．西南民族大学学报（人文社会科学版），2002（S2）.

受到的就是实际的利益问题。特别是在发达资本主义国家中，金钱至上、个人利益至上的价值观念充斥着人们的社会生活及交往。这样的社会环境和因其而产生的价值观念会使人们走入道德困境，甚至在成功的光环下挣扎。不得不说，电影中的马克就成了道德困境中的牺牲品。仔细想来，如果单从获取利益的角度上来讲，马克是成功的，他拥有了巨额资产，成了年轻的富豪；如果单从道德的角度上来讲，马克是失败的，他为了利益，不择手段，抛弃朋友，放弃承诺。我们甚至可以根据电影猜想，给予他帮助的肖恩最后也会被他抛弃。影片的最后，孤独的马克一遍又一遍地刷新着前女友的页面，等待着艾丽卡的回应，这让我们又为这个在道德困境中挣扎的青年富翁产生了些许同情。电影反映的不只是马克一个人的问题，也反映了我们当代青年所遇到的棘手问题——在以经济发展为中心的社会中，面对多样的价值，如何做出选择，如何避免陷入道德的困境，如何在获取利益与维护道德上获得双赢。

（2）哈佛大学等名校同样面临当代成功教育的误区。《社交网络》这部电影获得了巨大的成功，很多年轻人试图在本片里找到一条致富的途径，却忽视了影片所要揭示的深层次含义。其实，这不能怪年轻的观众，这是他们接受的教育所造成的后果之一。当代社会提倡成功教育，希望通过一些成功人士成长的足迹为我们的孩子铺就相似的道路。希望年轻人能够赚到钱，成就几件大事，就像电影中的马克一样，坐拥亿万财富，并认为这才是成功。其实，这样的教育已经扭曲了成功教育的本质。所谓的成功教育旨在发现和发展学生的潜能，为每个学生都创造成功的机会，从而促进学生素质的全面发展。而现在的成功教育只强调获得利益、追逐财富这一结果，却忽视了获得它们的手段与途径，忽视了学生成长中道德素质的培养，甚至“忘记”告诫学生要时刻拷问自己的心灵，用道德来监督自己追求成功的过程。这样的成功教育所带来的结果就是越来越多的学生在走入社会时摒弃了道德的底线，成了一个有才无德的“成功人士”。我们往往听到这样的宣传：“你可以不追求做一个道德圣人，但你可以追求成为一个成功的商人、企业家。”于是，越来越多的“无良”企业家出现，有德的实业家却是屈指可数。而在传统社会的教育中，成功的首要条件就是要修身养性，不断提高自己的道德品质，并把成为道德上的圣人作为自己成功道路上永远的追求。社会的发展与进步，让成功教育走入了误区，使道德教育在成功教育中的地位越来越边缘化了，但这并不意味着道德教育就不重要了。我们的成功教育从现在起，应该走出误区，将道德教育重新摆在正确的位置，让我们的学生明白一个真正成功的人，不仅仅是靠财富衡量的，更多的应该是由属于自己内在的东西所决定的；让我们的学生明白，“任何时候，道德都是人安身立命之本”，也是成功的必备条件之一。

（3）当代道德教育亟待改善。当代社会有道德困境，成功教育也存在误区，究其根本是我们的道德教育存在着一定的问题。是什么使得道德教育的效果远不如从前呢？在电影中，在精英聚集的哈佛大学，来自各方面的强大的竞争压力充斥着马克的生活。再加上美国金钱至上、个人利益至上的价值观念，让马克决定要不惜一切手段获得大笔金钱，充实自己的财富。在他看来，只有这样才能获得良好的人际关系，赢得一定的社会地位。电影向我们揭示了影响道德教育效果的主要因素就是社会环境。当前我国处在社会转型时期，随着现代化进程的推进，国家改革开放步伐加快，我们生活的社会环境也在不断改变。在这样日新月异的环境中，心智尚未成熟的学生们往往感受到家庭、学校和社会环境中的道德取向并不一致，他们在学校中所接受的道德教育经常同家庭尤其是社会中所实际存在的道德价值相悖乃至严重对立。因此，他们总是陷入一种困惑的境地，经常面临着价值选择与道德冲突的问题。而这样的问题往往得不到很好的解答，长期积累的问题严重地影响了道德教育的效果，也深深地影响着学生的身心成长，更影响着他们社会化的顺利进行。因此，首先，家庭、学校和社会应该形成合力，共同为学生创造良好的环境。特别是学校道德教育要突破樊笼，紧密地和社会现象相联系，积极地面向社会，在变化的社会环境中，以社会主义核心价值体系来帮助学生评判形形色色的价值观念，在纷繁复杂的社会中，摆脱利益与道德的诱惑，做出正确的选择。其次，道德教育要回归生活世界，贴近学生的生活，贴近学生的实际，教会学生如何与人相处，如何寻求人生的意义，如何树立人生的信仰，这些都是时代对道德教育提出的新要求，也是让学生在生活中“触摸”道德的新途径。

第八章

思想政治教育的载体

要点综述

思想政治教育的载体是指承载、传导思想政治教育因素，能为思想政治教育主体所运用，且主客体可借此相互作用的一种思想政治教育活动形式。主要包括管理载体、活动载体、文化载体、大众传播载体等，并且随着社会生活的丰富而越来越丰富。思想政治教育载体具有客观性和主观性、实践性和发展性、承载性和传导性等特征。教育目标的实现、教育任务的完成、教育内容的实施、教育方法的运用、教育主体和教育客体之间的互动等，都离不开一定的载体。本章选用"《送你一张船票》""《最美逆行者》""中国节日节气系列节目'破圈'""唱响感动中国的英雄史诗""雷锋城""一张'破例'发出的毕业证"六个案例，从思想政治教育载体的内涵、特征及其在思想政治教育过程中的地位、功能以及新时代如何广泛挖掘和利用思想政治教育载体资源，提高思想政治教育的实效性等方面开展了案例分析，以进一步探索如何发挥思想政治教育载体的作用。

案例 43 《送你一张船票》*

习近平总书记在 2021 年新年贺词中提道："从上海石库门到嘉兴南湖，一艘小小红船承载着人民的重托、民族的希望，越过急流险滩，穿过惊涛骇浪，成为领航中国行稳致远的巍巍巨轮。"2021 年是中国共产党百年诞辰，新华社推出重磅 H5 融媒体产品——《送你一张船票》（以下简称《船票》），以嘉兴南湖红船为线索，长卷式呈现中国共产党成立百年来的重要瞬间。《船票》一经上线便全网刷屏，开年之后仍热度不减，浏览量突破 4 亿次，成为传媒业界 2021 开年"刷屏"力作。

---

* 李志改编自：刘惟真，马发展．这是什么船票？一上线"发售量"立刻破千万．新华每日电讯，2021-01-03；焦旭锋．融媒互动报道"送你一张船票"用数据解读爆款产品．中国记者，2021（8）；李洪磊，张典标．"朋友圈都在转，我也看了七八遍"．新华每日电讯，2021-01-03.

《船票》片头以黑色和灰色为主色调的动画开场，搭配富有悲壮气氛的背景音乐，在视觉和听觉双重冲击下，展现近代以来中国陷入内忧外患、积贫积弱，人民受到重重压迫、饱受屈辱的画面。在这种气氛下，“一个先进组织的诞生”的画卷徐徐展开，让用户在回望峥嵘岁月之时，感受革命先烈的筚路蓝缕。片头动画配音是习近平总书记的讲话，在讲话声中南湖红船缓缓出现。点击开启主题后，《船票》与用户互动首个问题“中国共产党诞生于哪一年?”回答正确即可获得首颗五角星奖励，而后通过输入自己的出生年份获取“不忘初心，牢记使命”红色船票，点击“出发”“前进”即可开启中共党史的时光之旅。

《船票》以南湖红船为主线，融入“开天辟地的大事件”“第一枪”“星星之火，可以燎原”“伟大远征”“浴血奋战”“将革命进行到底”“没有共产党，就没有新中国”“人民翻身做主人”“我们的身后就是祖国”“百废待兴”“艰苦奋斗”“红旗插上珠穆朗玛峰”“震惊世界”“奋起直追”“改革开放”“香港回家”“澳门回家”“拥抱世界”“星辰大海”“打通‘天路’”“世界舞台”“文明盛宴”“中国梦”“和平力量”“八项规定聚民心”“一带一路”“千年大计”“大国重器”“服务全球”“人民至上、生命至上”“全面小康”“时代史诗”“伟大复兴”等 33 个主题情景，设置“引爆”“点火”两个互动动画，以及“中国共产党诞生于哪一年?”“中华人民共和国成立于哪一年?”“党的十一届三中全会于哪一年召开?”“党的十八大于哪一年召开?”“2021 年是中国共产党成立多少周年?”五个答题环节，用户每答对一道题即可获得点亮一颗“五角星”的惊喜……《船票》还通过红船经过的部分场景触发音效和画面动作等不少有趣的交互设计，如经典语音还原、战场炮火声、火箭发射动态等，让用户仿佛置身广阔的罗布泊，可以为我国第一颗原子弹的核试验“发令”，见证蘑菇云腾起、震惊世界的一刻；仿佛面对星辰大海，可以滑动“发射”，将中国航天员稳稳送入太空……有趣的互动设置，不仅让创意更“好玩”，也拉近了用户和制作者之间的距离。

《船票》为每一位用户提供“私人订制票号”，通过输入出生年份，在时间轴上实时显示用户和事件间的关联，把用户的个人成长历程与国家发展大事联系起来、记录下来。在行船过程中，画面中不时会弹出提示“此时距你出生还有××年”“这特别的一年，你××岁了”“××岁的你，喜欢体育运动吗”等一系列互动，不仅提升了用户的参与感和仪式感，更加深了个人与国家命运“同频共振”的心理体验，有利于引发用户情感上的共鸣。

截至 2021 年 7 月 23 日，《船票》报道全网浏览量 4.8 亿次（包含全网各渠道浏览、话题、互动等数据）。其中，H5 浏览量 1.13 亿次、独立访客数 4 174 万、用户平均访问时长 6 分 38 秒、24 岁以下用户占 60.1%。来自北京的李先生表示，没想到，自己还在上幼儿园的儿子对《船票》看得非常投入，还能跟着唱“雄赳赳，气昂昂，跨过鸭绿江”。李先生说：“以高颜值动画的形式来呈现建党百年来的风雨征程，很有创意，这可能是吸引小朋友的一个重要原因。”来自中国外文局的王丹对《船票》“一见钟情”，她说：“第一眼看颜值，后面看气质，越看越耐看，越看越催泪。”微博网友“草根医生 1”跟着红船“穿越”之后感慨地说：“穿越百年征程，体验老一辈革命家的献身精神。正是因为他们的奉献，才有如今的盛世。我们更加要珍惜眼前来之不易的生活。”网友“清灵心 777”说：“穿越百年的船票之旅真的让人好感慨。中国发展这么快。尤其是 2020 年，凸显了我们党不忘初心、牢记使命。”大学生网友“daisy”在朋友圈这样评论：“这是最好的思政课!”

【思考题】

1. 你收到过类似《送你一张船票》这样的融媒体产品吗?
2. 你对《送你一张船票》这样的融媒体产品感兴趣吗?
3. 你如何评价类似《送你一张船票》这样的融媒体产品的宣传思想教育作用?

案例分析*

【背景介绍】

2021 年 2 月 20 日，习近平总书记在党史学习教育动员大会上指出：“要在全社会广泛开展党史、新中国史、改革开放史、社会主义发展史宣传教育，普及党史知识，推动党史学习教育深入群众、深入基层、深入人心。要鼓励创作党史题材的文艺作品特别是影视作品，精心组织党史主题出版物的出版发行，发挥互联网在党史宣传中的重要作用。”[①] 以新华社、《人民日报》、《光明日报》为首的一大批主流媒体，开始主动利用互联网，积极使用融媒技术，并且成立专门的融媒体部门，以微信公众平台、微博、B 站、抖音等网络主流软件为依托，以中华优秀传统文化、“四史”教育、爱国主义教育、价值观教育、道德观教育等为核心内容，打造一系列向上向善的文化符号，推出一个个具有教育意义和价值的爆款融媒产品。《船票》策划团队先后查阅相关文献材料上百万字，实地走访了南湖革命纪念馆、中共一大会址等地，深入了解“红船”文化。《船票》中所有画面均以新华社稿库、中国照片档案馆以及各地博物馆馆藏内容为参考。通过 3 个月的制作、9 个版本的策划、100 多轮的修改和 440 多次测试，最终打造了这款“破圈”“刷屏”的报道，浏览量的突破不仅刷新了新华社的纪录，也是 2021 年全网浏览量最高的一款 H5 融媒体产品。

【主题分析】

《船票》文创产品的成功“刷屏”“破圈”，反映了思想政治教育载体创新的时代价值。“思想政治教育所传递的内容，只有通过一定有形的载体才能成为可被感知、可作用于人的教育资源。”[②] H5 融媒体产品《船票》是一种承载和传播信息的媒介，承载和传播了“党史”教育的内容，创新了思想政治教育的叙述和表达方式。习近平总书记在全国高校思想政治工作会议上强调：“要运用新媒体新技术使工作活起来，推动思想政治工

---

* 沈壮海．新编思想政治教育学原理．北京：中国人民大学出版社，2022；戴艳军．思想政治教育原理案例分析．北京：中国人民大学出版社，2012；戴艳军，王嘉．思想政治教育原理案例分析：修订版．北京：中国人民大学出版社，2018.

① 习近平．在党史学习教育动员大会上的讲话．求是，2021（7）.

② 沈壮海．新编思想政治教育学原理．北京：中国人民大学出版社，2022：204.

作传统优势同信息技术高度融合，增强时代感和吸引力。”[①] 在数字化、媒体化、网络化时代，只有不断利用和创新思想政治教育载体，才能实现思想政治工作“因事而化、因时而进、因势而新”。案例用融媒体产品承载建党百年的发展历程，通过网络平台实现广泛传播，是运用互联网平台和融媒体产品承载“四史”教育内容的一个成功案例，为思想政治教育载体创新提供了新视域。

【启示分析】

（1）思想政治教育载体创新必须与时俱进。在社会信息化和教育数字化的背景下，人们拥有更宽广的理论视野、更独立的思维，拥有多元化的信息接收渠道和多样化的利益需求，思想政治教育作为一种精神交往的实践活动，面对社会环境的变化必然要以符合社会发展和人的精神交往需要的形式来开展。这就要求，作为承载思想政治教育内容的思想政治教育载体，一方面要适应互联网社会产生的新变化不断更新，另一方面必须不断开发和运用融媒载体、网络载体等适应时代特征的新载体为思想政治教育服务[②]。据统计，截至2022年6月，我国网民规模为10.51亿，网络新闻用户占比达到75.0%，较2021年12月增长1 698万。互联网已经成为开展思想政治教育不可或缺的重要场域，越来越多的人开始利用互联网提供的即时、海量的信息来了解时政、交流互动、开展学习。以互联网为基础的新闻平台、社交平台、短视频平台为思想政治教育载体提供了新的选择。《送你一张船票》用短短十几分钟的碎片化时间，将建党百年的光辉历程通过动漫、答题等形式立体多样地展现出来。作为一个联结时空的载体，它搭建了用户和媒体的对话纽带，通过音像、图像、视频、答题的结合，将党史知识进行串联，构筑了一个蕴含思想政治教育内容的“数字化”“游戏化”融媒体学习平台。这也是《船票》一经上线，“发售量”立刻破千万，各地网友纷纷“上船”打卡，引发“刷屏效应”的原因。

（2）大力提升思想政治教育工作者载体创新素质和融媒体产品创作队伍的思想政治素质。一方面，要培养思想政治教育工作者利用网络载体的专业技能，打造既具有思想政治教育专业知识，又具备融媒体载体创作能力的专业型人才，鼓励思想政治教育工作者积极融入新理念、利用新载体，放大互联网载体的优势，不断输出优质教育内容。另一方面，必须增强媒体工作者特别是新媒体内容创作者的政治意识，提升其思想层次和道德水准，引导媒体工作者在深刻理解中华优秀传统文化、革命文化、社会主义先进文化的基础上，以优秀内容为内核，不断设计、开发更多有育人价值的“爆款”产品，并借助网络平台实现大众化，更好地发挥思想政治教育网络载体的功能。在十九届中央政治局第十二次集体学习时，习近平总书记专门强调了全媒体时代新闻舆论工作面临的突出问题和挑战，指出“宣传思想工作要把握大势，做到因势而谋、应势而动、顺势而为。我们要加快推动媒体融合发展，使主流媒体具有强大传播力、引导力、影响力、公信力，形成网上网下同心圆，使全体人民在理想信念、价值理念、道德观念上紧紧团结在一起，

---

① 习近平在全国高校思想政治工作会议上强调：把思想政治工作贯穿教育教学全过程 开创我国高等教育事业发展新局面．人民日报，2016－12－09.

② 倪松根，孙其昂．思想政治教育载体价值的逻辑意蕴及其实现．思想教育研究，2017（8）：31－35.

让正能量更强劲、主旋律更高昂”①。《船票》设计团队以其专业化的媒体人素质和政治敏锐性，坚持把党史学深悟透，筑牢理论根基，用优秀的作品实现了党史教育的大众化，用数字化、图像化、交互性等形式，提升了思想政治教育的吸引力、感染力，也为广大用户特别是青少年营造出一个积极健康的网络媒体空间。

(3) 虚拟场景创设带来的“仪式感”“沉浸感”“参与感”等是针对青年开展思想政治教育的有效方式。“仪式感”是内心情感的正规化、程式化的表达。成功的仪式能够通过象征、符号、声音、色彩等元素的运用，创建具有强烈感染力的文化磁场②。“沉浸”则是指个体将全部精力投入到某种活动中，达到忘我的状态③。而“参与感”来源于参加某个活动所感受到的成就和自豪。在碎片化、短平快的网络社交常态中，要让青年群体参与到主流信息的传播中，必须注重仪式感的建立，让青年来一场沉浸式的学习体验，充分地参与其中，以收获情感上的共鸣。例如，《船票》中的“船票”设计、红色教育基地中的“重走长征路”活动、十一国庆节的“我与国旗合影”等都是富有仪式感的创设。此外，在《船票》中，设计团队精心遴选出南昌起义、红军长征、全民族抗战等重要事件节点，以金线勾勒的国潮插画为表现手法进行视觉呈现，生动讲述党史故事，打造出既有厚度，又有新意的体验氛围，让用户特别是青年用户沉浸其中。同时，《船票》为用户设置的“专属船票”，将用户与国家大事件相连，通过答题、互动、分享等环节的结合，充分提升了用户的参与感。可见，通过虚拟场景创设所产生的“仪式感”“沉浸感”“参与感”不仅能够推动思想政治教育的大众化，更提升了思想政治教育的实效性和亲和力，充分贴合了用户心理的互动、参与特点，让用户既“玩得转”又能产生“同频共振”。

案例 44　《最美逆行者》*

2020 年新年伊始，当大家还沉浸在迎接春节的喜悦中时，武汉暴发了新冠疫情。面对疫情的严峻形势，全国各地的医务人员挺身而出，不眠不休地与病毒较量，还有一些警察、清洁工、司机、骑手等不同职业的人群，共同守护着这座城，他们成了逆向而行的孤胆英雄。

为了将最真实的武汉疫情展现给观众，更为了致敬这些逆向而行的人民英雄，中央电视总台将镜头和视角对准人民，以抗疫期间涌现出的先进人物和真实感人的故事原型为素材进行改编，在不到半年的时间里，策划制作了电视剧《最美逆行者》，讲述发生在武汉抗疫一线的故事。2020 年 9 月 17 日，电视剧《最美逆行者》在中央电视台综合频道首播，并在央视网、爱奇艺、腾讯视频和优酷等平台同步播出。该剧以“抗击新冠疫情”

---

① 习近平．加快推动媒体融合发展 构建全媒体传播格局．求是，2019（6）．

② 马婷婷，林美卿．仪式感视域下青年文化自信的培育路径研究．思想政治教育研究，2017（5）：97－101．

③ 徐铷忆，陈卫东，郑思思，等．境身合一：沉浸式体验的内涵建构、实现机制与教育应用：兼论 AI＋沉浸式学习的新场域．远程教育杂志，2021（1）：28－40．

* 汪晶晶、任晓伊改编自：仲呈祥．人民需要为时代明德的好作品：评首部抗疫题材电视剧《最美逆行者》．光明日报，2020－10－01；李欣龙．《最美逆行者》：弘扬伟大抗疫精神（影视热点）．人民日报海外版，2020－09－18．

为题材，由“逆行”“别来，无恙”“婆媳战疫”“幸福社区”“一千公里”“了不起的兔子叔叔”“同舟”上下七个单元系列故事组成，全剧共十四集。

《最美逆行者》回望了武汉抗击新冠疫情的全过程，全景式地展现了当时党和国家、科学院士、医护人员、志愿者以及武汉人民在抵御防治新冠病毒时艰苦奋斗、不畏牺牲、无私奉献的英雄品质。该剧旨在表现抗疫期间感人的人物和故事，所有人齐心协力、同舟共济、坚持到底，并取得最后的胜利，体现了人民至上、生命至上。作品既展现了一方有难、八方支援的暖心志愿精神，也展现了建设火神山、雷神山方舱医院的中国速度，真实还原了医护人员的工作状态和心理压力，讲述了医护人员舍小家为大家的无私奉献精神和责任担当意识。

这部电视剧作为一部献礼一线抗疫英雄的作品，自播出后，就反响强烈、好评如潮，网友纷纷对该剧发出点评，其中也引起《人民日报》《光明日报》等主流媒体的关注。《人民日报》评《最美逆行者》以“小切口、小人物、大情怀、大主题”为创作思路，以“真实、鲜活、温暖”为创作基调，以这场史无前例的疫情防控阻击战为题材，用电视剧的艺术形式生动诠释了“生命至上、举国同心、舍生忘死、尊重科学、命运与共”的伟大抗疫精神。全剧由七个故事单元组成，每个故事均根据全民抗疫中涌现出的先进人物和感人事迹改编而成，突出纪实性，贴近人民生活，独具吸引力和感染力。该剧刻画疫情中的普通人，展现他们面对生死考验时坚守岗位、不畏艰险的意志品质，激发顽强不屈的民族意志。首先，从主题表现来看，虽然每个单元剧的题材不同，有援鄂医疗队、患者医生、婆媳关系、货车司机、志愿者、社区工作者、方舱医院等，其叙事表现自然各有侧重，但都指向一个共同的主题，那就是在这场灾难面前，各行各业的人们，在党的领导下，不畏艰险，不计较个人利益，全力以赴地投入抗疫斗争之中，无私奉献。其次，从情感叙事层面来看，每个单元剧对人物情感素材多有开掘，讴歌了抗疫情势下的人间真情与人性美好。《最美逆行者》多有关于家国背景下家庭伦理及其情感的故事叙述。最后，从时空叙事的角度看，全剧在时间上展现了从疫情暴发、“武汉封控”、全国医疗队援鄂、方舱医院建设、救治病人直到武汉疫情被控制的全过程；在空间上，涵括了医院、社区、家里、路途、方舱等重要的抗疫场景。通过宏大背景下的时空叙事，对原型人物进行了颇具纪实主义风格的现实主义审美创作，令观众在获得审美体验的同时，也激发起寻找新闻原型的冲动。

演员陈数在剧中第一单元“逆行”中饰演解放军陆军军医大学院长肖宁，疫情发生后，面对疫情危难状况，本被准假回北京过年的肖宁毅然请战去武汉驰援，她将自己的女儿托付给年迈的父母亲，并与女儿进行了语重心长的一番谈话，令广大观众感动。她对女儿说：“妈妈是一名医生，医生的职责就是救死扶伤；但同时妈妈也是一名军人，军人的使命就是保家卫国。”她在向上级请战时立下的誓言——“我们积极请战，若上战场，不取得全面胜利，誓死不退”；医院的华院长忍受着渐冻症对自己身体的折磨，顶着妻子确诊感染新冠肺炎的巨大心理压力，仍然拖着疲惫的身体奋战在一线；老人杨秀荣夫妇演绎着爱可以超越生死的伉俪情深；最美卡车女司机的决心——“我早就想好了，上海到武汉九百公里，只要有物资需要运，我就会一直跑下去”；大四医学生唐冬至的“我想留在武汉当志愿者，我想到最需要我的地方去”……这一幕幕剧情令观众泪目。网友不禁纷纷感慨，哪有什么岁月静好，只是有人在替我们负重前行，致敬最伟大的英雄人民！

这部电视剧通过展现一个个普通的小人物在抗疫期间所发生的一系列故事，传递着举国同心、坚持不懈、无私奉献的精神品格，感动着成千上万的中国观众，引发了观众强烈的共鸣。剧中无论是不顾自己安危抢救病人的白衣天使，还是冒着被感染的风险接送医护人员以及救援物资的司机，抑或接到通知毫不犹豫冲锋陷阵的蓝领战士，他们都是毅然决然、将困难抛之脑后的逆行者，是抗疫一线中的一抹彩虹。一位网友在微博上写下观看《最美逆行者》的感想："每一位抗疫工作者都值得被尊敬，电视剧中演的只是现实生活中的一个缩影，生活中有千千万万个肖宁放下自己的父母子女奔向一线，我们看到的是抗疫工作者奔赴一线的勇敢，但是他们对父母子女的担心，他们面对病毒的恐惧，他们离开家庭的不舍我们都是不了解的，这部剧演绎了每一位抗疫英雄的心酸与不易；他们在国家危难之际，不计个人得失荣辱，不顾个人安危，不顾各种家庭矛盾，依然挺身而出，坚守自己的岗位。致敬那些不畏艰险的医生、护士、军人，以及那些可爱的志愿者。"网友"虫虫"认为，《最美逆行者》拍得很好很真实，并且表示他在观看每一集时都会流泪，特别感动。他说："在疫情期间每一个平凡人在那一刻都有光芒，国家取得的战疫成绩值得我们中国人骄傲，这部剧也要让全世界看到！"

"逆行的路上跌跌撞撞，却不曾迷失方向；你的目光里多么坚强，让我忘记悲伤。逆风的远方，沿着希望，把荆棘化成勋章；眼前你的笑容，洋溢力量，我们不再彷徨，要勇敢飞翔……"歌声悠扬，这场疫情防控战取得了全面胜利。致敬战斗在一线的英雄人民！致敬最美的逆行者！

【思考题】

1. 你看过电视剧《最美逆行者》吗？印象最深的是什么？
2. 你认为伟大抗疫精神主要包括哪些内容？
3. 主旋律电视剧在我国战胜疫情中发挥了哪些思想政治教育功能？

案例分析*

【背景介绍】

新冠疫情是新中国成立以来我国遭遇的病毒传播速度最快、感染范围最广、防控难度最大，也是人类自二战结束以来遇到的最严重的全球公共卫生突发事件。"自 2020 年 1 月 23 日 10 时起，武汉市城市公交、地铁、轮渡、长途客运暂停运营；无特殊原因，市民不要离开武汉，机场、火车站离汉通道暂时关闭，恢复时间另行通告。"这条新闻播报使国人感受到此次疫情非同寻常，武汉开始封控，紧接着湖北其他城市也相继封控。

* 陈万柏，张耀灿．思想政治教育学原理．3 版．北京：高等教育出版社，2015；戴艳军．思想政治教育原理案例分析．北京：中国人民大学出版社，2012；戴艳军，王嘉．思想政治教育原理案例分析：修订版．北京：中国人民大学出版社，2018.

习近平总书记对新冠疫情做出重要指示："把人民群众生命安全和身体健康放在第一位，采取切实有效措施，坚决遏制疫情蔓延势头"[①]。习近平总书记亲自指挥、亲自部署，举国驰援，全国各地共选派 340 多支医疗队，超过 4 万名医务人员驰援湖北，冲锋在抗疫一线[②]。一时间，月光白、迷彩绿、荧光橙从四面八方汇聚武汉，伴随着"武汉加油！湖北加油！中国加油！"一场没有硝烟的人民战争打响了！

【主题分析】

《最美逆行者》是一部典型的主旋律影视作品，主旋律影视剧是新时代思想政治教育的有效载体，选择疫情正在全国肆虐的时候及时播放，成功地发挥了主旋律电视剧价值引领、鼓舞人心、激发斗志、凝聚力量的思想政治教育功能。作为中国首部抗疫题材的电视剧，《最美逆行者》从疫情暴发、举国驰援、建立方舱、救治患者、物资运输、社区抗疫、抗疫胜利等方面，在时间和空间上最大限度地全方位还原了武汉抗疫阻击战的全过程，生动地展现了发生在武汉抗疫一线的英雄故事和伟大事迹。剧中所刻画的最美逆行者是真正的人民英雄，他们用舍小家为大家的奉献意识和责任担当，在抗疫一线与病毒日夜战斗，谱写了"生命至上、举国同心、舍生忘死、尊重科学、命运与共"的伟大抗疫精神。该剧把真实、感人的抗疫故事搬上荧幕，使广大人民群众在观剧的过程中感悟伟大抗疫精神，培育爱国主义、集体主义、社会主义的情怀。

【启示分析】

（1）思想政治教育的有效开展需要依赖于一定的载体。《最美逆行者》主旋律电视剧是新时代思想政治教育的有效载体。作为主流意识形态的艺术化表达，主旋律电视剧具有较强的艺术感染力和鲜明的教育性，通过在影视作品中融入党的主张和社会主义先进文化，有助于在全社会唱响主旋律、传播正能量，使思想政治教育的形式和内容为广大人民群众所喜闻乐见，提高思想政治教育的可接受性。《最美逆行者》以电视剧的艺术形式记录并传播了发生在武汉抗疫一线的感人故事，通过观看电视剧，观众能够从全民抗疫事迹中感受不同领域抗疫人员的内心世界，理解特殊时期国家的艰难和他人的不易，在潜移默化中感悟伟大抗疫精神，认识到防控取得的显著成效是全国人民共同努力的结果，进而产生情感共鸣，自觉认同伟大抗疫精神并将之转化为个人行为，在现实生活中坚持同心抗疫，自觉奉献自己的力量。《最美逆行者》发挥的震撼人心的效应，充分表明主旋律电视剧这一艺术形式是面向广大人民群众开展思想政治教育的有效载体，新时代应鼓励优秀影视作品的开发创作，以符合社会发展需要的、精湛的艺术作品，满足广大人民群众日益增长的精神文化需要，这是创新实现思想政治教育任务，巩固思想政治教育地位，发挥思想政治教育功能的有效途径。

（2）《最美逆行者》充分发挥了疫情当下凝心聚力的思想政治教育功能。《最美逆行者》以真实感人的故事反映了自疫情发生以来，以习近平同志为核心的党中央，始终坚

① 习近平．在中央政治局常委会会议研究应对新型冠状病毒肺炎疫情工作时的讲话．求是，2020（4）．
② 习近平．在湖北省考察新冠肺炎疫情防控工作时的讲话．求是，2020（7）．

持把人民的生命安全和身体健康放在第一位，坚持生命至上、人民至上的国家担当。剧中真实记录了疫情暴发后，医疗队和志愿者从全国各地聚集武汉，体现了中华民族一方有难、八方支援的传统美德，歌颂了团结进取、无私奉献的精神，彰显了爱国主义、集体主义、社会主义的情怀和责任意识。该剧的播出使观众第一次近距离地了解和感受了疫情期间社会不同领域人员的艰辛，观众在观剧的过程中能够深切感悟抗疫精神的伟大，感受生命的可贵和党中央对人民的关怀，接受一场深入心灵的思想政治教育，为化解疫情管控期间社会中发生的各项矛盾，激励全国人民继续团结一致、同心抗疫，汇聚了强大的凝聚力和向心力。

（3）《最美逆行者》体现了主旋律影视剧内容的时代创新。作为一种社会实践活动，思想政治教育作用的发挥取决于其内容的与时俱进，能否根据社会发展的需要更新教育内容是其永葆生命力的关键所在。任何时代的人都面临着理想与现实、个人与社会、国与家的矛盾取舍问题，然而每个时代总有一些人能够将个人理想与国家的前途命运紧密相连，勇于承担、甘于奉献，创造属于那个时代的伟大精神。疫情期间，医护人员舍小家为大家，坚守职业道德无私奉献；科研人员临危授命，成功研制疫苗；货车司机忠于职守，冲锋在前……这些站在抗疫一线的逆行者们，都是新时代涌现出的人民英雄，他们身上体现了以爱国主义为核心的民族精神和以改革创新为核心的时代精神，他们以自身的实践铸就了伟大的抗疫精神，生动诠释了中国精神的时代内涵。《最美逆行者》以抗疫逆行者的英雄事迹为素材，将伟大抗疫精神渗透到作品之中，体现了创作内容的与时俱进。思想政治教育理应将伟大抗疫精神纳入自己的内容体系中，这既是时代的需要，也是人民的呼唤，有助于以鲜活事件引发人民的共鸣，充分发挥思想政治教育的价值引领功能。

案例 45　中国节日节气系列节目“破圈”*

在 2021 年河南卫视春节联欢晚会的舞台上，一个 5 分多钟的舞蹈节目《唐宫夜宴》，运用 5G 与增强现实等现代技术将虚拟场景和现实舞台结合，通过国风音乐、舞蹈和景观，展示了唐朝少女从准备、整理妆容到夜宴演奏的过程，呈现出令人惊叹的舞台效果。节目一经播出，便掀起席卷全国的关注热潮，上线 10 天播放量超过 20 亿，还引来共青团中央和《人民日报》的盛赞。

传统文化穿越千年的当代表达

古都洛阳，曾是大唐“东都”，清末民初时这里出土了大量唐三彩。其中的唐三彩女俑，多取材于唐代社会女性人物，有立俑、坐俑、乐舞俑等，着重表现唐代妇女姿态自

* 李奇峰、于凤改编自：《唐宫夜宴》：传统文化穿越千年的当代表达．新民晚报，2021－03－01；惊艳！《唐宫夜宴》小姐姐们元宵节又“出圈”了．中国日报，2021－02－27。

由、面容丰腴、肌肤细腻、双手纤巧的形象。2017 年，郑州歌舞剧院舞蹈编导陈琳来到河南省博物院参观时，被博物院展出的唐三彩乐舞俑生动的舞蹈形象所吸引，她开始思考：唐三彩是我国古代陶器艺术的代表，如果通过真人舞蹈的形式让这些唐三彩乐舞俑“活”起来，会呈现出怎样的效果？于是，陈琳带着团队便开始了古典舞《唐宫夜宴》的创作。

编舞团队将节目背景设计在 1 300 多年前盛唐时期的一个晚上，一群年轻女性欢快热情地去赴宴。为最大程度还原唐三彩乐舞俑的真实形态，从妆容、服饰到仪态、道具，陈琳团队对相关文物进行了大量研究。其中，如何让演员完美地“胖起来”，团队花费了大量心思。最终，他们选择在嘴里塞医用脱脂棉球来让演员们的脸“胖”起来，又用海绵假体衣让身体“胖”起来。就这样，身着唐三彩色样纱衣、脸画风靡唐代的“斜红”妆容，胖胖的唐乐舞俑“复活”了。同时，团队又利用抠像、三维、增强现实等数字技术对节目做了进一步的“科技加持”，通过时间、地点的变化把整段舞蹈分段切换。最后通过技术手段进行合成、虚拟场景和现实舞台结合制造出“博物馆奇妙夜”的梦境，将电视文艺与技术革新的融合推到新的影视艺术美学高度。

《唐宫夜宴》的另一大创新是将国宝、国风、国潮“熔”于一炉。节目中穿插了水墨画，展示了妇好鸮尊、莲鹤方壶、贾湖骨笛、《簪花仕女图》等国宝，不仅为俏皮轻盈的舞蹈增添了历史的厚重感，也让观众对节目的回味无限延长。中华文明上下五千年，博大精深，如何让传统文化活起来？《唐宫夜宴》提供了一个很好的范例。

中国节日系列强势“出圈”

《唐宫夜宴》的成功，给河南卫视带来很大启发。随后，电视台进一步深入研究受众喜好，立足中国传统文化，融合舞蹈、非遗、戏曲、武术、节日习俗、服饰、古诗词等丰富内容，推出“中国节日”系列节目，包括《元宵奇妙夜》《清明时节奇妙游》《端午奇妙游》《七夕奇妙游》《重阳奇妙游》《中秋奇妙游》等，打造了一场场古今相融、虚实相生的科技国潮文化视听盛宴，展现中华节日之美，生动诠释了传统佳节的文化内涵，引起观众共情共鸣。“中国节日”系列节目持续出圈，成为全网视频流量“收割机”。

“中国节日”系列节目之一的《端午奇妙游》以网剧＋网综的形式，以唐朝小妹妹进宫献艺流程中的精彩经过为主线索。节目一开始便是祭拜活动，按照中国的端午传统文化风俗，在端午节上午，人们都会到港口、岸边进行祭拜，以祈祷风调雨顺、国泰民安。于是导演组在这里设置了一个水下的舞蹈栏目《祈》，取材自曹植《洛神赋》，把“翩若惊鸿，婉若游龙。荣曜秋菊，华茂春松。仿佛兮若轻云之蔽月，飘摇兮若流风之回雪”的神采通过水下舞蹈的形式呈现。节目开场就用极强的视觉冲击力吸引了观众的目光。随后，节目组在短短 40 分钟里融合了洛神飞天舞、端午祭祀、赛龙舟、皮影戏、兰陵王古筝弹奏等诸多中华文化的艺术瑰宝。《端午奇妙游》的实景拍摄地包括洛阳九州池、开封清明上河园、南阳医圣祠等场景，又通过网综、漫画、追剧、水下舞等多种形式让观众目不暇接，再融入赛龙舟、吃粽子、缅怀屈原、饮雄黄酒、艾草驱病等端午传统文化习俗，向观众传达端午的节日文化内涵。观众一边欣赏精美的节目，获得极佳的视觉享受，一边又通过节目的科普更加了解中国传统节日的魅力。在 2020 年端午节播放当天，一条“河南卫视杀疯了”的话题登上微博热搜，阅读量达 10.9 亿，与此相关的热搜话题“端午五彩洛神惊艳演绎水下飞天”“端午奇妙游”也分别达到了 4.2 亿、6.4 亿的阅读量。传统文化节目持续掀起关注热潮。

2022 年，河南卫视将其传统文化系列节目升级为中英双语字幕，这也预示着节目创作者的视野正式从中国迈向了世界，英国《泰晤士报》等海外媒体对此纷纷发文赞叹。

中国节气系列持续“破圈”

2022 年，继中国节日系列节目之后，河南卫视再次创新推出中国节气系列节目，通过古人“观天测时”的智慧，传递“天人合一、人物和谐”的中国精神哲思。如果说中国节日系列侧重展现国风舞蹈的极致美，那么中国节气系列更注重贴近时代生活的小而美、有趣且新颖的戏剧故事，表达节气的内涵和寓意。制作团队计划推出 12 期中国节气系列节目，包含对每一个节气的时令、物候的解读。不仅如此，主创团队还希望通过此节目探讨更加深层次的问题：如今节气在我们的生活中扮演着什么样的角色？带给我们什么样的情感？

中国节气系列节目以节气知识为切入点，用穿越古今的人物故事承载，在充满奇思妙想的同时，充分展现了年轻人的奋斗精神和探索精神，体现了他们对知识和美好的追求，传递了积极向上的精神。截至 2022 年 5 月，中国节气系列节目已经推出了《春分奇遇记》《谷雨奇遇记》《立夏奇遇记》三期节目，以微网剧形式，展现了传统节气在现代生活中的角色，进一步弘扬了中华传统文化，引领主流价值观。

首期节目《春分奇遇记》总导演陈雷透露：“相较于传统节日而言，节气对于当代很多观众来说可能并不太了解和熟悉，所以做这一系列主题节目，首先要具有科普的性质，更为平实和直白的讲故事方式，能够更好地进行表达。”节目开篇，宇宙之中，星球在轨道上运转，犹如一个巨大的时节钟。在北京电影学院教授王劲松饰演的“节气先生”的注视下，地球转动到春分的位置，太阳直射赤道，这一天，白昼与黑夜等长，万物逐渐复苏，大地一片春意盎然。也是在这一天，最早编写记录二十四节气的西汉淮南王刘安正在进行春分祭日，却突然“穿越”到现代，与小男孩刘一旦上演了一场“奇遇记”，并帮助小男孩完成了“鸡蛋壳热气球”的科学实验。节目中穿插春分日大地美景，让观众跟随两人的奇遇感受春分“雷乃发声，四阳渐盛，万物复苏，五谷生长”的时节之美。片尾原创歌曲则融入了大家熟知的《春天在哪里》的旋律，以孩童的口吻回顾这个关于梦想和希望的奇遇故事。节目通过这一则风格轻松、愉悦的故事短片，讲述了“春分”这一节气的内容寓意和物候特点，将传统节气与现代生活融为一体，使传统文化散发出时代魅力，具有了亘古不变的生命力，进而得到了传承与发扬。一系列积极正面的形象塑造，在节目中跨越时空传递给受众，引领了主流价值观。中国节气系列节目自播出后受到广大观众的追捧和喜爱，不断传来催更的信息。

【思考题】

1. 你有没有看过“中国节日”“中国节气”系列节目？

2. “中国节日”“中国节气”系列节目为何引发轰动效应？

3. 如何运用与开发思想政治教育的载体以促进中华优秀传统文化的创造性转化和创新性发展？

案例分析*

【背景介绍】

河南卫视从2021年起制作的系列文化节目，注重传统文化的发掘与新技术的融合，从传统文化宝库中寻找传统与现代的连接点。特别注重利用区域文化特色打造优秀文化节目，创造了一个又一个收视纪录。2021年，以“中国节日”为主题的系列文化节目，丰富了电视综艺晚会类节目的表现形式，掀起中国传统文化节目的收视热潮，在国内外引发了前所未有的关注。仅2021年，中国节日系列节目的全网播放量便超过了300亿次。2022年河南卫视乘势而上，推出该节目的2.0版“中国节气”，进一步点燃了全民对传统文化的审美期待和精神需求，种种新奇的视听体验不断掀起文化狂欢，尤其是赢得年轻一代的强烈认同，使得主流价值与主流人群的“双主流”创作在文化节目领域得到生动诠释和印证。文化类节目实现了从“清流”到“潮流”的跨越，也呈现出从“火一阵”到“一直火”的蓬勃态势。

【主题分析】

“中国节日”“中国节气”等系列节目通过发掘中华优秀传统文化，并将其与现代科技相结合引来收视热潮，持续“破壁”“出圈”。这充分说明在信息网络时代，需要充分运用与开发思想政治教育载体，充分把握新媒体环境的特点和规律，主动运用各类新媒体新技术新手段，创新表达方式，实现中华优秀传统文化的创造性转化和创新性发展，激活传统文化的生命力，满足人民日益增长的精神文化需求，进而不断提升文化自信。案例中，传统文化节目通过新技术的赋能，以直观的视听表现形式展现了中华优秀传统文化这一思想政治教育的内容，说明传统文化节目这一载体承载和传递了思想政治教育内容信息，也是联结教育者与教育对象的纽带。“中国节日”“中国节气”等系列节目通过创新表达方式吸引大量观众，反映了文化节目这一载体具有强烈的吸引力、感染力和渗透性，通过节目的传播，实现了民族精神的凝聚。

---

* 《思想政治教育学原理》编写组．思想政治教育学原理．2版．北京：高等教育出版社，2018；戴艳军．思想政治教育原理案例分析．北京：中国人民大学出版社，2012；戴艳军，王嘉．思想政治教育原理案例分析：修订版．北京：中国人民大学出版社，2018.

【启示分析】

（1）思想政治教育要充分发挥文化载体的作用。思想政治教育文化载体是将思想政治教育内容融入各种文化艺术形式和文化建设之中，以期提高人们的思想认识和思想政治素质。从教育的角度来看，文化贯穿和环绕在教育活动的所有环节和要素中，是教育活动得以展开的条件、内容和重要载体。相对于思想政治教育的其他载体，文化载体具有强烈的吸引力和感染力，特别是影视节目形式多样，内容丰富多彩，富有吸引力。同时，文化载体具有较强的渗透性和价值导向性，文化无时不在、无处不在，它如风如水，渗透在社会生活中的各个领域，全方位地影响着每一个人。案例中，“中国节日”“中国节气”等系列节目本身蕴含着丰富的思想政治教育信息，是一种潜在的巨大的教育力量，它以深刻而持久的渗透能力，影响着人们的内心世界，有利于人们形成崇高的思想品质和积极向上的人格精神，并把其外化为日常的行为准则和生活方式。从《唐宫夜宴》到《端午奇妙游》再到《春分奇遇记》，“中国节日”和“中国节气”系列节目突破传统晚会的艺术表达形式，深入挖掘中国传统文化内涵，与时代精神、前沿科技创新交融，是对思想政治教育精神文化载体的创造性运用，成功打造出一个又一个“妙出圈”的节目，为弘扬中国传统文化、讲好中国故事做出了富有成效的探索。

（2）中华优秀传统文化是加强民族团结、凝聚中国力量、传播中国精神的有效载体。传统文化节目的“出圈”与“破圈”并不是偶然的。习近平总书记在党的二十大报告中指出：“中华传统文化源远流长、博大精深，是中华文化的智慧结晶”，“我们必须坚定历史自信、文化自信，坚持古为今用、推陈出新，把马克思主义思想精髓同中华优秀传统文化精华贯通起来、同人民群众日用而不觉的共同价值观念融通起来”[①]。因此，中华优秀传统文化是思想政治教育文化载体中不可忽视的因素，凝聚着中华民族自强不息的精神追求和历久弥新的精神财富，是当前我国发展社会主义先进文化的深厚基础，是建设中华民族共有精神家园的重要支撑。传统文化节目不仅要依托传统文化的内容和新颖的形式，还要兼具现代价值观的视角。例如中国节日系列节目的《七夕奇妙游》，除了以传统的爱情为主题，还尝试将主题延伸到女性自强自爱、家国情怀、航天精神等多个维度。节目用跨越时空的场景，在展示民俗的同时，传递了鼓励女孩自强、自信、自爱的价值内核。通过展现花木兰、施琅等古代英雄，汇集琵琶、二胡、三弦、鼓、笛子等中国民族乐器共同演奏，光影流淌、音韵铿锵，表达殷殷的家国情怀。通过讲述中国古代先人对飞天的大胆尝试与追寻，以及当今一代代航天人不懈奋斗终于实现飞天梦，力求展现从古至今人们对太空的执着探索、对梦想的不懈追求。结合时代特点对中国传统节日进行当代解读，展现中国传统节日多元价值与文化属性，发挥节日文化活动载体渗透思想政治教育内容的功能，正是中华优秀传统文化创造性转化和创新性发展的题中应有之义。

（3）有效运用、开发文化载体，不断拓展和创新思想政治教育文化载体的内容和形式。长期以来，传统文化节目往往表现形式单一，常被认为古板、老套、过时，因此难

① 习近平．高举中国特色社会主义伟大旗帜 为全面建设社会主义现代化国家而团结奋斗：在中国共产党第二十次全国代表大会上的报告．北京：人民出版社，2022：18.

以吸引人。如何创新表现形式，紧跟时代步伐，从而被受众特别是互联网时代的年轻人所接受是摆在传统文化节目创作者前面的一道难题。为破解这一难题，我国广电传媒对文化节目进行了一系列探索，积极创新以更多元、更深刻、更贴近时代特点的文化表达方式弘扬中华优秀传统文化，为观众烹制出了一道道“文化视听盛宴”，不断探索展现中华优秀传统文化生命力、感召力、凝聚力的文化节目制作新思路。从中央到地方，各级广电媒体紧紧围绕中华优秀传统文化创造性转化和创新性发展的时代命题，开启视听文艺“新国潮”创作，形成文化节目创新创优的高光态势。博大精深的中华文明是中华民族独特的精神标识，是当代中国文艺的根基，也是文艺创新的宝藏[①]。中华优秀传统文化拥有深厚的文化内涵，蕴含丰富的思想政治教育内容，为思想政治教育工作者将思想政治教育内容有效融入并传播运用提供了有效的文化载体。一方面，传统节日文化内涵蕴含丰富的思想政治教育信息，如春节讲究明礼孝道，清明节重视扫墓祭祖、感怀先祖，端午纪念屈原宣扬爱国主义，七夕赞美忠贞爱情，可通过传统节日教育进行隐性思想政治教育，达到思想政治教育“润物细无声”的效果。另一方面，传统节日自身蕴含思想政治教育内容，如传统节日蕴含的人与天、“天人合一”的和谐观念，在团圆和谐的家庭氛围、天伦之乐的基础上衍生的中华儿女浓厚的家国情怀、爱国主义观念、感恩思想，在重视长幼有序、尊老爱幼的民俗传统中展现的礼仪文化等。应深入挖掘中华优秀传统文化，使思想政治教育真正落实到现实生活中，提高思想政治教育的实效性，增强思想政治教育获得感。“中国节日”“中国节气”等系列节目有效地发挥了电视媒体和网络媒体传导思想政治教育信息的功能，借助传媒载体，提升传统节日和传统节气中的文化内涵，向社会传递着民族精神和价值标准。

案例 46 “雷锋城”*

“在这里，我要歌唱一个人。他不是将军，却立了无数功勋；他不是文豪，却写下不朽诗文；他如此平凡，如此年轻，像一滴小小的春雨，渗透亿万人的心……”抚顺，作为雷锋精神的发祥地和学雷锋活动的策源地，孕育和见证了雷锋人生中最辉煌的一段历史，它是坚守和传承雷锋精神的摇篮。近 50 年来，辽宁省抚顺市坚持开展学雷锋活动，传颂雷锋精神。它把雷锋作为城市的标志，把雷锋精神作为城市精神的一面旗帜。1963 年 3 月，毛泽东等老一辈无产阶级革命家为雷锋题词，自此“向雷锋同志学习”便永久地镌刻在了抚顺这座城市的精神丰碑之上，融入一代代人的心灵深处，凝结为“雷锋城”的精髓。

1960 年 4 月，雷锋随部队来到抚顺，在两年多的时间里，他担任建设街小学、本溪路小学的校外辅导员，以高度的责任感对这里的孩子们进行革命传统教育，传授勤俭节约思想，培育共产主义的理想信念；他牵挂着烈属张大娘，给战友送月饼，给灾区的困

---

① 习近平．在中国文联十一大、中国作协十大开幕式上的讲话．新华社，2021－12－14.

* 毕玉才，郭子建，关卫东，等．一种精神和它的故乡．光明日报，2011－03－05；边鹏．抚顺雷锋精神引领抚顺全面崛起．共产党员，2011（4）.

难群众寄钱，为建筑工地运送水泥，深受当地群众爱戴；他当选了抚顺市人民代表，积极参政议政，开阔了眼界，铸成了全心全意为人民服务的人生观、价值观。在这里，雷锋展开了自己人生最辉煌的一页。

1960 年 12 月，《抚顺日报》刊登了介绍雷锋事迹的长篇通讯《毛主席的好战士》和《雷锋日记摘抄》。雷锋的精神感动全城。1962 年雷锋不幸因公牺牲，时任抚顺市委书记的沈越同志把预备给自己老母亲送终的棺椁捐献出来。在全市“公祭雷锋大会”上，送别队伍集聚了十余万依依惜别的普通百姓。1962 年 10 月 23 日，抚顺团市委发出了纪念雷锋、学习雷锋的通知（《关于组织全市广大青少年参观雷锋烈士展览室，开展好阶级教育的重要通知》），这是全国第一份由地方发布的学雷锋文件。1965 年 8 月 15 日，抚顺市雷锋纪念馆落成。从那时开始，每年的 3 月 5 日，抚顺都要在雷锋墓前举行各种形式的纪念活动。经过近半个世纪的探索、实践、发展和积淀，学雷锋活动已经形成抚顺的城市文化品牌。

改革开放以来，“雷锋”这个曾经家喻户晓的名字，一时间被市场经济的大潮湮没，“雷锋精神过时论”考验着国人的价值取向，也考验着抚顺这座雷锋之城的意志。作为对当时社会上一些舆论的回应，抚顺市委坚定地提出要举全市之力创建“雷锋城”，继而对雷锋精神和学雷锋活动进行了一系列探索和思考。短短几年里，抚顺先后举办了十余次跨地区的学雷锋理论研讨会，编辑出版了《雷锋传》《雷锋精神永恒》《雷锋精神与社会主义市场经济》等十几种图书。进入 21 世纪，特别是 2003 年党的十六大之后，为进一步加强雷锋精神的理论研究，抚顺专门成立了“雷锋精神研究所”，创办了《雷锋精神研究》杂志、“雷锋精神论坛”和“雷锋讲坛”，并以此为阵地和依托，围绕构建社会主义核心价值体系、构建和谐社会的时代主题，适时组织开展了多种形式的理论研讨活动，及时总结了干部群众开展学雷锋活动的新经验、新做法、新成果，不断深化雷锋精神的理论研究。抚顺市委还围绕落实《抚顺市国民经济和社会发展第十二个五年规划纲要》，提出要加强对雷锋精神的深入研究，为抚顺的城市精神赋予了全新的时代内涵。

近年来，抚顺全方位开展雷锋事迹宣传和雷锋精神教育，把雷锋事迹写进小学课本，融入新兵教育，用于激励老工业基地广大党员干部、职工群众和部队官兵在改革与经济转型中始终保持昂扬向上的精神状态，特别注重将雷锋精神融入公民道德建设之中，大力开展“雷锋号”、“百姓雷锋”年度人物和“小雷锋”等具有广泛影响力的学雷锋活动。抚顺站在加强新时期党的建设的高度，重新审视雷锋精神的时代价值，把雷锋精神融入创先争优活动中。2010 年，抚顺市委、市政府下发了《关于以郭明义同志为榜样，弘扬雷锋精神，深入推进创先争优活动的实施意见》，并在全市开展了“弘扬雷锋精神，争当时代先锋”和“向郭明义同志学习，争做雷锋精神传人”活动，要求各级党组织和党员干部带头学雷锋，为创先争优活动增加了新的内容和载体。

同时，抚顺还注重挖掘开展学雷锋活动的文化资源，进行城市精神文明建设。抚顺先后建设雷锋班、雷锋团、雷锋纪念馆、雷锋小学、雷锋中学、雷锋储蓄所、雷锋税务所、雷锋路和雷锋大道等，省市级的“雷”字号单位更是遍布城乡，它们作为一种特殊标识，提示人们雷锋与这座城市的渊源，时刻不忘雷锋第二故乡的责任和使命。抚顺在全市各主要媒体开辟了学雷锋专栏、专题、专版，及时发布全市学雷锋活动动态信息，大力宣传各个地区、各个行业和各条战线的典型人物、典型事迹和典型经验，并利用弘扬雷锋精神报告团、学雷锋典型事迹报告团、雷锋精神宣讲团、“四德”典型宣讲团、雷锋艺术团和“雷锋讲坛”，深入全市城乡，向广大党员和干部群众讲解学雷锋的时代意义，宣传学雷锋典型事迹，传播雷锋精神，教育引导群众。另外，在街道和社区建立好人之家，组建各种社区学雷锋志愿服务队伍，开展各种形式的便民服务；在一些窗口行业统一制作学雷锋活动或雷锋品牌创建标识，把雷锋日记中与工作有联系的经典语句制作成图片和工艺品，展示在办事服务大厅、楼道、电梯间和计算机屏保上，让大家感到雷锋就工作和生活在自己身边。

早在1996年10月，位于抚顺的中国第一所石油化工大学——辽宁石油化工大学从1993级大学生当中选拔了一批成绩优、能力强、思想正、素质全的同学组成了第一期“拔尖人才综合素质提高班”。这也是“学雷锋示范班”的前身。十多年来，“提高班”的“以弘扬雷锋精神”为特色的社会实践活动一直内容丰富、成效显著。2005年9月以来，在省教育厅支持下学校开始了“雷锋精神在线”网站的建设工作；同时，“雷锋精神在线”网站也因此成为后续“示范班”学生真切感受和全面领会雷锋精神内涵的宽阔平台。2006年2月“提高班”被辽宁省教育厅命名为“大学生思想政治教育特色精品活动”，2007年3月获得辽宁省“雷锋号”荣誉称号。

截至2010年年底，抚顺市有雷锋小组4万多个、学雷锋服务队2 169支，以雷锋命名的站、岗、亭、车、路、班组和团队遍布城乡，涌现出“全国爱国拥军好妈妈”胡玉萍、“全国学雷锋先进个人”邓凤兰、“党的基层好干部”赵景顺、“全国道德模范提名奖”王海等一批新时期学雷锋典型。如今，抚顺有“雷锋班”“王海班”“三八排水班”等全国闻名的学雷锋先进集体，有以胡玉萍、乔安山等为代表的学雷锋先进典型，有在京拾荒捡到几十万元送还失主而誉满京城的普通退休老矿工，有在通往长沙列车上为抢救陌生病人中途下车把病人送往医院得到广大乘客赞誉的体育教练……

抚顺雷锋纪念馆建馆至2011年接待中外观众5 900多万，其中来自60多个国家的外宾有5万多人。1997年6月，中宣部命名雷锋纪念馆为全国“爱国主义教育示范基地”。在此之后，抚顺进一步加大了传播和弘扬雷锋精神的力度，市雷锋纪念馆举办了“雷锋事迹展览”，在全省14个市进行了义务巡回展，受教育观众10万余人。1998年2月，抚顺市委与辽宁省委宣传部联合在北京举办了大规模的“雷锋精神永恒”展览，引起各界强烈反响，有近2 000人写下了观后留言。与此同时，由雷锋生前战友乔安山、雷锋生前辅导过的学生陈亚娟、“雷锋班”班长李友宝组成的“我心中的雷锋”报告团在首都机关、厂矿、学校、部队做了23场报告，直接听众达2万余人。从1998年4月开始，“雷锋精神永恒”展览应邀到全国各地进行巡回展出，先后到达上海、重庆、武汉、济南、太原、哈尔滨等全国60多个地方，反响强烈。

多年的学雷锋活动实践证明，雷锋精神已经化作抚顺的城市精神和灵魂，为这座有着厚重历史的煤都城市的发展和振兴提供了持续不竭的动力。面对煤炭资源的枯竭，从城市转型到规划全面振兴的宏伟目标，从“两城两带”的构想到沈抚新城、石化新城的全面开工建设，从千万吨炼油、百万吨乙烯工程破土动工到以科技为先导，建立石油化工、冶金、装备制造等产业发展战略联盟，以雷锋精神为动力的全市人民同舟共济、艰苦创业、拼搏进取，推动着城市发展的脚步越走越快。

【思考题】

1. 你能说说雷锋精神的实质吗?

2. 你认为当前开展雷锋精神教育的意义何在?

3. 抚顺市以城市文化建设为载体开展雷锋精神教育有哪些特色和启示?

案例分析*

【背景介绍】

雷锋（原名雷正兴）于1940年12月18日出生在湖南省长沙市望城县（现望城区）简家塘一个贫苦农民家里，不满7岁就成了孤儿。1957年9月，雷锋响应支援鞍钢的号召，到辽宁鞍山做了一名推土机手。翌年8月，他又来到条件艰苦的弓长岭焦化厂参加基础建设，曾带领伙伴们冒雨奋战保住了7 200袋水泥免受损失，当时的《辽阳日报》报道了这一事迹。在鞍山和焦化厂工作期间，他曾3次被评为先进工作者，5次被评为标兵，18次被评为红旗手，并荣获“青年社会主义建设积极分子”的光荣称号。1959年12月征兵开始，雷锋迫切要求参军，焦化厂领导却舍不得放他走。雷锋跑了几十里路来到辽阳市兵役局（现人民武装部）表明参军的决心。而他身高只有1.54米，体重不足55千克，均不符合征兵条件，但因政治素质过硬和有经验、有技术，最后被破例批准入伍。参加人民解放军后，雷锋被编入工程兵某部运输连四班，任班长。他全心全意为人民服务，只要是对人民有利的事，他都心甘情愿地去做。他曾多次立功，被评为节约标兵和模范共青团员。1960年11月入党，并被选为抚顺市人民代表。1962年8月因公殉职。

抚顺是雷锋的“第二故乡”和雷锋精神的发祥地。1960年，雷锋入伍来到抚顺8个月，《抚顺日报》便以一个整版的篇幅报道了他的先进事迹，一年后被选举为市人民代表。1962年10月，雷锋牺牲后不久，抚顺就举办了“雷锋烈士事迹展览”，成立了学雷锋小组，是全国最早开展学雷锋活动的城市。抚顺市经受过市场经济大潮的洗礼，从未怀疑过自己的选择，从未停止过学雷锋的脚步。雷锋属于人民，人民呼唤雷锋。在抚顺这座城市，人们更乐于听到它的另一个称谓——“雷锋城”。抚顺也涌现出了很多当代的“活雷锋”，而且多年的学雷锋活动实践证明，雷锋精神不仅成为抚顺的城市精神和灵魂，还为抚顺的发展和振兴提供了持续不竭的动力。

【主题分析】

辽宁省抚顺市坚持开展形式多样的学习雷锋实践活动，寓雷锋精神于城市文化建设之中，很好地诠释了城市文化的思想政治教育载体功能。案例表明，从20世纪60年代起，抚顺市委、市政府一直立足于时代发展的要求，不断赋予学雷锋活动新的时代内涵，

* 边鹏．抚顺雷锋精神引领抚顺全面崛起．共产党员，2011（4）；姜丽霞，李长松．论大学生思想政治教育活动载体的含义及功能．传承，2009（9）．

在城市建设的各个方面融入雷锋精神，铸就了“雷锋城”的文化品牌，为思想政治教育搭建了城市文化建设的宽阔平台。以雷锋精神为灵魂的“雷锋城”建设取得的成就和经验表明，城市文化作为思想政治教育载体具有传导思想政治教育信息、促进主客体相互作用、渗透思想政治教育内容等作用，这对于探讨如何发挥城市文化的思想政治教育载体功能以及思想政治教育多样化载体建设具有一定启示。

【启示分析】

（1）城市精神是城市文化建设的核心。一般而言，城市文化是指市民在长期的生活过程中，共同创造的、具有城市特点的文化模式，是城市生活环境、生活方式和生活习俗的总和。它具有复杂化、多元化的特点。城市精神是在一定历史条件下，一个城市为谋求自身的发展，在长期的文化创造过程中积淀、整合、提炼出来的，反映城市共同的理想目标、精神信念、文化底蕴、行为准则和生活方式的价值观念体系和群体意识，它是城市软实力的核心和集中表现。城市文化建设就是以城市精神为引领有效整合市民多样化文化生活形态，促进城市健康发展的社会实践活动。案例表明，经过长期坚持不懈的宣传教育，雷锋精神已经成为抚顺城市精神的最好表征并为广大市民所认同，渗透在市民的日常行为和生活实践中，成为一种文化模式，为当今的城市转型、现代化发展提供了不竭的动力。

（2）城市文化建设是思想政治教育的有效载体。抚顺市持续不断坚持打造“雷锋城”城市文化品牌，开展形式多样的学习雷锋活动，实质上是在不断凝练雷锋精神，传播雷锋精神。案例表明，抚顺市利用雷锋在这里留下的奋斗足迹和人民对他的怀念爱戴之情，从学校到部队、从理论到实践、从计划组织到自觉自愿开展宣传、实践、研究、发展雷锋精神的各种教育活动，发挥了城市文化建设的思想政治教育信息传载、价值导向、主客体互动、品格涵育与道德风气养成的载体功能，其经验值得研究提升和总结推广。

（3）综合运用思想政治教育载体的多种形式，有效实现教育目标。能够搭载思想政治教育信息、传递思想政治教育内容的载体是多种多样的。案例表明，抚顺市在打造“雷锋城”城市文化品牌的过程中，将修建雷锋纪念馆和城市标识（如以雷锋命名站、岗、亭、车、路、班组和团队）与开展雷锋纪念日及举办雷锋精神研讨会、宣讲活动等精神载体建设结合起来，将有组织有计划的纪念宣传活动与群众自发自愿的学雷锋便民服务、义务劳动结合起来，将雷锋个人的榜样作用扩展到因发扬雷锋精神而涌现出的众多模范英雄人物的榜样群体，将传统媒体的宣传内容拓展到电视、网络等现代化媒体传播平台，整合文化载体、活动载体、传媒载体、管理载体的功能，取得了良好的效果，为进一步探索思想政治教育载体的有效利用和开发创新积累了经验。

案例 47　一张“破例”发出的毕业证*

2011 年 6 月 12 日，成都理工大学教学督导组组长姚圣国在应用物理系例行毕业论文

* 王鑫昕．一张将要破例发出的毕业证．中国青年报，2011-07-20.

答辩的抽查中，发现了一篇不同寻常的毕业论文。

“第一感觉就是‘厚’。”姚圣国说，“本科生的毕业论文达到 1.5 万字就可以了，而这本用 5 号字打印的毕业论文，足足有 78 页。”姚圣国粗略估计，论文至少有 6 万字。事实上，这篇题为《时空观与物理学》的本科毕业论文的字数是 7.8 万字。姚圣国花了 40 多分钟浏览了这篇论文，并重点考查了其引用的文献是否真实。姚圣国注意到，这位应用物理系的大四学生，不仅引用了物理学上的经典理论，还做了自己的注解。更触动姚圣国的是，论文的致谢词不是套话。他说：“这名学生用整整一页纸来写致谢词，回顾其大学的经历感受，对指导、帮助、关心他的老师及同学、亲人表达感激之情。字里行间透露出尊重他人和懂得感恩的情怀。”

姚圣国由此推测：第一，这名学生具有扎实的物理学基础和宽泛的知识面；第二，这名学生逻辑思维缜密，学习态度很不错；第三，这篇论文是学生的心血之作。

论文的指导教师李雄飞副教授和评审教师张正阶教授均对这篇论文给出了 95 分的高分。

看完论文后，姚圣国“静思了好几分钟”，他想进一步了解这个学生。在答辩教室外的走廊上，姚圣国和三名同学聊起了《时空观与物理学》论文的作者邵周成。

三位同学的评价是：“这哥们儿很‘教授’。”

“很‘教授’是什么意思?”姚圣国对这个评价感到迷惑。经过三位同学的解释，姚圣国这才明白，同学们认为邵周成在某些方面有教授的能力，有时候他可以像教授一样指导同学。不过，紧随着这些赞誉的，是三位同学对邵周成前途的担忧：“他的英语有点困难。”对此，姚圣国已有预料，因为在翻阅论文时，他发现引用的 82 篇参考文献中，只有 1 篇是英文文献。

事实上，邵周成的英语成绩比姚圣国预想的还要糟糕。教务处后来调取学籍档案发现，邵周成大一、大二四个学期的英语成绩分别为 43 分、41 分、47 分、38 分，大学英语四级也没有通过。根据《成都理工大学学分制学籍管理实施细则》和《成都理工大学学士学位授予工作细则》的规定，邵周成不能获得毕业证，也不能被授予学士学位。

当天下午，回到家中的姚圣国又回想起了这件事。他觉得，这篇论文如果“不具备广泛的阅读和对本科学习内容比较透彻的理解是写不出来的”，这位学生的专业知识不错，但如果因为英语成绩不好而不能获得毕业证书，不能被授予学位，对学生不公平。“学生已经有所付出，我们为什么不认可呢?”

姚圣国越想越激动，他打开电脑，给分管教学工作的副校长、教务处处长、研究生院常务副院长分别写了一封内容相同的邮件。在这封题为《对特别的学生我们最好不放弃》的电子邮件中，姚圣国介绍了这篇论文和作者的情况，并向三位收件人推荐论文作者邵周成，认为他“或许今后是个人才”，尽管迄今为止姚圣国从未见过邵周成本人。

在邮件中，姚圣国建议，准予这位“特别学生”毕业，并授予其学位，还可让其继续攻读本校的研究生。文末，姚圣国特别建议，对特别的学生应有特别对策。

“像这类特别学生实在不多了，当予珍视。”姚圣国在邮件中说。

教务处处长曹俊兴教授当晚就看到了姚圣国的邮件。他非常重视，第二天一早，曹俊兴上班后的第一件事就是调阅邵周成的学籍档案和毕业论文，并当面约谈了邵周成。

通过调查，曹俊兴得出了和姚圣国相差无几的结论。这位研究地球物理的教务处处长认为，邵周成的毕业论文对经典和相对论时空观进行了比较系统的阐述，尽管没有创新，但确实是一篇相当好的综述。

当天，论文被送到同城的电子科技大学和四川师范大学的两位教授手里，进行校外专家鉴定。三天后，两位教授回复了评议意见。

电子科技大学杨海棠教授认为，邵周成同学能够使用清晰的脉络来描述物理学时空观的沿革，说明他对整个理论本身具有切实的把握。作者在狭义相对论部分使用规度的描述是超出本科内容的，在广义相对论和对称性部分，可以看出作者具备了一些基础的理解，而且部分内容一般是在硕士或博士阶段才学习的。“作为本科毕业论文来说，这是一篇优秀的论文。不具备广泛的阅读和对本科学习内容比较透彻的理解是写不出来的。”这位从事高能理论物理研究的博士生导师在评议意见中说。

四川师范大学颜骏教授认为，论文选择的课题是理论物理学中重要而前沿的问题。论文在狭义相对论中的时空均匀性质、牛顿力学中的协变性、广义相对论中的 Riemann 张量和守恒律以及时空守恒定律方面的论述具有自己的特色，论文中还有很多推导，这对本科生来说是不容易的。“本文已经超过一般的本科毕业论文水平，是一篇优秀的毕业论文，完全达到了本科毕业的要求。”颜骏说。

与此同时，邵周成所在的应用物理系向教务处提交了《关于应用物理系应届毕业生邵周成同学的情况说明暨请示报告》，该系所在的地球物理学院副院长童开宇在这份报告上签署了意见：“请教务处考虑作为特殊人才授予学位。”应用物理系专业负责人郭江教授也以个人名义提交书面报告，就邵周成的专业学术水平做出说明。

6 月 20 日，邵周成作为校级优秀毕业论文候选人参加了二次答辩。

对于这样一篇毕业论文，能否准予其作者毕业并获得学位，学校的态度如何呢？按照曹俊兴的说法，要让一个四门英语课和大学英语四级都没过的学生毕业并拿到学位证，“突破规定的尺度有点大”，因此学校很慎重。

6 月 22 日上午，教务处召开处务会，对邵周成的毕业资格问题进行了专题研究，与会人员存在意见分歧。事实上，从教学管理的角度看，一些管理人员和老师不希望开这个口子、破这个例，毕竟这是对正常教学管理秩序的一种冲击。

当天下午，教务处专门就邵周成毕业资格问题向校务会进行专题汇报。在汇报中，曹俊兴强调，尽管邵周成有四门英语课没过，有 16 个学分没拿到，但他的总分数是达到毕业标准的。校务会决定：由教务处就论文的可靠性进一步查证后向校学位评定委员会报告。

6 月 23 日，教务处委托研究生院利用学位论文检测系统对《时空观与物理学》论文进行检测，结果显示，这篇长达 7.8 万字的论文与已有文献的重复率仅 2%，且重复部分都有清楚的标示。“这很不容易。”成都理工大学一位年轻教师说，“研究生的论文能把重复率控制在 10%以内就很不错了。”

6 月 24 日，教务处在向成都理工大学第三届学位评定委员会第二次全体会议报告 2011 届本科毕业生学士学位授予情况时，把邵周成的情况作为专题个案做了汇报。与会的校学位评定委员会委员对教务处提供的材料进行了审查，经过讨论，决定对邵周成的毕业论文进行全文公示，公示无异议后准予授予其学士学位。

6 月 28 日，教务处拟定公示文稿并报校领导批准。6 月 29 日 8 点 26 分，《关于拟准予邵周成毕业并授予学士学位的公示》挂到了校园网上。

按照公示的内容，从 6 月 29 日到 7 月 29 日公示期内，对邵周成的学籍及毕业论文没有异议，校方将为邵周成颁发毕业证并授予学士学位。

在成都理工大学新闻网通知公告栏，这条公示受到了热捧。截至 7 月 18 日中午 11 时 30 分，这条公示的点击量是 5 806 次，超过前一条通知的两倍。

网络上，许多网友为学校的决定竖起拇指。有网友评论，成都理工大学为毕业生做了一件难能可贵的、负责任的事情。

而此刻，曹俊兴的内心是纠结的。他在博客中写道："作为个人，真不知是该为能亲身参与并努力促成这件事感到欣慰还是不安。邵周成同学将来如果继续他的钻研，在学术上有成就、有建树，那么我们就做了一件好事，树了一个好榜样，会有更多的人因此而受益。如果他拿到毕业证和学位证后如期望的那样找到一份工作，丢弃他曾日思夜想的数理时空，奔波在现实的时空，那么无论贫富，我都做了一件错事，不仅毁了他这个人才，还会阻碍其他人得到类似的机遇。"

【思考题】

1. 你如何评价成都理工大学对邵周成同学准予毕业并授予学位的决定？
2. 如果你是邵周成，下一步会怎么做？
3. 这个"非常"的决定，对思想政治教育有何启示？

案例分析*

【背景介绍】

邵周成，从小对数学和物理很感兴趣，花了大量时间在读书上面。他高一就买了霍金的《时间简史》，有的部分甚至反复读了好几遍。高中时期研读场论、狭义相对论等物理学知识。很多知识内容看不懂，他就反复读，到图书馆查阅资料，多读几遍就搞明白了。他的毕业论文《时空观与物理学》和他平日的积累密不可分。但面对英语这只"拦路虎"，邵周成没有足够的耐心进行突破。大一刚开始，他花了一些课外时间在英语上面，"但效果不好，后来就气馁了"。大二的时候就没怎么在英语上花时间了，且每次英语挂科后，他也没有去重修。因此，毕业的时候他能坦然面对拿不到毕业证和学位证的结局。但这并没有影响他写毕业论文的态度，反而认为写毕业论文和拿毕业证无关，写好毕业论文是对自己有个交代，对自己的大学生活有个总结。面对学校最终决定破例给予他毕业证和学位证这个事实，他很感激。他谢绝了一些老师让他读研的建议而选择直接工作，面对媒体时也告诫学弟学妹们："希望大家不要学我，兴趣固然至关重要但本科

* 袁信．思想政治教育管理载体的特点和功能．湖南农业大学学报，2002（1）；袁信．高校思想政治教育管理载体的应用研究．价值工程，2010（13）．

阶段还是应以学业为重。”

教学督导制度是目前高等学校教学管理部门（教务处、研究生院）普遍实施的保障和监督校本科生和研究生教学质量的管理措施之一。一般而言，由学校教学经验和教学管理经验丰富，热爱教育事业，工作责任心强，思想修养好，愿意为学校教育教学改革、提高教学质量做出贡献的老专家、老教授组成。督导组成员在学校各项教学工作中的主要职责有：深入课堂听课，了解教师教学工作状况、学生的到课率、学风等情况，总结教风、学风建设中的经验和不足。督导员在听课之后，与授课教师就教学方法、教学内容、教学准备等方面进行深入的交谈，帮助教师提高教学水平，保证教学质量。广大教师普遍对督导员的工作持欢迎态度。督导员通过召开学生座谈会、教师座谈会等形式，检查教学日历的内容及执行情况，教研室教学交流活动的执行情况，毕业设计（论文）的选题、管理、指导等状况，实践教学的状况，教案的编写状况，教学资源的运行状况，并督导院系及教研室的教学管理制度，以及试卷的批改、教学资料的存档、作业批改、答疑及出勤率考核等各个教学环节，为学校有关部门进行决策、处理有关教学问题提供参考信息。督导组成员参与青年教师教学竞赛的评定、教研项目的评审、教学计划的审定工作，对学校教学管理制度的制定和完善提出意见和建议，对教学模式改革、专业建设、课程建设、人才培养模式、教学资源配置、师资队伍建设等方面提出意见和建议。姚圣国教授作为成都理工大学本科生教学督导组组长，按照管理职责抽查学生论文，发现了邵周成的特殊情况，并在高度责任心的驱使下向学校有关领导反映了这一问题。

《成都理工大学学分制学籍管理实施细则》第十二章“毕业、结业与肄业”第八十条规定：“有正式学籍的学生，在学校规定年限内达到培养计划要求（课程总学分，各分类课程学分，实践、实验学分，毕业设计，毕业论文达到毕业要求），准予毕业，由学校颁发毕业证书。”《成都理工大学学士学位授予工作细则》第三条规定：“我校应届本科毕业生，热爱社会主义祖国，拥护中国共产党的领导，遵守我国宪法和法律，遵守校纪和各项规章制度，品德端正，较好地完成了培养目标，学业和学术水平达到下述要求者，授予学士学位。1. 完成教学计划规定的全部学业，经考核成绩合格并取得规定学分，准予毕业者。2. 其课程学习和毕业论文（毕业设计或其他毕业实践环节）成绩表明，确已较好地掌握了本学科的基础理论、专业知识和基本技能，具有从事科学研究和担负专门技术工作的初步能力。”按照上述管理规定，邵周成大一、大二四个学期的英语成绩分别为43分、41分、47分和38分，没有完成培养计划规定的课程，不能获得毕业证，也不能被授予学士学位。

【主题分析】

案例所反映的对邵周成能否毕业和获得学位的管理规定问题，实质上就是应如何处理学生管理中的一般性和特殊性的问题，对于思想政治教育而言，意义则不止这些。管理工作作为思想政治教育的载体，体现在高校学生管理、后勤管理及诸多管理领域之中。它以强制性、规范性的管理制度为依据，对大学生的行为提出了准则性的要求，有助于培养大学生明辨是非、知行统一、自我管理的能力，培养他们形成良好的思想品质和行为习惯。但是，管理过程及其问题的讨论更有助于充分发挥管理载体的思想政治教育功能，往往管理过程本身就成为实现思想政治教育目标的教育实践。成都理工大学教学督导组老师们不辞辛苦、调查研究，对工作、对学生高度负责的责任感，学校主管领导的高度重视、认真对待，教务主管部门的民主决策、透明公开解决问题的做法，都充分体现了学校教育管理部门有制度不唯制度，对学生个体特殊状况认真研究、区别对待、实事求是的态度。科学、民主、公平、规范的管理，本身就是一个对学生、对教师、对学校管理者及对全社会的一次思想政治教育过程，体现出有效运用管理载体对思想政治教育的重大意义。

【启示分析】

（1）案例体现了管理载体的思想政治教育功能。与其他载体相区别，思想政治教育管理载体由于具有鲜明的制度性和强制性，因此具有制度性教育和规范的功能，即指管理目标和内容与思想政治教育要求的一致性。它一方面体现在法律法规和有关制度中渗透着思想政治教育的价值导向，如集体主义、社会主义民主的要求等；另一方面体现在各具体管理制度中渗透着社会道德的基本要求，如“市民公约”“学生守则”等。它通过书面的、正式条文的制度化形式表现出来，依靠一定的权力权威保证其得到贯彻执行，如采取行政的、经济的、法纪的手段进行约束，从而具有一定的严肃性、强制性。案例中，《成都理工大学学分制学籍管理实施细则》和《成都理工大学学士学位授予工作细则》等文件是成都理工大学的管理制度规定，它以强制性、规范性的形式，规定了学生的学历和学位授予标准，对学生严守纪律、树立目标、努力学习等方面都有着规范和导向作用，体现了思想政治教育管理载体的性质。成都理工大学对邵周成情况的特殊处理，从本质上来看不涉及降低学校管理的权威性、制度性问题，体现了管理载体科学和民主精神的实质。

（2）提高思想政治教育者运用管理载体的自觉性。首先，要重视管理系统自身的完善。以高等学校为例，要坚持“一切为了学生”的原则，制定与国家法律法规、社会公共准则相一致的管理制度规范。成都理工大学依据国家的相关法律和规定编制的《学生手册》，包含了针对学生在校生活、学习、实践活动等各个环节的管理制度和规定，为帮助学生了解大学的要求，涵养自己的品德，奠定了制度基础和管理依据（邵周成本人也深知自己按规定不能获得毕业证和学位证），从而对管理对象提出明确的行为规范和教育导向。其次，提高管理者的思想政治教育意识和思想政治教育者的管理能力、政策水平。姚圣国教授、曹俊兴处长以及学校各相关管理部门的负责人，都是从对学生负责、促进学生的健康成长和未来发展的角度出发来履行管理义务的，体现了管理者的人才意识和教育意识。思想政治教育者应当积极主动地参与管理过程，包括参与制定、宣传、督促执行规章制度等，研究解决各种管理中出现的矛盾，协调各种管理对象之间的关系，提高管理能力和政策水平。总之，只有管理者与思想政治教育者分工合作、有效配合，实现管理与教育互相渗透、融为一体，才能充分发挥管理载体的思想政治教育作用。

（3）处理好教育的差异性与管理的统一性之间的关系。人的本质体现在个体的差异中，所以教育应遵循差异性原则。以步调一致、统一协调为目标的管理需要关照人的个体差异性。只有为管理注入人的本质、教育的精髓才能使管理成为思想政治教育的载体。

因此，“以人为本”是思想政治教育运用管理载体的基本原则。首先，应注重个体的差异性。案例中，面对邵周成因为英语成绩的影响而可能得不到毕业证和学位证的情况，教学督导组组长姚圣国经过缜密思考向教务处处长发了封题为“对特别的学生我们最好不放弃”的邮件，教务处处长了解情况后请校外专家对该论文进行鉴定，并对其论文进行重复率检测，召开处务会，专门研究邵周成的毕业资格问题，以及随后的公示和批准程序等，这是对原有规定的突破，实质上是体现了对学生个性和人格的最大尊重。这种尊重比任何价值观教育都有效。其次，应通过民主决策提高教育对象对管理制度的认同。案例中，学校管理部门所做的一切决策，都是在足够透明、充分调查反馈的条件下做出的，在程序上没有任何瑕疵，这有利于顺利打消各种关于决策公正性的思想疑虑，从而避免“破例”带来的负面效应。最后，应创造良好的管理文化环境。鼓励教育者和受教育者积极参与管理过程，换位思考，理解管理、支持管理、参与管理，管理者的主动性和创造性就得到充分发挥，管理的人性特点就会表现得更加突出，社会就会更加进步。

第九章
思想政治教育的环境

要点综述

思想政治教育的环境是指影响人的思想品德形成和发展、影响思想政治教育活动运行的一切外部因素的总和。它是构成思想政治教育的要素之一，是思想政治教育系统的外在条件，也是人的思想品德形成与发展的基础。由于思想政治教育的环境是一个综合复杂的系统，可以从不同的角度对其做出不同的分类。本章按覆盖范围将思想政治教育的环境分为宏观环境（经济、政治、文化和大众传播环境等）、微观环境（家庭、学校、社会、社区、同辈群体等）、特定环境（企业、农村、军队等）等。教育者要充分利用环境中的积极因素，转化消极因素，达到优化环境的目的，从而使环境不仅能够充分发挥促进受教育者身心发展的作用，还能成为思想政治教育的自觉手段。本章通过“静心问道，‘慢’读大学”“川大学子的第一课”“寻找信仰的根”“湖湘文化红起来”“在灾区，我成长”“梦想中的家”六个案例，阐述了思想政治教育宏观环境、微观环境以及特定环境对人的思想品德形成和身心发展的影响，并针对不同的思想政治教育环境提出了一系列优化方法，对于深入理解不同思想政治教育环境的特点、影响因素、影响方式，促进思想政治教育环境建设，使之发挥积极作用具有一定的启发意义。

案例 48　静心问道，“慢”读大学*

金秋送爽，丹桂飘香。九月是硕果累累、满载喜悦的季节，尤其是在书海砚田中耕耘十数载的 2016 级莘莘学子，在这个秋季里带着对过往时光的珍藏，带着对未来的憧憬，带着家人的关怀与期盼，来到了美丽的海滨城市大连，走入了屹立在凌水河畔的大

* 贾铁生．静心问道，“慢”读大学：大连理工大学校长郭东明院士在 2016 级新生开学典礼上的讲话．央广网，2016 - 09 - 14.

连理工大学，在这片读书做学问的好地方开始描绘新的人生画卷。2016 年 9 月 13 日秋夜，在灯光绚烂的大连理工大学体育场，大连理工大学 2016 级新生开学典礼如期举行，校长郭东明院士发表了主题演讲……

亲爱的新生同学们，家长们，老师们，你们好！

今天，我们在这里隆重举行 2016 级新生开学典礼，共同见证 6 329 名本科生、4 516 名研究生以及 420 名留学生成为大连理工大学的新成员，开启人生新的旅程。我代表学校，向全体 2016 级新生表示最热烈的祝贺和欢迎，向你们的父母、老师和亲友表达最诚挚的问候！今天，也是你们当中周正楚、王金龙、郑晓飞，以及来自俄罗斯的留学生美琳等 32 位同学的生日，让我们共同祝福他们生日快乐！

同学们，我们正处于一个快速发展的时代，火车提速、经济加速，甚至不论天涯海角，朋友发一个自拍，你们都可以秒回、秒赞。人们忙于追求一个又一个目标，却鲜能放慢脚步认真品味，快节奏的生活让我们变得如同樵夫，尽怀刀斧意，不见山红花。在这个"快"的时代背景下，你们跨入了大学校门，作为校长，我希望你们能沉下心来，放缓步伐，享受大学的优质资源，接受大师熏陶，品味大工文化，在安静博雅、绿树成荫的校园，能够静心问道、"慢"读大学。当然，我这里所说的慢，不是拖延、懒散，更不是随波逐流、随遇而安，而是扎实笃定、自信从容，在大学期间塑造更好的自己。

儒家经典《大学》中说："知止而后有定，定而后能静，静而后能安，安而后能虑，虑而后能得。"这句话清晰地告诉我们，只有明确目标、坚定志向才能内心沉静，内心沉静才能思虑周详，进而才能有所收获。求学本就是循序渐进的过程，而非求急求快。大工的老校长、著名工程力学家钱令希院士也曾说过："学习慎起步，要打好基础；研究忌急躁，要锲而不舍。"大学是追求真理、升华内心的殿堂，重在塑造品质、培养能力、陶冶情操，需要静心和"慢"读。

（1）在静心问道、"慢"读大学中坚定不忘初心、矢志不渝的信仰。

同学们，在人生的征途中，走得太快灵魂容易跟不上脚步，走得太远则容易忘记为什么出发。同样，在求学路上，静心为学，慢思细品，才能够让你们做到不忘初心、矢志不渝。大连理工大学作为中国共产党在新中国成立前夕亲手创办的第一所新型正规大学，在成立之初，就与新中国在崇高理想、科学精神和价值追求上具有深度融合与共鸣。建校兴业之初，中国军事通信工程奠基人毕德显、催化科学奠基人张大煜、光学之父王大珩、内燃机事业先驱者胡国栋、水利工程事业开拓者李士豪等一批爱国知识分子，秘密辗转香港、平壤等地，带着对光明与进步的向往汇聚大工。在屈伯川等老一辈创业先驱的带领下，艰苦奋斗、开拓进取，用短短 11 年的时间，让大工迈入全国重点大学行列，为新中国的建设做出了卓越贡献。

67 年来，一代代大工人以担当兴校强国使命的历史自觉、坚定不移跟党走的政治自觉、传承民族精神血脉的文化自觉，诠释了大工人的初心，这也是我们大工人独有的"红色基因"。简言之，就是要对我们脚下的土地有情，对这块土地上的人们有爱，从而心甘情愿为她肝脑涂地，在所不惜，这就是大工人的信仰和梦想。作为新一代大工人，希望你们能够静心"慢"品大工的传统，传承大工的红色基因，坚守大工人的信仰。内心有了信仰，行动就有力量，你们的人生旅程才能永葆正确航向。

（2）在静心问道、“慢”读大学中培养扎实专注、锲而不舍的精神。

《荀子·劝学》有言：“锲而舍之，朽木不折；锲而不舍，金石可镂。”在大学，求知问真是你们的不懈追求，为学、做事需要持之以恒，锲而不舍。

在大工的发展历程中，有很多潜心学术、扎实工作的身影。我校精细化工学科奠基人侯毓汾教授，自1958年起重点研究活性染料及活性分散染料，在当时的条件下，很多人认为她的研究不可能成功，但侯教授不为所动，坚持实验。宁静的校园里，她实验室的灯光无数次照亮黑夜，最后终于在活性染料的创制、开发和生产等方面取得了突破性进展，为我国染料工业和纺织印染工业的发展奠定了基础，被誉为“染料之母”。

我校张哲教授数十年如一日，专注于桥梁研究，共承担了国内外大中桥梁设计项目200余项，大连新地标建筑星海湾大桥、广东西江金马大桥等，都是他蜚声海内外的标志性成果。同样，你们的学长学姐，既能“十年磨一剑”，在纽约模拟联合国舞台上实现团体奖、个人奖大满贯；又能通过十二年的积淀，在12 000多支参赛队伍中脱颖而出，获得全国大学生电子设计竞赛唯一最高奖。

立志欲坚不欲锐，成功在久不在速。同学们，在大工这个“读书做学问的好地方”，希望你们要有咬定青山不放松的执着精神，要有精益求精的工匠精神，要耐得住寂寞、坐得住冷板凳、下得了苦功夫。在漫漫求学路上，要静心悟道、扎实求索，获得真知。

（3）在静心问道、“慢”读大学中塑造追求卓越、止于至善的能力和品格。

“不积跬步，无以至千里；不积小流，无以成江海”，任何成长进步都来自一点一滴的积累。大学是人生中最美好的时光，我希望你们不负光阴、积累知识，让自己如春起之苗，日有所长，塑造出追求卓越、止于至善的能力和品格。

做到勤学善思、追求卓越，需要静心、“慢”读。为学之要，贵在勤奋。在勤奋的同时，还要找到自己的兴趣和方向所在，要有大智慧，摒弃“小聪明”，提升学习和思辨的能力，做好选择，学会取舍。在大学里，你们要学会用批判精神去学习，不唯书、不唯师、不唯上，要学会检索、利用知识的方法，更要探究知识的起源、科技是如何进步的、文化是如何传承的、未来世界会走向何处……希望你们在“博学、审问、慎思、明辨”的过程中，丰富学识、提升能力。

做到明德修身、止于至善，需要静心、“慢”读。无论你们将来想成就什么样的事业，实现什么样的目标，首先要树立品格，当然这是个渐进的过程。老子有言：“是以圣人后其身而身先，外其身而身存。以其无私，故能成其私。”这告诉我们要养成去功利化的远见和大气，少一份浮躁与焦虑，多一份淡泊与从容。在追求卓越的同时，要注重逐步养成好的品行，以诚信赢得敬重，以谦虚诠释涵养，以包容接纳个性，以合作求得共赢，努力到“才”与“德”的双重卓越。

最后，作为你们的学长和新朋友，我有四点建议：

一是建议你们培养点爱好，利用好大学资源，发掘自身潜能，做多才多艺、全面发展的大工人；

二是建议你们养成锻炼身体的好习惯，多参加体育活动，做身心健康、阳光向上的大工人；

三是建议你们在课余时间多走进图书馆，充实自我，做广泛涉猎、学识渊博的大工人；

四是建议你们多给父母打电话，常思感恩优秀的你就是对他们最好的回报，多让他们分享你进步和成长的喜悦。

同学们，从今天起，你们的生命将打上大连理工大学的烙印。不知你们是否注意到，网络上对大工还有这样一句评价：“大连理工大学是全国唯一一所能拍出‘连理’照的高校。”当青春韶华的你们遇见蓬勃向上的大工，这便是最好的“连理”，希望你们不仅要与大工“连理”，更要与梦想“连理”，与坚定的信仰、奋斗的精神、卓越的能力和至善的品格“连理”，传承“海纳百川、自强不息、厚德笃学、知行合一”的大工精神，在静心问道、“慢”读大学的过程中，塑造最好的自己，成就最美的人生！

校长的主题演讲赢得了阵阵掌声，新一代的大工人久久不能平静，他们纷纷表示，要仔细品味郭东明校长的讲话，在“慢”中树立大学理想，找到人生方向，在“慢”中培养坚韧专注、锲而不舍的品格和精神，在“慢”中积累知识，传承大工红色基因，走好自己人生的每一步，做一个有理想、有追求，有担当、有作为，有品质、有修养的大工人。

【思考题】

1. 你如何评价大连理工大学校长郭东明院士给大学新生上的第一课？
2. 你所在的大学有哪些重要的仪式活动？是否有让你难以忘怀的经历？谈谈你的感受。
3. 大学校园文化环境的建设需要注意哪些问题？

案例分析

【背景介绍】

大连理工大学坐落于滨城大连，是中央直管、教育部直属的副部级全国重点大学，中国著名的“四大工学院”之一，国家“211 工程”、“985 工程”、国家实施工程教育改革十所试点学校之一，国家首批大学生创新性实验计划试点学校之一，首批教育部“卓越工程师教育培养计划”的试点高校之一。学校以人才培养为根本任务，本科生教育与研究生教育并重，已形成以理工为主，理、工、经、管、文、法、哲、艺术等协调发展的多学科体系。全体师生秉承“海纳百川、自强不息、厚德笃学、知行合一”的精神，致力于创造、发现、传授、保存和应用知识，勇于担当社会责任，服务国家。

中国工程院机械与运载工程学部院士郭东明从 2014 年起担任大连理工大学校长，他认为大学是培养精英人才，促进科技进步，传承优秀文化，引领社会风尚的地方。大学校园所形成的浓厚的学术氛围，孕育的深厚的文化底蕴为学生成长成才提供了良好的环境氛围。

【主题分析】

学校的主要职能是利用一定的教育教学设施和着意营造的特殊环境对学生实施知识教育、品德教育等，使之成为国家建设和社会发展所需要的合格人才。学校环境是思想政治教育微观环境的重要组成部分，其主要包括学校物质环境、文化环境、制度环境以及管理环境等。校园文化环境对学生的熏陶作用比较明显和深刻。浓郁而富有文化积淀的校园文化环境有利于青少年思想品德的发展，如若校风不正、学风不严、教风不善就会使得青少年在成长的道路上出现曲折。案例中，郭东明院士在大连理工大学2016级新生开学典礼上的主题演讲阐述了大连理工大学为培养新世纪的优秀人才提供了自由而宽松的学术氛围以及浓郁而深厚的校园文化环境，并指出新一代的大工（大连理工大学的简称）人要在新的人生旅程中“静心慢品”大工人的优秀传统，传承大工的“红色基因”，坚守大工人的信仰，培养扎实专注、锲而不舍的钻研精神，锤炼和培育高尚的品格。这篇主题演讲作为新生进入高校的第一课，是一堂优秀的思想政治教育课，充分展现了良好学校环境对学生成长熏陶与浸润的积极意义，体现了仪式性活动是创设学校环境，传播校园文化的重要途径，同时也指出当前大学校园文化环境建设存在的问题，强调了校园文化环境的建设要坚守大学“培养人才”的使命和“立德树人”的本质。

【启示分析】

（1）学校环境对学生思想品德发展具有重要影响。学校的主要职能是利用一定的教育设施和创造的环境来教育学生，培养其成为国家和社会所需要的合格人才。它特有的职能定位和优势条件决定了它在承担培育和提升学生思想政治素质的重任时发挥着独特的作用。学校环境包括校园物质环境、文化环境、制度环境、管理环境等。其中，校园文化环境是学校环境的核心，它是指师生员工在学校教学、工作、学习、生活过程中共同形成的物质条件和精神条件的总和，对学生的思想品德的形成和发展发挥着重要的作用。良好的校园文化环境通过学校健康向上的精神因素以及深厚的文化底蕴，为学生提供价值导向和行为规范，从精神上引导大学生实现价值追求和道德选择；通过与显性思想政治教育的相互配合，补充发挥育人功能，使学生知识得以储备，情操得以陶冶，意志得到锻炼，人格得到塑造，满足学生成人与成才的需要。案例中，面对处在“第二次心理断乳期”以及从“自然人”到“社会人”的过渡时期的大学新生，大连理工大学把校园文化环境的建设作为学生发展的前提条件和重要保障，郭东明校长在开学典礼上的演讲为此拉开了序幕。他演讲中介绍的学校优质的教学资源，多位大师的悉心指导，特别是大工独有的维系团结、继承传统的“红色基因”，精益求精的“工匠精神”，追求“德才兼备”的卓越精神成为大学校园文化建设主色调和主旋律，引导学生在环境的熏陶与浸润中“静心”地成长与悟道。

（2）学校仪式活动是创设良好校园文化环境的重要途径。学校的仪式活动是指在特定的场合开展的具有专门程序的、规范化的活动，它包括开学典礼、毕业典礼、升旗仪式等。学校所举办的各种仪式活动是良好校园文化环境创设的重要途径，其本身就蕴含着丰富的思想政治教育内涵，具有积极的教化功能。特别是在高校的思想政治教育工作中，丰富多样的仪式活动发挥着重要的作用。首先，能够生动、直观地呈现思想政治教育的内容。相比其他的活动形式，仪式让抽象的思想政治教育内容变得生动形象，使内隐的教育要求外显化，并产生更为持久的影响力。其次，能够引导大学生选择积极的价值取向。学校进行的仪式活动承载着学校群体价值观，体现了学校的特色文化，同时也传递着学校的群体意识，对于置身于仪式活动中的大学生来说，他们会接受和认同仪式所传达的精神和价值观，从而选择积极的价值取向。最后，能够升华大学生的道德情感。仪式活动所具有的整齐、庄重的特点，营造了一定的情境，不仅集中表达了特定的主题，还从视、听等多层面去影响学生，更容易引起学生情感的共鸣。但是利用学校仪式活动作为创设校园文化环境的途径时，要注意仪式不能流于形式，也不能墨守成规，而是要根据学校的特色、文化底蕴和学生的发展特点做出适当的调整和创新，采用学生所喜闻乐见的方式让仪式的育人功能最大化。案例中，郭东明校长利用大连理工大学新生开学典礼仪式，发表了主题演讲。其在开篇首先表达了对新生开启人生新旅程的祝贺与欢迎，并祝福当天生日的同学生日快乐，拉近了校长与新生之间的距离，为新生营造了“如家”般的温暖氛围；然后，介绍了大工不仅拥有“安静博雅，绿树成荫”的校园环境，是拥有优质办学资源、深厚历史文化底蕴的大学，还着力从大工人身边的事件中阐发了大工精神的发扬与传承，激发了新生对学校文化价值观的认同，使学校成为师生共同的精神家园。

（3）校园文化环境的建设要坚守大学“培养人才”的使命和“立德树人”的本质。高校的思想政治工作关系高校培养什么样的人、如何培养人以及为谁培养人这个根本问题。要坚持把立德树人作为中心环节，把思想政治工作贯穿教育教学全过程，实现全程育人、全方位育人。高校的根本职能在于培养人才，其立身之本在于立德树人。校园文化环境的作用在于以文化人，以文育人，其建设要以回归和弘扬大学的本质为原则，始终要以“树信念”“做学问”“立品德”为建设中心，通过开展文明校园创建、形式多样、健康向上、格调高雅的校园文化活动，营造良好的育人环境。但是，当前的高校校园文化环境建设面临着诸多问题与挑战，呈现出追求形式、急功近利等特点。比如校园建筑越来越多、越来越美，但却缺乏真正的学术精神的积淀；校园文化环境同质化情况严重，没有个性化的校园文化；急功近利地追求教育效果，忽视了教育“百年育人”的过程性……大学校园文化环境建设是一个长期的过程，是几代师生共同努力沉淀的结果，是在“慢读”大学、“静心”悟道中一点一滴地改良，在踏踏实实的进步中来完善的。因而，大学校园文化环境建设要克服以上的种种缺失，既不能违背教育规律，盲目地求大、求全、求新、求快，也不能为了迎合社会评价做华而不实的表面文章，而是要挖掘和结合自身的优秀传统、发展特色，要少一点浮躁，少一点功利，放慢脚步，放长眼光，始终坚持大学培养人才的使命和立德树人的本质，真正为学生的成人与成才创设良好的校园文化环境。案例中，正是大连理工大学建校 70 多年来积淀的“不忘初心、矢志不渝的信仰；扎实专注、锲而不舍的钻研；追求卓越、止于至善的能力和品格”的大工精神，以独特的感染力、凝聚力和震撼力传承着大学的本质、教育的初心，支持着校园文化环境的建设，为学生在大学阶段悟得真理、获得真知提供沃土。

案例 49　川大学子的第一课*

岷峨挺秀，锦水含章。巍巍学府，德渥群芳。在中国历史文化名城——“天府之国”

* 谢和平．川大的学生首先要有梦想：校长谢和平院士在四川大学 2010 级本科新生开学典礼上的讲话．四川大学新闻网，2010－09－08.

的成都市区有一座巍巍学府，这就是四川大学。作为四川大学2010级的一名新生，我带着高考成功的喜悦，带着对未来的憧憬，走入我梦想中的川大校园。虽然已经立秋，但是校园里仍然是绿树成荫、花木繁茂、碧草如茵、景色宜人，真不愧是读书治学的理想之地。今天，我们2010级新生的入学典礼将在学校礼堂举行。在一系列仪式结束后，谢和平校长身着笔挺的西装，站在话筒前，开始了他温暖的讲话……

各位新同学，各位家长，各位老师：

今天，我们在这里隆重举行2010级本科新生开学典礼，迎接来自全国各地的新同学。首先，我代表学校党委、行政和全校师生员工，对同学们经过艰苦努力，以优异的成绩顺利步入四川大学，表示衷心的祝贺！对始终支持同学们成长成才的家长及亲友们，表示诚挚的敬意！

同学们，你们经过高考的严格选拔，今天终于跨进了四川大学的校门，迈入了梦想中的高等学府，步入了这座神圣的学术殿堂，实现了自己十年寒窗所不懈追寻的大学梦想。昨天，因为梦想，你们勤学苦读，追求人生的跨越；今天，同样因为梦想，我们相聚于此，即将携手同行。

此时此刻，作为你们的校长和师长，作为给你们讲的第一堂课，我最想讲的是：进入川大的学生首先要有梦想，要有川大四年大学生涯规划，每个人要有一个自己的大学校园梦。

我记得一位哲人曾经说过，梦想是人类对于美好事物的一种憧憬与渴望，而你的整个人生就是追寻和实现梦想的过程。只有当我们拥有梦想，才会点燃奋斗的激情；只有当我们拥有梦想，才会获得前行的力量。

梦想代表着开端。正是因为拥有梦想，我们才会迈出为之奋斗的第一步，才会站在成就梦想的起点上。古往今来，无数科学家因梦想启发灵感，而迈出造福人类的第一步；无数政治家因梦想点燃激情，而迈出改造世界的第一步。今天，在座的同学们，也如愿以偿地迈出了大学生活的第一步，即将开启你们成就精彩人生梦想的第一步。

梦想意味着挑战。实现梦想的过程，必然是艰苦奋斗、挑战自我的过程。只有付诸行动、不畏劳苦，才可能到达光明的顶点，否则，梦想只能是空想，永远也无法照进现实。我要告诉同学们的是，有梦想的人最可爱，而有行动的人最可敬。

梦想成就着希望。古希腊哲学家苏格拉底曾说过："有梦想就有希望。"温家宝总理曾讲过，一个民族多一些经常仰望天空的人，这个民族就大有希望；而一个民族总是看自己脚下的一点事情，那她很难有美好的未来。正是因为有梦想，四川在经历了汶川地震灾难后依然美丽；正是因为有梦想，甘肃舟曲在泥石流灾害中挺直了脊梁。我们要相信，只要每位同学心中有梦，你们就能立足现实、面向未来、勇往直前，让原本平凡的人生充满希望，即使遇到更大的困难、挫折，也能奋勇前行。

在川大114年的办学历程中，我们历代川大人也始终怀揣着梦想，不懈追寻着梦想。从1903—1909年胡峻校长所追求的"仰副国家，造就通才"，到1922—1924年吴玉章校长所提出的"崇尚学术，启用新派"，再到1926—1930年张澜校长所倡导的"学术自由，兼容并包"，始终蕴涵着四川大学"输入世界智识，创获现代智慧，光大科学文明，培育杰出英才"这一矢志不渝的憧憬与梦想。

百余年来，我们川大人更凭借着自己特有的气度、修养和素质，一次次将梦想变为现实，无数次书写着属于自己的辉煌：开创了现代口腔医学及教育、成为中国高等口腔医学的发源地，成为中国第一批培养研究生的高校之一，创办了全国第一个高分子材料专业，设立了新中国第一个制革专业，获得了全国高校第一个宗教学博士点，我们的一级学科在全国排名前三的有 4 个、排名前十的有 19 个……川大先后汇聚了文学家李劼人、物理学家吴大猷、生物学家童第周、历史学家顾颉刚、哲学家冯友兰、美学家朱光潜等大师巨匠，培养出了开国元勋朱德、国家主席杨尚昆、文坛巨匠郭沫若和巴金、一代英烈江竹筠等一大批精英、栋梁。

成就百年梦想，源自川大人“海纳百川、有容乃大”的广博胸怀。作为新一代川大人，要做到自豪而不骄傲、宽容而不放纵，学会从盛世中体会和谐与力量，从灾难中领悟感恩与坚强，懂得有容才能海纳，夫为不争天下，莫能与之争！

成就百年梦想，源自川大人“把优秀作为习惯”的永恒追求。作为新一代川大人，要树立做好人、做有用人、做成功人的理想。从今天开始，我们每一位新同学、新的川大人，要做一个关心别人比关心自己多一点的好人，做一个有补于天地、有利于世教的有用之人，做一个承继伟人功业、无愧美好青春的成功之人。

成就百年梦想，源自川大人“厚德博学、虚心从善”的崇高境界。作为新一代川大人，不仅要有知识，更要有文化，不仅要有智慧，更要有责任，真正做到科学知识诚可贵，文化修养价也高，若为精彩人生故，智慧担当皆需要。

成就百年梦想，源自川大人“拼搏进取、追求卓越”的人生信条。人与人之间最小的差距是智商，最大的差距是坚持。先天条件不由自己决定，但命运掌握在自己手中。作为新一代川大人，既要善于仰望星空，充分发挥创造潜力，又要坚持脚踏实地，努力积累广博知识，不抛弃、不放弃，将奋斗进行到底。

同学们，此时此刻，我相信，在座的每位新生都充满了对大学生活的美好期望，怀揣着许多对未来的憧憬和梦想。那么，我要告诉同学们的是：你们的未来不是梦。因为你们现在已经有了梦，而在川大的四年，你们能够为自己的梦去努力、去奋斗，去把自己的梦想变成现实！

同学们，四川大学为你们实现奋发成才之梦，一直在进行着改革创新，创造性地提出了“323”创新人才培养模式，率先进行了课程设置改革。在 2007 年出台“本科创新人才培养体系”的基础上，学校构建了“三大类创新人才培养体系”（综合创新人才、拔尖创新人才、“双特生”），启动了“双特生”的选拔培养，提出了“两阶段”“三大类课程体系”创新人才培养过程改革，为同学们选择适合自己的教育、实现每个人的自由全面发展、最大限度地发展天赋和潜质搭建了广阔平台。

四川大学为你们实现全面发展之梦，积淀了深厚的人文底蕴，营造了浓郁的校园文化。同学们可以到校史馆、历史文化长廊，去品读川大历史的厚重；可以在“人文大讲堂”，去感悟传统文化的精髓；可以去心理咨询中心，去汲取心灵的养分。真正使同学们在掌握精深专业知识的同时，拥有深厚的人文素养、具备完善的人格境界。

四川大学为你们实现求知求学之梦，提供了完备的学科体系、雄厚的师资力量。学校覆盖了文、理、工、医等 11 个学科门类，拥有 46 个国家重点学科，组建了交叉学科专业，设置了交叉学科课程，真正把多学科综合互补优势贯穿于育人全过程；学校大师云集、名师荟萃，现有两院院士13人、杰出教授6人、长江学者31人、国家级教学名师10人。此外在许多专业领域，还汇集着一大批学术大师和学术骨干，为同学们传道、授业、解惑。

四川大学为你们实现锐意创新之梦，积累了丰富、优质的教学科研资源。学校拥有10个国家重点实验室及国家工程技术研究中心、4个教育部哲学社会科学重点研究基地以及众多省部级实验室，科研资源全面实现了向本科生开放。同时，实施了“大学生科研训练计划”，鼓励同学们进科研、进课题组、进实验室，不断增强创新意识、提高创新能力。

四川大学为你们实现放眼世界之梦，开展了高水平的国际化教育。学校与美、英、德等12个国家的国际知名大学开展了43个学生联合培养项目，可以说每个学院、每个学科都具有与国际高水平大学联合培养的“2＋2”“3＋1”等项目。此外还举办各类特色夏令营、冬令营活动，力争使在校本科生至少有一次海外交流经历。

同学们，你们的梦想就是学校的梦想。我们希望和要求每位新同学都制定自己的大学梦想和大学生涯规划。我们的辅导员、班主任，学校的全体教职员工将全力帮助每一位同学去实现自己的大学梦想。同时，我们每个人的梦想，也必然与国家的进步、民族的振兴和学校的发展息息相关、紧密相连，希望同学们能够将实现个人梦想的过程，同祖国和民族的命运前途联系起来，与实现学校的跨越发展联系起来。

同学们，从此刻开始，你们精彩的人生画卷正在打开，你们的美好梦想正在起航。我相信，在未来的学习生活中，你们一定会秉承学校传统，胸怀祖国，勇于担当；一定会坚持博学奋进，锐意创新，追求卓越；一定会拥有广阔胸怀，虚心从善，树德修身。同学们，让我们彼此约定，让我们携手同行，此时此刻就是我们追逐梦想的开始，四年后，让我们向家人、向母校、向社会交上满意的答卷，把今天的青春梦想变为明天的美好现实！

最后，祝同学们学习顺利、生活愉快、身体健康，让我们共同为梦想而努力奋斗！

校长的讲话刚结束，礼堂里就爆发出雷鸣般的掌声，作为新生中的一员，我此刻也是心潮澎湃，久久不能平静。从今天起，作为川大的一名学子，我一定会在实现梦想的道路上与川大同行，共谱光荣与梦想交织的辉煌篇章！

【思考题】

1. 你是否记得你的大学校长“精彩的第一课”？谈谈你的感受。
2. 你如何评价川大校长的大学第一课？
3. 你期望大学创设怎样的文化环境？

案例分析*

【背景介绍】

四川大学由原四川大学、原成都科技大学、原华西医科大学三所全国重点大学“强

---

* 石洪玲．大学校长·大学精神与大学发展．巢湖学院学报，2009（1）；眭依凡．大学校长及其演讲的重要性．高校教育管理，2010（1）．

强合并”而成。四川大学是中国最早成立的大学之一，至今已有 127 年的办学历史。在长期的办学历程中，学校形成了深厚的文化底蕴，扎实的办学基础和“海纳百川，有容乃大”的校训，确立了“以人为本，崇尚学术，追求卓越”的办学理念，在师生职工中倡导了“厚德博学，虚心从善”的精神，目的是将四川大学打造成为一所国内一流、国际知名的综合性名牌大学。

中国工程院院士谢和平在 2003 年至 2017 年担任四川大学校长。他认为一个大学要有“大师”“大楼”“大爱”。“大师”指学校要有学术大师、名师；“大楼”是指大学要有一个良好的学校环境；而所谓的“大爱”就是说学校要做到一切为了学生，要关爱学生。

【主题分析】

谢和平院士在四川大学 2010 级新生开学典礼上的致辞阐述了川大为培养优秀人才创造了优美的自然环境、浓郁的人文环境，并对新生寄予了殷切的希望。这篇开学典礼上的讲话，使在校新生深切地感受到了学校悠久的文化积淀，优良的校风、学风和教风，更对未来大学生活充满了无限的憧憬。这篇讲话也是一堂新生的思想政治教育课，让新生明确了理想和信念的重要性，树立了在川大这样优秀的学校环境中实现自己美丽梦想的信心。可以说，谢和平院士的开学致辞使得校园环境的精髓被人格化，使得校园环境的文化传承力也得以展现。

【启示分析】

（1）学校环境对大学生思想品德发展具有重要影响。学校的重要任务在于根据学生生理、心理特点综合运用多种思想政治教育手段培养社会主义“四有”新人。案例中，四川大学把学校环境的建设作为学生成才的前提条件，为学生的成才创造了良好的学校环境——深厚的人文底蕴、浓郁的校园文化、完备的学科体系、雄厚的师资力量，四川大学精心地营造着严谨的校风、浓厚的学风和优良的教风，为学生实现梦想提供了全方位的支持。

（2）良好的学校文化环境需要创设。首先，大学校长的演讲是创设学校文化环境的重要途径。拿破仑曾有句名言：一头狮子率领的一群绵羊可以打败一只绵羊率领的一群狮子。这句话强调了在一个组织中领导的重要作用。大学校长是一所大学的核心人物，“大学校长不仅是领导者，更是学问家和教育家。他是社会文化和社会美德的代表，是知识的化身、教育的楷模、道德的旗帜”，他的演讲的育人功能是潜移默化的，不但创造了一种无形的学校环境，还为学生的自我定位提供了风向标，会给教师和学生带来勇于开拓的信心与力量，能够调动教师、学生、职工参与学校发展的积极性，激发其主人翁精神，从而更好地建设学校，创造良好的学校环境。案例中，谢和平院士的新生开学致辞使新生们了解了学校的历史沿革，明确了学校的发展方向，体会到了学校的深层次精神，也帮助新生尽快地熟悉了校园环境，更为在校的老师和职工明确了建设学校环境的责任。这篇讲话很好地发挥了大学校长的演讲在创设学校文化环境过程中的作用。其次，创设良好的校园文化环境需要全校师生共同努力。良好的校园文化环境不是一蹴而就的，是学校全体师生共同参与建设与维护的结果。具体来说，学校的领导班子要确立校园文化环境创设的目标，制定建设方案；全校师生要发挥主人翁精神，积极参与建设好、维护好校风、教风和学风，使校园文化环境更好地发挥催人奋发、开拓创新的教育力量。案例中，谢和平院士不止一次提到了川大校风、川大精神，这样的校园文化环境的灵魂激励着一代又一代的川大人，在不断积淀的校园文化环境中，努力实现着自己的梦想。

（3）创设校园文化环境需要发挥本校特色。不同的学校处于不同的地理位置，历史传统、办学特色、学科体系也不尽相同。因此，在创设校园文化环境时要结合学校的具体情况，发挥本校特色。案例中，四川大学结合学校的特点，通过各种途径建设校园文化环境，为我们思想政治教育工作者提供了可借鉴的方法。首先，注重历史传统，丰富校园文化底蕴。四川大学是目前中国西部办学历史最为悠久的综合性大学，是中国最早成立的大学之一，朱德、杨尚昆、郭沫若、巴金、童第周、周太玄、刘承钊、冯友兰、朱光潜、李劼人、吴宓、魏时珍、恽代英、王右木、江竹筠、柯召、张铨、徐僖等都曾在此求学或传道授业，这是四川大学建设校园文化环境的历史基础。四川大学也为此开设了校史馆、历史文化长廊，让学生去品读四川大学厚重的历史。其次，结合办学特色，创设独特校园氛围。四川大学是一所综合性大学，由原四川大学、原成都科技大学、原华西医科大学三所全国重点大学于“强强合并”组建而成，扎实的办学基础，较完备的学科体系，都使得四川大学的校园文化环境建设具有了文理融合、中西贯通的特点。既有历史传统又有学校特色的校园文化环境能起到陶冶情操、净化心灵、使思想道德修养不断得到提升的作用。

案例 50　寻找信仰的根*

这个暑假，你在做什么？是无休止地上网打游戏，是和同学们聚餐侃大山，还是外出遍访名山大川？

新疆大学学生李桂兴选择了一种特殊的方式过暑假——奔赴全国青少年井冈山革命传统教育基地（以下简称基地），进行为期九天的教育培训，“只是想寻回日渐模糊的信仰”，坐在从乌鲁木齐开往井冈山的火车上，李桂兴这样告诉同行的伙伴。

植根红土地，立足井冈山。作为团中央直属、全国唯一一家针对青少年的全国性革命传统教育培训基地，这两个月，基地接收了像李桂兴一样来自全国各地的近万名青少年。当浮躁、功利的处世之风似乎让信仰变得遥不可及时，民风淳朴的基地给了大学生一次抛却浮华、走进革命历史和传统的机会。

信仰教育如何“入心”

对“80 后”“90 后”讲几十年前的革命历史，显得太过遥远。采用生硬的灌输和简

---

* 晋浩天. 为我们的信仰寻根：全国青少年井冈山革命传统教育基地探访记. 光明日报，2014－08－18；崔玉娟. 井冈山新来的年轻人：好寂寞但很幸福. 中国青年报，2016－01－24.

单的史实授课，都不足以触动学员。如何将已成“定式”的历史、信仰教育“入脑”“入心”，是摆在基地面前最大的难题。为此，基地抓住青少年的特点，结合青少年的认知规律，找到鲜活、能打动人的故事，设计出青少年喜闻乐见的、既有历史感又有时代性的多样化教育模式。

为了取得良好的教育效果，基地的培训教师煞费苦心。他们走访了井冈山每一个景点、每一处历史遗迹、每一户老乡家，深入挖掘教学案例与材料。目前，受到学员普遍欢迎的“三湾改编”“红军的一天”等课程，已经成为基地的品牌教学课程，这些是基地培训老师集体智慧的结晶。

“三湾改编”课程讲述了中国共产党建设新型人民军队一次成功探索和实践，要求学员们仿效“三湾改编”的形式进行班级团队建设。大家以班为单位，通过民主选举选出班长、宣传员、炊事员、卫生员、安全员、士兵委员会委员等“职务”，还要自己设计班级名称、口号并制作班旗……在“三湾改编”的情境体验中，学员们互动频繁，真切地体会到了“三湾改编”具体怎么“改”，怎么“编”。

在“红军的一天”中，学员们要身穿红军服、头戴红军帽、肩负红军装备，模拟当年红军生活与战斗的场景。内容既有模仿突破敌人军事封锁的障碍行军，也有模仿红军突破经济封锁的重走挑粮、运盐小道；学员还要跟老乡学捆稻草、做担架、包伤口、抬伤员、入户调查，并帮老乡干农活儿、烹饪红军餐等。学员们普遍反映，感触最深的是重走“红军挑粮小道”，正是这蜿蜒崎岖的山路承载着红军当年的希望，当年红军靠着肩挑背驮把 30 多万斤粮食运上了井冈山，解决了红军的给养问题。在挑粮的过程中，学员们互相合作，你挑担我引路，深刻地体会到了井冈山精神，磨炼了意志。

“让信仰点亮人生”

“让信仰点亮人生”，是基地确定的使命，概括出了基地教育的精髓。正是这简简单单的“七字真言”，让学员们开始了对信仰的追寻与思索。

基地的每一天都被感动和眼泪填满。在茅坪乡坝上村，新乡学院学生程洪涛坐在“井冈英雄”袁文才的大女儿袁小惠身边。年逾九旬、精神矍铄的袁小惠听力不太好，只能由身边 60 多岁的儿子“翻译”交流。两位老人将 80 多年前的井冈山故事娓娓道来，而程洪涛沉醉在那段波澜壮阔的岁月里，感慨道“从来没有如此真实地倾听历史”；从龙潭归来，重庆大学学生杨剑南的心情久久不能平静。在那里，她见到了因《红军阿哥你慢慢走》一曲成名的江满凤。江满凤是该歌曲的创作者、红军烈士江治华的孙女。她不要剧组的巨额报酬，不要政府安排的工作，坚持在龙潭景区做保洁工，为游客演唱红军山歌。“她用行动传承了爷爷的作品，传承了历史，更传承了那一代老红军们所坚持的信仰”；在巍峨峻拔的黄洋界，学员们深情齐诵《西江月・井冈山》，李涵同学感触颇深：“当我们的入团誓言穿过云霄，响彻云涛之际，我看到理想信仰的旗帜满载鲜红的印记，充满闪亮青春的多姿多彩!”……

走进井冈山烈士陵园，学员们看到一座座生动形象的雕塑，80 多年前的血雨腥风仿佛就在眼前。刘仁堪用脚趾蘸着从口中流淌出的鲜血写下“革命成功万岁”，谢甲开为保守党的秘密被敌人开膛破肚，年仅 16 岁的吴月娥被捕后抱住敌人跳下悬崖……听到这些真实的事迹，华东师范大学学生朱佳雨心怀崇敬地说："无数个平凡的英雄铸成了民族性格之魂，无数次牺牲汇成了民族精神之光，这是中华民族最宝贵的精神财富。"

从纪念堂进入二楼的吊唁大厅，一种历史的沉重感迎面而来。吊唁大厅四周的黑色大理石壁上密密麻麻地嵌刻着一个个名字，那是井冈山革命根据地 7 个县市牺牲的 15 744 位烈士的名字。基地的培训老师深情地说道："其实井冈山的斗争只有短短的两年零四个月的时间，但是牺牲的人却有 4.8 万多，大家也可以计算一下，也就是说平均每一天有将近 60 名战士倒下，他们是为了心中的理想信念而牺牲的。""在井冈山的革命斗争中，很多战士是在二十几岁的年龄牺牲的。我常常想，有什么东西是可以超越生命的？那就是隐藏在这些名字背后的'为共产主义而牺牲的精神'。"

努力践行信仰

基地就像军营，有流水的学员，也有铁打的培训教师。培训教师不是导游，却知道井冈山每一间老屋的故事；他们 20 多岁，却远离城市，常常回不了家；他们"眼中常含泪水"，因为对这片土地"爱得深沉"……

去年成为正式授课教师的梁冠雄毕业于江西师范大学，一年前，他与 10 名刚刚毕业的大学生一起，放弃城里优厚的工作待遇，来到偏僻的井冈山，当起了革命历史的讲授者、传播者。基地的工作非常辛苦，培训教师不仅要亲自带领学员们翻越一座座山岗、走过一条条小道去感受井冈山精神，而且业余时间要备课，准备讲稿，还要风吹日晒，走访井冈山农户，设计新的教学内容。由于岁数相仿，这些培训教师也经常坐在一起探讨自己的规划。王单 2012 年上山，当时的身份是西部计划志愿者，她一直坚持在服务期满后考取研究生离开这个地方，因为这里"要吃一顿肯德基、看一场电影，都必须坐两个小时的车去最近的吉安城区，而其他的娱乐方式基本没有"；王云霞曾经是江西省新余市工信委内部刊物的编辑、记者，她辞去这份工作，上山来做培训教师。她坦言刚来基地时真的不适应，曾经有过许多的牢骚，也为自己一时的决定感到后悔，很多以前的同事都说她在山上的工作就像陀螺，劝她离开基地……这样的思想纠结还有很多。但是，基地的培训老师却在相互鼓励中都毅然留了下来，在每一次带领学员参观旧址、讲述革命斗争故事的重复中，在一遍遍慎思反省和重新体悟中留了下来。现在的王单常说自己的生活有滋有味，身边的教师罗曦也笑着说："能感觉到有滋有味是因为这里离我的志向很近，你的情感别人都能感受得到，种下一颗种子，就能感受到心灵的触动。"

在基地老师不辞辛苦的努力下，在一批批学员的开训与结训中，基地已经运营 4 年，成功举办各类培训班次 404 期。来自全国 31 个省市区的 1 300 多所大中小学校的 20 余万青少年，通过到基地参与教育培训和学习实践，感悟了信仰的力量，锤炼了自己的意志和品格。学员们常常在微信朋友圈里谈自己的感受："历史就是如此真切地展现在我的眼前，勿忘历史，就是最好的未来规划"；"在井冈山的这几天，我的眼泪从未停止过，我为我是一个中国人而骄傲自豪"；"我无法解释信仰的力量，我只能说请你真切地踩在这片土地上，用心来感受"；"信仰是最重要的，有什么样的认识，走什么样的路"……像这样的感触还有很多很多。学员们不仅从思想上找到了信仰的根，更落实在自己的行动上。有的学员在井冈山受到震撼，决定毕业后到偏远地区支援当地建设；有的学员还根据在基地的调研情况申报了课题，并取得了一定的研究成果；来基地培训的学员往往都是机关、学校选派的优秀干部、学生，当他们带着在井冈山所受到的教育回到机关、学校之后，开展了一系列的教育活动，影响了自己周边的同事、同学，很多人听了他们的汇报，参观了他们在井冈山的摄影展览后，纷纷表示要亲自去一趟井冈山，踩踩那块红色土地，感受革命先烈的光荣传统……让信仰在更多的青少年心中生根发芽，让信仰点亮人生，这是所有基地老师的期盼，也是基地始终坚持的使命。他们真的做到了。

【思考题】

1. 你参观过如井冈山之类的红色旅游景点吗？谈谈你参观的感受。

2. 全国青少年井冈山革命传统教育基地是怎样利用井冈山得天独厚的资源来创设思想政治教育特殊环境的？

3. 你怎样看待思想政治教育的朋辈群体环境？

案例分析

【背景介绍】

全国青少年井冈山革命传统教育基地位于风景秀丽的革命摇篮井冈山核心景区茨坪，占地 75 亩，建筑面积 4.4 万平方米，是继井冈山干部学院和井冈山博物馆之后又一处宣传井冈山革命历史、弘扬井冈山精神的教育基地，是目前井冈山上培训、接待能力最大的机构，也是目前唯一一家对青少年进行革命传统教育的全国性教育培训机构。

基地确立了“青年马克思主义者成长的摇篮，培养优秀青年人才的阵地，传播和弘扬井冈山精神的窗口，开展国内外青少年培训、交流与合作的平台”的四个基本定位，把“让信仰点亮人生”作为基地使命，秉持“传承历史、坚定信仰、追求卓越、开创未来”的信念，充分利用井冈山革命历史资源和区位优势，直接面向青少年群体开展爱国主义教育。基地的培训课程将传统教育、拓展教育、红色旅游有机结合起来，强化体验教育、仪式教育、朋辈教育的教学理念，力争使课程既具有知识性、思想性、教育性，又富于参与性、体验性和趣味性，不断探索青少年革命传统教育培训的新方法、新途径，让每一个学员都能在培训中真正地触碰信仰、净化心灵、提高能力、锤炼作风。

【主题分析】

本案例通过对全国青少年井冈山革命传统教育基地课程设置、学员学习过程、培训教师努力践行信仰事迹的描述与介绍，说明特殊的环境经过创设可以成为内涵丰富的思想政治教育环境。全国青少年井冈山革命传统教育基地正是党和政府充分利用井冈山特殊的红色资源环境开展思想政治教育活动的平台。这一环境的创设、开发和应用引领了革命传统教育的方向，丰富了思想政治教育的内容，扩展了思想政治教育的方法。基地所创设的情境、朋辈群体环境等，让教育者和受教育者身临其境，在参观的同时，受到了强烈的震撼与感染，使得思想政治教育取得事半功倍的效果。同时，本案例还启发我们：一是在选取思想政治教育活动对象时，要充分考虑到朋辈群体环境在人的思想品德形成与发展中所发挥的特殊作用；二是要认识到由于思想政治教育环境具有多维性、复杂性和开放性的特征，其整体功效的发挥绝不是各种不同类型思想政治教育环境功能的叠加，而是各种环境功能的有机统一，因而要善于运用多种环境的积极影响力，使其相互联系，相互作用，共同促进思想政治教育活动取得良好成效。

【启示分析】

全国青少年井冈山革命传统教育基地在对青少年进行理想信念、革命传统和党的历史教育，为党的事业培养合格建设者和可靠接班人的思想政治教育道路上步伐矫健，其所开展的各式培训与教育实践活动都取得了圆满的成功，收到了良好的教育效果。这个案例对思想政治教育工作者有以下几点启示：

（1）特殊环境如红色文化、红色旅游资源等具有强大的思想政治教育功能。红色文化、红色旅游资源既承载了厚重的历史，又诠释着新时代的新精神；既是看得见、摸得着的物质资源，又是看不见、摸不着的精神财富。充分利用这种具有精神崇高性、地域位置集中性的特殊环境，把其作为思想政治教育环境，有助于受教育者在切身感受中形成或者改造自身的世界观、人生观和价值观。案例中，基地就是有效整合和充分利用了井冈山丰富而独特的资源，将其开发、优化为思想政治教育环境，将“坚定信念、艰苦奋斗、实事求是、敢闯新路、依靠群众、勇于胜利”的井冈山精神融入传统思想政治教育、素质拓展训练和红色旅游中，让受教育者在别样的课堂中重温历史，在缅怀先烈中触碰信仰，在角色体验中传承价值，在严于律己中锤炼作风，在积极挑战中提升自我。这使得受教育者置身于特定的环境中，更容易加深情感体验，引起情感共鸣，激活其改造个体思想品德观念的积极性和主动性，提高思想政治教育的实效性。

（2）朋辈群体环境在人的思想品德形成与发展中发挥着特殊的作用。朋辈群体是指因家庭背景、年龄、爱好、特点等方面比较接近而形成的关系密切的群体。它是个体成长发展中的一个重要环境因素，它通过群体交流与交往给予成员归属感和安全感，并对成员的价值观和行为方式产生影响。尤其是在青少年时期，朋辈群体不仅满足了青年人的心理需求和情感需要，使其产生归属感，并通过角色的扮演发现和证明自己的存在价值，还使得个体不自觉地按照群体所共有的价值观念、行为方式作为思考和行动的前提。为此，思想政治教育工作者就必须重视朋辈群体环境在人的思想品德形成和发展过程中所起到的特殊作用。如果能利用朋辈群体环境，并予以正确的引导，使群体的价值观念与社会发展的要求一致，就能使得思想政治教育在群体中得以实现，产生积极的影响；反之，如果不加以利用引导，就可能对人的思想品德的形成和发展起到消极的作用。案例中，基地就很好地创设并运用了朋辈群体环境。一是将教育者集中在一起，对其开展备课、集体教学、跟班学习等教育活动，让其在彼此的交流中坚定自己的选择。每一个培训教师的情感需要和表达都能在朋辈群体中得到共鸣，因而会觉得即使在远离城市的井冈山上，也能够实现自己的人生价值，获得无限乐趣。二是将受教育者集中在基地中，通过亲身体验和有效灌输相结合的途径，用鲜活通俗的语言、生动典型的故事，对其进行理想信念、革命传统和党的历史教育，并结合传统节日和历史纪念日定期举办爱国主义教育活动。这些活动的开展是以群体为单位组织的，目的就是利用朋辈群体的代表性作用，通过多种媒体将基地培训学习的历程和参观体验的心路感悟传递给其他群体或个体，这样就最大限度地发挥了朋辈群体环境在思想政治教育中的重要作用。

（3）要善于优化和利用多种环境的积极影响力提高思想政治教育的实效性。思想政治教育的环境具有多维性、复杂性和开放性等特征，其中复杂性是其主要特征，表现在影响因素的广泛性、影响性质的多重性、影响方式的多样性上。环境中的各种因素都有可能成为影响人的思维方式、行为方式的因素，同样也都有可能成为影响甚至决定思想政治教育成功的关键因素。同一环境对不同的人影响不同，同一个人在不同环境中受到的影响也存在着很大的差别，同一个人在不同的年龄阶段、不同的知识背景层次、不同的角色中所受环境的影响也是不同的。因此，好的思想政治教育工作者应该能够善于利用不同的思想政治教育环境的积极影响力，将其功效整合、优化，从而最大限度地提高思想政治教育的成效。案例中，基地不仅利用了井冈山这一承载丰富红色资源、拥有强大红色基因的特殊环境，用身临其境的体验方式代替了传统的、呆板的说教，同时还促成了朋辈群体环境的形成，让受教育者通过微博、微信等自媒体发布自己在井冈山培训的感受，并在回到所在的单位、学校之后，通过举办相关活动，向未来参加培训的青少年进行潜移默化的教育，实现了思想政治教育环境“1＋1＞2”的功能，增强了思想政治教育“以情动人”“以点带面”的教育效果。

案例51　湖湘文化红起来*

2011年5月15日，毛泽东的母校——湖南第一师范学院举行了“彩传盛世，情动湖湘”的红彩信、红短信、红视频制作传播活动的启动仪式。在启动仪式上，湖南省委常委、组织部部长黄建国现场发送了第一条红彩信：“热爱党、忠于党，唱响‘永远跟党走’时代主旋律。”这条彩信得到了很多在场群众的转发，由此拉开了这次红色文化活动的大幕。这已经是湖南省第三次开展以《湖南日报》与手机、网络等新媒体互动的模式在全省、全国范围内传播积极健康的红色彩信、短信、视频的文化活动了。这次活动持续五个半月，紧密结合“中国共产党建党90周年”党员教育活动以及全省文明交通行动计划的实施，以积极向上的彩信、短信、视频内容为驱动，将千年湖湘文化的精髓、建党90年的伟大历程继续推进至社会主流，引导更多用户创作、转发具有先进性、思想性、知识性、趣味性，内容健康向上，形式短小精悍，具有积极效应的彩信、短信、视频，增强湖湘文化的自信力和影响力，坚定人们在中国共产党领导下走中国特色社会主义道路的信心与决心。始于2009年的“彩传盛世，情动湖湘”红彩信、红短信制作传播

---

* 陈志武，林悦琴. 湖南省第三届“红彩信”制作传播活动在我院隆重启动　省领导黄建国出席启动仪式并发送第一条红彩信. 湖南第一师范学院官网，2011-05-17；易禹琳，龙文泱. 2011年中国（湖南）红色旅游文化节启动. 湖南日报，2011-05-18.

活动，至2011年已有近300万名手机用户参与创作、下载和转发红彩信，其中创作红彩信达35万余条，参与下载和转发红彩信分别达280万人次和520万人次，活动收到了良好的效果。很多参与的群众纷纷表示，这样的活动“参与很方便”，也“有助于抵制现在的垃圾短信”，可以“营造和谐的文化氛围”，“丰富自己的精神生活”。有些特别精彩的获奖短信得到了数以万计的转发量，当问及短信创作者的感受时，他们都微笑着说：“精神世界的丰富才是真正的财富”，“红色文化的力量是巨大的”……

就在“彩传盛世，情动湖湘”的活动刚刚展开之际，5月17日，在“鼓舞中国”振奋人心的欢乐大鼓声中，由国家旅游局、湖南省人民政府联合主办的2011年中国（湖南）红色旅游文化节也如期启动。国家旅游局党组副书记、副局长王志发在盛赞湖南红色旅游时说，湖南省在“十一五”期间，红色旅游接待游客1.45亿人次，年均增长23.5%，实现红色旅游收入近410亿元人民币。作为伟人毛泽东的故里，这里既是红色文化的重要发祥地，也是红色旅游的排头兵，值得全国各地学习和借鉴。湖南省委常委、省委宣传部部长路建平表示，“红色旅游文化节的开展给人们以知识的汲取、心灵的震撼、精神的激励和思想的启迪”。在开幕式上，一面长11.62米、宽7.75米，面积约90平方米的党旗出现在毛主席铜像下。长沙沙坪镇的90名绣女为庆祝中国共产党建党90周年，日夜加班、精心绣制，耗时两个月绣成了这面迄今为止史上最大的湘绣党旗。面对这面党旗，来自社会各界的90名党员代表站在庄严的毛主席铜像下，怀着无比崇敬的感情重温入党誓词。台上，党员们的声音铿锵有力、掷地有声；台下，上千名各行各业的代表挥舞着手中的党旗，心潮澎湃。除此之外，“中国红色旅游第一卡”——湖南红卡也在开幕式上正式首发，该卡首批9 000张实行免费发放，持红卡可免费游览全省20个著名红色旅游景点。旅游节的另一项重头戏——大型红色经典史诗情景歌舞剧《日出韶山》在韶山东方红大剧院举行了首演式。不少观众表示，“在伟人故里上演这样一场红色经典情景剧，符合广大游客追忆伟人的心愿”，“此次红色旅游文化节活动在湖南召开彰显了湖南作为伟人故里所具有的独特红色旅游文化魅力”。此外，在开幕式后的“千万游客重走毛泽东成长之路”大型红色主题游活动首发团在开幕式后也正式出发。而同样作为2011年中国（湖南）红色旅游文化节主体活动之一的红色旅游商品购物嘉年华活动也于5月18日在湘潭市步步高广场拉开帷幕。

2011年中国（湖南）红色旅游文化节与以往的旅游文化节的不同之处还在于其采用了微博互动这种新颖的活动形式。在2011年4月，作为全国首个举办红色旅游文化节的省份，湖南省率先在新浪网上开设了微博，并开展了以2011年中国（湖南）红色旅游文化节为平台，以新型现代传播方式互联网微博为载体，以“心中有话向党说”为主导话题，以红色记忆文化经典为基调，开展了以“回眸历史、把握现在、放眼未来”为主题的红色微博大赛。这次微博大赛受到了网民的热切关注，其官方微博开通不到一个月，粉丝量已与“快乐女生”长沙赛区粉丝量持平，同城粉丝量排名第一，红博粉丝已达72 077人，共收集到参赛作品857件。湘潭执委会组织了红博评审委员会对入围的189件作品进行了细致的评审，其中，南京大学“90后”大三学生吴君舒用真心书写的红博“90年岁月如歌，90岁生日快乐，90载风雨如磐，90年青山如画，锤子锻造青春，镰刀收割幸福，不要看我们特立独行，不要说我们一无所知，‘90后’是90年后最有希望的可靠接班人”获得了特等奖。

【思考题】

1. 请谈谈你对红色文化的看法。
2. 你对湖湘文化的开发与建设如何评价？
3. 如何发挥文化环境的思想政治教育功能？

案例分析*

【背景介绍】

改革开放以来，湖南省作为具有革命历史传统的文化大省，开始了社会主义现代化建设的新长征。值中国共产党成立 90 年大型庆祝活动之际，湖南省委宣传部大力支持开展“彩传盛世，情动湖湘”的红彩信、红短信、红视频制作传播活动，红色旅游文化节以及在旅游文化网站开展的微博互动活动，获得了巨大的社会反响。红色短信以体现红色故事、红色精神的“红段子”，古今中外的名人名言、格言警句、经典语录，以及符合传统美德、社会公德要求，由群众自编自创、具有时代精神和民族精神，对学习、生活、工作有益的励志短信为主要内容，广为传播。红色旅游以革命纪念地、纪念物及其所承载的革命精神为“看点”，组织接待旅游者进行参观游览，开展学习革命精神，接受革命传统教育和振奋精神、放松身心、增加阅历的旅游活动。红色微博以传播红色文化为内容，用微博的方式，将个人的见解和观点发布给自己的听众，以最精练的词语来表达自己的观点，受到广大网友的热烈响应。这三种活动方式共同营造了有益于思想政治教育的文化氛围和社会环境。

【主题分析】

文化环境是思想政治教育环境的重要组成部分之一。文化环境主要包括物质文化环境、精神文化环境、制度文化环境与媒体文化环境等，对人们的思想和行为产生润物无声、潜移默化的影响。案例表明，让三湘文化“红起来”的红色短信制作与传播、红色旅游文化节、红色微博大赛等活动的举办，具有广泛的群众参与性，实质上就是充分调动湖南省的红色文化资源和传统的力量，促进以社会主义核心价值体系为核心的当代思想政治教育，优化思想政治教育的文化环境。

【启示分析】

（1）文化环境本身就是思想政治教育的内容。思想政治教育传播的内容是一定的思想和观念体系。从一定意义上说，具有一定意识形态导向的文化环境本身就是思想政治教育内容的重要组成部分。红色文化以社会主义核心价值体系为导向，饱含着强烈的爱

---

* 韩小军，闫世笙，楚群山．试论红色文化在青年文化建设中的价值及运用．理论导报，2010（4）；姚子珩．肩负党报的社会责任．湖南日报，2010-08-03.

国主义情操，积极正面的人生态度，为理想和事业勇于奉献、团结奋进的精神，对于人们形成高尚的道德品质、精神境界发挥着较大促进作用。这与思想政治教育传播先进文化和时代精神、揭示人生哲理、培育具有高尚思想内涵的人的目标和方向是一致的，是互为映衬的。案例所表现的广大人民群众积极参与红色文化建设的空前盛况，反映了人们对民族传统和光荣革命历史的认同，对时代先进文化的渴求和对社会主义核心价值体系的认同。思想政治教育文化环境建设的旨趣正在于此。

（2）健康向上的文化环境需要创设。人的情志趣味及思想意识有高下之分，文化环境也有优劣之别。不同的文化环境又对人产生不同的影响。也就是说人化环境、环境化人，相辅相成，不可割裂。良好的文化环境可以引领时代的精神潮流，可以极大地丰富人们的精神世界，可以使得全民族的创造精神得以充分发挥。相反，不健康的文化环境会使得人们的世界观、人生观、价值观产生扭曲，并陷入思想上的误区。马克思曾指出："有一种唯物主义学说，认为人是环境和教育的产物，因而认为改变了的人是另一种环境和改变了的教育的产物，——这种学说忘记了：环境正是由人来改变的，而教育者本人一定是受教育的。"① 可见马克思主义产生之前的各种理论都只看到了环境对人的影响，却忽略了人的主动精神和创造性，对人与环境的辩证关系的认识还不全面。案例中，地方党政宣传部门主动投入，挖掘优化文化环境的各种人力、物力和传统资源，形成了有利于思想政治教育目标实现的文化氛围，有力地抵制了各种腐朽文化思想的传播和消极文化环境的负面影响，发挥了文化环境建设中人的主动精神和创造性。因此，积极创设优良的文化环境，自觉抵制不健康文化环境带来的影响，是思想政治教育的重要课题之一。

（3）创设文化环境需要尊重文化建设规律。案例中的湖南省利用自己悠久的文化历史，通过各种途径让红色文化在三湘大地上开花结果，为思想政治教育工作者创造良好文化环境提供了可借鉴的方法。首先，依托独有的物质文化资源创设文化环境。湖南省历史悠久，文化积淀深厚，丰富的历史地理资源奠定了红色文化环境创设的物质基础和保障条件。其次，凝练丰厚的精神文化内核。任何一种文化环境都是特定时代的产物。在那些烽火连天的岁月中，老一辈的无产阶级革命者为了新中国的成立抛头颅、洒热血，那自强不息、艰苦奋斗的精神是中华民族最宝贵的遗产，在当今社会更值得去提倡。只有深入挖掘精神文化资源的内核，才能引领时代潮流，把握精神文化领域的真谛。要把心忧天下、敢为人先、勇于担当、求真求实等精神融入当今的文化环境建设中，进行文化内涵的时代转换。再次，塑造新媒体红色文化环境。时代的发展催生了新的媒体，也孕育了新的文化环境。新媒体所创造的文化环境为舆论环境的诞生带来了条件。思想政治教育工作者有责任抢占新媒体文化环境的制高点，用先进的思想文化引导新媒体文化环境的建设，不断地以科学的理论武装人、以正确的舆论引导人、以高尚的精神塑造人、以优秀的作品鼓舞人，像案例中的那样，开展红色旅游，优化物质文化环境，启动红短信、红彩信、红视频传播活动，举办红色微博大赛，着力打造良好的新媒体文化环境，努力提高人民群众的思想道德素质。

---

① 马克思，恩格斯．马克思恩格斯选集：第1卷．3版．北京：人民出版社，2012：138.

案例 52 在灾区，我成长*

汶川大地震三周年前夕，团中央学校部、四川省重建办、共青团四川省委、四川省教育厅联合主办了“走进美好新家园——全国百所高校学生四川地震灾区行”活动。中国高校传媒联盟面向全国高校招募了 125 名大学生记者，走进三个标志性受灾县，探访重建后的地震灾区。虽然灾区行十分短暂，但大学生记者们看到了灾后重建的成果，更体会到了灾区人民自强不息的精神。

旧貌变新颜

站在东河口地震遗址公园，首先映入大学生记者们眼帘的是三块条状巨石，它们屹立在崩塌的山体上，组成一个“川”字。导游告诉大家这三块巨石分别代表在汶川大地震中遭受重创的三个重灾县：汶川、北川、青川。

随着参观的深入，导游站在一所倒塌的学校前介绍着灾难发生时老师救学生的场景。就在地震发生的一刹那，崩塌的山体迅速地掩埋了东河口村，780 多条生命瞬间被埋到几十米深的岩土下。东河口小学的三位老师为了追回跑错方向的三个孩子，未能逃过灾难，和孩子们一起不幸遇难。20 岁的李淼磊听到这里，望着这片废墟，眼里噙满了泪水。

此时，导游抬起手指向不远处说道：“大家看！”几百米开外，面朝消逝的家园，新的东河口村已经重建起来。白墙青瓦，与吐着新绿的树木相映成趣。看着重建后的新村，李淼磊的心情由悲伤转为惊喜。在参观新东河口村时，李淼磊惊奇地发现从废墟中拔地而起的，除了民居，还有医院、学校、体育馆等设施。看到这些一流的设施，她说：“真没想到会建得这么好。”这位中南大学广播台的主播在后来的采访手记中写道：“你们带着那么大的伤痛，每天面对那些埋下了无数生命的土堆，咬着牙重建自己的家园，重建自己的心灵，你们的勇敢与坚韧让我这个爱哭的女生明白了眼泪的重量。”

与李淼磊一样的大学生记者在汶川县水磨镇参观时，听到一名成都游客感叹：建得真好，简直无可挑剔。这名大学生记者在微博中写道：“这真的是灾区吗？房子建得跟别墅一样。”“现在我们看到了，这一切都是真的。”

在震撼人心的新貌背后，细心的大学生记者也看到了令人感动的一面。在新北川县城，外交学院外交青年杂志社副社长糜胥菁注意到，漂亮的新县城已经成型，而新县城重建指挥部依然在板房里办公。

除了三路深入汶川、北川、青川采访的同学，还有由 10 名大学生记者组成的一支“发现小组”也走进了更多的地震灾区：都江堰、彭州、什邡、绵阳。他们试图在三个标志性的地理区域之外，寻找地震灾区的新貌。“发现小组”成员、来自吉林大学的安阳在

---

* 王鑫昕，王烨捷．灾区人民教我不言放弃．中国青年报，2011－05－16.

采访手记中写道："从汶川到都江堰，从什邡到绵阳，一路发现，一路感动。三年任务两年毕，灾区重建年年新，几天的采访看到的只是很小的一部分。"

灾难让我们成长

几天的采访，大家不仅看到了灾区重建的漂亮建筑、宽敞马路，也了解到了灾区人民的新变化。

在青川，许多大学生记住了青川县常务副县长彭仕扬介绍的一个细节：地震后，从外地回青川创业的年轻人多了。他们聆听了"80后"创业女青年赵海伶讲述的创业故事。在这个距离成都200多千米的偏远小县，以赵海伶为代表的一批年轻人选择在网络中淘金，他们通过电子商务平台，把青川的土特产销售到全国。

在汶川，灾区的孩子告诉大学生记者们："我们也上网，我们也打'愤怒的小鸟'(一款流行的网络小游戏)。"大家对灾区人民平时的娱乐活动很感兴趣，就进行了随机采访。一位种樱桃的老伯说："劳动就是娱乐。"大家清晰地记得，说这句话时，老伯面带笑容。上海外国语大学新闻中心副主任、校报主编戚崇昱感叹道："这种淡定、自然的精神状态，与灾区险恶的生态环境形成了鲜明的对比。"他还说："灾区人民试图向我们这些大学生传递一个信号，那就是他们的生活和我们一样正常。"从汶川回来后，戚崇昱对"汶川精神"有了自己的理解——一种面对灾难、泰然处之的朴素态度。他觉得灾区人民都能如此坚强、努力地活着，绽放着自己的美丽，当我们面对困难、面对生活的些许不如意时，又怎能退缩？怎能轻言放弃？

几天的采访调查结束了，同学们切身体会到了四川灾后重建的巨大成就和灾区人民重建家园的奋斗历程，纷纷表示这是一次见证之旅、感悟之旅、成长之旅，收获颇丰。糜胥菁同学说："想象中的北川应该还有板房，还有重建工地，可是我在那里看到了一个成型的新北川。"中国人民大学校报学生记者团的编辑张盖伦说："这次灾区行，我原以为自己是给灾区人民带去力量的，可事实上我们一路都在受教育。"来自河北大学的谭丝姐通过这次灾区行，加深了对社会的认识。她说："我是个从小在父母呵护下长大的女孩，之前几乎没有接触过灾难方面的沉重话题。这次地震灾区行是我步入社会、认识现实的起点。"

灾区真实的巨变和鲜活的事例让同学们纷纷感受到伟大抗震救灾精神的生动实践和社会主义制度的优越性。来自广西大学的王洪磊在微博中写道："这个奇迹，是依靠灾区人民不屈不挠、自强不息的伟大精神所创造的，是全国各族人民齐心协力、无私援助以及国际社会积极援助的结果，更是党的坚强领导和社会主义制度优势的生动体现。"来自郑州大学的段超在博客中写道："涅槃重建，在党和政府的坚强领导下，中国人无穷的力量发挥到了极致。"在见证奇迹、关注巨变、分享感受的同时，同学们还共同倡议"把爱留下，把责任带走"。他们表示将牢记校媒记者的责任和使命，充分利用所在学校和地区的媒体平台，切实当好"参与者""见证者""传播者"。部分学生代表通过微博等形式向外界传递了"希望四川灾区的重建能够继续奋进，也希望社会各界能继续给予支援""灾区建设需要青年人的坚持"等信息，并得到热烈响应，带动了广大青年学生和社会各界继续关注四川、关爱四川、帮助四川的良好氛围。目前，部分高校已主动联系参与本次活动的同学到校做专题报告。

【思考题】

1. 你看到灾区重建的景象后有什么感受？
2. 灾区重建精神的实质是什么？
3. 你对利用特殊事件创设思想政治教育环境有什么看法？

案例分析*

【背景介绍】

为纪念“5·12”汶川大地震三周年，进一步弘扬伟大的抗震救灾精神，引导青年学生通过自己的实地观察全面了解灾区在党的坚强领导下进行灾后重建的生动历程和巨大成就，不断增强他们对党领导下的社会主义体制的认同，坚定他们的理想信念，2011年4月14—17日，团中央学校部、共青团四川省委、四川省重建办、四川省教育厅与中青报高校传媒联盟共同组织开展了全国百所高校学生四川地震灾区行活动。全国各地共100多名大学生记者参加了这次活动。其中，文字记者59人、摄影记者57人、广播记者9人、网络媒体记者10人。100多名大学生记者分为12个小组，分别在青川、北川、汶川进行了聆听灾后重建报告、在灾区进行实地考察等活动。活动结束后，大学生记者对采访素材进一步加工整理，通过校园报纸、广播台、电视台、新闻网站等媒介，以专版、专题、海报、图片展等多种形式在本校校园媒体予以报道。

【主题分析】

我们的生活总是充满着未知，总会有意想不到的事件出现，特别是灾难的发生，往往让我们不知所措。比如汶川大地震，它是史上的一场大灾难，是新中国成立以来破坏性最强、波及范围最大的一次地震。截至2008年9月25日12时，四川汶川地震已确认69 227人遇难，374 643人受伤，失踪17 923人，造成的直接经济损失达8 451.4亿元人民币。灾难我们无法避免，但是灾后的重建却使我们看到了灾难背后祖国母亲的伟大力量。短短的三年时间，在党中央的正确领导下，四川实现了凤凰涅槃。为了让在校的大学生亲身感受灾区的变化，团中央学校部、共青团四川省委、四川省重建办、四川省教育厅与中青报高校传媒联盟共同组织开展了全国百所高校学生四川地震灾区行活动，在这次活动中，来自全国高校的100多名学生记者在四川灾区用心灵发现真善美，用眼睛记录时代风，切身体会到了四川三年灾后重建的巨大成就和灾区人民重建家园的奋斗历程，并将自己的见闻利用多种媒体形式传播给大众。这个案例启示我们，作为思想政治教育工作者，对于诸如此类的特殊事件要予以分析。如果这种事件所带来的结果能够给

* 陈正良．同辈群体环境对青少年发展的影响．宁波大学学报（教育科学版），2004（5）；张耀灿，郑永廷，吴潜涛，等．现代思想政治教育学．2版．北京：人民出版社，2006.

人以深刻的反思，我们就应该利用好这些事件，并创造条件让受教育者受到更为深刻的教育。这样的方法能够不断提高思想政治教育的实效性，提升其强化、导向和感染的功能，使思想政治教育取得事半功倍的效果。

【启示分析】

全国百所高校学生四川地震灾区行的活动取得了圆满成功，这次活动的举办不仅仅让同学们亲眼见证了四川的变化，也给同学们上了一堂充实的思想政治教育课。它对思想政治教育工作者有以下几点启示：

（1）特殊事件具有思想政治教育的功能。案例中，全国百所高校学生四川地震灾区行的活动，让大学生记者们来到重建后的灾区，亲自发现、亲身体验平时只能在电视、报纸、网络上看到的情形，并提议大学生记者们将自己在灾区的所见所闻利用各种媒介形式传播给更多的师生。这样的活动就很好地利用了特殊事件的思想政治教育功能，不仅使参与者个体功能得以发挥，也使得受教育者自觉地加入思想政治教育教育者的行列中，完成了角色的转换，达到了以点带面的教育效果，突出了思想政治教育的社会性功能。我们知道特殊的事件会给人留下深刻的印象，这种印象往往会触动人们细腻的情感。特别是灾难的发生，会使人们停下忙碌的脚步去思索生命的意义和人生的价值。温家宝总理曾在视察北川中学时写下“多难兴邦”四个字，这四个字让我们看到了灾难的另一面。灾难让我们体会到了国殇之痛，也让我们看到了国家作为人民坚强后盾的伟大力量。这就使得这样的特殊事件具有了思想政治教育的功能。从个体功能上来讲，灾难让我们反思社会、生活，甚至反思我们自己的人生，激发起了我们积极向上的精神动力，不断地塑造着我们的人格，促进着我们自身的成长与发展。从社会性功能上来讲，灾后重建展现了一个国家、一个民族的政治、经济、文化水平，并通过人们个体性功能的发挥，调动人们参与国家政治、经济、文化建设的积极性。

（2）朋辈群体环境在人的思想品德形成发展过程中有着其他环境因素起不到的作用。案例正是利用朋辈群体环境进行思想政治教育的典范。活动主办方选择了全国高校主流媒体，中国高校传媒联盟全国主席团、区域主席团所在校园媒体中的采编骨干为活动人员，采取自愿报名与学校推荐相结合的方式，在遴选活动人员时还综合考虑了不同媒体类型的人员，经过层层筛选，最后确定了100多名大学生记者参与此次灾区行活动。活动的主办方考虑到当代大学生思维活跃，善于发现与思考，而大学生记者往往拥有更为敏锐的眼光和细腻的笔触，是学校主流声音的传播者，是学生声音的代表者，是学校的活跃分子，也是大学生群体中的核心人物。因此，将他们列为参与活动的对象，并提议他们将自己的所见所闻通过多种媒体传递给自己的同学、校友，这样的做法就最大限度地发挥了朋辈群体在思想政治教育中的重要作用。

（3）思想政治教育环境具有复杂性，要善于运用多种环境的积极影响力提高思想政治教育实效性。思想政治教育环境的复杂性主要表现在影响因素的广泛性、影响性质的多重性、影响方式的多样性上。应善于利用不同的思想政治教育环境的积极影响力，提高思想政治教育的实效性。案例中，活动的主办方不仅利用了特殊事件这一环境，用受教育者身临其境的方式代替了传统的说教，发挥了思想政治教育的功能，还利用了朋辈群体环境，实现了思想政治教育“以点带面”的效果。同时，还在活动的过程中充分地发挥了各种媒体环境的影响，增强了思想政治教育的效果。全国百所高校学生四川地震灾区行活动是把多种思想政治教育环境的积极影响因素重叠利用的思想政治教育活动的典范。

案例 53　梦想中的家*

武汉江岸区百步亭社区占地 5.5 平方千米，居民 18 万人。规划将建成一个占地 7 平方千米，入住 30 万人的百步亭新城。这里文明新风扑面，邻里关系亲密，居民安居乐业。居民们感慨地说：“选择百步亭，就是选择幸福生活。”这里规划配套齐全、生态环境优美、管理服务完善、治安秩序良好，被广大市民称赞为“绿色社区、安全港湾、温馨家园”。

绿色社区

走进百步亭社区，到处都是草坪、树木、花卉，仿佛置身一个花园。在这个花园式的社区漫步，看不到一个烟头、一片纸屑、一块果皮、一条泥巴路、一块“牛皮癣”，也看不到一处违章搭盖、一处开窗设点、一处占道经营、一家油烟扰民、一位居民摘花踩草。社区 300 多棵柚子树挂果，金黄的柚子惹人馋，却没有一人去采摘。社区内香樟滴翠，桂花飘香，绿化覆盖率高达 40%，开发商以让利方式建成了面积达 4 万平方米的全国住宅区内最大的中心绿化广场及足球场、门球场等。在这个社区，维护整洁已成为居民的良好习惯。社区组织 800 多名居民在小区内野餐，餐毕没留下一片纸屑，来这里参观的人无不赞叹地说：“百步亭社区环境美，人的行为更美。”而你能想象吗？在 20 世纪 90 年代，这里还是位于城乡接合部的一片烂泥塘，市政设施一片空白。1998 年，百步亭社区迎来第一批 600 户居民入住。当时的社区环境有多么糟糕，居民们的话最生动：“晚上出门怕两多——蚊子多，小偷多。”1999 年，百步亭社区建成入住后的第一个除夕夜，为了让值班职工能够回家吃一顿团年饭，物业公司领导们代他们值班。新年钟声敲响后，领导班子走出值班室沿路巡逻，一边走一边摇头，下午刚刚打扫干净的路面随处可见果皮纸屑，树枝上挂满了居民从楼上抛下的垃圾。然而经过民营企业武汉安居工程有限公司 10 年的开发建设，在社区领导班子的带领下，在社区居民的共同努力下，百步亭社区变成了近 10 万人入住的绿色社区。现在，参观者可以乘着社区后勤集团的环保电动车，欣赏优美的自然风光与浓厚的人文景观。

---

* 百步亭社区：人居环境创范例．（2008－10－24）［2018－03－05］．http：//hb.qq.com/a/20081024/000355.htm；夏斐，等．志愿者：百步亭社区最可爱的人．光明日报，2009－05－31.

安全港湾

在百步亭，居民入住10年来，没有一户居民家中被盗、没有一辆自行车被偷、没有一起刑事案件、没有一起交通事故、没有一桩大的邻里纠纷、没有一人越级上访、没有一起黄赌毒、没有一起未成年人犯罪、没有一起火灾、没有一名“法轮功”活动者。这十个“没有”，不是出现在几百户居民的里弄，而是出现在上万户居民的大型社区，简直让人难以相信。然而这是居民公认的事实。有的老太太说，有时上街买菜忘记锁门，家里从未丢过东西。有位记者前来采访，自行车没上锁，扔在路旁，采访半天，自行车仍在原地放着。多年来“路不拾遗，夜不闭户”的憧憬，在这里已成为活生生的现实。在百步亭社区，社区的平安不仅是公安、物业的事，也是居民自己的事。早在社区刚成立的时候，在社区领导的发动下，几名老党员带领十多个居民，成立了治安巡逻队，每天义务值勤巡逻，盘查可疑人员，劝阻不文明行为。渐渐地，“管天管地管扯皮”的“九哥巡逻队”出现了，它是由社区吕新海等9位老爹发起的。每当夜幕降临，他们便戴着红袖章，拿着手电筒，分班结伴巡逻，无论大事小事，事事都管。路灯不亮，就叫人来修理；楼道门坏了，就向物业报告；婆媳间发生矛盾，就上门劝和；有可疑人员，就细细盘问。2007年，百步亭社区评选感动社区的十件事，“九哥巡逻队”高票当选，如今巡逻队员已遍及全社区，发展壮大为1 000多名队员。

温馨家园

这个社区的居民，从事的岗位不同，生活水平不同，但大家互相关心，亲密无间，一家有困难，大家伸出援助之手。社区服务中心坚持“居民永远都不错，我们永远有不足”的服务理念，实施“亲情管理、用心服务、从小事做起、从好事做起”的服务宗旨，建立了一套完整的服务网络体系。服务做到“三全”——全方位、全天候、全过程，服务过程不说“不”字。从就业到医疗保健，从文化教育到家庭生活，从婚姻介绍、婚礼操办、幼儿教育到养老百年等，24小时提供周到的服务。社区还专门为居民设立热线电话和信访中心，每年接待信访一万多人次，处理率高达99%以上，回访率100%，做到“小事不过夜，大事不过天，件件有记录，事事有回音”。解决了包括居民出门忘带钥匙、夫妻吵架、半夜小狗噪声扰人等各种问题，居民的吃喝拉撒睡都管到了。在这个社区，200多人的“关爱小组”与特困家庭结成对子，400多人的“温馨姐妹”关照空巢老人。助人为乐，互帮互助，扶贫济困，已成人们崇高的美德。社区的年文化、节文化、亭文化、灯文化形成品牌，家庭文化、门栋文化、广场文化独具特色。社区“千家宴”成了居民盛大的传统文化节目，每年上万居民参加。社区号召居民每人学一项文艺技能，唱歌、拉琴、下棋、时装表演、打腰鼓都行，练习这些让人精神愉悦的文艺技能就像每天吃饭一样重要。社区里的居民共育邻里亲情，改变了很多小区中居民“老死不相往来”的局面，只要你在百步亭生活一段时间，就会深深地感受到一种守望相助的大家园式的温馨和谐氛围。正如居民所说：“选择百步亭，就是选择了幸福！”

2004年6月10日，温家宝总理来到了百步亭。社区万人空巷迎总理，温总理穿过绿篱，走进沸腾的人群，与居民们亲切握手问候。那天有2 700多人握到了总理温暖的双手，很多居民激动得哭出声来，总理也三次热泪盈眶。温总理参观了文化长廊，考察了居委会，走访了居民家庭，接见了志愿者和小小楼栋长，看望了延安精神研究会的老同志。温总理一路与居民们亲切交谈，连声说好，高兴地说道："百步亭有个好班子，关爱老百姓；有个好班长，以身作则；有个好机制，三位一体；有一批基层好干部。居民住得安心、住得舒心。""百步亭社区管理得好，居民素质高，群众自觉维护，出去工作心情好，回来又有个舒适的环境。好！"

【思考题】

1. 你所在的社区开展过群众性的思想政治教育活动吗？
2. 你如何评价百步亭社区优化思想政治教育环境的做法？
3. 社区文化的思想政治教育功能有哪些？

案例分析*

【背景介绍】

百步亭社区位于湖北省武汉市江岸区，是全国文明社区示范点、全国和谐社区建设示范社区，被评为全国文化先进社区，是荣获首届"中国人居环境范例奖"的唯一社区。社区首创中国"建设、管理、服务'三位一体的'百步亭社区管理模式"，坚持"以人为本、以德为魂、以文为美、以和为贵"的核心理念，创建了一个独具特色的和谐社区。中央宣传部、中央文明办、建设部、原文化部四部委曾联合发文向全国推广百步亭社区经验。百步亭社区也被评为全国先进基层党组织、全国三八红旗集体、全国五四红旗团委标兵、全国文化先进社区、全国无毒社区、全国基层民兵预备役工作先进单位、全国物业管理优秀住宅小区、全国和谐社区建设自主创新奖等60多项国家级荣誉和奖项。

【主题分析】

随着城市化进程的加快，社区已经成为人们休养生息的最基本场所。它在加强城市管理、服务群众生活、提高市民素质、保持社会稳定、促进社会进步、团结凝聚人心、巩固执政基础等方面发挥着越来越重要的作用。不断建设的社区环境也已经成为城市精神文明建设的重要组成部分。建设一个和谐优美的社区环境对于社区居民物质生活水平的提高、创造精神的激发、稳定的社区秩序的形成都具有重要作用。优美的社区自然环境、和谐的社区文化氛围不仅反映着城市的建设风貌，还可以满足人们的心理需求，促进社区成员由"单位人"向"社会人"转变，激发社区成员的凝聚力。特别是近几年来，社区发展的速度加快，其在居民之间的媒介桥梁作用也越来越明显，对人们生活和思想

---

* 社会转型期社区思想政治工作的几点思考．(2006-07-10) [2011-01-05]. http://wenku.baidu.com/view/fabfbb620b1c59eef8c7b491.html.

的影响也逐渐加大。因此，如何发挥社区对居民思想道德状况的积极影响是新时代思想政治教育面临的新问题，也是当前思想政治教育微观环境建设的重点任务之一。案例表明，武汉百步亭社区通过绿化社区的自然环境、丰富居民的社区文化以及创新社区管理模式等方法创造了良好的社区环境，不仅使百步亭从十年前一个地处城乡接合部的“脏、乱、差”社区变成了居民们“梦想中的家园”，还净化了居民的思想，成为优化社区环境的典范。

【启示分析】

百步亭社区里扑面而来的文明新风、温馨和谐的邻里亲情和安宁祥和的居住生活，吸引了无数人，被广大市民称赞为“绿色社区、安全港湾、温馨家园”。这样的社区环境的形成并不是一蹴而就的，而是不断建设的结果。温馨、和谐的社区环境是思想政治教育的微观环境，对思想政治教育效果的实现有重要影响，是思想政治教育微观环境建设的重点任务之一。

（1）社区环境是思想政治教育环境的重要组成部分。城市的不断拓展，城市化进程的不断加快，使得越来越多的人生活在一定的社区中，社区环境的优化是社区建设的中心任务，也是思想政治教育环境建设的重点。社区环境直接影响着社区成员的思想品德，特别是生活在社区中的青少年，他们处于人生社会交往比较频繁的时期，社区环境直接影响着他们品德的形成与发展。如果一个社区生活环境安定，社区风气良好，居民交往和谐，能够互帮互助，具有较强的主人翁精神，则有助于社区居民形成正确的思想观念与价值观念。案例中，百步亭社区的工作人员身体力行，并辅之以丰富多彩的社区文化活动，使得社区思想政治工作取得了良好的效果，达到了团结居民，用环境“化人”的目的。百步亭社区干部队伍和服务队伍相互配合，不断地引导居民发挥主人翁精神，用双手创造了社区优雅的生活环境和丰富的精神环境，在良好的社区环境中创造着“团结友爱，邻里和睦”的和谐氛围，并促使居民形成了良好的思想道德素质。

（2）良好社区环境需要创设。借鉴百步亭社区环境建设的基本经验，我们看到百步亭社区的成功并不是一蹴而就的，它是社区领导干部、社区工作人员、社区居民共同努力的结果。所以，在创设社区环境时，首先，要有一支强有力的社区干部队伍。社区干部队伍是领导开展社区环境建设的主要人员。百步亭社区在党委的领导下，明确建设方向，细化规章制度，干部身先士卒，起到了良好的表率作用，把百步亭社区环境建设成了展现中国和谐社区的窗口。其次，要有一批全心全意为居民服务的社区工作人员。社区工作人员是社区环境建设的主要参与人员，只有他们树立了全心全意为社区居民服务的信念，才能将社区环境建设作为凝聚社区力量的重要平台。案例中，百步亭社区的社区工作人员为居民提供了“全方位、全天候、全过程”的服务。服务中心开设热线电话，昼夜有人挂牌值班，真正做到了全心全意为社区居民服务。最后，要形成一种良好的社区风气。某种长期稳定的、起支配主导作用的社区风气，对其成员的影响是十分明显的。案例中，百步亭社区为居民们创造了整洁、安宁、和谐的社区环境，居民们在这样的社区中安居乐业，“打开心灵一扇窗，拆掉邻里一堵墙”。尽管业主来自五湖四海，但社区却营造出了一种和睦、友爱、文明的人际关系，使居民普遍有着强烈的归属感，100 多人成为社区的义务治安监察员、门栋关照员、护绿队员等。在良好社区环境的熏陶下，居民的道德素质也不断提高。正如来百步亭参观的人们所说："一到百步亭，不自觉地就把一些坏习惯丢了，街上那么干净，不好意思再乱扔东西了。"这些都是百步亭社区精心创设的社区环境对居民的潜在影响，生活在这样的环境中，社区成员的心灵不断地得到净化，思想道德素质也就随之提升。

（3）社区环境的建设是多方面的，也是复杂的，在建设社区环境时应注意两个问题：第一，要用先进的文化占领社区基层文化建设的阵地。当前对于社区这样一个人们日常生活和思想交流的主要场所来说，各种庞杂的信息，各种主流、非主流的思潮在此交织碰撞，居民的价值取向也日益呈现多元化的趋势。如若放松对社区群众的思想教育和思想引导，一些唯心主义的、反科学的、低俗的、不健康的、自由主义的思想就会卷土重来，甚至占据社区文化建设的制高点。因此，作为思想政治教育工作者，在建设社区环境时必须牢牢把握先进文化的主导地位，把社区环境建设成为"宣传科学理论、传播先进文化、塑造美好心灵、弘扬社会正气的阵地"。案例中的百步亭社区就是将和谐社会的理念融入社区环境建设中，不仅实现了社区环境中人与自然的和谐，还实现了人与人的和谐。第二，要牢牢把握社区成员在社区环境建设中的主体性。社区成员是社区的重要因素，是社区环境建设的主要人员，只有他们发挥自身的主体性，积极主动地参与社区环境建设，维护社区环境，才能更好地发挥社区环境的育人功能。案例中百步亭社区正是这样的典范。在社区干部和工作人员的启发下，社区的每一个成员都有着强烈的主人翁精神，都把建设和维护社区环境作为自己义不容辞的责任。

第十章
思想政治教育的创新发展

要点综述

思想政治教育具有很强的现实性、综合性、理论性与应用性，思想政治教育的创新发展必须与社会实践发展同频共振，同人们的思想、行为的发展变化紧密相连。中国特色社会主义进入新时代，我国发展步入新的历史方位，面临新任务新挑战新问题，对思想政治教育提出了新任务。这不仅要求思想政治教育紧密契合时代发展，而且要求思想政治教育立于时代潮头、宣传创新理论、引领时代精神。新时代，大学生思想政治理论课创新，成为思想政治教育创新的亮点。习近平总书记在学校思想政治理论课教师座谈会上的讲话发表以来，思政课成为贯彻落实立德树人根本任务的关键课程，成为一门有温度的课程。把思政课小课堂同社会大课堂结合起来、思政课教师要坚持“六要”、思政课建设要实现“八个统一”等新理念新实践不断创新、蓬勃开展。本章精选的“习近平总书记走进思政课堂”“用心用情讲好思政课——周荣方”“行走的思政课——大学生暑期实践攀登计划”三个案例，从加强组织领导、完善课程体系、善用“大思政课”理念、开拓创新思政课教学方式方法、提升思政课教师队伍素质等方面诠释了新时代思想政治教育创新的主旨和意蕴。

案例 54　习近平总书记走进思政课堂*

2022 年 4 月 25 日上午，中共中央总书记、国家主席、中央军委主席习近平走进中国人民大学立德楼智慧教室的思政课堂。此时正值五四青年节即将到来之际，习近平总书记来到中国人民大学考察，并选择观摩思政课，足见办好思政课在总书记心中的地位。

* 李奇峰改编自：习近平在中国人民大学考察时强调：坚持党的领导传承红色基因扎根中国大地 走出一条建设中国特色世界一流大学新路．人民日报，2022－04－26；总书记观摩思政课．新华社，2022－04－26；十年回望，总书记来到这些高校．求是网，2022－04－26。

在这堂课上，王易教授讲授的主题是“传承中国共产党人精神谱系 做堪当民族复兴重任的时代新人”。她在授课中结合中国人民大学的校史以及原创话剧《陕北公学》等内容，带领同学们对中国共产党人精神谱系中的延安精神进行深入学习，师生围绕延安精神在新时代的重要意义展开了热烈的讨论。

课堂上，习近平总书记同青年学生一起就座，认真倾听并参与讨论。他对学校立足自身优势，不断推进思政课教学改革创新，打造高精尖水平思政课的做法表示肯定。他强调，思想政治理论课能否在立德树人中发挥应有作用，关键看重视不重视、适应不适应、做得好不好。他同时强调，思政课的本质是讲道理，要注重方式方法，把道理讲深、讲透、讲活，老师要用心教，学生要用心悟，达到沟通心灵、启智润心、激扬斗志。青少年思想政治教育是一个接续的过程，要针对青少年成长的不同阶段，有针对性地开展思想政治教育。希望中国人民大学绵绵用力，久久为功，止于至善，为全国大中小学思政课教学提供更多“金课”。习近平总书记勉励同学们坚定中国特色社会主义道路自信、理论自信、制度自信、文化自信，在全面建设社会主义现代化国家新征程中勇当开路先锋、争当事业闯将。

习近平总书记的到来让有幸现场聆听的学生十分激动。2018 级本科生薛思齐表示：“习近平总书记和同学们一起上了一堂生动活泼的思政研讨课。习近平总书记热情勉励我们人大学子，希望我们青年人在全面建设社会主义现代化国家新征程中勇当开路先锋、争当事业闯将，让我们在座的各位同学都感到十分激动和荣幸。”2018 级本科生徐鸣威表示：“能够在思政课堂上现场聆听习近平总书记有关如何上好思政课、学好思政课的教诲，我感到十分荣幸、十分激动。”2019 级本科生高嘉潞表示：“十分有幸能够近距离聆听习近平总书记的教诲，我清晰记得他在思政课后对我们说：‘青出于蓝胜于蓝，希望你们在全面建设社会主义现代化国家新征程中勇当开路先锋、争当事业闯将。’我当时瞬间热泪盈眶，愈发感受到自己作为一名新时代青年、作为一名人大马院本科生的光荣和责任。我将会更认真地学习和探索理论，从而能用理论说服人，用理论的温度影响人的灵魂。”2019 级本科生焦亚丽表示：“能在现场和习近平总书记同上一堂思政课并且聆听习近平总书记的讲话，我备受鼓舞。思政课是教育中很重要的一个环节，起着坚定信念、成熟思维的作用，要讲活思政课，老师们要用心教，学生们要用心悟。作为青年一代，我们生在这样一个伟大的国家，正经历着前所未有的时代浪潮，何其有幸！我们有理想有担当，更应该冲锋陷阵，在全面建设社会主义现代化国家新征程中勇当开路先锋、争当事业闯将，用实际行动讲好中国故事。”2020 级本科生张一潇表示：“习近平总书记来到我们的课堂，与同学们一起上了一节生动有趣的思政课，亲切随和地和大家交流。能够现场聆听习总书记的教诲，我感到非常兴奋，非常激动。习近平总书记非常重视思想政治理论课，强调思政课是立德树人的关键课程，并对青年寄予了殷切期望。在今后的学习生活中，我将牢记习近平总书记的嘱托，扎实学习专业知识，在实践中锻炼能力，不辜负党对新时代青年的殷切期望，争做复兴栋梁、强国先锋！”

这已经不是习近平总书记第一次走进课堂考察思政课建设。党的十八大以来，习近平总书记多次赴高校考察调研，多次与高校教师座谈交流，对新时代怎样办好思政课，把思政课讲深讲透讲活做出重要指示。如 2016 年，他在全国高校思想政治工作会议上强调，高校思想政治工作关系高校培养什么样的人、如何培养人以及为谁培养人这个根本问题。要坚持把立德树人作为中心环节，把思想政治工作贯穿教育教学全过程，实现全程育人、全方位育人，努力开创我国高等教育事业发展新局面。2018 年，习近平在北京大学专门考察了马克思主义学院，指出高校要牢牢抓住培养社会主义建设者和接班人这个根本任务，坚持办学正确政治方向。在全国教育大会上，习近平强调坚持立德树人，加强学校思想政治工作。2019 年在南开大学考察时强调了思政课建设。2019 年在学校思想政治理论课教师座谈会上的讲话中强调思政课是落实立德树人根本任务的关键课程。2020 年，习近平在岳麓书院考察，为学校开设的移动思政课堂点赞，指出办好思政课就是思维要新，创新课堂教学……思政教学要把课堂教学与实践教学有机结合起来。2021 年，习近平在清华大学考察时指出，我们要建设的世界一流大学是中国特色社会主义的一流大学，我国社会主义教育就是要培养德智体美劳全面发展的社会主义建设者和接班人。

王易教授在课后表示，能够得到习近平总书记的亲自指导，聆听习近平总书记的教诲，令人倍感振奋。王易教授近年来致力于思政课教育教学的创新研究和实践，把教材重点、理论难点、社会热点、学生特点紧密结合，将大学生思想理论热点难点问题引入思政课实践教学环节，并探索智慧教室教学模式创新。她担任北京高校思想政治理论课高精尖创新中心执行主任，主持高校思政课“金课”建设标准项目研究，不断推进思政课创新发展，获得了“全国优秀教师”“全国优秀思想政治理论课教师”等荣誉称号。

【思考题】

1. 习近平总书记为什么说“思政课是落实立德树人根本任务的关键课程”？
2. 怎样理解习近平总书记提出的“好的思政课应该是老师用心教、学生用心悟”？
3. 你认为新时代应该怎样推进思想政治理论课改革创新？

案例分析*

【背景介绍】

习近平总书记在学校思想政治理论课教师座谈会上指出：“思政课是落实立德树人根本任务的关键课程，思政课作用不可替代”。党的十八大以来，习近平总书记就办好思想政治理论课做出多次部署，为在新时代办好思政课指明了方向，提供了根本遵循。在此背景下，学校思政课得到了前所未有的重视，教师队伍日益壮大，立德树人作用更加凸显，思政课教学不断改革创新，大中小学思政课一体化建设持续推进。中国人民大学是中国共产党创办的第一所新型正规大学，前身是 1937 年诞生于抗日战争烽火中的陕北公学，以及后来的华北联合大学和北方大学、华北大学，在长期的办学实践中，注重人文社会科学高等教育和马克思主义教学与研究，被誉为“我国人文社会科学高等教育领域

* 王易．在立德树人中发挥应有作用 让思政课真正成为一门“金课”．光明网，2022－09－21；探寻思政“金课”的密码：记中国人民大学思政课改革创新．人民日报，2022－06－03．

的一面旗帜”。近年来，中国人民大学认真贯彻落实习近平总书记在全国高校思想政治工作会议和学校思想政治理论课教师座谈会上的重要讲话精神，着力推进思政课改革创新，举全校之力打造高水平思政“金课”，通过加强组织领导、完善课程体系、建强师资队伍、用好平台资源等手段①，深入推进思政课改革创新，走在全国高校思政课创新的前列。习近平总书记观摩的思政课堂，位于 2021 年 9 月刚刚启用的立德楼——被称为中国人民大学最年轻、最现代化的建筑，这座教学楼主打开放式交流与沉浸式教学的“智慧课堂”，在“智慧课堂”上，去中心化的空间布局调动了师生交流的积极性，提高了课堂效率，受到人大学子的欢迎。

【主题分析】

案例充分说明了加强与改进思政课必须坚持和加强党的全面领导，不断创新和完善思政课建设机制，不断加强和提升思政课教师队伍的素质。中国人民大学坚持党的领导，举全校之力，打造高水平思政“金课”，将马克思主义学院作为重点学院、马克思主义理论学科作为重点学科、思政课作为重点课程加强建设，取得了显著成效。学校建设思政课智慧教室，运用现代信息技术等手段建设，提升学生的参与度，取得了良好的效果。例如王易教授在讲授延安精神时，结合中国人民大学校史以及原创话剧《陕北公学》等内容，带领学生对中国共产党人精神谱系中的延安精神进行深入学习，让学生能够穿越时空将党史中的重大事件与自身所处现实环境结合起来，让学生产生共情，将抽象的理论知识具象化为鲜活的教学资源，把道理讲深、讲透、讲活，激发了学生的学习热情。这充分说明了新时代办好思政课，必须注重提升教师的思想政治素质和教学能力，从而提高思政课教学的实效性。

【启示分析】

（1）思政课改革创新必须坚持和加强党的全面领导。习近平总书记在中国人民大学考察时强调：“思想政治理论课能否在立德树人中发挥应有作用，关键看重视不重视、适应不适应、做得好不好。”中国人民大学能够不断推进思政课改革创新，打造“金课”，一个关键因素就在于坚持和加强党的全面领导，持续深入学习贯彻习近平总书记关于思政课建设的系列重要指示批示，将思政课作为落实立德树人根本任务的关键课程，不断完善思政课建设机制。中国人民大学将思政课建设纳入学校党建工作考核、政治巡察、办学质量和学科建设评估体系中。学校成立由学校党委书记和校长担任组长的思政课建设领导小组，党委书记、校长带头抓思政课建设，带头走进课堂听课讲课，带头联系思政课教师，及时了解和重点解决思政课建设存在的困难和问题，着力构建全员全过程全方位育人格局。只有坚持和加强党的全面领导，才能保证思想政治教育的正确方向，才能保证思想政治教育持续不断地迸发活力，思想政治教育的发展革新才有了强有力的支撑。因此，思想政治理论课必须坚持党的领导，各级各类学校党委要把思政课建设摆上重要议程，抓住制约思政课建设的突出问题，在工作格局、队伍建设、支持保障等方面

① 中国人民大学深入推进思政课改革创新 着力办好立德树人关键课程．教育部官网，2022 - 04 - 27.

采取有效措施。

（2）思政课改革创新必须与时俱进地创新教学内容与课程机制。党的二十大报告在叙述过去五年的工作和新时代十年的伟大变革中指出，“我们创立了新时代中国特色社会主义思想，明确坚持和发展中国特色社会主义的基本方略，提出一系列治国理政新理念新思想新战略，实现了马克思主义中国化时代化新的飞跃”。新时代思政课创新必须对党的最新理论创新成果进行梳理、研究和阐释。同时，推动将最新的理论创新成果向课堂教学内容转化，注重教学资源的开发利用，用党的科学理论武装青年，落实好立德树人根本任务。案例中，王易教授结合人民大学的特色资源，将延安精神和人民大学的历史结合起来，让学生在课程讲授中深入领会延安精神的内容和本质。在思政课教学过程中，要根据大学生认知规律，融合当今时代最前沿的教学方法手段，增强思政课教学实效性。中国人民大学的思政课改革创新，将新媒体新技术引入思政课教学，搭建线上平台，打造课程一体化教学资源，不断积累和提炼鲜活案例、生动故事和宝贵素材，形成了习近平新时代中国特色社会主义思想的教学宝库。

（3）思政课改革创新必须加强教师队伍建设。办好思想政治理论课关键在教师，关键在发挥教师的积极性、主动性、创造性①。思政课教师讲授的是信仰的学问，回答的是时代的课题。习近平总书记在中国人民大学考察时强调：“思政课的本质是讲道理，要注重方式方法，把道理讲深、讲透、讲活，老师要用心教，学生要用心悟，达到沟通心灵、启智润心、激扬斗志。”这就要求思政课教师既要精通专业知识，又要涵养德行。为提升思政课教师素质，需要各级各类学校党委制定思政课教师队伍建设方案和实施细则，着力建设专职为主、专兼结合、数量充足、素质优良的思政课教师队伍。案例中，中国人民大学为建强师资队伍，激励教师素质提升，单独成立马克思主义理论教师专业技术职务（职称）评审委员会，优化评价考核及奖励机制，以教学实效和教学研究成果为依据，激励教师队伍打磨提升课堂品质。我们应牢记习近平总书记政治要强、情怀要深、思维要新、视野要广、自律要严、人格要正的“六要”嘱托，做好思政课教师。

案例 55　用心用情讲好思政课——周荣方*

周荣方，郑州大学马克思主义学院思政课教师，2022 年当选为中国共产党第二十次全国代表大会代表。“行走的思政课”是周荣方在微博上主持的话题，目前阅读量已突破 2 000 万。周荣方将思政小课堂融入社会大课堂，用身边“小感动”激发社会“大能量”。

把思政课讲到基层一线　以信仰力量感动亿万网友

如何让党的创新理论“飞入寻常百姓家”？如何让习近平新时代中国特色社会主义思

① 习近平．思政课是落实立德树人根本任务的关键课程．求是，2020（17）．

* 娄慧、马佳改编自：用心用情讲好“行走的思政课”：记河南省党的二十大代表周荣方．党建网，2022-09-28；郑大故事：“最美教师”和她的“魔力”思政课：记全国最美教师获得者马克思主义学院副教授周荣方．郑州大学官网，2022-09-17。

想融入基因、化为血液、变成行动？在周荣方看来，只有走进基层、贴近群众，才能把道理讲深、讲透、讲活。从 2010 年起，她一有时间就往基层跑，见到了很多在书本上读不到、课堂上看不到，却极具说服力、感染力的身边人、身边事。在多次采访抗疫一线的人员、脱贫攻坚的干部、乡村振兴的带头人以及踏实苦干的村民群众的过程中，在探究红色文化、深入百姓生活的过程中，她真正感受到了信仰的力量，并将这份情怀融入课堂授课以及理论宣讲中。这些都是她课堂上最生动的素材。她相信，越真实的故事越动人。

数年行走间，周荣方去的最多的地方就是兰考。她印象最深的是，有一位与焦裕禄同时期的农民，提及“老焦”时仍声音哽咽，心情久久不能平复。半个多世纪过去，焦裕禄一直活在大家心里。周荣方的内心受到巨大震撼，一度彻夜难眠，她决定讲述“焦裕禄精神”，让学生们知道“什么是幸福”。行走在基层，让周荣方脚沾泥土、心怀赤诚。其间，周荣方也接触到了一些其他驻村第一书记的故事。“一代一代书记，他们的身上都有焦裕禄的影子”，红色基因的传承力量使得她更加清楚地认识到思政课教师讲好中国故事的职责所在，真实的故事才是能引起学生共鸣的最生动的教材。回忆起自己在课堂上落泪的举动，周荣方感叹：“流泪是因为这些驻村第一书记的事情不是我从书中、视频中知道的，而是我亲眼见证的。”周荣方将更多优秀共产党员的故事融入党的创新理论宣讲、党史学习教育和日常教学中，深入浅出地阐述了百年党史中孕育的河南故事、河南文化，为全国人民动情讲述发轫于中原大地的中国共产党伟大精神，录制的“初心”“吾辈”“民心”“力量”等一系列微课视频被“学习强国”学习平台、光明网、人民网、B站等媒体广泛传播，微课“红旗渠精神”被人民网、党史学习教育官网同步推出，在社会上引起强烈反响。

把思政课讲到时代前沿　以时代力量温暖人心

为了上好“大思政课”，周荣方的办法是紧跟时代、映照现实、知行合一。她认为，讲好思政课要贴近现实，身教言传才是最好的教育。疫情期间，周荣方主动加入社区志愿者团队，并在微博记录“志愿者日记”，以参与者的视角讲述身边基层党员的感人故事。周荣方用白描式的记录感动了无数人，她的负责与乐观也展现出新时代思政课教师的良好精神风貌，许多学生和网友都因为看了她的日记而加入了志愿者队伍。17 篇日记，不到 20 天，阅读量达到 200 多万。网友评价：“这堂思政课有温度，一起努力，共克时艰！”周荣方将思政课讲在抗疫一线，讲在广阔的社会天地，凝聚起了共克时艰的强大正能量。

2021 年河南省第十一次党代会期间，作为党代表的周荣方以自身经历讲述“让青年‘看到力量、相信力量、成为力量’”。视频阅览量在 2 天内突破 3 000 万，网友们纷纷表示要“追随光，成为光”。2021 年年底，周荣方作为学习贯彻党的十九届六中全会精神河南省委宣讲团成员走进高校：“在将近 20 场的宣讲中，我看到的是青年眼含热泪，收到的是‘再也不想躺平’的信息，‘以人民为中心’真是最具感染力的能量！”

把思政课讲到学生心间　以真理力量激发育人能量

身为一名思政课教师，作为一名党员，自身就应该是一面旗帜！”周荣方言语坚定。在学生、同事、朋友眼中，周荣方是一位有情怀的思政课教师，她将家国情怀、教师情怀倾注于“大思政课”讲台，不论她行走在课堂上、生活中或宣讲中，都会让学生感受到党的创新理论蕴含的真善美！

在周荣方的课堂上，几乎没有学生看手机。学生说：“手机没有周老师讲得有魅力！她让我们看到更有力量、更有方向的自己，这样的人生才有趣。”她让原来“抬头率低”的思政课成为广受欢迎的“信仰课”。这份功底不是凭空而来，她讲授高校思政课十余年，在课堂教学之中坚持两个专注：第一，专注教学艺术提升；第二，专注教学方法研究。

面对学生“为什么要学教材里的价值观?”“现在还有艰苦奋斗?”等问题，她明白作为“网络原住民”的当代大学生，他们思想上的“疙瘩”往往有网络根源。在课堂中，她坚持做勇于斗争的“战士”，不回避问题，以情理结合解决学生困惑，夯实学生理论基础，也给予他们在网络中辩论的理论力量。周荣方最善于“解疙瘩”，她乐于让学生提问，善于与学生辩论，总能以情理结合的方式解决学生的困惑，用深入浅出的论述把学生讲得心服口服。学生们说：“她让我们看到更有力量、更有方向的自己，这样的人生才有趣。”

周荣方努力探索网络思政传播特点，和同事、学生们共同打造了“微博大V网络育人联动”“红歌联动”“校园一分钟”“抖音经典阅读”等网络品牌，她说：“联动要成为教学中的一种条件反射，就像我们说话一样，能够随时调动最合适的教学元素，解开学生思想上的疙瘩，做好教学的调度员。”她的“联动教学法”获得河南省教育教学成果奖特等奖。学生们说：“没想到思政课也能这么‘潮’!”“周老师能把思政课讲活，把道理讲透。每次听完她的课，我都觉得浑身充满能量。我特别期待她把党的二十大报告带到课堂上。”

“我觉得我确实挺痴迷思政课的，因为每一次创新尝试，都会有新的发现。”周荣方说，对理论的研究、对实践的投入、对创新的探索让她积累了丰富的教学经验。树高千尺，其根必深；江河万里，其源必长。周荣方今天的成绩离不开她在扎根的讲台，这是一个厚积薄发的过程。近年来，她先后获得诸多荣誉：中宣部“基层理论宣讲先进个人”、教育部“课程思政教学名师”、河南省教学标兵……

周荣方从教十余年，硕果累累、赞誉有加的背后，是默默的付出。每一堂精彩的思政课，都有不为人知的辛苦，但她却乐于“享受”这种忙碌。虽然“火”了，但周荣方对三尺讲台永远保持敬畏感，言传身教传递信仰的力量，润物无声给予学生家人般的关爱，她一直在路上……

案例分析*

【背景介绍】

周荣方，女，中共党员，副教授，郑州大学马克思主义学院思政课教师。她从事高校思政课一线教学工作十余年，主讲《中国近现代史纲要》。她不仅在课堂上讲思政课，还把思政课讲在了社会生活中。她用“行走一线”为“大思政课”建设铺砖筑路，除了深入农村搞调研，还多次参与志愿服务。她曾先后获中宣部、教育部“最美教师”，中宣部“基层理论宣讲先进个人”，教育部首届“全国高校思想政治理论课教学展示活动”特等奖等称号和奖项。2021 年，她在课堂上讲述的焦裕禄的故事感动亿万网友，网络点击量突破 34 亿。周荣方相信信仰和热爱的力量，她说：“人生不能复制，但是力量可以传承。”在她看来，34 亿数字背后反映出来的是越来越多的人渴望得到伟大精神的力量，“讲焦裕禄书记等基层一线干部的故事，是一种从共情到共鸣的过程”。她相信，越真实的故事越动人，一个个动人的故事便是她课堂上最生动的素材。

【主题分析】

周荣方用心用情讲好思政课，以“行走”为突破口，把新时代思政课讲到社会基层、讲到时代前沿、讲到学生心里。周荣方善用“大思政课”理念，探索行之有效的“大思政课”教学模式，切实提升思政课教学的亲和力和有效性，提高学生对思政课的获得感，发挥了思政课在立德树人、培根铸魂中的重要作用。周荣方作为新时代思政课教师锐意创新的典型，具备坚定的政治信念和正确的政治立场、先进的思想观念和出色的专业能力、崇高的道德品质和优良的工作作风，以实际行动“行走一线”，通过对很多人和事的讲述，以点点荧光汇聚人间星河，用炽热情怀点燃青年学子的信仰火炬，是习近平新时代中国特色社会主义思想的坚定信仰者、积极传播者、忠实实践者。她转变思政课教育教学观念、深化课堂教学方式，创新“大思政课”教学，把高深的理论讲得接地气，通过身边故事把党的创新理论讲到学生心里，传播到基层，切实提升了思政课教学的实效性。

【启示分析】

（1）新时代思政课教师要善用创新理念，把思政课讲深。要以深入透彻地研究学理为基础，改变过去思政课只讲在学校课堂的旧理念，善于运用“大思政”理念，将思政课讲深讲实。全面推进课程思政建设，是落实立德树人根本任务的战略举措。要切实提高政治站位和思想认识，充分发挥教师队伍“主力军”、课程建设“主战场”、课堂教学“主渠道”作用，寓价值观引导于知识传授和能力培养之中，使各类课程与思政课程同向

---

* 《思想政治教育学原理》编写组．思想政治教育学原理．2 版．北京：高等教育出版社，2018；戴艳军，王嘉．思想政治教育原理案例分析：修订版．北京：中国人民大学出版社，2018；戴艳军．思想政治教育原理案例分析．北京：中国人民大学出版社，2012.

同行，形成协同效应，构建全员全程全方位育人大格局。从教十余年，周荣方积极探索推动党的创新理论入脑入心，从平凡的故事透视其中不平凡的力量，在党和人民的伟大实践中汲取养分，用红色基因的力量感染青年学子，用炽热的情怀点燃青年学子信仰的火炬，激励其在实现民族复兴的道路上奋勇争先，用青春的创造力激荡起民族复兴的澎湃春潮，用青春的智慧和汗水打拼出一个更加美好的中国。

（2）新时代思政课教师要具备创新素质，把思政课讲透。“打铁还需自身硬”，思政课教师的素质是思政课创新的前提。理论要解渴，需要把学理讲清楚、讲透彻。思想政治教育是做人的工作，先进的思想观念和出色的专业能力是思想政治教育者与时俱进做好思想政治教育工作的关键。崇高的道德品质和优良的工作作风是思想政治教育者以身作则、有效开展教育活动的重要条件。思想政治教育者是塑造人类灵魂的工程师，理应成为社会道德的示范者，高尚的道德品质和工作作风是思想政治教育者素质的重要方面。坚定的政治信念和正确的政治立场是思想政治教育者应当具备的最基本的素质，是思想政治教育者素质的核心。思想政治教育者应注重强化自身的人格力量，以自己的德行感染人、塑造人。周荣方是习近平新时代中国特色社会主义思想的坚定信仰者、积极传播者、忠实实践者。作为党的二十大代表，在现场聆听党的二十大报告时，周荣方积极思考用更有温度、更有深度的思政课培养更多有理想、敢担当、能吃苦、肯奋斗的新时代好青年，引导青年学生学习党的二十大报告，全面准确理解其中的精神力量，并投身全面建设社会主义现代化国家的火热实践中。正是因为她有先进的思想观念、出色的专业能力、崇高的道德品质和优良的工作作风，她才能守好思政课课堂主阵地，推动构建“大思政”格局。

（3）新时代思政课教师要积极创新方式方法，把思政课讲活。讲活是要能够调动各方面资源，解决学生的思想困惑，善用“大思政课”，实现理论与实践相结合，通过实习调研体验情感，化为行动，升华为信念。应紧紧围绕培养德智体美劳全面发展的社会主义建设者和接班人的根本任务，拓展“大思政课”格局，让思政课和社会现实结合起来，形成无处不在、随处可见、显隐结合、张弛有度的大文化育人格局，让思政教育从“曲高和寡”走向“润物无声”。周荣方除了课堂上的授课，面对大学校园里“网络原住民”的青年一代，她还努力探索网络思政传播特点，利用新媒体，发动河南省九所高校的思政课教师和高校学生进行网络原创联动，打造了“微博大V网络育人联动”“红歌联动”“校园一分钟”“抖音经典阅读”等一系列网络思政品牌，向人们展示了别开生面的思想政治理论课。同时，她在课余时间主动深入社会，深入新乡冀屯镇、周口时庄村、许昌闫楼村等许多地方，走村入户，深入挖掘在抗洪、抗疫、脱贫攻坚等方面的优秀党员的感人故事，积累了大量的鲜活素材，并将其融入思政课教学中去，将学生带入情境中，充分调动学生的课堂情绪，最大限度地发挥思政课的作用。她坚持紧跟时代、映照现实、知行合一，行走于基层一线，积累生动的生活素材并将其与理论知识联系起来，积极推动思政小课堂与社会大课堂相结合，走进社会大课堂，善用社会大课堂，把道理讲深、讲透、讲活，使思想政治教育更生动、更有感染力和吸引力。

案例 56 行走的思政课——大学生暑期实践攀登计划*

大学生暑期实践攀登计划是大连理工大学马克思主义学院设计的思政课实践教学活动方案。学院的初衷是“让师生在行走中感悟共和国七十载发展脉络，铭记初心使命，用脚步丈量中华大地，注重学以致用，强化理论辐射，传承红色基因，厚植爱国情怀”。学院深化实践教学改革，推进思政课“理论性和实践性相统一”落地生根，创新思政新模式，打造“行走的思政课——大学生暑期实践攀登计划”，让思政课走出课堂，走向社会，行走于祖国大地，一方面充分发挥课外教学资源的思想政治教育作用，另一方面也把习近平新时代中国特色社会主义思想传播到祖国各地。

从 2019 年至今，大连理工大学马克思主义学院已经成功举办了三届暑期实践攀登计划。2019 年暑期，百余名来自全校范围内的本、硕、博学生，由青年教师带队，组建“承红船精神，走之江新路”“一带一路西安行”等实践队伍，分赴嘉兴、西柏坡、深圳、北京等 15 个地方，结合当地红色资源和城市特点，向当地市民、游客讲解红船精神、西柏坡精神、改革开放精神、五四精神，宣讲党的十九大精神和习近平新时代中国特色社会主义思想。实践团成员深受触动，来自“一带一路西安行”实践团的一位成员写下自己的深刻感悟：“通过重温梁家河的历史，感悟梁家河的大学问，我想我们每个人的心中都流淌出了一条奔流不息的‘梁家河’，这条‘梁家河’就是奋斗的青春、为民的情怀、进取的精神、坚定的信仰、满满的正能量！”第一届“行走的思政课——大学生暑期实践攀登计划”引起极大反响，《光明日报》以“行走的思政课 深厚的爱国情”为题，热情讴歌了大连理工大学马克思主义学院这一卓有成效的思政课教学新模式。

2021 年，第二届“行走的思政课——大学生暑期实践攀登计划”启动，由马克思主义学院青年教师带队，大连理工大学百余名本、硕、博学生组成“红色西南”实践团、“红色星火”实践团、“陕北信仰”实践团、“东北振兴”实践团四支队伍，分赴重庆、遵义、井冈山、延安、东北等地，在学习党史的过程中重温党的光辉岁月，传播新思想、新理念，实践团的师生从中受益匪浅。

第一，“红色西南”实践团以“传承红色基因，展望建设新篇”为主题，横跨两市 15 个红色教育基地，对红岩精神、遵义会议精神、长征精神展开调研，并制作实践纪实视频，实践团的师生深深感受到红色基因的伟大之处，励志在新时代要传承好红色基因，为建成社会主义现代化强国贡献自己的力量。

第二，“红色星火”实践团围绕“星火燎原强国梦，连理井冈新征程”主题，开启重温建军史、对接企业行的实践过程，并对“红色文化融入高校学生党建工作”进行社会调研，实践团的师生明白了建立一支听党指挥、能打胜仗、作风优良的人民军队的重要

---

* 郑呈杰、刘婵改编自：吴琳．大连理工大学：行走的思政课 深厚的爱国情．光明日报，2020－07－14；马克思主义学院第二届“行走的思政课”实践攀登计划总结表彰大会圆满结束．大连理工大学马克思主义学院官网，2021－09－24；全面推进“大思政课”建设，打造“实践育人”特色品牌：大连理工大学马克思主义学院举行第三届“行走的思政课”实践攀登计划．大连理工大学马克思主义学院官网，2022－09－17.

性，也明白了红色文化与高校党建工作相结合的重要性。

第三，“陕北信仰”实践团围绕“重走信仰路，青春向延安”的主题，通过走访9个红色展馆、2个国企以及2个博物馆，以“延安精神”为核心来展开社会调研，实践团的师生在延安得到了精神洗礼，更加坚定了自己的政治立场和马克思主义信仰。

第四，“东北振兴”实践团以“赓续红色血脉，服务东北振兴”为主题跨越黑、吉、辽三省，深入革命老区、科研院所以及脱贫一线，并制作实践纪实微电影《一路向北》，实践团的师生在调研中感受到作为“共和国长子”的东北地区在新中国成立以来的社会主义建设、改革中的重要地位，师生们纷纷表示在新时代要以毕生所学为振兴东北老工业基地出谋划策，投身到东北老工业振兴的实践之中。

总的来说，第二届“行走的思政课——大学生暑期实践攀登计划”四支队伍赴重庆、遵义、井冈山、延安、东北等地实践调研，结合当地红色资源，向当地人讲解“红岩精神”“遵义会议精神”“井冈山精神”“延安精神”等，将思政课同党史教育结合起来，使思政课更好入脑、入心、入行。实践团的成员在此次活动中追忆百年党史，重温峥嵘岁月，充分展示出大工学子学以致用、勇于实践的精神风貌，这是一次生动的思政课和“请党放心，强国有我”的主题教育活动，激励着大工学子为全面建成社会主义现代化强国、实现中华民族伟大复兴的中国梦而不懈奋斗。

为全面推进落实“大思政课”建设工作，以习近平新时代中国特色社会主义思想铸魂育人，办好学校思政课，进一步促进理论教学与实践教学互通共融，大连理工大学马克思主义学院八支队伍于2022年暑期开展了第三届“行走的思政课——大学生暑期实践攀登计划”，这八支队伍分别是“红色川渝”实践团、“寻迹百年路，奋进新征程”实践团、“晋在其中”实践团、“薪火辽宁”实践团、“闽于行”实践团、“红色湘赣”实践团、“追忆峥嵘岁月，喜看沧桑巨变”实践团、“豫践红色之旅”实践团，八支队伍如期按原定计划展开暑期实践，他们先后奔赴重庆、遵义、沈阳、福州、武汉、长沙、嘉兴、郑州等地进行实践活动，取得了丰硕的实践成果。

第一，“红色川渝”实践团围绕“倾听历史回音，感受时代脉搏”的主题，六天五夜跨越两省三市，从英雄的城市重庆，到革命的圣地遵义，再奔赴红岩革命纪念馆、红军烈士陵园、贵州黔东南苗族侗族自治州，以助学支教、乡村振兴、采访非物质文化遗产为主题展开调研，采访了苗族刺绣传承人韦祖英，创新出“走、听、讲”三层一线的实践模式，展示了实践队伍用火红的青春书写青年担当的精神气质。

第二，“寻迹百年路，奋进新征程”实践团寻着历史足迹，从底蕴深厚的博物馆到盛满血泪屈辱的监狱旧址，从日寇踏过的旧山河到和平盛世下的新旅顺，用双脚丈量革命斗争路，并在疫情之中尝试信息化实践，进行VR参观等创新实践活动，探索实践性与信息化相结合的立体思政课，用行动彰显青年新作为。

第三，“晋在其中”实践团从八路军文化园到左权将军纪念馆，在陈列的展品中体会老一辈革命家不畏艰难、英勇奋斗的光辉足迹，从革命旧址和英雄故居中回顾一个个可歌可泣的故事，从一草一木中感受抗日军民的鱼水情深。他们从左权和武乡这两大抗战圣地出发，沿着八路军先烈的足迹，寻访革命旧址，重温太行精神，倾听历史回响。

第四，“薪火辽宁”实践团寻访辽宁四处红色文化资源地，从见证沈阳历史风云的东三省总督府旧址，到记录民族解放战争历史丰碑的“九一八”历史博物馆，从高扬“全心全意为人民服务”精神的雷锋纪念馆，到见证东北工业发展历史的中国工业博物馆，他们在实践中传承与发扬民族精神和雷锋精神。

第五，“闽于行”实践团考察福建当地龙头企业、深入学习古田会议历史，感受以南靖土楼、三坊七巷为代表的中华优秀传统文化，他们坚持“亲眼看、亲自走、静心听”，以脚步丈量闽山闽水，以实际行动践行“请党放心，强国有我”的铮铮誓言。

第六，“红色湘赣”实践团分工明确，从武汉到长沙，从武昌起义博物馆到橘子洲头，听从指挥，对内互助协作，对外谦虚有礼，展现了大连理工大学马克思主义学院学子良好的精神风貌，实践团成员在行走中感悟中华人民共和国发展脉络，感受历史的革命气息，在实践中走进历史，经历精神的洗礼，沐浴着那份革命党人火热的爱国之情。

第七，“追忆峥嵘岁月，喜看沧桑巨变”实践团追寻浙江的发展足迹，在秀水泱泱的辽阔南湖边追忆党的峥嵘岁月，在改革蜕变下的美丽乡村探寻共同富裕的制胜密码，在万物智联的数字化企业中体悟科技赋能的创新活力，他们始终谨记总书记的殷殷嘱托，在思考中坚定红色信仰，在实践中铸就青春风采。

第八，“豫践红色之旅”实践团文理兼容、积极向上，在炙热的夏天，他们扬帆起航，开展了为期五天的郑州、兰考、安阳红色之旅，他们在实践中深入学习河南红色文化的历史变迁，回顾党的百年伟大历程，传承河南红色精神，在党史中寻找时空激荡的感情共鸣，在实干中书写鲲鹏击浪的青春华章。

总体而言，第三届“行走的思政课——大学生暑期实践攀登计划”八支队伍奔赴重庆、遵义、福州、武汉、长沙、郑州等地进行实践活动，在实践活动中，八支队伍充分挖掘地方红色文化，投身于社会大课堂之中，通过志愿服务、理论宣讲、社会调研等活动实现了思政小课堂与社会大课堂相结合，数天的实践之行，激励着同学们更加坚定“四个自信”，努力成为担当民族复兴大任的时代新人。

追寻红色记忆，传承红色精神，是大工人的红色基因。新时代大连理工大学马克思主义学院探索出暑期实践攀登计划这一行走的思政课教学新模式，引导师生用脚步丈量红色热土，用行动传承红色精神，把讲台铺设在祖国大地上，在寻访红色遗迹中淬炼如磐初心，在聆听红色故事中汲取奋进力量，在宣讲红色文化中担当时代责任、传承母校红色基因。

【思考题】

1. 你了解大连理工大学马克思主义学院“行走的思政课——大学生暑期实践攀登计划”这一活动吗？

2. 你认为大连理工大学马克思主义学院“行走的思政课——大学生暑期实践攀登计划”是思政课实践教学新模式吗？

3. 在设计“行走的思政课——大学生暑期实践攀登计划”方案时，如何协同思想政治教育各要素之间的关系？

案例分析*

【背景介绍】

2019 年 3 月 18 日，习近平总书记主持召开学校思想政治理论课教师座谈会，发表《思政课是落实立德树人根本任务的关键课程》重要讲话。习近平在讲话中指出思政课要用科学理论培养人，要遵循不同学段学生的认知规律，把马克思主义基本原理讲清楚、讲透彻。马克思主义是在实践中形成并不断发展的，要高度重视思政课的实践性，把思政小课堂同社会大课堂结合起来，在理论和实践的结合中引导学生把人生抱负落实到脚踏实地的实际行动中来，把学习奋斗的具体目标同民族复兴的伟大目标结合起来，立鸿鹄志，做奋斗者。为了贯彻习近平总书记“3·18”讲话精神，大连理工大学马克思主义学院创办“行走的思政课——大学生暑期实践攀登计划”，自 2019 年至 2022 年年底，大连理工大学马克思主义学院已经成功举办三届“行走的思政课——大学生暑期实践攀登计划”，参与人员不断增加，实践范围不断扩大，取得了良好的教育效果。“行走的思政课”已经成为大连理工大学马克思主义学院“实践育人”的特色品牌，《光明日报》等媒体以“行走的思政课 深厚的爱国情”为题报道了大连理工大学马克思主义学院这一思政课教学新模式。

【主题分析】

实践教学是思想政治理论课教学的重要组成部分，教育部发文指出要在大学生思想政治理论课中单独开设实践课，这是遵循习近平总书记所提出的推动思想政治理论课改革创新，“要坚持理论性和实践性相统一”的指示和要求，对思政课体系的创新之举。在新时代如此重视思政课实践教学背景之下，如何组织思政课实践教学，对我们提出了新挑战、新要求、新使命。大连理工大学马克思主义学院举办的“行走的思政课——大学生暑期实践攀登计划”顺应时代潮流，是对探索思政课实践教学的时代回答，是思政课实践教学创新的有效途径，这样一条新途径新就新在它有新高度、新理念、新格局。大连理工大学马克思主义学院有着悠久的实践育人优良传统，“行走的思政课——大学生暑期实践攀登计划”是对这一传统的当代回应，它深化实践教学改革，推进思政课“理论性和实践性相统一”，引导学生走出课堂、走向社会，将理论知识和社会实践相结合，把思政小课堂与社会大课堂结合起来，与社会发展高度融合。这一实践活动反映了思想政治教育要坚持理论性和实践性相统一，以达到思想政治教育立德树人之目的，从而实现思想政治教育效果最优化。

【启示分析】

（1）新时代思想政治理论课实践教学创新要有新高度。中国特色社会主义进入新时

---

* 汤志华，廖青清．新时代高校思想政治理论课实践教学创新研究．思想理论教育导刊，2019（11）；罗亮．高校思想政治理论课实践教学改革创新探究．学校党建与思想教育，2022（5）．

代，对高校思政课实践教学创新提出了新要求。一方面，我国发展新的历史方位意味着在思政课实践教学中要准确认识中国共产党历史使命在新时代的新变化。党的初心和使命是为中国人民谋幸福，为中华民族谋复兴。进入新时代，中国人民正迎来从富起来到强起来的伟大飞跃，正迎来中华民族伟大复兴的光明前景，党在新的历史方位上要实现伟大梦想，就要不断进行伟大斗争、建设伟大工程、推进伟大事业。思政课实践教学就要引导学生从新的历史方位和时代坐标科学认识和全面把握党的历史使命在新时代的新变化。大连理工大学马克思主义学院暑期实践攀登计划引导学生行走于祖国各地，就是要感受新时代党的历史使命，各个实践团的成员们深受感动，纷纷表示要用中国梦来激荡自己的青春梦。另一方面，新时代标志我国发展新的历史特征，新特征意味着在思政课实践教学中要全面把握社会主义革命、建设、改革以来取得的历史性成就。中国特色社会主义进入新时代，新时代与革命、建设、改革取得的历史成就既一脉相承，又体现出与时俱进的新特征，这要求思政课实践教学要紧紧抓住革命、建设、改革的主线，利用好红色资源教育学生，让学生体会到一百多年以来党的峥嵘岁月。大连理工大学马克思主义学院举办的“行走的思政课——大学生暑期社会实践攀登计划”活动充分利用红色资源，筑牢了学生的理想信念，涵养了学生的道德品质，推动了学生的全面发展，让学生自觉投入建设社会主义现代化国家的征途之中。

（2）新时代思想政治理论课实践教学创新要有新理念。新理念是新时代思政课实践教学创新的内在依据，习近平总书记在学校思想政治理论课教师座谈会上强调，“推动思想政治理论课改革创新，要不断增强思政课的思想性、理论性和亲和力、针对性”，为此，习近平总书记提出了“八个统一”，其中，“坚持理论性和实践性相统一”是新时代思政课实践教学创新的内在依据，是指导新时代思政课实践教学创新的新理念。习近平总书记指出：“要坚持理论性和实践性相统一，用科学理论培养人，重视思政课的实践性，把思政小课堂同社会大课堂结合起来，教育引导学生立鸿鹄志，做奋斗者。”这为新时代思政课实践教学创新奠定了思想基础。“坚持理论性和实践性相统一”是马克思主义理论与实际相结合的内在要求，是增强思政课思想性、说服力、亲和力、实效性的根本途径。思政课要有理论性，要讲清楚基本概念、主要问题、重要观点、理论逻辑，提高学生的马克思主义理论思维能力。同时，思政课也不能缺少实践性，实践性是马克思主义理论区别其他理论的重要标志，是马克思主义理论的显著特征。“坚持理论性和实践性相统一”，就是要在用科学理论培养人的同时重视实践教学，将思政小课堂与社会大课堂相结合，引导学生立鸿鹄志，做奋斗者。大连理工大学马克思主义学院暑期实践攀登计划这一行走思政课实践教学新模式坚持了理论性与实践性相统一，在新理念的指导下引导学生贴近现实生活，在行走过程中通过生动具体的红色事例学习并宣传马克思主义，在实践教学中指引学生走出思想迷茫与理论困惑，为学生提供了正确的价值选择和行为方向。

（3）新时代思想政治理论课实践教学创新要有新格局。思政课实践教学创新在新时代要有新格局就是要有社会育人的大格局和思想政治教育育人的大格局，之所以称为大格局是因为它要实现立德树人这一教育根本任务。习近平总书记指出，新时代思政课要落实立德树人根本任务，要用新时代中国特色社会主义思想铸魂育人，培养担当民族复兴大任的时代新人，培养德智体美劳全面发展的社会主义建设者和接班人。立德树人，事关中华民族伟大复兴中国梦的实现，事关中国特色社会主义事业的成功，落实立德树人根本任务是新时代思政课实践教学的题中应有之义。实践教学是思政课落实立德树人根本任务的重要途径，对思政课而言，理论教学主要解决“知”的问题，实践教学主要解决“行”的问题，实践教学是理论教学的延伸和归宿，大连理工大学马克思主义学院举办的暑期实践攀登计划在行走中帮助学生将马克思主义理论内化于心并外化于行，引导学生走出学校，培育学生的社会情怀，培养学生成为担当民族复兴大任的时代新人和德智体美劳全面发展的社会主义建设者和接班人。思想政治教育各要素协同作用，这是行走的思政课取得成功的一个重要原因。所谓思想政治教育各要素协同，是指为了实现思想政治教育的有效性，思想政治教育诸要素必须在空间上保持一致性，在时间上保持连续性。在“行走的思政课——大学生暑期实践攀登计划”中，大连理工大学的师生做到了校内校外相协同、内容方法相协同、方法途径相协同以及其他要素、资源之间相协同。实践团的成员们将校内学到的马克思主义理论知识与校外红色资源相协同，利用红色文化宣讲马克思主义，真正学懂、悟透了理论；将思政课的内容与思政课的实践教学方法相协同，通过亲身参观、体会、宣讲更好地理解了思政课堂中的理论知识。大连理工大学马克思主义学院聚焦社会现实，创新思维，切实把思政小课堂与社会大课堂结合起来，达到了学校思想政治教育与社会发展深度融合的效果。

第三版后记

《思想政治教育原理案例分析》第三版，旨在将党的二十大精神融入“思想政治教育原理”课程教学。依据思想政治教育案例教学的时效性原则，这一版替换了两章内容，新增和替换了21篇案例，大约12万字。与此前两版相比，第三版修订主要体现在以下三个方面：一是全面体现党的二十大精神。2023年是全面贯彻落实党的二十大精神的开局之年，围绕深入学习贯彻党的二十大精神这条主线，书稿中增加了“激活农业航母的‘红色引擎’”“助力脱贫攻坚——新时代农牧民素质提升工程”“将生命定格在百色大山里的第一书记”等全面反映新时代社会主义现代化教育、科技、人才战略的思想政治教育案例，有助于全面深入地反映思想政治教育的时代主题。二是生动体现党的十八大以来思想政治教育实践的巨大成就。“《送你一张船票》”“《最美逆行者》”“对口支援《山海情》”等新增案例生动具体地反映了十几年来，在以习近平同志为核心的党中央的高度重视下，党的宣传思想工作坚持马克思主义在意识形态指导地位、传播社会主义核心价值观方面所取得的最新成就。案例“习近平总书记走进思政课堂”“用心用情讲好思政课——周荣方”“行走的思政课——大学生暑期实践攀登计划”等反映了习近平总书记“3.18讲话”（2019年习近平总书记亲自主持召开学校思想政治理论课教师座谈会并发表重要讲话）以来，高校进一步加强与改进思想政治理论课的创新之举。三是及时体现思想政治教育原理学科理论前沿。书稿新增“思想政治教育的形态”和“思想政治教育的创新发展”两章内容，在遵循《思想政治教育学原理》（第二版）（陈万柏、张耀灿主编，高等教育出版社，2007）的内容框架和叙述逻辑基础上，吸收了《思想政治教育学原理》（郑永廷主编，高等教育出版社，2016）和沈壮海主编的《新编思想政治教育学原理》（中国人民大学出版社，2022）中的新增内容，展示了思想政治教育基本原理作为思想政治教育学科基础理论在新时代伟大实践中的赓续创新。

《思想政治教育原理案例分析》第三版由戴艳军、李奇峰主编，王嘉驰、娄慧、汪晶晶、郑呈杰任副主编。编委会成员如下（按姓氏笔画）：于凤、马佳、王坤、王文韬、王业天、牛舒薇、卢珊、朱晓楠、乔宇洁、任晓伊、刘婵、李志、杨泽垠、宋佳、张瑞、张庚爽、张艳清、周炎丽、郑丽萍、赵雪阳、高云灵、郭燕、郭林霞、程志杰。这本书是由研究生导师与博士生、硕士生共同组成的大连理工大学马克思主义学院“思想政治教育案例教学”研究团队，在思想政治教育原理案例研究的课堂教学与课外实践中切磋选题、认真修改、集体创作的成果。

衷心感谢牛晋芳编辑十余年来对本研究项目的热情鼓励和大力扶持。《思想政治教育原理案例分析》第三版的编写过程，既是我们的专业教学与研究水平不断提高的过程，也是培养与造就思想政治教育案例教学教师队伍的过程。

书中不足之处敬请读者批评指正、不吝赐教。

戴艳军

2023 年 1 月 17 日

图书在版编目（CIP）数据

思想政治教育原理案例分析 / 戴艳军，李奇峰主编
. --3版. --北京：中国人民大学出版社，2023.9
新编21世纪思想政治教育专业系列教材
ISBN 978-7-300-32142-4

Ⅰ.①思… Ⅱ.①戴… ②李… Ⅲ.①思想政治教育
-高等学校-教材 Ⅳ.①G641

中国国家版本馆CIP数据核字（2023）第173436号

新编21世纪思想政治教育专业系列教材
思想政治教育原理案例分析（第三版）
主　编　戴艳军　李奇峰
副主编　王嘉驰　娄　慧　汪晶晶　郑呈杰
Sixiang Zhengzhi Jiaoyu Yuanli Anli Fenxi

出版发行	中国人民大学出版社		
社　　址	北京中关村大街31号	**邮政编码**	100080
电　　话	010－62511242（总编室）		010－62511770（质管部）
	010－82501766（邮购部）		010－62514148（门市部）
	010－62515195（发行公司）		010－62515275（盗版举报）
网　　址	http://www.crup.com.cn		
经　　销	新华书店		
印　　刷	天津鑫丰华印务有限公司	**版　　次**	2012年8月第1版
开　　本	787 mm×1092 mm　1/16		2023年9月第3版
印　　张	18 插页1	**印　　次**	2023年9月第1次印刷
字　　数	410 000	**定　　价**	52.00元